U0908140

戴淑庚 ◎著

经济全球化态势下的
两岸四地金融合作

经济管理出版社
ECONOMY & MANAGEMENT PUBLISHING HOUSE

图书在版编目（CIP）数据

经济全球化态势下的两岸四地金融合作/戴淑庚著．—北京：经济管理出版社，2016.8
ISBN 978-7-5096-4513-0

Ⅰ.①经…　Ⅱ.①戴…　Ⅲ.①海峡两岸—金融—经济合作—研究　Ⅳ.①F832.7

中国版本图书馆 CIP 数据核字(2016)第 168909 号

组稿编辑：陈　力
责任编辑：陈　力　舒　林
责任印制：黄章平
责任校对：超　凡

出版发行：经济管理出版社
（北京市海淀区北蜂窝 8 号中雅大厦 A 座 11 层　100038）
网　　址：www.E-mp.com.cn
电　　话：(010) 51915602
印　　刷：北京九州迅驰传媒文化有限公司
经　　销：新华书店
开　　本：720mm×1000mm/16
印　　张：23
字　　数：438 千字
版　　次：2016 年 10 月第 1 版　　2016 年 10 月第 1 次印刷
书　　号：ISBN 978-7-5096-4513-0
定　　价：69.00 元

序　言

香港、澳门分别于1997年7月1日、1999年12月20日回到祖国怀抱，台湾是中国不可分割的一部分，然而，在一个国度里竟然使用四种货币：人民币、港币、澳元、新台币。这种在特殊时期形成的一个国家、四种货币的特殊货币流通体系加大了交易成本，不利于两岸四地（大陆、香港、澳门、台湾）的经济贸易往来。不仅在货币市场如此，在股票市场也存在市场高度分割的局面。总之，两岸四地的金融市场高度分割的状况不利于两岸四地的经济发展。

随着区域经济一体化的加速发展，地区间的金融合作乃至经济合作会日益热络，中国内部的经济一体化进程也将加快。这可以从两岸四地签署的各种有关经贸协议及各种措施的落实得到印证。2003年大陆先后与香港、澳门签署《内地与香港关于建立更紧密经贸关系的安排》和《内地与澳门关于建立更紧密经贸关系的安排》（CEPA）。从2009年4月到2010年6月，在一年零两个月的时间里，大陆与台湾陆续签署了三个协议，即《海峡两岸金融合作协议》（2009年4月26日）、《两岸金融监理合作谅解备忘录》（MOU）（2009年11月16日）、《海峡两岸经济合作框架协议》（ECFA）（2010年6月29日）。尤其值得一提的是，2014年11月17日正式开启了沪港通（A股和港股的互联互通），深港通也将于2016年11月启动。上述各项经贸协议的签订及各项举措的实施意味着两岸四地的经济金融交流与合作发生了质的改变，迈入了前所未有的新阶段。

戴淑庚教授是长期研究两岸经贸金融问题的知名专家。他于2010年着手就“经济全球化态势下的两岸四地金融合作问题”进行系统深入地研究，不仅具有理论意义，而且具有现实意义。这有利于丰富金融一体化乃至经济一体化的理论，也有利于促进两岸四地金融合作乃至经贸合作的全面深化。

戴淑庚教授经过长达六年多时间的研究，一本涵盖了“两岸银行业合作篇”、“两岸四地货币一体化篇”、“两岸股票市场效率比较及股票市场合作篇”三大篇合计十六章内容的专著即将付梓。该著作探讨了两岸四地金融合作中最为热点也是最急需进行研究的三大问题，即“两岸银行业合作问题”、“两岸四地货币一体化问题”、“两岸股票市场效率比较及股票市场合作”。第一个问题是在区域经济一体化、区域金融合作、合作竞争等相关理论的基础上，从定性和定量的角度研究了两岸银行合作深化面临的机遇、挑战以及需要解决的问题，而后提出了适合现阶段两岸银行业合作的模式。第二个问题是运用产出和价格的两变量SVAR模型对经济全球化态势下两岸四地货币一体化进行综合、系统的分析，进而提出在新时期、新形势下两岸四地实现货币一体化的模式和最优的路径选择。第三个问题是运用 Metafrontier－SFA 模型研究了大陆和台湾股票市场的效率，并在此基础上提出两岸股票市场的合作策略。戴淑庚教授对上述问题的研究相当深入，尤其值得一提的是，他运用了金融计量学中比较前沿的实证方法来探讨两岸四地的金融合作问题，从而使得研究结论更可靠、更可信。这也是该著作的亮点和贡献所在。

此外，该著作中所提的对策建议具有针对性和可操作性。譬如著作中提出“为克服现有合作模式（契约合作模式）的缺点，实现产品、人员、管理、经营理念方面的合作，采取股权合作模式是两岸银行业较为合理的选择”；“应先建立人民币、港元和澳门元的货币联盟，再以大陆、香港和澳门三地的货币一体化带动两岸四地最终实现货币一体化，以区域间竞争的外部压力推动台湾与大陆建立更紧密的经济和货币合作”；“以福建自由贸易试验区发展为契机，在‘自贸试验区’内试行放宽资本项目的自由兑换；并效仿‘沪港通’的运作机制，建立‘沪台通’，促进海峡两岸资本流动，从而引导大陆股票市场的价值投资理念”。这些对策建议很接地气，对有关部门具有重要的参考价值。

总之，该著作对“经济全球化态势下的两岸四地金融合作问题”的研究系统而全面，具有理论深度和论证力度，全书层次分明、结构合理、资料翔实，观点鲜明、论证充分，行文简洁、流畅，对问题的分析精准到位，书中所提的许多观点很有新意且不乏独到的见解，而著作中运用计量模型得出的实证结果与论点交相辉映。客观地说，该书是一部质量上乘的、集理论性和应用性于一体的学术专著。这对于两岸四地理论界和决策部门具有重要的参考价值和指导作用。

洪永淼

美国康奈尔大学 Ernest S. Liu 经济学与国际研究讲席教授

厦门大学经济学院与王亚南经济研究院“长江学者”讲座教授

2016 年 9 月 30 日

前　言

经济全球化、区域经济一体化，使得国家或地区间的经济金融边界日益扩大，甚至变得模糊。金融作为经济的核心，在经济全球化、区域经济一体化浪潮中，其跨国或跨地区的合作日趋热络。在这种态势下，两岸四地（大陆、香港、澳门、台湾）间的金融合作不断深化。尤其是2003年内地先后与香港、澳门签署《内地与香港关于建立更紧密经贸关系的安排》和《内地与澳门关于建立更紧密经贸关系的安排》（CEPA）以及在2010年大陆与台湾签署《海峡两岸经济合作框架协议》（ECFA）之后，两岸四地的经济金融交流与合作发生了质的改变，迈入前所未有的新阶段。

在这个背景下，本书就两岸四地金融合作中最为热点的三个问题，即"两岸银行业合作"、"两岸四地货币一体化"、"两岸股票市场效率比较及股票市场合作"进行深入研究和探讨，这对于促进两岸金融合作乃至两岸经济的全面合作具有深远意义，同时对促进祖国统一大业具有重要的现实意义。

本书根据上述三个问题形成"两岸银行业合作篇"、"两岸四地货币一体化篇"、"股票市场合作篇"三大篇合计十六章。各篇主要内容如下：

第一篇是在区域经济一体化、区域金融合作、合作竞争等相关理论以及现有关于两岸银行业合作的研究文献基础上，回顾了两岸银行业的发展变革，对两岸银行业的运营现状进行了简单介绍，从体系架构、竞争力、经营绩效方面对两岸银行业进行了定性与定量对比分析，并结合两岸银行业的合作现状，指出两岸银行合作深化面临的机遇、挑战以及需要解决的问题，最后提出适合现阶段两岸银行业合作的模式。该篇的主要结论有：①两岸银行业在体系、成熟度、金融创新、管理等方面存在较大差异，在竞争力、经营绩效方面也各有优劣势，互补性较强，可以通过合作达到优势互补，进而共赢。②在综合竞争力方面，大陆银行业整体好于台湾，但是若从构成竞争力的六大要素来看，台湾银行业在基础资源、管理水平（金融创新）方面较大陆有优势，而大陆银行业在经济效益、财务状况方面较有优势。在TFP生产力指数，也即资源配置效率方面，研究样本实证结果表明，大陆银行业整体优于台湾银行业。③后 ECFA 时期，两岸经贸的快速发展及 ECFA 中关于两岸银行合作的排他性优惠安排，为两岸银行业合作的深化提供了机遇，但是两岸银行业在各方面的差异及尚未建立的货币清算机制等，也给两岸银行业合作的深化带来了挑战。④现阶段，对于符合双方主管机构规定条件的银行，可采取到对方市场设立营业网点的方式进入对方市场；对于不符合主管机构规定的银行，采取相互持股的股权合作模式则是比较合理的选择。

第二篇是以马克思主义经济理论为指导，综合应用西方经济学、计量经济学、区域经济学等多学科的方法与理论，对经济全球化态势下两岸四地货币一体化进行综合、系统分析。本篇认为：由于历史原因，目前两岸四地存在着“四币流通”的特殊局面，这无疑增大了区域内交易成本，不利于贸易、投资的进一步发展，“一个市场，一种货币”的内在逻辑必然要求两岸四地间进行货币合作，并逐步实现货币一体化，因此，探索两岸四地货币一体化的模式和路径具有极大的理论和现实意义。现阶段两岸四地经济全面迈入制度性整合阶段，人民币离岸市场日趋成熟、两岸货币合作取得进展和金融危机后主要货币地位的动摇为两岸四地一体化提供了难得的机遇，但是两岸四地经济社会制度等方面存在的差异、贸易一体化程度、两岸政治因素、人民币国际化程度和两岸四地金融支撑体系是摆在货币一体化面前的严峻挑战。实证分析结果显示，两岸四地整体的经济冲击对称性并不理想，一定程度上加大了货币一体化成本。因此，两岸四地货币一体化应采取欧元模式，加强两岸四地经济整合，建立自由贸易区，待经济一体化达到一定程度，先建立人民币、港元和澳门元的货币联盟，再吸收台湾加入，组建“华元区”。

第三篇是在考察两岸股票市场发展现状的基础上，运用 Metafrontier 下的 SFA 方法，选择中证 100 指数和台湾 50 指数的成份股为样本，分别计算大陆和台湾股票市场在 2009 ~2013 年的资本配置效率和股权融资效率 TE，并进一步对比分析两者在共同边界下的效率值 TE^* 和技术缺口 TGR。实证结果表明，大陆的资本配置效率略高于台湾且基本保持不变，而台湾呈现上升态势；但股权融资效率明显低于台湾，呈现下滑态势，而两者差距不断缩小。同时在两种效率下，大陆的平均 TGR 均高于台湾，即前者的潜在产出更贴近“共同边界”。进而针对大陆股票市场，分别从上市公司的微观层面、市场发展及两岸合作的宏观层面提出对策，以期提高股票市场运作效率，更好地服务实体经济和投资者。

目　录

第一篇　两岸银行业合作篇

第二篇　两岸四地货币一体化篇

第三篇 股票市场合作篇

第一篇　两岸银行业合作篇

导 论

一、选题背景及研究意义

在经济全球化态势下，资本、技术、产品等跨国流动的规模增大、速度加快，为顺应经济全球化的潮流，跨国公司加速海外布局，在全球范围内进行资源的优化配置。具体到海峡两岸，则表现为台湾岛内制造业向大陆的迁移。以两岸台商为主要推动力量的两岸经贸，在过去 20 年，从量到质都有了很大变化。而《海峡两岸经济合作框架协议》（ECFA）的签订，更是将两岸经贸往来推向了全新的发展阶段。金融作为经济的核心，在两岸经贸交往中，则是一股不可或缺的支持力量。后 ECFA 时期，两岸贸易、投资将快速发展，由此引发的金融需求必须受到重视，而银行业作为金融业的主力军，在海峡两岸间达成紧密合作显然是重中之重。现阶段，台商投资在中国大陆吸收海外直接投资中占有举足轻重的地位，而大陆金融服务的自身缺陷和两岸银行业合作明显滞后于两岸经贸现状，使得在大陆的台资企业不能得到很好的金融服务，一定程度上影响其发展，进而影响当地经济发展。因此，为更好地满足两岸经贸需求，就要深入了解两岸银行业的差异以及各自优劣势，并寻找出两岸银行业之间合适的、可行的合作模式和策略。

在经济全球化浪潮影响下，我国银行业的综合化和国际化经营将加速推进。一方面，随着人民币国际化进程的推进，银行“走出去”步伐将明显加快。人民币跨国贸易结算和跨国投资的快速增长，企业加速“走出去”步伐，倒逼人民币汇率机制、利率机制与国际接轨，真正实现市场化、自由化和国际化。另一方面，国家“十二五”规划中要求金融业积极稳妥推进综合经营试点，鼓励金融机构通过设立金融控股公司、交叉销售、相互代理等多种形式，开发跨市场、跨机构、跨产品的金融业务，发挥综合经营的协同优势，届时，银行将成为金融业综合经营的核心。而台湾银行业已经历过利率市场化、经营综合化的进程。因此，研究两岸银行业合作，有助于大陆吸收、借鉴台湾同业经验，在未来经营环境变化中发展、壮大自身银行业。此外，大陆银行业与实体经济的矛盾还表现在中小企业融资和农村金融方面，而台湾同业在这两方面也较有优势。

综上所述，研究经济全球化态势下两岸银行业的合作，不仅可以满足两岸经贸往来需求，还能借鉴台湾银行业的经验发展大陆银行业，也可为ECFA架构下两岸银行业合作协议的商定提供借鉴，一定程度上有利于促进两岸经济和谐发展，进而有助于两岸的和谐、统一，因此，具有很强的现实意义和深远的历史意义。

二、两岸银行业合作研究文献综述

（一）台湾学者关于两岸银行业合作研究文献综述

台湾学者研究两岸银行业的合作，多是以台湾的利益为基准，试图寻找对台湾银行业最为有利的合作方式。两岸银行业互相开放，一些学者表现出对台湾银行业的担忧，但多数学者持积极与支持态度。台湾银行业赴大陆投资动机主要是跟随台商客户的脚步，为就近掌握西进客户授信风险（李梁坚、陈雅琳，2009），加上岛内银行家数过多，导致竞争过于激烈，银行要有效运用资金，脱离存放款利差逐年缩小与经营绩效恶化的困境，同时要分散经营风险，可到大陆设立营业据点（林苍祥、孙效孔，2008），寻求岛外发展以拓展国际版图。在全球金融市场开放趋势下，许多学者将大陆市场看作台湾银行业国际化发展的重要契机，如马道、龙啸天（2007）认为除了台商融资的大量商机外，大陆银行机构仍未达到先进国家水平，可趁上海、北京、深圳等城市的崛起尚未成熟之际，借以维持对大陆银行业的相对优势；陈伯志（2011）从上海国际金融中心建设的现状出发，探索台湾银行赴上海投资的机遇。

为帮助台湾岛内银行业进入大陆，更好地经营，台湾学者从不同的方面对大陆及台湾银行业进行了研究或比较。林苍祥、孙效孔（2008）对两岸银行业体系的差异进行了比较，认为在银行分类、股东结构、跨业经营、规模、市场集中度方面两岸存在显著不同；李梁坚、陈雅琳（2009）采用SWOT方法对台湾银行业赴大陆投资进行了分析。朱浩民（2007）、吴瑟致和赵文志（2010）等详细回顾了大陆金融体制及银行业改革。朱浩民（2007）对大陆规范外资银行的法律、法规，以及外资银行在大陆发展状况进行了总结。黄启瑞（2008）更是对两岸银行业往来之政策变革，以及台湾银行业登陆所受两岸之政策限制做了详细的比较。田君美（2009）对中国地方金融发展的现状与问题进行了研究，详细分析了城市信用社、城市商业银行、地方性金融控股公司的发展现状，认为大陆地方金融的发展仍无法解决中小企业融资问题。田君美的文章虽未提及台湾银行业赴大陆投资的定位，但实质上却指明了可以发挥比较优势，重点开展中小企业金融服务。

对于台资银行进入大陆采取何种策略而言，朱浩民（2007）、李梁坚和陈雅琳（2008）认为，可以采取设立分行、设立子行、参股大陆银行、经由第三地区或国家间接进入、策略联盟、与外资联手六大策略，并分析了各种策略的优缺点。虽然有较多学者对台资银行登陆的策略进行了论证，但不外乎前述六种方式。对于台资银行登陆后的市场定位，可以是资产管理、企业投融资（李梁坚、陈雅琳，2009；林苍祥、孙效孔，2008），目标客户以台商为重，其次为大陆境内外资企业（李梁坚、陈雅琳，2009）。

（二）大陆学者关于两岸银行业合作研究文献综述

1. 两岸银行业合作的必要性与重要性

杨胜刚在《台湾金融制度变迁与发展研究》和《台湾金融发展论》中从区域金融整合的角度出发，对两岸金融交流与合作的必要性、两岸金融往来存在的主要障碍以及未来两岸金融合作的发展趋势等问题做了较为详尽的分析，被称为是“填补了大陆学者对海峡两岸金融交流与整合缺乏系统而全面研究的空白”。随着台湾当局对大陆政策开始缓和，两岸经贸往来开始发展，两岸银行业的交流与合作是两岸经贸交流的必然结果和进一步交流的基础，同时也是台湾地区银行业发展的依托，台湾金融业必随其台商客户外移（元惠萍、陈浪南，2003）。此后，有很多学者对两岸银行业合作的必要性进行了阐述，基本可以归结为两岸人民生活及经济交往的需要、台商贸易及投融资的需要、台湾银行业发展的需要。黄隽（2009）对台湾银行业 1996～2007 年的稳健性进行了实证分析，结果表明，由于利润和资本水平呈下降趋势，台湾银行业稳定性总体水平不高，其过度开放导致风险增大、金融动荡发生频繁，两岸金融合作可帮助台湾银行业走出困境。宋逢明（2010）在仔细分析了两岸通汇与清算、授信融资、通货兑换与流通、农村金融的现状的基础上，认为两岸银行业进一步合作已经迫在眉睫，可以降低台商交易成本、满足台资企业巨大资金需求，在农村金融方面的合作还可以促进两岸农业的发展，解决“三农”问题。

2. 两岸银行业合作的障碍与制约因素

中国人民银行厦门市中心支行课题组（2001）研究认为，政治因素是当时两岸金融合作的关键障碍，其次才是诸如会计准则、金融监管、货币兑换与清算、资讯交换与法规协调等技术因素。2001 年以来，两岸“入世”后，台湾当局的政策调整以及两岸经贸的快速发展，推动两岸金融逐渐从低层次的间接往来模式朝着“直接、双向”的正常化发展迈进（黄梅波、黄颖，2005），但是在新的经济金融形势下，仍然存在一系列问题。中国人民银行福州中心支行课题组（2005）认为，两岸货币流通与清算是金融合作的瓶颈。按照吴国培、郑航滨、张立（2008）的观点，经济金融制度和市场环境差异的存在及资源流动仍不平衡，是当下金融合作的关键制约因素。曹小衡、陈鹏（2009）认为，在两岸实体经济联系越发紧密的背景下，两岸金融合作仍面临金融监管、货币清算机制、金融机构互设方面的问题。涂晓今（2011）认为，由于缺乏制度合作的深入推进，至今依然存在诸多影响两岸银行业交流合作的障碍，如不同的银行制度、法规、政策和监管机制等，从而制约着两岸银行业交流与合作的深入发展。

3. 两岸银行业合作模式及建议

大陆学者对两岸银行业开展合作的建议基本是建立在对两岸银行业或金融业往来与合作的现状分析基础之上。总括讲，合作的具体措施主要有：建立海峡两岸间的清算系统（元惠萍、陈浪南，2003；中国人民银行福州中心支行课题组，2005；陈晓杰、黄志刚，2007；智佳佳，2010），建立两种货币的拆借市场（元惠萍、陈浪南，2003；陈晓杰、黄志刚，2007），推动两岸外汇市场的进一步合作、建立两岸汇率协调机制（元惠萍、陈浪南，2003；陈晓杰、黄志刚，2007；智佳佳，2010），先行先试，建立海峡两岸金融合作试验区（中国人民银行福州中心支行课题组，2005）。罗小军（2010）认为，后 ECFA 时期台湾银行业进军大陆还会体现出明显的投资导向效应，下一步的工作重点将是尽快组建两岸委员会，设立具体工作小组，就 MOU 和 ECFA 承诺的落实开展工作，大陆抓紧对台湾银行投资中西部、东北部地区的绿色通道做具体界定，构建好台资在大陆的梯度转移金融通道。涂晓今（2011）在借鉴欧洲银行业一体化基础上，提出逐步规范与协调两岸银行法律法规、提升现有的海峡两岸经济合作委员会的职能与作用、建立健全 ECFA 时期两岸银行业制度合作的实施机制、为两岸银行业制度合作寻找切入点和突破口（主要是建立合作试验区）等措施，来促进两岸银行业制度合作。

两岸银行业合作的具体模式方面。郑鸣、张盛铭（2009）认为，有登陆资质的台资银行可以采取独资经营模式或并购经营模式，不具备登陆资质的可以选择策略联盟模式或股权合作模式。韩笑（2010）将生物学的共生理论应用到两岸银行业合作分析中，他认为，两岸银行业的合作满足了形成共生关系的所有必要条件，当下两岸银行业的合作正从共生低级模式走向高级模式，而两岸银行业合作从契约型的合作模式走向股权式的合作模式则是理性选择。也有学者从大陆具体区域视角出发，如林宗卿（2010）研究浙台银行合作的文章中指出，浙台两地银行业合作模式可以以合作对象和合作业务作为切入口，前者主要是两地大银行的合作、台湾中小企业银行与浙江地区性银行的合作两种模式，后者主要包括浙台两地的贸易结算、中小企业融资、两地离岸金融中心、员工培训、客户信息共享等内容。

（三）小结

综合现有研究两岸银行业合作文献可以发现，台湾学者的研究出发点和根本

目的是为了使台湾银行业获益，鲜有提及大陆银行赴台经营，大陆学者研究两岸银行业的合作，出发点则是两岸银行业的双赢，为两岸经贸、投资创造更好的支持条件。虽然学者们已从两岸银行业合作的必要性、制约因素、合作模式等不同角度进行了探讨，但这些文献还是存在些许不足之处。首先是从比较单一的角度进行研究，或从法规角度，或从银行业改革发展角度，或从满足两岸经贸往来需求角度，或从现状展望未来的角度。其次多是定性研究，缺乏定量研究。都说台湾银行业的优势在于管理及金融创新等，但是缺乏实证数据的支持，因而缺少说服力。本篇将综合已有研究，运用区域经济一体化、金融一体化及合作竞争等基础理论，对两岸银行业的合作进行定性与定量结合的系统性、全面性研究。

三、研究方法及思路

本篇遵循体系、竞争力、绩效比较—现状—合作模式的主线，首先认清两岸银行业发展的现况，以及体系、竞争力、绩效方面的差异，结合两岸银行业往来与合作的现状，找出两岸银行业合作的方向、模式及策略。本篇综合运用经济学、金融学、计量经济学等经济金融理论，以 ECFA 架构为指导，为更好服务两岸经济发展为主旨，采用理论分析与实证研究相结合、定性分析与定量分析相结合的方法研究两岸银行业的合作。具体而言，在回顾两岸银行业改革及发展的基础上，采用比较分析方法分析两岸银行业体系等方面的差异；从基础资源、人力资本、经济效益、管理水平及财务状况等方面收集数据，而后建立指标体系，应用密切值法测算两岸银行业的竞争力得分；采用 DEA（数据包络分析）方法，应用 DEAP2.1 软件，选取员工人数、客户存款、固定资产净值作为投入指标，以贷款、投资、利息收入和非利息收入作为产出指标，计算两岸银行业的 Malmquist TFP 生产力指数及其分解项技术变动 TEC、纯技术效率变动 PE、规模效率变动 SEC 的值，比较两岸银行业在绩效方面的差异；进一步利用 DEA 方法计算绩效值，采用 Mann – Whitney 非参数检验，检验所有权、公司治理、资产质量、金融创新能力对银行的绩效值是否具有显著影响。

四、本篇结构安排

导论部分为本篇的选题背景及研究意义，总结现有关于两岸银行业合作的研究现状，并进行了简要评述，阐明了本篇写作目的、思路及方法。

第一章为银行业合作相关理论基础。介绍区域经济一体化理论、区域金融合作理论、合作竞争理论，将其作为两岸银行业合作的理论基础。

第二章为两岸银行业的发展及体系比较。此部分首先阐述两岸银行业改革及发展、架构体系、目前运行情况，在此基础上对两岸银行业进行简要比较，认为在组织体系、监管机构、分业混业经营模式、市场结构、满足市场需求方面存在差异。然后对两岸银行业到对方市场经营的优劣势、机会与威胁进行了论述。此章的写作目的在于全面认识两岸银行业的发展状况、体系架构、优劣势，为研究两岸银行业的合作提供定性铺垫。

第三章为两岸银行业竞争力比较。此部分主要从基础资源、人力资本、经济效益、管理水平、财务状况等方面建立指标体系，搜集两岸不同银行的经营数据，采用密切值法，首先对各银行的综合竞争力进行计算、排名，然后对分项的竞争力进行计算、排序，以期发现两岸银行业各自的竞争力优势与劣势。

第四章为两岸银行业绩效比较及影响因素分析。此部分主要采用数据包络分析方法（DEA），选取投入产出指标，分析两岸银行业 Malmquist 生产力指数及其分解项效率值，以期进一步发现两岸银行在资源配置能力方面的优劣势。

第五章为经济全球化态势下两岸银行业合作机遇与挑战。分析 ECFA 签订前后两岸银行业合作的状况，选定共生合作竞争为分析视角，从合作现况中总结未来两岸银行业合作的挑战，也从两岸经贸交往发现两岸银行业合作的机遇。

第六章为经济全球化态势下两岸银行业合作模式及路径选择。在前面章节分析基础上，总结出适合现阶段两岸银行业合作的模式及策略，进一步提出对策建议，以推动合作的深入开展。

五、本篇需进一步努力的方向

本篇的不足之处是：在进行实证研究时，囿于两岸数据统计口径不一致及数据可得性问题，选取样本量及时间跨度偏小，不能充分从定量的角度说明两岸银行在竞争力和绩效方面优劣势的变化及其决定因素，这是本篇需要改进和深入研究的地方。

第一章 银行业合作相关理论基础

在经济全球化、区域经济一体化程度日益加深态势下，区域金融合作也随经济合作的进展而发展，企业之间的竞争从原来单纯的对立性竞争转向合作性竞争。本章通过对区域经济一体化理论、区域金融合作理论、合作竞争理论的介绍，奠定两岸银行业合作的理论基础。

第一节 区域经济一体化理论

一、经济全球化及经济一体化定义

经济全球化是20世纪80年代末90年代初，西方经济学家对世界经济相互联系范围日益广泛、相互依赖程度日趋加深这一经济现象的概括，包括生产全球化、贸易全球化、金融全球化、投资全球化等概念。1997年，国际货币基金组织将经济全球化定义为：跨国商品与服务贸易及国际资本流动规模和形式的增加，以及技术的广泛迅速传播使世界各国经济相互依赖性增强。虽然目前学术界对经济全球化尚无统一的定义，但至少可以看出，经济全球化是一个过程，在这个过程中，各国为了增进国家利益，通过跨越民族、国家经济边界，强化国际通行的市场规则和运行机制，使各国经济在市场经济的道路上全面开放，相互依赖、相互融合。

经济一体化一词最初出现于20世纪50年代的西欧，迄今为止也没有一个被普遍接受的定义，概括地讲，它是指两个或两个以上的国家在现有生产力发展水平和国际分工的基础上，由政府间通过协商缔结条约，让渡一定的国家主权，建立两国或多国经济联盟，从而使经济达到某种程度的结合以提高其在国际经济中的地位。经济全球化和经济一体化既有区别又有联系：全球化表达的是在范围上的扩大，一体化表达的是各国经济内在机制上的统一，世界各国经济关系高度的融合；两者都是从增加国家间的经济联系，增进经济利益出发，从政策和制度上进行调整，以达到资源的优化配置。全球化是一体化的外在形式、前提条件，一体化是全球化的内在机制，是全球化发展趋势。

广义的经济一体化即世界经济一体化，狭义的经济一体化即区域经济一体化，指区域内两个或两个以上国家或地区，在一个由政府授权组成的并具有超国家性的共同机构下，通过制定统一的对内对外经济政策、财政与金融政策等，消除国别之间阻碍经济贸易发展的障碍，实现区域内互利互惠、协调发展和资源优化配置，最终形成一个政治经济高度协调统一的有机体的这一过程。由于本篇只涉及台湾和大陆两个经济区域，因此重点阐述区域经济一体化理论。

二、区域经济一体化理论

区域经济一体化理论形成于20世纪50年代，经过不断发展与完善，已形成一个丰富而综合的体系，代表理论主要有关税同盟理论、自由贸易区理论、共同市场理论、经济同盟理论和完全的经济一体化理论。

（一）关税同盟理论

加拿大经济学家雅各布·瓦伊纳（Jacob Viner）1950年出版的《关税同盟问题》引起了广泛关注。这本书的出版标志着国际一体化经济理论的正式形成。瓦伊纳通过建立一个1×3关税同盟（CU）模型进行定量分析，明确了关税互惠给两国带来利益或损失的概念，还首次提出贸易创造效应和贸易转移效应概念，并建立了评价和衡量关税同盟资源配置效果和福利的瓦伊纳准则。该准则认为，关税同盟得益与否取决于贸易创造效应和贸易转移效应的差额，如果前者大于后者，该关税同盟是有利的；反之则不利。贸易创造效应是指用高效率国的低成本产品替代了低效率国的高成本产品而获得的利益，它的产生和大小取决于各成员国国内产品的供给需求弹性，本国的供给弹性越大，对本国越有利。贸易转移效应是指低效率国用伙伴国较高成本的进口替代原本从世界市场上较低成本进口产生的损失，它的产生和大小取决于伙伴国与非伙伴国的成本差，差距越小，损失越小。后来，约翰逊（Johnson）、米德（Meade）、科登（Corden）等指出瓦伊纳关税同盟理论的缺陷，并在不同方面对其进行了扩展与补充。约翰逊1965年指出，贸易创造效应还包括消费效应，即一体化后各国价格会随着伙伴国便宜产品的进口而下降，从而消费者获得了剩余；米德提出了贸易扩展效应，指出高效率国低价产品占领一体化市场，贸易量大大增加，而低效率国国内市场价格降低，也会刺激国内的需求，从而获得贸易扩张效应；科登提出了成本递减效应和贸易抑制效应，作为对瓦伊纳准则的补充，成本递减效应指高效率国增加的贸易量和生产量会使其边际成本递减，贸易抑制效应是指原本自己不生产的高效率国用较贵的本国生产替代了从较低廉的非同盟国的进口而遭受的福利损失；蒙代尔（Mundell）认为，关税同盟的建立会使自身利益增加而其他国家福利受损，伍顿（Wooton）却认为并不必然使其他国家福利受损；巴拉萨（Balassa）认为，关税同盟的建立会提高各成员国的生产效率。关税同盟理论经过许多补充，日益成为一种较为成熟的经济理论。

（二）自由贸易区理论

自由贸易区理论是米德在关税同盟理论的基础上提出来的，它同关税同盟一样实现了产品市场一体化，但允许成员国保持原来对非成员的贸易关税，不要求统一。而当区内高关税成员国的需求弹性非常大时，低关税成员国就会向区外进口而转手出口至高关税国，产生“贸易偏斜”现象，因而，为消除这种贸易偏斜，自由贸易区必须实行原产地原则。虽然米德自认为自由贸易区不如关税同盟，但从实践来看，它是比关税同盟应用更为广泛的一体化形式。世界贸易组织将其解释为：由两个或两个以上的关税领土所组成的一个贸易集团，该集团对这些组成领土的产品的贸易，实质上已取消了关税和贸易限制。

（三）共同市场理论

共同市场是指两个或两个以上国家或经济体通过达成某种协议，不仅实现自由贸易，建立共同的对外关税，还实现了服务、资本和劳动力的自由流动的国际经济一体化组织。共同市场不仅实现了产品市场一体化，还实现了生产要素市场的一体化。共同市场理论不仅分析了生产要素市场的开放，还分析了产品市场与要素市场同时一体化时的相互影响关系。提出共同市场理论的代表经济学家为西托夫斯基（Scitobsky）和德纽（Deniau），该理论将被贸易保护主义分割的小市场统一起来，结成大市场，然后通过大市场内部的激烈竞争，实现大批量生产的规模经济等方面的利益。他们认为建立共同市场的最大目的是通过资本和劳动力从低边际产品向高边际产品的自由流动来达到一个更有效的资源配置。首先，他们分析了生产要素的流动效应，认为体现在价格集聚和完全均衡效应上，即劳动力和资本等要素价格在各成员国内趋于一致或完全一致，且这种均衡会改变各成员国相关利益群体的福利。其次，他们研究了取消流动障碍后产品和要素市场之间的相互关系及影响，认为在一些比较严格的假设条件下，产品市场的一体化会使要素的价格趋于一致。最后，要素流动也可替代产品贸易，即生产要素的流动将改变各成员国中生产要素的相对稀缺性，并使要素价格趋同，这也将减少两国生产产品的成本差额，从而影响产品贸易。

（四）经济同盟理论

经济同盟是在共同市场的基础上发展起来的，它不仅实现了产品、要素市场的一体化，还实现了政策的一体化。经济同盟理论以巴拉萨（Balassa）理论为代表，他对产业政策、货币政策、社会政策、财政政策和汇率政策等的一体化对各成员经济体的影响进行了分析，认为总体上说，政策一体化程度大小决定了政策一体化可避免各成员国因政策的差异而给贸易量和生产要素流动带来的负面影响的大小，从而决定了可避免的福利损失的大小，即一体化能使各成员国的资源得到有效配置，而不会因各国政策差异而产生资源配置的扭曲。

（五）完全的经济一体化理论

完全的经济一体化是经济一体化的最高形态，它不仅具备经济同盟的一切特征，实现了产品市场、要素市场、政策的一体化，还实现了政治一体化，即各成员国模糊了国家主权，实行完全的超国家经济管理，形成在政治、经济上都非常统一的整体。这方面代表是欧内斯特·哈斯的职能“外溢”理论，认为经济一体化会自动“溢出”政治一体化，还为此设计了“溢出”的条件，从而较为详细地研究了一体化的规模大小、成员国的交往频率、政府作用程度等因素和经济一体化程度高低的关系。这一理论为欧共体的建立提供了理论依据，在区域经济一体化理论体系中有很高的地位。但该理论也广受争议，如霍尔曼、凯瑟等认为经济一体化并不容易自动“溢出”政治一体化，政治一体化不是经济压力的结果，只能是主动的政治决策的结果。不管如何，这一理论丰富了区域经济一体化理论体系的内容，研究方法和思路值得借鉴。

第二节　金融合作理论及金融一体化

金融合作本是经济合作的一个重要组成部分，考虑本篇主要研究两岸银行业的合作，故将金融合作的有关理论单列出来并在此进行阐述。

一、国际金融合作与国际货币合作的概念

国际金融合作与国际货币合作是两个不同的概念。黄梅波（2002）认为国际货币合作是国际经济政策协调的一个子集，指有关国家和国际组织在货币政策、汇率政策、外汇市场干预、国际收支调节等领域的合作，它也是国际货币体系的重要组成部分①。谭毅（2005）认为，国际货币合作是指两个及以上国家和国际组织，为使合作集团的整体利益最大化并最大限度地均等化，而在货币政策、汇

① 黄梅波．国际货币合作的理论与实证分析［M］．厦门：厦门大学出版社，2002.

率政策、外汇市场干预、国际收支调节、储备政策、货币合作发展战略与机构等方面所进行的互动性、协作性或统一性行为，其中心是维持外汇市场的稳定[①]。赵长峰（2006）则在两者的基础上，将国际金融合作解释为：国际金融合作是指国际经济、金融组织与各国家以及各国家之间，通过信息交流、磋商与协调，在金融政策、行动等方面采取共同步骤和措施，达到减少金融体系风险、防止金融问题累积以破坏宏观经济效率、保护消费者、培育金融市场的有效机能以及预防犯罪分子和恐怖分子滥用金融体系的目的[②]。由此可见，国际货币合作是国际金融合作的重要组成部分。

国际金融合作有广义和狭义之分，广义国际金融合作指全球范围内的金融合作，狭义的国际金融合作则指区域性的金融合作，是一定地区内的有关国家和地区金融领域所实行的合作，如欧洲货币合作、拉美"美元化"、东亚金融合作等。由于本篇研究两岸银行业合作，应归属区域金融合作的范畴，因此，以后内容也将重点探讨区域金融合作问题[③]。

二、区域金融合作

（一）区域金融合作定义

关于区域金融合作[④]，学术界对此界定不统一，综合来看，主要歧义在"金融"与"货币"之分、"合作"与"一体化"之分。但是，很显然，货币是金融产生的前提，金融的外延却大于货币，它还包括与货币不相关的东西；同理，一体化是合作的结果，合作的外延也大于一体化。因而，区域金融合作涵盖了"货币合作"、"货币一体化"、"金融一体化"、"金融区域化"、"汇率合作"、"货币政策协调"、"金融监管协调与合作"等，具体可定义为：具有某些属性的区域内的国家或国家集团间，在货币金融领域进行的各种相互沟通、磋商、协调、支持和联合的行为，以形成一系列正式的或非正式的制度安排，目的是为了适应国际政治经济环境的变化，实现各自利益或共同利益的最大化。区域金融合作属于区域经济一体化进程的重要组成部分，后者为前者的产生提供了基础和动力，反过来，前者又进一步推动了后者的发展。

区域金融合作分三个层次：第一层次为初级阶段，表现为双边特性、非制度性、松散性、单一功能性，缺乏统一、完善的组织结构和制度安排，通常合作方

---

① 谭毅．国际货币合作研究——性质、意义与理论基础［M］．广州：中山大学出版社，2005.

② 赵长峰．国际金融合作：一种权利与利益的分析［M］．北京：世界知识出版社，2006.

③ 戴全平，万志宏．APEC 的货币金融合作：经济基础与构想［J］．世界经济，2005（5）：12－20.

④ 本篇所说的区域金融合作，是国际金融合作的一部分，指不同国家或地区之间，而非一国范围内的不同地区。

式是简单的信息交流、沟通、磋商，或为促进区域贸易和经济发展而建立支付清算机构和开放性金融机构等，货币互换协定属于这种形态；第二层次是汇率协调与联动机制，旨在稳定汇率的机制安排，表现为多边性、有制度和组织机构保障；第三层次是统一货币，表现为成员国政策协调的程度很高，宏观经济状况达到高度协同，合作区域内只存在一种货币，区域内货币政策由统一的中央银行实施，欧元区属于这种形态。

（二）区域金融合作原因

区域金融合作原因可以从以下方面分析：①世界政治经济格局的变化促使区域金融合作的产生。“二战”结束至今，世界政治经济格局发生了巨变，主要国家的政治经济实力对比发生了很大变化，原来的霸权国家由绝对优势逐渐转向相对优势，原本依附于霸权的各种力量获得了快速的发展，开始主动寻求自主权力的拥有和自我利益的实现，开始纷纷对现存国际金融制度安排表示不满，并探索其他的可行性途径来抵制美国的金融霸权，实现各自的金融权益。而寻求区域支持，发展区域金融合作就成了各国的现实选择。②国际金融发展与稳定的需求。金融全球化、自由化扩大了金融市场、金融机构、金融业务边界，使得货币资本能自由地在全球范围内优化配置，这样一来，国际资本流动加速，金融风险也被放大，而大多数单个国家也没有足够的能力来抵制金融危机的冲击，现实的选择是寻求区域金融合作，在保证资本自由流动的前提下，加强国际金融监管合作，以达到保持国家乃至世界经济健康稳定发展的目的。③区域经济一体化发展的要求。金融合作与经济合作密不可分。区域经济一体化为区域金融合作提供基础和动力，后者是前者发展的要求和趋势，区域金融合作不但可节约交易成本，刺激经济与贸易增长，还可通过对金融资源的合理配置，从整体上发挥金融对该地区筹集和分配资金的功能作用，从而促进地区经济的发展和区域经济一体化的深化。④解决现存国际金融制度内在矛盾，需要区域金融合作。现存制度不能适应金融全球化带来的金融发展速度、规模、范围、复杂性等方面的变化，任何一种全球性、统一性的金融组织安排和汇率制度选择都无足够能力应对大的冲击，且世界政治经济格局的多元化也要求国际金融领域制度安排的相应多元化，以反映不同利益主体的诉求。解决内在矛盾的根本途径在于改良或者改革现有国际金融制度，而区域金融合作则是一种有效的国际金融制度创新。⑤技术进步、金融创新的需求。技术进步和金融创新活动一方面使金融市场的对接、金融监管合作、金融机构的跨国经营在技术层面变得简单可行，另一方面推动了金融市场的边界和规模进一步扩大，使之超出一国金融控制范围，国际金融风险也随之增加。当现有国际金融制度安排对风险控制和救援不力的情况下，寻求区域金融合作则成为国家规避金融风险的一种有效选择。

（三）区域金融合作模式

关于国际金融合作的模式，不同派系形成了各自不同的观点。①新现实主义的“霸权合作”模式。这种模式不是以区域要素和金融市场一体化、各国经济融合趋同性较高等实体经济融合为前提和基础，而是区域各国基于各自或者共同利益，由政府有意识、有目的地推动合作，是一种“自上而下”的形式。霸权国和其他参与国在合作过程中始终处于主体地位的不平等状态，其他国家往往只能被动接受霸权国单方面行动的结果。②新自由主义的“制度合作”模式。这是一种市场融合的诱致性需求，是市场自发的融合和政府合作行为共同作用的结果。从金融权力和利益分配结构看，这是一种相对平衡的合作，各合作主体基本处于同等地位；这也是一种主动性的合作，各主体为了共同目标而主动进行一系列政策协调；也属于多边互动性合作，每个主体的主导战略都是在主体间互动过程中决定的，而非单独决定的。③建构主义的“文化合作”模式。这种模式强调区域认同观念、区域文化、区域互动及平等交流，它将国家对外行为背后的身份和利益提到最重要位置，若国家间身份和利益在区域互动过程中发生积极变化，则区域金融合作就能深入推进；反之，若发生消极变化，则原有的合作规范可能破裂，还可能导致频繁的冲突。这种模式是一种非制度性变迁，既可以是对称、主动、单边依附性合作，也可以是非对称、被动、多边互动型合作。④新马克思主义的“依附型合作”模式。这种模式主要是处于国际金融体系的“边缘”国家依附于“中心”国家的不平等合作，在合作的权力结构上表现为不对称，在利益分配方面，“中心”国家在原有不平等的利益分配格局的基础上，利用这种合作方式加剧对“边缘”国家金融利益的掠夺。这种合作模式主要是由“中心”国家政府推动的，它们努力将“边缘”国家纳入到这种合作方式中，但新马克思主义学说认为，这种合作不是目的而是过程和手段，最终会由依附型合作转变为对称型合作。

当前，区域金融合作的典范有欧盟货币合作、拉美“美元化”和东亚地区金融合作，它们的实践也极大地推动了理论的发展。

三、金融一体化及两岸金融一体化

金融一体化是经济一体化的组成部分，是经济一体化的核心。金融一体化与经济一体化一样，没有统一的定义。WTO 框架下金融一体化主要包括两层含义：一是金融业的开放，即开放市场准入和享有国民待遇；二是金融市场的相互开放。Peter J. Monteil（1994）将金融一体化分为弱式和强式金融一体化两种形式，弱式金融一体化指不存在任何金融资产流动障碍，金融资产具有高度流动性，但不同国家或地区间的金融资产可以是不完全替代的；强式金融一体化指不同国家或地区金融资产价格完全相同并具完全替代性。Baele 等（2004）认为，一体化是这样一种状态：所有的市场参与者面临同样的市场规则，进行经营活动时一律平等，且具有资本自由流动和一体化的金融服务两个特征。国内学者元惠萍、陈浪南（2002）认为，金融一体化既指一体化的过程，也指一体化的结果（状态）。就过程来说，它包括消除各国或各地区经济单位之间的差别待遇的种种举措；就状态而言，则表现为各国或各地区之间各种形式差别待遇的消失。因此，一体化指实现目的的手段，也指最终目的。朱新蓉（2002）将金融一体化解释为金融资产收益率在全球均等化的内在机制和实现过程，包括金融机构设置全球一体化、金融交易全球一体化、金融管理全球一体化。刘建江（2006）则认为，金融一体化是指一国或地区在金融开放的基础上，其金融活动与世界其他国家或地区相互影响、相互渗透而形成联动整体的发展状态。由此可以看出，金融一体化是国家或地区间金融活动相互渗透、相互影响的过程和最终状态，包括取消机构设置、货币兑换、资本管制、汇率管制等制度性壁垒的过程和状态。具体到两岸金融一体化，则是指大陆和台湾间逐步取消金融制度性壁垒，互相开放金融市场，实现货币兑换、直接结算，促进资本等自由流动，从而使两岸金融资源达到最优配置，且双方在货币主权上协调，最终实现货币一体化。两岸金融一体化是长期的、循序渐进、分阶段推进的过程，在初级阶段，体现为两岸逐步放开市场准入限制，相互开放金融市场，促进金融资源的自由流动；在发展阶段，相当于欧洲共同市场状态的金融一体化水平，两岸签订两岸金融合作协议，互相提供排他性的优惠措施，开展两岸金融一体化合作，使资本要素和金融服务自由流动，并形成较大的离岸金融市场；在高级阶段，两岸经济金融相互依存度不断提高，促进两岸创立货币合作基金，协调汇率政策或货币政策，并最终实现货币一体化。

第三节 合作竞争理论

一、合作竞争理论的演变

最早提出协作竞争理念的是乔尔·布利克和戴维·厄恩斯特（Joel Bleeke, David Ernst, 1993），他们在《Collaborating to Compete: Using Stratigic Alliances and Acquisitions in the Global Marketplace》一书中写到：对多数全球性企业来说，完全损人利己的竞争时代已经结束。驱动一家公司与同行业其他公司竞争、驱动供应商之间和经销商之间在业务方面不断竞争的传统力量，已不可能再确保赢家在这场达尔文式的游戏中拥有最低成本、最佳产品或服务，以及最高利润。很多跨国公司日渐明白，为了竞争必须协作，以此取代损人利己行为。他们还指出，公司不应盲目竞争，而只应在其拥有持久优势的领域竞争，或在为保持行业影响力或获得价值方面必须参与的领域加强竞争。

无论企业还是银行，相互之间参与合作，从本质上讲是因为通过合作竞争建立起的伙伴关系，可以汇集双方资源优势，增加产品的附加值、共同研发新产品，以满足市场需求，直白地说就是互惠互利。理论上，关于企业合作的动因方面，主要有资源依赖性、交易成本说、博弈论三种观点。资源依赖性观点认为：由于存在资源异质性和黏性约束，企业复杂的经营环境要求其必须依靠其他组织才能获得所需的资源，必须通过组织间的协调与管理，采取各种形式的合作，满足对资源的需求，同时也降低经营中的不确定性。提出交易成本概念的科斯认为：市场协调和组织协调这两种相互替代的协调和配置资源的制度都是有成本的，他把企业的边界定为外部交易成本与内部管理成本相等的地方，企业的扩张与缩小则完全取决于交易成本解决。根据交易成本理论，银行间合作是为了建立成本最低的制度安排，当银行通过自身提供某些产品和服务的交易成本较高时，就会趋向选择合作伙伴来提供以降低成本。博弈论认为：在个体之间存在行为和利益相互制约的博弈结构中，以个体理性和个体选择为基础的分散决策方式，无法有效协调各方面利益，并实现整体、个体利益共同的最优，必然导致“囚徒困境”。但如若博弈双方采取合作态度，便能实现个体和集体利益最大化的双赢。博弈论的发展，为企业参与合作竞争实现双赢提供了理论基础。

真正提出竞合战略，将博弈理论应用于企业管理中的是亚当·布兰登勃格和拜瑞·内勒巴夫（Adam M. Brandenburger and Barry J. Nalebuff, 1996），在其出版的《竞合战略》一书指出，创造价值的本质是合作的过程，争取价值的本质是竞争的过程，竞合策略的主要观念是增加互补者（Complementors），运用互补者的战略可使产品和服务变得更有价值。对合作竞争他们表述为：一种超越了过去的合作以及竞争的规则，结合了两者优势的方法。后来，摩尔（Moore，1997）将生物学中共生概念引入经济学，研究企业之间的经济活动，提出了商业生态系统共同演化竞争的战略理论。他认为企业的合作正在逐步取代旧式的、胜者为王的斗争，在产业界限日益融合、经济全球化趋势越发明显的情况下，企业应当将自己作为整个商业生态系统的成员而不是单个的个体，生态系统内的企业可以通过竞争将贡献者联系起来，创造一种崭新的共生系统商业模式。内尔·瑞克曼（Neil Rackham，1998）在其所著《合作竞争大未来》一书中，将企业伙伴关系和合作精神理解为企业竞争优势的新来源，在产品和企业营销策略等同质化越来越明显的情况下，他认为合作竞争可以使企业避免生产经营中的重复与浪费，借助彼此核心能力创造新的市场机会，即合作竞争能做大“蛋糕”，实现企业双赢。

本篇后面章节涉及用共生合作竞争分析两岸银行业深化合作的机遇与挑战，故在此详细介绍一下共生概念和机制。共生来源于生物学，是指在特定的共生环境中，共生单元间按照某种共生模式形成的关系，包括共生单元、共生模式和共生环境。共生单元是基本能量生产和交换单位，它是共生体的基本物质条件；共生模式是共生单元相互作用或结合的方式；共生环境好比共生单元发生各种关系的场所。从共生的组织程度进行分类，从低级向高级依次分为点共生、间歇共生、连续共生、一体化共生。共生单元、共生模式和共生环境相互作用的媒介为共生界面。共生关系的形成必须建立在共生界面上，且必须存在共生机制。两个经济体在贸易、投资、人员、信息方面的交流合作所提供的环境可以理解为共生界面，而共生机制包括环境诱导机制、共生动力机制、共生阻尼机制。环境诱导机制可理解为政治、经济、地理、人文方面诱发各个决策主体（即共生单元）进行合作的因素；共生动力机制可理解为各决策主体之间通过合作可获得个体无法获得收益而产生的自发动力；共生阻尼机制可理解为政策、制度、技术等方面的阻碍合作关系产生的因素。

二、合作竞争模式

企业合作竞争的模式主要有战略联盟、虚拟企业和企业集群等不同组织形式，它们体现不同的合作竞争特点，又在一定程度上相互交叉与重叠。

（一）战略联盟

战略联盟概念最早由美国 DEC 公司总裁简·霍普兰德（J. Hopland）和管理学家罗杰·奈格尔（R. Nigel）提出。他们认为，战略联盟指的是由两个或两个以上，有共同战略利益和对等实力的企业，为达到共同拥有市场、使用资源等战略目标，通过各种协议、契约而结成的优势互补或优势相长、风险共担、生产要素水平式双向或多向流动的一种松散的合作模式。布劳易斯（Blois，1972）等将稳定的联盟称为“准一体化”；威廉姆森（Williamson，1983）将战略联盟称为“非标准商业市场合同”；巴特勒（Butler，1983）和卡尔耐称其为“被管理或被组织的市场”；索雷利（Thorelli，1986）从联盟组织多边性出发，称之为“网络化”；汤普森（Thompson，1991）等认为，联盟是除市场和管理之外的第三种社会经济活动协调工具；波特（Porter，1990）认为，联盟是企业间达成的既超出正常交易，又达不到合并程度的长期协议，包括技术许可证、供应协定、营销协定和合资企业，其优势在于克服了完全独立企业之间协调的困难。从以上描述可以看出：战略联盟是两个或两个以上的独立组织为了实现各自战略性目的而达成的一种长期或短期的合作关系。

战略联盟具有以下特点：首先是边界模糊，它呈现一种你中有我、我中有你的局面，并非像传统的企业一样具有明确的层级和边界；其次是关系松散，合作各方主要是靠契约联结起来的，通过协商的方式解决各种问题，兼具了市场机制与行政管理的特点；再次是机动灵活，组建过程简单，无须大量附加投资，存在时间短，解散方便，当环境发生变化时可迅速做出反应；最后是动作高效，合作各方将核心资源加入联盟中来，在这种条件下，联盟可以高效完成一些企业独自很难完成的任务。

战略联盟的类型，从不同的研究视角出发，会有不同的分类。从治理结构角度划分，战略联盟可以分为股权式联盟（合资、相互持股）、契约式联盟（生产、研发、销售等环节进行协议合作）；从价值链的角度划分，可以分为横向、纵向、混合联盟；从合作的正式程度划分，可以分为实体联盟和虚拟联盟，实体联盟是指主要靠股权、合作协议等具有法律效力的契约约束组成的联盟，虚拟联盟指不涉及所有权的、不以法律作约束力的、非彼此相互依存的联盟关系。战略联盟的具体表现形式可以是合资、研发协议、定牌生产、特许经营、相互持股等。

（二）虚拟企业

虚拟组织一词是由肯尼思·普瑞斯（Kenneth Preiss）、史蒂文·戈德曼（Steven L. Goldman）、罗杰·内格尔（Roger N. Nnd）三人在《21 世纪的生产企业研究：工业决定未来》中首先提出的，他们将其定义为市场和企业之间的一种中间过渡型组织。后来，三人在《以合作求竞争》一书中指出虚拟企业是由各单位形成的集团，其员工都来自这些企业，他们彼此紧密联系、相互影响与作用，为了共同利益而奋斗，但工作过程仍然保持相对独立。约翰·伯恩（John A. Byrne，1993）认为虚拟企业是企业间的一种联盟关系，是一些相互独立的企业依靠信息技术联结的暂时联盟，各合作伙伴都贡献自己最核心的能力，共同分享成本和技能，把握快速变化的市场机遇。1992 年威廉·戴维陶（Willan H. Davidow）与麦克·马隆（Michael S. Malone）合著的《虚拟企业》一书中，将虚拟企业描述为：具备生产虚拟产品能力、经过彻底改造的企业。虚拟产品相对传统产品而言，以生产及运输等合成为效益原则，费时短，且可以同时在许多地点提供顾客多样化选择，满足顾客需求。因此，所谓虚拟企业，是当市场出现新机遇时，具有不同资源与优势的企业为了共同开拓市场，应对其他竞争者而组织、以信息网络为基础，技术信息共享、费用共担、联合开发、互利的企业联盟体。这种联盟体随市场机会的出现而建立，随机会的消逝而解体。

（三）企业集群

亚当·斯密从分工角度认为企业集群是由一群具有分工性质的中小企业，以完成某种产品的生产联合为目的而结成的群体。韦伯引入集聚因素，强调集群是企业的一种空间组织形式，是在某一地域范围内相互联系的集聚体。德瑞奇和特克拉认为企业集群是通过相互间的配套合作能获取绩效优势的众多中小企业在地理上的集中。威廉姆森从企业组织和交易成本的角度，将企业集群看作是基于专业化分工和协作的众多中小企业集合起来的组织，是介于纯市场组织和层级组织之间的中间性组织。罗森菲尔德认为，企业集群是相似的、相关联或互补的众多中小企业在一定地理范围内的聚集。波特以竞争优势理论为基础，认为企业集群是某一特定产业的中小企业和机构大量聚集于一定的地域范围内而形成的稳定的、具有持续竞争优势的集合体。综上所述，企业集群是相关联或互补的企业，为获得配套资源，进而形成竞争优势，而在特定地理区域内进行集聚形成的群体。

三、合作竞争效应分析

企业合作竞争联合了若干企业的优势，共同开拓市场、参与市场竞争，增强了企业市场竞争力。合作竞争效应主要有规模效应、成本效应、协同效应和创新效应。

（1）规模效应。单个企业各自的相对优势在合作竞争中得到更大程度的发挥，降低了企业的单位成本，且合作使专业化和分工程度提高，对合作伙伴在零部件生产、成品组装、研发和营销等各个环节的优势进行了优化组合，放大了规模效应。

（2）成本效应。企业通过相关契约建立稳定的交易关系，降低因市场不确定和频繁交易而导致的较高的交易费用。同时，合作企业间进行的信息交流解决了信息不完全的问题，减少了信息费用，且信息共享也有助于降低内部管理成本，提高组织效率。因而，合作竞争降低了企业的内部组织成本和外部交易成本。

（3）协同效应。相同类型资源在不同企业间表现出较大差异，为企业资源互补融合提出了要求。合作竞争扩大了企业的资源边界，可充分利用对方异质性资源，从而节约企业在资源方面的投入，减少企业的沉没成本，同时提高自身资源的利用效率。通过双方资源和能力的互补，产生“1+1>2”的协同效应，提升企业竞争力。

（4）创新效应。合作竞争有利于企业间传播知识、创新知识和应用知识，也有利于企业间能力结合而创造出新的能力。此外，合作组织整体的信息搜集、沟通成本较低，可以更加关注行业内竞争对手的动向和产业发展动态，跟踪外部技术，进行管理创新等，为企业提供了新的思想和活力，大大增强了企业的创新能力和应对外部环境变化的能力。

第二章　两岸银行业的发展及体系比较

两岸银行业在发展过程中表现出各自不同特点。台湾银行业先后经过了民营化改革和三次金融改革，且随着台湾经济发展，银行业实力大幅提升，逐步与国际接轨。大陆银行业也从新中国成立初期的大一统模式逐步经过改革发展，形成了多层次的银行体系，银行业实力也得以大幅提升。回顾两岸银行业的发展，总结两岸银行业体系及现状，有助于清楚认识两岸银行业在体系架构、经营管理等方面的差异及互补性，为两岸银行业的合作提供参考。

第一节　中国台湾银行业的发展

一、台湾银行业历史沿革

（一）20 世纪 90 年代民营化改革前的银行业发展

1949 年 6 月，台湾实行币制改革，发行新台币，同时进行农地改革，激励生产，加强工业与交通建设，为金融发展奠定基础。在此期间，台湾的银行机构包括台湾银行、台湾土地银行、台湾产业金库（合作金库前身）、株式会社台湾商工银行（第一商业银行前身）、株式会社华南银行（华南商业银行前身）、株式会社彰化银行（彰化银行前身）、台湾中小企业银行，还包括信用合作社、农会信用部、渔会信用部和 1949 年迁台营业的中央信托局。1953 年开始，台湾推动四年经济建设计划。1960 年 2 月，“交通银行”在台复业，同年 10 月，“中国银行”复业。1961 年，“中央银行”复业。1967 年 5 月，中国农民银行复业。随后，还成立了上海储蓄商业银行、邮政储金汇业局。20 世纪 70 年代，两次石油危机造成世界经济不景气，台湾外向型经济因此受阻，在此期间，台湾对新设金融机构的态度较为保守，仅有华侨商业银行、世华商业银行、高雄市银行、台北市银行及若干信用社成立。1981 年以后，台湾经济产业结构开始升级为以资本和技术密集型产业为主，加之当局实行金融自由化、国际化和建设台湾成为亚太国际金融中心的政策，1989 年台湾修订了“银行法”，放宽了市场准入标准，取消了对新机构设立的限制，允许公营银行私有化，允许民间设立商业银行。此后，台湾金融机构开始快速扩张。

（二）20 世纪 90 年代后至加入 WTO 时期银行业的发展

此阶段台湾银行业经历了大的变动。一方面，新的银行大批设立或原有的小银行及信用社改制为商业银行。1990 年 4 月，台湾颁布“商业银行设立标准”，之后短短几年，台湾“财政部”批准设立了 16 家民营银行，包括万通、大安、联邦、中华、远东、亚太、华信、玉山、万泰、泛亚、中兴、台新、富邦、大众、宝岛及安泰；3 家银行由信托投资公司改制为银行，如中信银行（原中国信托投资公司）、庆丰银行（原国泰信托）、汇通银行（原第一信托）；3 家中小企业银行改制为商业银行，如台北国际商业银行、台中商业银行及新竹国际商业银行；7 家信用社改制为银行，包括诚泰、阳信、板信、第七、高新、华泰及三信。1999 年新成立了中华开发工业银行。另一方面，原有的公营银行逐步实现民营化。1998 年 1 月，台湾省属银行彰化商业银行、华南商业银行、第一商业银行等相继宣布实现民营化释股，同时，台湾“行政院”公营事业民营化推动专案小组通过了“2003 年 6 月前将台湾银行、台湾土地银行、台湾合作金库转为民营”的决议。1999 年 11 月，台北银行改制为民营。2000 年，台湾通过“银行法”修正案和“信托业法”，允许银行业混业经营。经过这一时期发展，台湾银行业基本格局初步形成。银行类金融机构主要包括商业银行、储蓄银行、专业银行（对特定经济部门提供中长期专业性金融服务的银行，如工业银行、农业银行、不动产信用银行、输出入银行和中小企业银行）、基层合作金融机构及“中央信托局”①。

（三）加入 WTO 后银行业的发展

1987 年 7 月台湾修改“管理外汇条例”，大幅放宽国际资金转移管制后，虽引起大量资金流入，但由于对银行采取强力监管措施，不允许外资大量流入台湾金融市场。至 2001 年底，台湾正式加入 WTO 前，台湾对于外资投资股市及货币市场都采取谨慎态度。“入世”后，为适应即将到来的银行业全球化竞争，继续响应前期推行的金融自由化、国际化策略，台湾银行业经历了三次金融改革，在对外开放自身市场的同时开始向海外进行扩张。

由于台湾本土民营银行数量迅速增加，导致银行业竞争加剧，盈利能力持续

① “中央信托局”集金融与贸易于一身，除办理银行业务外，还接受政府机关及公民营机构的委托，代办贸易及进出口业务。

降低，贷款逾放比率攀升，加上亚洲金融危机的间接影响，极大地威胁到台湾银行业系统的稳定和安全。因此，台湾行政部门开始实行改善金融机构及重建金融体系的“第一次金融改革”，首要任务是降低逾放比率。采取措施包括：成立“金融重建基金”，以帮助问题金融机构退出市场；提供优惠措施，鼓励金融机构合并，以协助金融机构扩大规模；2002 年通过“金融资产证券化条例”，帮助金融机构提升资产流动性；允许成立资产管理公司，帮助金融机构快速剥离不良资产，加速资金回笼；此外，为适应混业经营，台湾当局还对各金融监理机关进行了一元化改革，成立了金融监督管理委员会。实施一系列措施后，银行业不良贷款比率有所降低，资产质量有所提高。此外，在经济金融全球化浪潮下，为适应金融综合化趋势，台湾通过了“金融控股公司法”，允许金融业混业经营，整合资源，提升综合竞争力。至 2003 年 1 月 3 日，台湾“财政部”核准的 14 家金融控股公司全部成立，如华南金控、富邦金控等。

尽管第一次金融改革降低了银行贷款逾放比率，但当时台湾地区银行规模普遍偏小，缺乏国际竞争力，与台湾提倡的国际化策略不符；因此，台湾当局2004 年 10 月开始了第二次金融改革，并提出四大目标：2005 年底促成 3 家金融机构市场占有率 10% 以上；2005 年底前公股金融机构数目至少减为 6 家；2006 年底前台湾岛内 14 家金融控股公司数目必须减半；2006 年底前至少促成一家金融机构由外资经营或在岛外上市[①]。随着 2006 年合作金库银行与中国农民银行、台湾银行与“中央信托局”的合并，台湾公营银行数目由原来的 14 家变为 3 家——即台湾银行、土地银行、中国输出入银行，完成了公营银行数目减少的目标。其中，台湾银行与“中央信托局”合并后，市场占有率约为 10.6%，存款份额约 11.37%，勉强达到建立大规模银行的目标。此外，渣打银行在 2006 年入主新竹国际商业银行，实现了本地银行由大型外资控股经营的目标。但本次改革也造成了不良后果，明确规定期限使得银行业者为了避免落后，纷纷先求变大以自保，并以高财务杠杆进行并购，造成债务累积严重，财务状况恶化。再者，由于金控公司可以混业经营且规模变大，不良资产的隐藏和转移能力增强，向监管当局提出挑战，且由于金控公司 14 家中有 11 家为民营，台湾当局不易操控，所以金控公司减半的目标几乎失去意义。总体来看，第二次金融改革以失败而告终。

2008 年 5 月台湾地区政党轮替，国民党重新执政台湾地区，认为第二次金融改革弊端重重。同年 6 月，台湾“行政院”指出当局将推动第三次金融改革。这次改革欲通过“三大主轴、两大原则”，即以市场整合、金融创新和诚信为主轴，以人才和法治为原则，在尊重市场机制的前提下推动金融机构整合。这次改

---

① 何志强，邢增艺，施卫华. 台湾金融（银行）改革模式探讨［J］. 上海金融，2008（6）：65－68.

革目的是实现公股银行国际化，提升公股金控竞争力，不限数量、不限时、不限对象，不违反市场机制。虽然台湾已经加入 WTO，但其金融机构国际竞争力还较弱，相比较而言，大陆算是台湾银行业国际化发展较为理想的市场，因此，推动台湾银行业登陆也是第三次金融改革的重点。

二、台湾银行业现有体系架构

台湾金融体系呈现典型的“二元性”特征，即有组织的、正规的金融体系和无组织的民间借贷两部分。有组织的金融体系包括监管机构、金融机构和金融市场，金融机构又分为银行金融机构和非银行金融机构，银行类金融机构包括台湾一般银行、外国银行在台分行、中小企业银行、信用合作社、农会信用部和渔会信用部、“中华邮政公司”储汇处、国际金融业务分行 OBU 等。在 2004 年 7 月设立“行政院”金融监督管理委员会以前，有组织的正规金融体系由“台湾财政部”和“中央银行”共同监督管理。“台湾财政部”下设金融局、证券及期货管理委员会和保险司，分别负责银行、证券和保险业的监管。金融局按照“国际金融业务条例”、“银行法”、“信用合作社法”以及“外汇管理条例”，负责对存款货币机构、信用卡市场、货币市场、外汇市场以及境外金融市场的监管；中央银行按照“中央银行法”对信托投资公司、银行兼营票券业务部门、银行兼营证券业务部门进行监管；“中央存款保险公司”则按照存款保险条例对信用合作社进行监管。2004 年 7 月 1 日，金融监督管理委员会正式挂牌成立，将“财政部”下属的金融局、证券及期货管理委员会、保险司与“中央银行”的监督职责，以及“中央存款保险公司”监督职责等一并纳入，由此，台湾金融监管进入监督、管理、检查一元化时期。现行台湾银行业组织架构如图 2 - 1 - 1 所示。

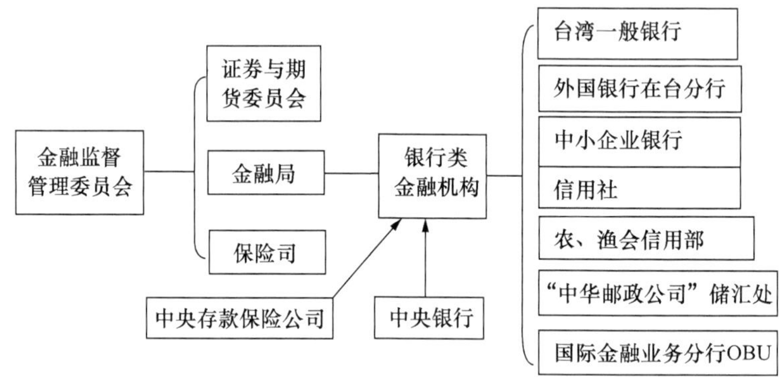

图 2 - 1 - 1　台湾现有银行体系架构

三、台湾银行业经营现状

台湾经济发展的过程中，金融业对台湾经济的发展贡献较大，伴随台湾经济的发展，金融业实力也得到很大提升。截至 2012 年 2 月底，台湾银行类金融机构包括 39 家一般银行（设 3401 家分支机构）、29 家外国银行在台分行、25 家信用合作社（256 家分支机构）、农会信用部（815 家分支机构）和渔会信用部（43 家分支机构）①。随着台湾制造业陆续向大陆迁移，台湾银行业的优质客户逐渐流失，又加上台湾金融市场日渐饱和，近几年来台湾银行业发展较为平稳，增长速度较前些年有所减缓。2006～2011 年，包括台湾一般银行、外国银行在台分行、中小企业银行、信用合作社和农、渔会信用部在内的机构在内，台湾金融机构的资产规模保持稳中有升，由 10579 亿美元增长到 14697 亿美元，年均增长率为 6.8%，从资产构成来看，客户放款占主要比例，基本保持在 50%，证券投资占 8%，其余主要为国外资产、对金融机构债权及其他资产；负债规模由 9989 亿美元增长到 13857 亿美元，年均增长率也为 6.8%，与资产规模增长保持一致，从负债来源看，主要还是企业及个人存款，比例维持在76%～80%。

从放款部门看，个人贷款占最大比重，民营企业次之，两者合计金额占贷款总额的 87% 左右，具体情况如表 2－1－1 所示。从贷款行业看，以制造业为最大宗，所占比重保持在 45% 左右；批发及零售业、不动产业合计居于次席，前者所占比重近几年比较稳定，但略有下降，后者所占比重略有上升；但是运输及仓储业的比重逐年下降；只有金融及保险业比重较为稳定，营造业和服务业贷款比重下降较多，具体情况如表 2－1－2 所示。从消费者个人贷款分析，经历国际金融危机后，民间消费成长，加上不动产市场回温，消费者贷款余额有所增加，其中最大的部分则为住宅购置贷款：2011 年底比重比 2006 年提高了约 16 个百分点。房屋修缮款比重减少较多，汽车贷款比重经历了金融危机的下滑过后有所上升，其他个人消费贷款的比重较为稳定，信用卡循环信用占比逐年下降，具体如表2－1－3所示。

表 2－1－1　台湾全体银行放款部门比重　　单位：百万美元，%

年份	总额	公营事业	民营企业	个人	政府机关
2006	505869	3.18	39.46	47.70	9.65
2007	514818	3.49	40.74	47.73	8.03
2008	551865	4.37	41.54	46.88	7.21

① 数据来源：《“中华民国”金融统计月报》2012 年 3 月刊，下同。

续表

年份	总额	公营事业	民营企业	个人	政府机关
2009	530830	4.18	39.68	47.65	8.49
2010	592508	4.22	40.31	47.44	8.03
2011	679625	4.16	41.86	46.22	7.76

资料来源：《“中华民国”金融统计月报》2012年3月刊；全体银行包括台湾一般银行、中小企业银行、外国银行在台分行。

表2－1－2 台湾全体银行对公民营企业放款行业分布

单位：百万美元，%

年份	总额	制造业	营造业	批发及零售业	运输及仓储	金融及保险	不动产业	服务业	其他
2006	215733	44.25	5.56	13.49	9.30	6.91	7.94	5.89	6.66
2007	227724	43.43	4.03	12.52	8.51	8.16	10.45	3.66	9.24
2008	253361	46.74	3.95	11.52	8.27	6.54	10.09	3.38	9.52
2009	232824	45.98	3.88	11.36	8.77	6.28	10.37	3.38	9.96
2010	263855	45.49	3.50	11.58	8.47	6.22	11.10	3.24	10.41
2011	312758	46.74	2.94	11.44	8.26	6.07	12.17	2.88	9.50

注：其他类包括农林渔牧业、矿业及土石采掘业、水电燃气及污染整治业、住宿及餐饮业、资讯及通信传播业等。

资料来源：《“中华民国”金融统计月报》2012年3月刊；全体银行包括台湾一般银行、中小企业银行、外国银行在台分行。

表2－1－3 台湾全体银行消费者贷款分类 单位：百万美元，%

年份	总额	购置住宅	房屋修缮	汽车贷款	机关团体职工福利贷款	其他个人消费性贷款	信用卡循环信用余额
2006	200063	65.46	12.19	1.84	2.28	13.31	4.92
2007	199582	68.59	12.68	1.37	1.85	11.48	4.03
2008	205487	70.89	12.20	0.99	1.49	10.76	3.67
2009	199481	72.98	11.45	0.82	1.24	10.37	3.14
2010	212779	75.87	9.11	0.87	1.04	10.45	2.67
2011	232972	77.63	7.11	1.08	0.99	11.13	2.07

资料来源：《“中华民国”金融统计月报》2012年3月刊；全体银行包括台湾一般银行、中小企业银行、外国银行在台分行。

第二节　中国大陆银行业的发展

一、大陆银行业历史沿革

（一）改革开放前的银行业：大一统模式

从1953年开始，我国实行高度集中统一的综合信贷计划管理体制，对国有企业资金供给实行以财政拨款为主和银行季节性、临时性短期贷款为辅的财政信贷分口管理，信贷资金实行自上而下的严格管理计划，银行内部统收统支、统存统贷。这一阶段，我国银行业实际上只有中国人民银行唯一一家银行，它既是金融行政管理机关，又是经营信贷、结算、出纳等银行业务的经济实体。在此期间，虽然中国银行、中国人民建设银行、中国农业银行等也存在，但实际上只经办中国人民银行规定范围内的特定业务。

大一统金融体制是高度集中的计划经济管理体制的必然产物，在这种经济体制下，它便于政策贯彻和全局控制。在第一个五年计划期间和20世纪60年代初的三年经济调整期间，这种金融体制表现出了自己的效率和优点。但这种体制忽视商品和市场作用，尤其是基层金融机构，更无法发挥主动性和积极性。这种模式必然和社会生产力的发展不相适应。

（二）改革开放后、加入WTO前的大陆银行业

1. 国有独资专业银行形成阶段

1978年中共十一届三中全会以来，金融机构体系的变革成为一项极为重要的工作。1979年3月，中国农业银行重新恢复成立，集中办理农村信贷，领导农村信用社。同时，中国银行从中国人民银行中独立出来，专营外汇业务。同年8月，中国人民建设银行从财政部分离出来。1984年，中国工商银行从中国人民银行分离，承担了原有人民银行办理的工商企业金融业务。至此，四大专业银行形成，它们的业务严格划分。1983年9月，国务院颁发《关于中国人民银行专门行使中央银行职能的决定》，确立了中国人民银行的性质与地位：发行的银行、政府的银行、银行的银行。1986年9月，国务院批准重新组建交通银行之后，又陆续成立了第一批股份制商业银行，如招商银行、福建兴业银行、中信实业银行、深圳发展银行、广东发展银行、烟台住房储蓄银行。由此，大陆银行业的二级银行体系逐渐形成。

此外，城市信用合作社的组建也是这一时期金融改革的一大亮点。1983年

开始，长春、武汉、邯郸、郑州、沈阳等城市就先后试办了中国第一批集体性质的城市信用合作组织。1984 年以后，中国许多大中城市也相继成立了各种城市信用合作社。1986 年 7 月，中国人民银行颁布《城市信用合作社管理暂行规定》，至 1988 年期间，城市信用合作社迅速发展起来。但快速发展的结果是城市信用合作社出现政企不分、资产质量低、监管不足的问题。1989 ~ 1991 年，人民银行开始整顿城市信用合作社。

2. 国有专业银行转变为国有商业银行阶段

1992 年中共十四大确立了中国经济体制改革的目标是建立社会主义市场经济体制，与此相适应，1993 年 12 月，国务院提出《国务院关于金融体制改革的决定》，要把国有的专业银行办成真正的商业银行，从事商业性金融业务。1994 年，大陆相继成立了国家开发银行、中国农业发展银行和中国进出口银行，承担四大专业银行的政策性金融服务，还陆续成立了第二批股份制商业银行，如中国光大银行、上海浦东发展银行、中国民生银行和华夏银行。1995 年 7 月 1 日，《中华人民共和国商业银行法》颁布实施，商业银行的权利和义务首次以法律的形式加以明确规定。同年还出台了《城市信用合作社管理办法》，之后 110 多家各省级城市信用合作社陆续改制为城市商业银行①，加上先前成立的股份制商业银行，大陆银行业市场竞争日趋激烈，经营方式也逐渐转为市场与成本原则。1997 年亚洲金融危机过后，大陆确立金融业实行“分业经营、分业监管”的体制改革方向，1998 年，大陆先后成立中国证券监督管理委员会和中国保险监督管理委员会，人民银行只保留银行业相关监督管理工作。

为推动国有独资商业银行的改革，1998 年开始，财政部决定向四大国有商业银行发行国债以补充四大国有银行资本金。此举虽然增加了国有商业银行的投资收益，也从账面上提高了银行的净资产含量，但由于一些历史积淀，四大国有银行不良贷款率较高。因此，1999 年财政部全额拨款组建了信达、长城、华融、东方四家资产管理公司，专门负责处理四大行的不良资产，这是中央政府拯救国有四大行的关键一步，为四大行减轻了包袱。

（三）加入 WTO 后大陆银行业发展

国有商业银行的股份制改革、银行上市，以及大陆银行业市场的对外开放和银行业的海外扩张是这一阶段银行业发展的主题。

1. 国有商业银行股份制改革及国内商业银行上市

为应对加入世界贸易组织后银行业面临的挑战，大陆大刀阔斧地对银行业进行了一系列改革。2002 年 2 月，中央召开第二次全国金融工作会议，做出对国有

① 朱浩民．中国银行业之开放与台资银行进入策略［J］．台湾金融财务季刊，2007（1）：102 - 119.

商业银行进行综合改革的重大战略决策。2003 年 4 月，中国银行业监督管理委员会成立，接收原中国人民银行对银行业的监管业务，中国人民银行则专门负责货币政策的制定与执行等。2003 年 10 月，中央明确指出：选择有条件的国有商业银行实行股份制改造，加快不良资产处置，多方充实资本金，尽快创造条件上市。2004 年 1 月，国家首先动用 450 亿美元的外汇储备，对中国建设银行及中国银行进行注资，改制为股份有限公司，随后分别于第二年、第三年在香港联交所挂牌上市。2005 年 4 月，工商银行获得政府 150 亿美元注资，改制为股份有限公司，并于次年在香港联交所上市。2007 年伊始，刚结束"入世"5 年过渡期的中国，召开第三次全国金融工作会议，明确提出加快推进中国农业银行股份制改革。2008 年 10 月，中投公司通过汇金公司向农业银行注资 1300 亿元人民币等值美元，与财政部各持有农业银行 50% 的股份，并进行了一系列调整，于次年 1 月正式更名为中国农业银行股份有限公司，2010 年 7 月在上交所和香港联交所上市。至此，国有商业银行的股份制改革和上市取得了阶段性胜利。在此期间，股份制商业银行如中信银行、浦发银行、兴业银行等，地方性城市商业银行如北京银行、南京银行、宁波银行等也陆续上市交易。

国家在推进国有商业银行股份制改革及上市的同时，也对三大政策性银行进行了股份制改革。2008 年初，国家开发银行改革方案获得国务院批准，商业化改革稳步推进，财政部和汇金公司作为发起人分别持有 51. 3% 和 48. 7% 的股份，并于 2009 年 2 月 16 日正式挂牌成立国家开发银行股份有限公司，且同年 8 月，其全资持有的投资公司——国开金融有限责任公司成立。2009 年 3 月，中国进出口银行改革工作小组成立，同年 9 月，确定由中央汇金对其进行注资①；2011 年 8 月，中国农业发展银行改革工作小组成立，标志着中国农业发展银行改革工作全面启动②。

2. 中国银行业的对外开放及海外扩张

早在 20 世纪 80 年代中国银行业的对外开放即开始，当时的目标只是为了引进外汇资金和改善对外资企业的金融服务，创造更好的投资环境。1980 年，日本输出入银行在北京设立代表处，次年，南洋商业银行在深圳设立分行，成为第一家外资银行营业性机构。随着社会主义市场经济体制改革的推进，为改善投资环境和更好吸引外商来华，我国于 1994 年颁布了《中华人民共和国外资金融机构管理条例》，规定了外资银行在华经营的市场准入条件和监管标准，外资银行在华经营逐步进入法制化、规范化的发展轨道。1996 年，将上海作为外资

① 关于中国进出口银行股份制改革的结果，至今尚无可靠官方消息，有媒体报道，进出口银行将兼营政策性金融业务和商业金融业务。

② 《2011 年第三季度中国货币政策执行报告》，第 15 页，www. pbc. gov. cn。

银行经营人民币业务的试点城市。但亚洲金融危机的爆发，使得外资银行在我国投资趋于谨慎，个别机构还退出了中国市场。我国为此采取了一些措施，批准深圳为第二个外资银行经营人民币业务的试点城市；允许外资银行加入全国银行间同业拆借市场；放宽外资银行经营人民币业务地域限制，允许上海市外资银行将人民币业务扩展到江苏和浙江，允许深圳市外资银行将人民币业务扩展到广东、广西和湖南。到“入世”前，在华外资银行营业性机构增长到约190家。

2001年底加入WTO后，大陆除积极履行“入世”承诺外，还提前向外资银行开放西安、沈阳、哈尔滨、长春、兰州、西宁等城市人民币业务，放宽其在这些地区经营人民币业务的盈利资格条件；允许外资银行与中资银行同步开办衍生产品交易业务、合格境外机构投资者境内证券投资托管业务、代客境外理财及托管业务，允许外资银行开办代理保险业务；根据与香港和澳门特别行政区签订的关于建立更紧密经贸关系的安排（CEPA），允许香港和澳门地区银行以优惠条件在内地设立机构和开办业务；调整外资金融机构参资入股中资银行比例，允许合格的境外战略投资者按照自愿和商业原则投资入股中资银行，参与中国银行业改革。至2006年底，五年过渡期结束时，22个国家和地区的74家外资银行在我国25个城市设立200家分行和14家法人机构；41个国家和地区的186家外资银行在我国24个城市设立242家代表处，分支行机构数量前6位的国家和地区为中国香港、美国、英国、日本、新加坡、法国，共占在华外资银行分支行机构总数的2/3左右①。

“入世”五年过渡期结束后，我国银行业对外开放的步伐进一步加快。2006年11月11日，国务院修订颁布《中华人民共和国外资银行管理条例》；随后，银监会发布《中华人民共和国外资银行管理条例实施细则》，自2006年12月11日起，取消对外资银行经营人民币业务的地域和客户限制，取消对其在华经营的非审慎性限制，允许其在自主选择商业存在形式前提下，将分行转制为在我国注册的法人银行，此即“法人导向”政策。2008年，外资银行业务范围进一步扩大，外资法人银行可从事人民币零售业务，发行银行卡，符合条件的外资法人银行可开办国债承销业务。截至2010年底，45个国家和地区的185家银行在中国设立216家代表处；14个国家和地区的银行在中国设立37家外商独资银行（下设223家分行）、2家合资银行（下设6家分行，1家附属机构）、1家外商独资财务公司；另有25个国家和地区的74家外国银行在中国设立90家分行，其中，台湾土地银行、第一商业银行、合作金库银行和彰化银行成为首批进入大陆设立

① 《中国银行业监督管理委员会2006年年报》，银监会网站，www. cbrc. gov. cn。

分行的台资银行；44 家外国银行分行、35 家外资法人银行获准经营人民币业务，56 家外资银行获准从事金融衍生产品交易业务①。

中国银行业对外资的开放，一方面表现为外资金融机构的进入，另一方面也表现为中资银行机构引入境外投资者。从 1996 年光大银行引进亚洲开发银行开始，我国银行业引进境外投资者已经走过 16 年历程。境外机构投资者的进入，不仅增强了我国银行业金融机构的资本实力，改变了相对单一的股权结构，还促进了公司治理水平的提高，推动了管理模式和经营理念与国际逐步接轨。截至 2006 年底，中资商业银行引进境外机构投资者 29 家，投资总额达 190 亿美元。2007 年新增 4 家机构投资 22.5 亿美元。2008 年，工商银行、中国银行、建设银行、交通银行先后引进 9 家境外投资机构，24 家中小商业银行引进 33 家境外机构投资者，3 家农村合作金融机构引进 3 家境外投资者，共引进资本 327.8 亿美元。随后受国际金融危机影响，境外机构投资者引进没有大的进展，2009 年只有一家股份制商业银行募集 304 亿港元股本。

中国银行业对外资开放的同时，国内银行业者也紧锣密鼓进行海外布局。早在 20 世纪 90 年代，我国银行业就开始跨出国门，开始是参与国际银团贷款和小规模设立境外机构等，这方面中国银行始终走在前列②。至 2005 年底，中国银行在港澳、北美、欧洲、南美和亚太等 27 个国家和地区拥有 600 余家境外机构，与超过 1400 家国外银行有业务联系。建设银行在中国香港、新加坡、东京、法兰克福、约翰内斯堡、首尔设立了 6 家分行，在伦敦、纽约设有 2 家代表处，在香港拥有持牌商业银行——香港建新银行。中国工商银行拥有 98 家境外分行、控股机构、代表处和网点，在新加坡、中国香港、中国澳门、东京、首尔、釜山、法兰克福和卢森堡设有分行，在纽约、莫斯科和悉尼设立有代表处，在中国香港、伦敦及阿拉木图亦拥有控股机构。中国农业银行在中国香港和新加坡设立分行，在东京、伦敦、纽约等地设立了代表处，在中国香港拥有农银财务有限公司③。加入 WTO 及五年过渡期结束以后，银行业的全面开放与对外经济金融交往的日益频繁，以及我国经济整体实力的提升，为我国银行业加快海外布局创造了有利条件。2006 年开始，我国银行业海外布局加快推进。2006 年，银监会正式批准建设银行收购美国银行（亚洲）公司，交通银行获批设立澳门和法兰克福分行，工商银行收购印度尼西亚哈里姆银行 90% 股权。2007 年，工商银行收购澳门诚兴银行和南非标准银行 20% 股权，国家开发银行收购英国巴克莱银行

① 《中国银行业监督管理委员会 2010 年年报》，银监会网站。

② 梁晓静．中国银行业海外发展的动力机制分析［D］．西南财经大学硕士学位论文，2003.

③ 靳晓静．我国国有商业银行“走出去”参与跨国并购解析［D］．对外经济贸易大学硕士学位论文，2006.

3%的股份；同年，美国金融监管当局批准招商银行设立纽约分行，这是美国1991年颁布实施《加强外国银行监管法》后批准的第一家中资银行营业机构。随后，我国大型商业银行加紧海外分行营业机构开设速度，至2010年底，5家大型商业银行在亚洲、欧洲、美洲、非洲和大洋洲共设有89家一级境外营业性机构，收购（或）参股10家境外机构，6家股份制商业银行在境外设立5家分行、5家代表处，2家城市商业银行在境外设立2家代表处，其中，中国银行、交通银行和招商银行获得台湾金融监管机构批准在台湾地区设立代表处，成为首批进入台湾地区的大陆银行；国家开发银行在中国香港、开罗、莫斯科设有代表处，进出口银行在法国、南非、巴黎、圣彼得堡设有代表处。

二、大陆银行业体系架构

大陆金融体系也呈现“二元性”特征，包括正规、有组织的金融体系和民间金融。有组织的金融体系包括监管机构、金融机构和金融市场，金融机构又分为银行金融机构和非银行金融机构，银行类金融机构包括政策性银行、全国性商业银行、城市商业银行、农村商业银行、农村合作银行、村镇银行、农村信用合作社、邮政储蓄银行、资产管理公司、外资银行等①。在2003年设立中国银行业监督管理委员会以前，银行业由中国人民银行监督管理，银监会成立后，大陆银行业的监管主要由银监会负责，中央银行独立出来负责货币政策的制定与执行。现行的大陆银行业体系架构如图2－2－1所示：

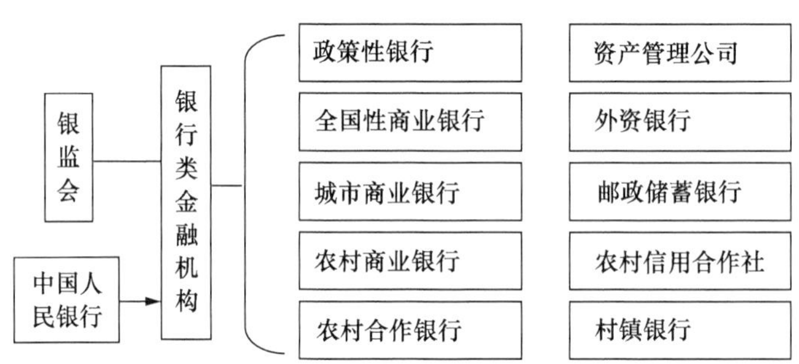

图2－2－1　大陆现有银行体系架构

① 根据《中国银行业监督管理委员会2010年年报》披露，我国银行业金融机构还包括信托公司、企业集团财务公司、金融租赁公司、汽车金融公司、消费金融公司、贷款公司及农村资金互助社。但本文讨论的是传统意义上经营货币存贷业务的银行，前述提到的金融机构都是根据市场需求成立起来的，功能性较强、业务较有针对性，故将此类金融机构省去，不作讨论。

三、大陆银行业经营现状

近几年来，我国银行业状况整体向好，对经济发展贡献较大。回顾2006～2011年我国银行业的运行状况（见表2-2-1），可以发现以下特征：

（1）资产负债规模稳步增长①。截至2011年第四季度末，我国商业银行资产总额达到113.29万亿元，较2006年增长69.34万亿元，年均增长率为20.85%，总负债余额达到106.08万亿元，比2006年末增加64.37万亿元，年均增长率为20.52%。存款余额由2006年的23.83万亿元上升至2010年的73.3万亿元，年均增长20.47%，贷款余额年均增长20.89%，与存款增长率保持一致。各类商业银行中，农村商业银行资产规模增长速度最快，主要是因为农村商业银行数量的增加，其次是城市商业银行和外资银行。就2011年情况看，贷款组合中，公司贷款占比78%，个人贷款占比19.55%；2011年新增贷款主要集中在制造业（27.6%）、个人贷款（23.5%）、批发及零售业（22.8%）。

（2）资本充足率持续达标。2006年，我国资本充足率达到《巴塞尔协议》规定的8%的银行机构数目为100家，达标银行资产占银行机构资产合计数的77.4%，到2009年则全部达标。2011年，商业银行加权平均资本充足率为12.7%，比上年末上升0.5个百分点；390家商业银行核心资本与资本比例为80.6%，资本质量较高。

（3）盈利水平较高。2011年商业银行全年累计实现净利润10412亿元，比2010年增加1421亿元，同比增长36.3%，从2006年以来，年均增长率为25.24%。2011年末，商业银行平均资产利润率为1.28%，同比上升0.15个百分点；平均资本利润率为20.4%，同比上升1.18个百分点。其中，净利息收入2.15万亿元，同比增长29.3%；非利息收入5149亿元，同比增长46.3%，显著高于同期净利息收入的增幅，说明我国商业银行中间业务收入增长迅速，也间接说明我国商业银行不再依赖传统存贷业务盈利，而开始转向中间业务。商业银行营业支出10577亿元，成本收入比33.4%，同比下降1.9个百分点。

（4）资产质量总体保持稳定，抗风险能力增强。2006年以来，我国银行业金融机构不良贷款率从7.1%降到1.0%，贷款损失拨备覆盖率由34.3%上升到256.98%，资产质量和抗风险能力大幅快速提升。单就2011年的情况来看，商业银行不良贷款余额为4279亿元，比上年末减少57亿元，不良贷款率下降0.17个百分点；贷款损失准备金余额为1.19万亿元，比上年末增加2461亿元，比上年末提高60.4个百分点。

---

① 此部分数据来自银监会各年年报及其披露的2011年中国银行业运行情况，www.cbrc.gov.cn。

表 2-2-1 2006~2011 年大陆银行业运行概况 单位：亿元,%

年份	2006	2007	2008	2009	2010	2011
资产	439499	525982.5	623912.9	78769.5	942584.6	1132873
负债	417105.9	49567534	586015.6	743348.6	884379.8	1060779
存款	348000	401000	478000	612000	733000	—
贷款	238300	278000	320000	426000	509000	—
净利润	3379**	4467	5834	6684	7367	10412
ROA	—	0.90	1.00	0.90	1.03	1.28
ROE	—	16.70	17.10	16.20	19.22	20.40
资本充足率	—	8	12	11.4	12.2	12.7
不良贷款率	7.1	6.2	2.4	1.58	1.14	1
拨备覆盖率	34.3	39.2	116.4	155	218.3	256.98

注：2006~2010 年数据来源于银监会网站；** 表示税前利润，—代表数据缺失。

第三节 两岸银行业体系比较

一、金融主管机关方面

台湾金融主管机关主要有三家：“中央银行”、“金融监督管理委员会”和“农业委员会”下设的“农业金融局”。“中央银行”主要职责是维护物价和金融稳定，以金融行政和货币政策来调控金融体系，为经济发展提供安定的金融环境。根据台湾“中央银行年报”（2010 年）的披露，台湾“中央银行”的主要工作有：调节金融，包括调节贴现利率、公开市场操作等；外汇管理，包括维持汇率稳定、换汇、外币资产管理、外资流动管理等；支付系统管理；发行货币；经理国库；金融业务检查。台湾的金融监管由隶属于“行政院”的金融监督管理委员会负责，金融监督管理委员会下设金融局，负责银行业的监督管理。早期台湾金融业管理、监督、检查、处罚权力一直是多头马车状态，分属“财政部”、“中央银行”、“中央存款保险公司”等单位，2004 年 7 月金融监督管理委员会的成立，使大部分金融检查与管理的职权得以集中。其受检机构包括金融控股公司、银行业、证券业、期货业、保险业、电子金融交易业与其他金融服务业，对农渔会信用部也可接受委托进行检查。由此，金融检查业务由分业检查模式变为功能性整合检查模式，由分工检查方式变为权责统一的单一机关检查方式，同时金融检查与金融处分由同一机关执行，事权明确。“农业金融局”是“农渔会信用部”的主管机关，于2004年成立，宗旨是增进农业金融机构间的互助、互利功能，加强辅导农渔会信用部，健全农业金融监管与检查制度等。

大陆的金融主管机关主要有中国人民银行、银行业监督管理委员会。中国人民银行主要负责货币政策的制定与执行，根据《国务院办公厅关于印发中国人民银行主要职责内设机构和人员编制规定的通知》［2008］所述，我国中央银行的职责包括：拟定金融改革和发展战略规划；起草有关法律和行政法规草案；依法制定和执行货币政策，制定和实施宏观信贷指导政策；防范、化解系统性金融风险，维护国家金融稳定与安全；负责制定和实施人民币汇率政策，持有、管理和经营国家外汇储备和黄金储备；监督管理银行间同业拆借市场、银行间债券市场、银行间票据市场、银行间外汇市场和黄金市场及上述市场的有关衍生产品交易；发行货币，经理国库；反洗钱；管理征信业等。我国银行业监督管理委员会成立以来，接过原来由人民银行承担的监管职能，其主要职责为：制定银行业金融机构及其业务活动监督管理的规章、规则；审查批准银行业金融机构的设立、变更、终止以及业务范围；对银行业金融机构的董事和高级管理人员实行任职资格管理；对银行业金融机构的业务活动及其风险状况进行现场检查或非现场监管；对银行业的突发事件进行处理；编制银行业统计数据；对银行业机构及其人员的违法行为进行调查与惩处等。

二、分业经营与混业经营

2001年台湾通过“金融控股公司法”之前，台湾的金融业是分业经营的，主要是便于监管和防范金融风险。但台湾在20世纪90年代开始就提出金融国际化战略，考虑到岛内金融机构规模较小，于是在第一次金融改革之际，就鼓励金融机构通过合并的方式扩大规模，提升竞争力。由此，金融控股公司（以下简称金控公司）的诞生，标志着台湾金融业混业经营的正式开始。2001年底，首批4家金融控股公司成立以来至今，台湾已有15家金融控股公司，其子公司涉及证券、银行、保险、投资信托、管理咨询等几乎所有金融业务。从主并金融机构来看，其中有9家主并银行，分别是中华开发金控、中国信托金控、永丰金控、玉山金控、台新金控、兆丰金控、第一金控、台湾金控、华南金控，有3家主并金融机构为证券公司，分别是元大金控、日盛金控、国票金控，有3家主并金融机构为保险公司，分别是富邦金控、国泰金控和新光金控。2001～2004年台湾第一次金融改革阶段，台湾就以金融控股公司的形式，允许金融业进行混业经营，并以“金融控股公司法”加以确立和规范。

20世纪90年代大陆银行业实质上的“混业经营”其实已经出现。当时，工、农、中、建四大行都提出全能银行的发展口号，相继介入了证券、信托、租赁、房地产、投资、保险等非银行业务，但由于当时银行缺乏应有的自律和风险约束机制，大量信贷资金涌向外汇、房产、股市，加速了银行自身风险的积累，造成“混而乱”的局面。2003年，银监会正式成立，我国金融业分业经营、分业监管的模式形成，相关法律法规建立，不允许金融业投资其他金融机构。这种模式的好处在于，在我国金融业防范与化解金融风险能力较弱时，可以降低金融业经营风险，有助于保护银行业的安全和自身客户的利益。但在实践中，我国法律并未禁止非金融实体同时持有保险、银行、证券等金融机构的股份，因此，实业性的金融控股公司早已存在，如山东电力集团，曾控股英大信托投资公司、鲁能金穗期货公司，曾是湘财证券的第一大股东和华夏银行的第二大股东。纯金融性的“非经营性”控股公司，较早的有光大集团和中信集团，分别拥有光大银行、光大证券、光大信托和中信银行、中信证券、中信信托、信诚人寿、中信期货等公司，经过改制，目前光大集团和中信控股公司都不再是经营机构，而只是一个纯粹的投资控股机构，旗下的商业银行、证券、信托公司等实行分业经营、分业管理。随着我国银行业的全面开放，部分综合性的海外金融集团已通过各种渠道分别进入我国保险、证券及银行业等领域，它们拥有人才、数据及部分业务实质性的混业经营，给我国银行业的分业经营政策带来一定程度冲击。近几年来，为应对外资金融机构所带来的竞争，我国开始出现了以银行为主体的营业性金融控股公司，如中国银行。中国银行利用在海外设立的全资附属的投资银行中银国际，以外资金融机构的身份，绕开中国金融业分业经营的限制，在内地设立合资或独资公司，开展银行、证券、基金和保险业务。类似的还有建设银行业与摩根士丹利成立的中国国际金融有限公司，工商银行与香港东亚银行合作建立的工商东亚金融控股公司①。

三、银行规模、股权结构及市场集中度方面

从排名前五大的商业银行资产规模看，大陆银行资产规模远高于台湾银行业。截至2011年9月末，大陆银行中工、农、中、建、交通银行资产规模合计数额约为8.32万亿美元，而台湾银行中，台湾银行、台湾土地银行、合作金库银行、第一商业银行、华南商业银行资产规模合计为4482亿美元，仅为大陆前五大银行资产合计的5%左右。

在股权结构方面，台湾的银行业较大陆早进行股份制（民营化）改革，且

---

① 陈浩军．金融控股公司在我国的发展及展望［J］．浙江金融，2011（5）：29－31.

多数银行均已上市，股权结构较为分散。根据各银行2010年年报披露，多数银行持股比例排名前十的主要股东都是法人股东，在这些股东中，有相当一部分是金融机构，还有一些是金融控股公司的全资子公司，如国泰世华商业银行。大陆的银行股权结构较为集中，以五大银行为例，虽进行了股份制改革，但最大的股东依然是国家（中央汇金公司或者财政部），持股比例均在40%以上。城市商业银行中，股东数少，股东主要为财政局、国资委或者国资委下属的企业，实际上其背后的真正股东则是政府。

在市场集中度方面，大陆银行业集中度较高，表现在五大商业银行资产规模占银行业金融机构资产规模合计的49.2%[①]，2011年商业银行新增资产中，47.31%属于国有商业银行[②]，而台湾银行业市场集中度较低，前五大银行的资产占国内一般商业资产合计额的30%[③]。

四、金融服务满足金融需求方面

金融需求指决策主体在金融市场上获得所需要的金融产品并具有购买能力的欲望。与金融机构设置和提供服务相对应，金融需求可以分为三个层次：国家、城市、乡村发展的金融需求，主要指公共基础设施建设对资金的需求；企业或个人生产需求，主要指企业或者个人在生产经营过程中对资金的需求；生活需求，主要指个人日常消费、临时性消费和大宗消费对资金的需求。

台湾银行业的体系设置对满足各层次资金需求比较到位。有全岛性大银行，如台湾银行、第一商业银行、华南商业银行、彰化商业银行、台北富邦商业银行、国泰世华商业银行、玉山商业银行等，它们服务据点多、资产规模大，在满足岛内大额资金需求方面能提供较好服务。还有一些区域性商业银行，或者由企业财团出资组建的商业银行，它们在服务当地经济、满足本地企业发展资金需求方面较有优势。此外，中国输出入银行、土地银行和台湾农业金库是台湾的政策性专业银行，分别专门服务于台湾企业的进出口融资和农业金融；台湾中小企业银行是台湾专业服务中小企业融资与辅导的银行；信用合作社一般活跃在县一级城市，服务于当地经济发展。台湾较具特色的是其国际金融业务分行OBU和农地金融。OBU（Off－Shore Banking Unit），即离岸金融中心，也就是国际金融业务分行，是台湾政府以减少外汇金融管制，并提供租税减免或优惠措施，吸引国际性金融机构及投资者到台湾参与经营银行业务，在原有银行架构下单独分离出

① 中国银行业监督管理委员会年报2010［J/OL］. http：//www. cbrc. gov. cn/chinese/home/doc View/20110329105207FCE245635EFF756F4AAAAA8900. html.

② 中国银行业运行概况2011［J/OL］. 银监会网站，http：//www. cbrc. gov. cn.

③ 本篇计算整理。

来的支行。OBU 的服务对象为境外个人或者法人，为其办理外汇资金业务，经过 OBU 的资金，可不受外汇条例限制，且客户存款免收利息所得税，在两岸金融业务上更能增加公司贸易往来的便利性，省去经由第三地操作的费用。在服务农业方面，台湾农地金融网络完善，覆盖地域广阔，且农村资金来源多部门、多层次、多渠道，农贷规模较大。台湾农地金融结构属于发散性的，台湾土地银行是办理土地金融和农业金融业务的专业银行，是台湾农地金融体系的主体，农渔会信用部、台湾农业金库和合作金库银行作为补充，为农民提供中长期贷款，很好地发挥了金融对台湾农业的支持作用。

大陆银行业体系包括全国性的大型商业银行，如工、农、中、建、交通银行，前四者由国有专业银行改制而来，它们在支持国家经济建设中发挥着极其重要的作用；还有全国性的股份制商业银行，如光大、华夏、民生、中信等，它们资金规模及营业网点不如全国性商业银行，但是在经营上却较前者有效率，也形成了自身的经营特色和优势，作为大型商业银行金融服务的补充。我国还存在一大批区域性银行和城市商业银行，它们在成立之初便与当地经济或政府有着千丝万缕的联系，服务当地经济发展、满足当地企业融资需求是它们必然的使命。此外，还有一些信用合作社、农村商业银行、村镇银行等服务于最基层的金融需求。近年来，对我国银行业的关注焦点不再是银行盈利、效率、管理水平等，而是转移到银行体系满足金融需求程度上来，中小企业融资（尤其是微小企业融资）和农村金融成为学术界及业界，乃至政府关注的重点。大陆并未像台湾一样，存在专业银行解决中小企业融资问题，而是在现有银行体系之内，采取措施缓解中小企业融资难的问题。在服务“三农”方面，目前为我国农村金融提供服务的有农业银行、农业发展银行、农村信用社、农村商业银行、村镇银行和一些小额贷款公司、资金互助社等。其中，中国农业发展银行主要承担办理国家规定的农业政策性金融业务；中国农业银行是服务农村金融的最大商业银行；农村商业银行和农村信用社作为农村基层金融机构，直接面对农村各种不同金融需求主体开展业务，支持农村经济发展。

第四节 两岸银行业 SWOT 分析

一、台湾银行业赴大陆投资的 SWOT 分析

台湾地区金融业开放相对于大陆较早，金融市场发展较为成熟，国际化进程

也较大陆早，并率先进行银行股份制改革，在经营管理和风险管理的经验与能力上较佳。但是台湾银行业发展整体良莠不齐，银行业整体报酬率不高，规模相较于大陆小，也是台湾银行业国际化中需要面临的问题。

（一）台湾银行业的优势——Strengths

（1）台湾金融业已经成为台湾服务业支柱性产业之一，在台湾经济发展中发挥了至关重要的作用，见证了台湾经济的腾飞，为自身积累了很多宝贵的发展经验。台湾银行业体系发展较为完备，国际化进程较早，与欧美等发达国家银行体系接近，市场开放早，包括配套法规等在内的制度较为健全。

（2）公司治理机制较为完备。台湾银行业在20世纪90年代初就开始进行全面的民营化股份制改革，至今，绝大多数银行已实现民营化且上市，股权分散，公司治理结构合理，机制较为完备，而大陆多数银行的大股东是政府，股权较为集中，在银行资产负债管理、治理结构及内控等方面仍存在较大的改进空间。

（3）以台商客户群为基础，具备丰富的中小企业金融服务经验。台湾企业多是中小企业，在与台湾企业往来过程中，台湾银行积累了丰富的经验，较为擅长与中小企业开展业务，再加上其与台商岛内母公司的业务往来关系，在为大陆台商提供金融服务方面，具有不可比拟的优势。具体表现在：台资银行利用岛内已有“金融联合征信中心”，能更了解台资企业运营情况和信用状况；业务具有继承性，利用同一银行有利于节省两岸经贸活动经费，达到规模经济效益，实际上大陆台商在大陆银行贷款比例较小，岛内银行承担了大部分资金供应任务。

（4）混业经营的经验使得银行能提供多元化金融服务。如前文所述，台湾银行业较早开放，与欧美银行体系较为接近，尤其是以银行为主体的金融控股公司、混业经营体系的建立，在提供金融产品、衍生工具交易方面经验较为丰富，能为客户提供全功能的资产管理、风险规避、套期保值等业务。

（5）较为丰富的农村金融经验。台湾农村金融在促进台湾经济腾飞、实现从农业经济到工业经济的转变过程中扮演了重要角色，在为广大农户提供生产和生活资金，加速实现农业现代化等方面发挥了重要作用，在组织结构、运作模式、业务经营以及配套措施等方面都较为成熟。而农村金融正是大陆现阶段争论的热点和急需解决的问题。

（二）台湾银行业的劣势——Weaknesses

（1）银行规模普遍偏小，同质性较高，资产报酬率低，不足以与大型金融机构相抗衡。台湾排名前五大的银行资产规模仅为大陆前五大银行资产规模的1/20，更不用说国际性的“金融航母”如花旗、汇丰等；与早已进入大陆的其他外资金融银行相比，台湾银行同质性较高，创新能力略显不足，缺乏国际化业务经验，国际金融人才也略显不足；由于岛内银行数目过多，导致银行竞争激烈，加上台湾制造业的整体迁移，台湾银行业整体盈利降低。因此，一时间无法与大型金融机构相抗衡。

（2）台湾银行业赴大陆投资时间较晚，先机被其他外资金融机构占据。以花旗、汇丰等为代表的欧美外资金融机构较早获得大陆监管当局批准，在华设立代表处，在大陆银行业全面开放后，又先升级为分行或者子行，在做强优势业务——外汇业务的同时，又带动人民币业务、中间业务的发展，同时还与中资银行开展合作，实现本土化经营。此外，大陆台商客户流失严重。台商赴大陆投资早于银行业，迫于发展的融资需要，在台湾银行业迟迟无法提供所需金融服务时，台商客户便转向在大陆的其他外资银行或者中资银行。

（3）进入大陆后的适应与发展、授信风险控制等可能会出现一些问题。虽说台湾与大陆同文同种，但毕竟相隔甚久，银行业经营都是在各自框架体制内，管理、经营理念等会出现较大差别。进入大陆后，台资银行管理层需要与下级员工有一个磨合期，才会达到预期经营效果；在品牌、市场、营销等策略方面都可能需要重新定位；而台湾银行要想发展在华的企业客户，也会面临来自台资银行、中资银行、在华其他外资银行的激烈竞争。此外，在授信方面存在潜在的风险：台商多是中小企业，盈利能力参差不齐，一些绩效优秀的台商早已被大陆中资银行或其他外资银行争取，未能获得融资的都是些经营有问题的企业，若台资银行将业务对象定位为大陆本土企业，不仅面临前述同样问题，还会因为其经营状况、财务不透明等面临更大的风险。

（三）台湾银行业的外部机会——Opportunities

（1）ECFA 为台资银行在大陆发展提供了更宽松的环境。首先，ECFA 的签订，使得两岸经贸往来步入双向化、制度化的轨道，将推动台商进一步到大陆投资，目前来看，台商投资形成了珠三角、海西区、长三角以及环渤海经济圈的相对集中区域，但也有一部分台商看中内陆的发展、市场及相对低廉的成本，开始向内陆转移。而在 ECFA 中，大陆承诺，将为台湾银行申请到中西部地区、东北部地区开立分行的，设立绿色通道。其次，先入驻的台资银行，符合大陆监管要求的，可申请升级为分行或者在华注册的法人银行，法人银行则可获得与中资银行相同的国民待遇，可经营人民币零售业务，也不再受资产起点等的限制。最后，大陆允许台湾银行在大陆设立的营业性机构可建立小企业金融服务专营机构。由此拓宽了业务范围，为台资银行争取更大的盈利空间创造了机会。

（2）台资银行虽然自身规模、经营等不如在华其他大型外资银行，但却可以凭借自身优势，与大陆的二线银行进行竞争，尤其是中西部地区、东北部地区的二线银行，抢夺客户资源和市场。台资银行可以跟随部分台商客户，率先进入大陆西部等金融欠发达地区，从服务台商这一优势业务开始，逐步带动本土银行业务的发展。

（3）台资银行可凭借其在农业金融方面的优势，入主大陆农村金融市场，开辟全新业务领域。

（四）台湾银行业的外部威胁——Threats

（1）大陆本土的大型银行、全国性股份制商业银行和城市商业银行的威胁。大陆五大商业银行及全国性的股份制银行利用其营业网络及据点，在银行业市场上占据很大的份额，且其资金融通能力强，很容易满足客户不同程度的融资需求。而城市商业银行往往由于其特殊的政治、历史背景，不仅有政府支持，且在当地拥有较为固定的客户群体。对台资银行进入大陆开展本土企业服务有一定挑战。

（2）大陆其他外资银行的威胁。欧美外资银行等较早进入大陆银行业市场，资产实力雄厚，国际金融业务经验丰富，又拥有全球这一开放性平台，不仅在外汇业务方面占尽优势，也积极开展本土化战略调整。在国际制造业向中国转移的新一轮产业转移中，定位明确，较早争取了一批优质客户。在产品和服务方面，利用其全球平台，主要提供高增值性、结构性、跨境的、跨行业的、衍生、资产管理和其他投资银行业务等中间业务，在大陆市场埋下了较深的根基。

二、大陆银行业赴台湾投资的 SWOT 分析

（一）大陆银行业的优势——Strengths

银行业资产规模比台湾的银行大，资本实力雄厚，且具有海外经验丰富的全球型超大银行。在英国《银行家》杂志全球 1000 大银行排名中，2010 年，中国大陆上榜的银行数量为 84 家，超过德国的 66 家，接近第二银行大国日本的 100 家，全球前 20 大银行中，工商银行、中国银行、建设银行分别排第 7、第 14、第 15 位。就资产规模而言，2010 年中国上榜银行在美、日、英、法、德之后，居第六位；就海外分支机构而言，截至 2010 年，中国银行海外分支机构数目达到 984 家，工商银行 203 家，建设银行 12 家，交通银行 14 家，农业银行 8 家，而台湾银行机构中，兆丰银行最多，为 19 家，永丰银行 17 家，第一商业银行 15 家，国泰世华银行 11 家。从《银行家》杂志排名和海外分支机构数目可以反映出，中国银行业资本实力雄厚，海外经验丰富，可为赴台经营提供有力支撑。

（二）大陆银行业的劣势——Weaknesses

（1）大陆银行一时无法适应新的金融结构与市场结构。大陆银行业在过去 10 年的快速发展得益于较为适宜的金融监管环境、金融市场结构和行业发展结构。中国的利率市场化改革没有放开，存贷利差的相对管制，有利于保障银行业较高的利差水平；大陆居民储蓄率较高，市场融资结构以贷款为主，使得银行较

易获取稳定的利差收入。赴台经营的大陆银行前述有利因素将不复存在。它们需要在一个实行利率市场化、投融资结构多元化、发展相对成熟的金融市场环境中经营，一时恐无法适应。

（2）中小企业金融服务、产品多元化经验不足，短时间内业务无法取得多大进展。从目前取得赴台经营资格的银行来看，它们都是国内大型银行，其在大陆的客户一般都是优质的大型企业，相对缺乏与中小企业开展业务往来的经验，且大陆的经营环境仍以传统的存贷业务为主，产品创新与多元化方面相比台湾显得欠缺。进入台湾新的经营环境，企业多以中小企业为主，且银行业已实现混业经营，金融产品也多元化，大陆银行赴台短期内难以适应市场的需求，业务无法取得实质性进展。

（3）陆资入台起步晚、规模小，大陆银行业赴台发展的客户和业务基础浅。台湾长久以来对陆资赴台投资管制较为严格，向陆资开放投资的领域多为利润薄弱、大陆竞争力相对较弱的行业，加上台湾岛内市场狭小，陆资赴台投资的动力不足。虽说 ECFA 已经生效，但主要体现在两岸贸易的推动上，对大陆资金赴台投资的推动效果微弱，因而陆资赴台投资要上规模需要一个长久过程。因此，大陆银行赴台经营的客户及业务基础相对来说较为薄弱，而台湾银行业赴大陆经营有 4 万多台商作为客户基础。

（三）大陆银行业的外部机会——Opportunities

（1）ECFA 的生效，使得两岸经贸、投资往来规模逐步扩大，有助于陆资银行在台的发展。大陆已经成为台湾最大贸易伙伴、出口市场，台湾也是大陆第七大贸易伙伴和第九大出口市场、第五大进口来源地，每年两岸间的贸易额度巨大。银行业在这巨大的贸易空间中大有作为。就大陆银行业赴台经营来讲，虽说短时间内难以承做具体的实质性业务，但是利用在台分支机构的便利，了解当地台商的资信、运作情况，建立良好的往来关系，为大陆母行提供更为可靠的资讯，帮助大陆母行做好两岸间金融业务的同时，也为以后在台经营打下客户和业务基础。

（2）大陆银行进入台湾，可以学习台湾同业的先进经验。首先是中小企业服务方面，台湾的特殊经济环境及发展模式，造就了很多成功的中小企业，在这背后恰恰是银行起到关键性作用，它们在中小企业信贷运营和风险管控上积累了丰富的经验。其次是金融产品和技术创新方面，台湾银行业先后数次改革，较大陆发展成熟，且在混业经营的模式下，积累了较为丰富的金融创新经验，能提供多元化的金融产品，满足市场需求。以招行为例，其信用卡就是与台湾中华信托商业银行合作开发，当下其发展财富管理和私人银行业务，也在积极引进台湾优势人才和技术。最后是金融控股公司模式方面，大陆处于起步阶段，而台湾已有

15 家很成功的金控公司，大陆不仅可学习其公司治理和风险管理，还可借鉴其宏观层面的行业自律和监管，以期使未来银行业的发展更为成功。

（四）大陆银行业的外部威胁——Threats

（1）在台外资银行的威胁。台湾与大陆银行业长久的“有限开放”，使大陆银行业输给了台湾与外资银行业的“完全开放”，失去了先机与市场。尽管台湾岛内银行业竞争已经很充分，市场趋于饱和，但外资银行仍然在扩大网络、深耕市场。2011 年花旗台湾（CitiBank Taiwan Ltd.）分行数已达到 64 家，汇丰台湾（The HSBC Bank Taiwan）分支机构数目达到 42 家，还有其他外资银行在台分行共计 28 家。而大陆银行中仅有中国银行、交通银行获准在台设立分行，招商银行和建设银行在台设立办事处，面对数额如此庞大的外资商业银行，大陆银行业在台湾经营面临巨大压力。

（2）台湾岛内银行的威胁。台湾银行业相较大陆银行业的优势，诸如中小企业金融服务经验、金融创新、金融产品多元化等方面，使得以经营传统存贷业务为主的大陆银行在台湾的发展面临严峻挑战。

因此，综上所述，找到合适的合作模式，对于两岸银行业发挥优势、弥补不足、谋求自身发展至关重要。

第三章　两岸银行业竞争力比较

随着经济全球化进程的加快，各经济主体在全球范围展开了激烈竞争。在这一进程中，竞争力理论逐步发展，宏观层面如国家竞争力、中观层面如产业竞争力、微观层面如企业竞争力，都受到了广泛而深入的研究。

第一节　竞争力相关理论及商业银行竞争力

一、竞争力相关理论

古典经济学中，亚当·斯密的社会分工理论为竞争力理论雏形。因为社会分工，专业生产和大量生产得以实现，无论是劳动者个人还是企业，要想在同一生产领域生存和发展就必然要不断提高劳动技能和生产效率，以便在竞争中处于优势地位。李嘉图的比较优势论认为，不同国家在生产不同产品时会存在劳动生产率上的差异，各个国家应该专门生产并出口其劳动成本相对较低的产品，进口其劳动成本相对较高的产品，发挥比较优势。这些理论为竞争力理论的发展打下了坚实基础。下面主要介绍现代管理学中较普遍的竞争力理论。

（一）波特的竞争力理论

波特的竞争力理论核心内容主要包括国家竞争力的钻石模型和基于产业结构的五力模型。

钻石模型认为，一国国内的经济环境对企业开发其竞争优势有很大影响，最大、最直接因素包括：生产要素，包括自然资源、人力资源、资本资源、知识资源及基础设施等；需求状况，指国内消费者对某个行业产品或服务的需求，主要包括需求结构、需求规模和需求成长，需求结构指市场需求呈现多样细分，需求规模是指市场需求量，需求的成长则从长远上对企业竞争力起驱动作用；相关产业和支持产业，指国内是否存在具有国际竞争力的供应商和关联辅助行业，单一的企业乃至产业很难获得持久的竞争优势，只有形成有效的产业集群才能使产业竞争优势持久发展；企业战略、组织和竞争，指如何创立、组织和管理公司，如何应对同业竞争，只有适应本国特殊环境的企业战略和组织结构，融入当地社会并符合所处产业的特殊情况，企业才能获得成功。除了前述四个基本因素外，机遇和政府两个因素对国家竞争优势也会产生影响。

五力模型认为行业存在决定竞争规模和程度的五种力量，即新进入者威胁、替代品或服务的威胁、供应方议价能力、买房议价能力、现有竞争者间的竞争，这五种力量影响价格、成本和投资收益等因素，因而决定着产业盈利能力。供应方主要通过提高投入要素价格与降低单位价值质量的能力，来影响行业中现有企业的盈利能力与产品竞争力；购买者主要通过压价与要求提供较高的产品或服务质量的能力，来影响行业中现有企业的盈利能力；新进入者希望在现有市场中赢得一席之地，就可能会与现有企业发生原材料与市场份额的竞争，最终导致行业中现有企业盈利水平降低；替代品的威胁主要来自不同行业中的企业，它们生产的产品可能与现有行业中企业的产品互为替代品，从而引发竞争；现有行业内部的竞争，显而易见来自于处于同一行业的企业，为了实现盈利目标，大部分行业中的企业都想方设法要获得相对竞争优势，在实施的过程中就会产生竞争。

（二）核心竞争力理论

1990 年，普拉哈拉德（C. K. Prahalad）和加里·哈默尔（Gary Hamel）在《The Core Competence of the Corporation》一书中提出核心竞争力概念：核心竞争力是在一组织内部经过整合了的知识和技能，尤其是关于怎样协调多种生产技能和整合不同技术的知识和技能。核心竞争力是企业的特殊能力，是企业长期形成的、独具的，支撑企业过去、现在和未来的竞争优势，并使企业在竞争环境中长期取得主动的核心能力，它具有如下特征：①价值优越性，能够使企业在创造价值和降低成本方面比竞争对手更优秀；②异质性，该能力是其他企业不具备的；③不可模仿性，该能力是企业长期经营积累而来，其他企业难以模仿；④不可交易性，不能像一般生产要素一样在市场上进行交易；⑤难以替代性，由不可模仿性决定，企业依靠该能力提供的产品和服务在市场上不会被轻易代替。Prahalad 和 Hamel 有一个比喻，他们认为多元化的公司就像一棵大树，树干是核心产品，分枝是业务单元，树叶、花朵、果实是最终产品，而提供养分、维系生命、稳固树身的根就是核心竞争力。这一比喻形象地说明了核心竞争力对企业的关键性作用。

（三）世界经济论坛（WEF）和瑞士洛桑国际管理开发学院（IMD）的竞争力理论

1989 年，WEF 和 IMD 合作开展研究，将国际竞争力定义为“分析国家或地区营造与维护企业创造更多价值的环境，并增进人民福祉的能力的事实与政策”①。后来，WEF 和 IMD 的观点产生分歧。WEF 认为国际竞争力是考察决定一国生产率水平，进而决定国家经济繁荣和人们生活福祉水平的要素、政策、制度的集合，简单地归纳为“生产率就是竞争力”。但整体上讲，WEF 和 IMD 的竞争力评价要素主要针对国内经济实力、国际化程度、政府管理、金融环境、基础设施、企业管理水平、科学技术、人口结构素质八大要素。此外，《国际竞争力研究报告》还采用商业信心作为判断一国竞争力未来趋势的重要指标。WEF 和 IMD 根据前述八大要素，采用自上而下的分析方法，选取了可测度的硬性指标和不可直接测度的软性指标进行加权平均，最后计算出各国的综合竞争力得分。

二、银行业竞争力

（一）商业银行竞争力定义

何谓商业银行竞争力，理论界没有一个统一的定义。对竞争力的权威论述是 WEF《关于竞争力的报告》，定义竞争力为：企业目前和未来在各自的环境中以比它们国内和国外竞争者更有吸引力的价格和质量进行设计、生产并销售货物以及提供服务的能力和机会。1994 年的《国际竞争力报告》进一步将这一概念发展为：一国一公司在世界市场上均衡生产出比其竞争对手更多财富的能力。于良春、鲁志勇（2003）将商业银行竞争力定义为：商业银行在特定的市场结构下，受供求关系、公共政策影响，设计、营销各项金融产品，并获得比竞争对手更多的财富的能力；是某一银行成功地将现有资产转换为提供更优质服务的能力②。李晓鹏（2005）认为，银行竞争力本质上是银行在同业竞争中的综合实力，或者是使银行在竞争中立于不败之地，并能够长期生存和持续发展的能力③。卿定文（2009）将其定义为商业银行在市场竞争中体现出来的持续的不可模仿的竞争优势④。居松存（2011）指出：银行业竞争力具有企业竞争力的一般特性，是指在一定条件下，通过参与市场经营活动，与竞争对手相比，在盈利性、核心竞争力和持续性与安全性等方面的优劣程度⑤。从以上定义可以看出，商业银行竞争力

---

① 肖红叶，郑华章．IMD—WEF 国际竞争力评价比较研究——以中国为例［J］．统计与信息论坛，2008（1）：5－10.

② 于良春，鲁志勇．中国银行业竞争力评价指标研究［J］．山东大学学报（哲社版），2003（1）：94－98.

③ 李晓鹏．科学认识竞争力比较分析，努力提升中国银行业竞争力［J］．金融论坛，2005（4）：3－8.

④ 卿定文．引入金融伦理的商业银行核心竞争力指标体系研究［J］．财经理论与实践，2009（5）：27－30.

⑤ 居松存．中国银行业竞争力分析［D］．中共中央党校博士学位论文，2011.

具有以下几个特征：①它是银行在参与市场竞争中获得财富的能力；②这种能力会受到特定市场结构的影响，如供求关系、公共政策等；③这种能力是持续的，不可模仿和超越的。

本书认为，在经济全球化态势下，商业银行不仅在平稳的经济环境中运行，也在诸如金融危机般恶劣的经济环境中运行。因此，商业银行竞争力可定义为：在特定的市场结构下，受多种市场因素影响的、持续的、不可模仿的，比国内和国外竞争对手多获得财富的能力，也包括在负面环境下（如遭遇金融风暴时）保持持续、稳定的经营并发挥资源配置的核心作用、抗击各种风险的能力，它由硬性的、可量化的现实竞争力和软性的、不可量化的潜在竞争力构成。

（二）商业银行竞争力评价指标选取原则

（1）科学性原则。设计的各项指标应在企业竞争理论的指导下，考虑两岸银行业的具体情况，含义明确，计算范围清晰，能系统全面地反映银行的竞争力。

（2）系统性原则。竞争力评价具有很强的系统整体性，涉及体制、资源、市场、技术、人力等方面，还要根据商业银行的发展变化做出调整，体现核心竞争力的系统性、整体性、动态性。

（3）定性与定量相结合原则。银行竞争力包括可量化的现实竞争力，如市场份额、资本规模、资产质量、流动性管理、盈利能力等；也包括不可量化的潜在竞争力，如科技、创新、服务、内控、公司治理等。因此，必须定性与定量相结合，定性指标在评价分析时予以量化或近似处理。

（4）全面性原则。在考虑银行竞争力组成各要素的状况及相互关系的情况下，设置相应的、全面的指标反映其竞争力。

（5）可比性原则。主要指横向的银行间的可比和纵向的各银行时间上的可比。指标应在各银行间普遍适用，包括的经济内容、统计口径及范围、计量方法应尽可能一致。

（6）结构层次性原则。银行竞争力影响因素多而复杂，选取指标时运用分层法，逐层次向下分析，不仅能够主次分明、层次清楚，结果也能更加清晰。

（三）商业银行评价指标体系

WEF 和 IMD 是最权威的竞争力研究机构，提出了较为系统的竞争力评价指标体系。根据它们的竞争力评价的主要思想，商业银行竞争力可以概括为“竞争力资产 × 竞争力过程”。资产是指固有的或创造的资产，过程是指将资产转化为经济结果所产生的竞争力①。目前国内已有多数学者从核心竞争力内容探讨和建立了商业银行评价指标体系。黄兰（2001）从规模要素、技术要素、机制要素三

① 于良春，鲁志勇．中国银行业竞争力评价指标研究［J］．山东大学学报（哲社版），2003（1）：94－98.

方面出发，建立了10个二级指标和25个三级指标来评价商业银行的竞争力。于良春、鲁志勇（2003）从WEF和IMD竞争力公式出发，分解出8个要素，建立40个指标，其中资产类11个，过程类29个，来衡量和评价商业银行竞争力。马法勤、黄国安（2008）从资产实力、盈利性，资产经营能力、资产质量及抗风险能力三方面选取10个指标，对中外资银行竞争力进行了比较分析。卿定文（2009）从独特性、战略价值性、系统整合性、延展性、动态性5个一级指标出发，建立17个二级指标和40个三级指标，并利用德尔菲法问卷调查形式，给出了各级指标的权重，是一个具有标志性意义的研究。居松存（2011）采用财务、风险、组织与经营三方面12个指标建立银行竞争力评价体系，并对我国银行业进行了实证分析。

在总结前人研究和查阅大量文献基础上，考虑两岸银行业的具体情况及数据的可得性，本篇建立如表3-1-1所示的评价指标体系。

表3-1-1　商业银行竞争力评价指标体系

竞争力要素	序号	指标名称	公式	指标值	说明
基础资源	1-1	资产规模		绝对数	由于银行资产包括贷款、投资等，本文以固定资产规模指标代替
	1-2	国内分支机构数目		绝对数	
	1-3	国外分支机构数目		绝对数	
	1-4	存款市场份额	银行存款总量/国内金融机构存款总额	相对数	
	1-5	贷款市场份额	银行贷款总量/国内金融机构贷款总额	相对数	
	1-6	银行信誉	（某年存款额-上年存款额）/上年存款额	百分数	银行的信誉决定其能拥有多少客户量，因此本文以存款增长率作为替代指标
人力资本	2-1	职工总数	年末人员统计表	绝对数	
	2-2	受过高等教育人员占比	受过高等教育人员/年末人员总数	相对数	
产权要素	3-1	股份分散程度	年报披露数据	相对数	以年报中披露的前10大股东所占股份比例进行衡量

续表

竞争力要素	序号	指标名称	公式	指标值	说明
经济效益	4-1	利润总额	年末损益表数据	绝对数	
	4-2	利润增长率	（某年利润 - 上年利润）/上年利润	相对数	
	4-3	人均利润	利润总额/年末人员总数	相对数	
	4-4	资产收益率（ROA）	利润总额/平均资产	相对数	
	4-5	净资产收益率（ROE）	利润总额/所有者权益	相对数	
管理水平	5-1	成本支出总额	年末损益表数据	绝对数	
	5-2	人均费用	营业费用总额/年末人员总数	相对数	
	5-3	资本充足率	年报披露数据	相对数	≥8%
	5-4	不良贷款率	逾期、呆滞、呆账贷款/贷款总额	相对数	
	5-5	营业收入成本率	成本支出总额/营业收入总额	相对数	
	5-6	收入利润率	利润总额/营业收入总额	相对数	
	5-7	金融创新能力	非利息收入/营业收入	相对数	
财务状况	6-1	备付金比例	备付金存款/各项存款	相对数	≥5%
	6-2	存贷比例	各项贷款/各项存款	相对数	≤75%
	6-3	流动性资产负债比率	流动性资产/流动性负债	相对数	≥25%

竞争力指标体系是从 WEF 和 IMD 的竞争力体系出发，从 6 个①大的方面，试图全面地反映经济全球化趋势下两岸商业银行竞争力，关于上述指标说明

① 在 WEF 和 IMD 的评价体系中，政府管制和科技进步也是一个很重要因素，但本文将其省去，主要原因是：政府管制因素包括货币政策、税收政策、市场准入、政府监管及干预等，这些影响不容易量化；随着中国加入 WTO 和两岸 ECFA 的生效，外资银行和台资银行在中国也会逐渐实现国民待遇，与中资银行平等竞争，所面对的政府管制将无太大差别；科技进步要素一般用 R&D 支出加以衡量，但在银行年报中找不到该项数据，且考虑到银行的研发主要体现在系统、产品创新等方面，而系统的研发可能采取外包的方式，产品创新也考虑到金融创新能力这一指标，所以也将其省去。

如下：

（1）基础资源。商业银行在竞争中可用的有形或无形资源，是商业银行竞争力基础。银行是将储蓄转化为投资的金融中介，吸收存款能力的强弱直接影响到其盈利能力，吸收存款的能力又与网点、服务等关系密切。因此，银行竞争力从基础资源方面来讲，其有形部分主要表现为银行的资产规模，具体为服务网点、技术设备、办公楼等固定资产，无形部分主要表现为公众对商业银行服务品牌的认可与信心。公众对商业银行服务的认可，决定着该行拥有客户量的多少，除了存、贷款市场份额最为直接地衡量之外，此处用存款增长率侧面地加以反映。加之在经济全球化态势下，商业银行在全球范围内参与竞争，国外分支机构和服务网点也不得不成为竞争力的衡量指标。

（2）人力资本。人力资本日渐成为经济增长的核心，而人力资本投资表现最为直接的便是教育和培训。拥有优越的人力资本，便拥有了较强的竞争力。因此，本篇选取职工人数、受过高等教育人员占比指标对银行的人力资本状况加以反映。

（3）产权要素。人们在从事经济活动和进行技术创新时都离不开有效的产权制度。学术界已有很多文章研究产权与经济效率的关系，国内也有很多学者对银行的产权和效率进行了实证研究，表明好的产权制度对效率的提高至关重要。我国国有商业银行股份制改革便是很好实例。产权制度影响企业的组织结构、运行机制、公司治理等方方面面，但这些要素在具体的实证研究中又很难加以量化，因此，本篇选取股份分散程度这一指标做一简单的衡量。

（4）经济效益。银行是企业，它的最终目的是为了盈利，为了给股东带来最大的投资回报。因而，经济效益的好坏可以直观地反映一个银行竞争力的强弱。故本篇选取利润及其增长率、人均利润、资产收益率、净资产收益率加以衡量。

（5）管理水平。商业银行的管理主要强调对三性，即安全性、流动性、收益性的管理。安全性是盈利的前提，经济全球化态势下，在国际经济金融环境日益复杂的今天，尤其强调安全的重要性，不仅仅为了满足监管的要求，更为了抵御金融风险。另外，保证资产的流动性，也提高了经营的安全性，但同时影响了盈利性。因此，在经营过程中如何平衡三性，也是商业银行竞争力的一大表现。本篇选取资本充足率、流动性比率、成本、人均费用、收入成本率等对安全性、流动性、盈利性加以反映。此外，通过金融创新生产出多元化的、适合客户需求的产品也是商业银行盈利的重要源泉，因此，本篇用非利息收入占比对金融创新能力加以反映。

（6）财务状况。财务状况包括的内容较多，不仅包括对盈利能力的衡量，也包括对营运能力的衡量，还包括对流动性、安全性等的衡量。鉴于前述多种指标已经在盈利性、流动性、安全性等方面有所反映，考虑商业银行经营的特殊性，其对财务杠杆的驾驭也是竞争力构成的一大要素，再加上《商业银行法》对银行资产负债比例的严格规定，此处选取存贷比例、备付金比例等作为衡量指标。

第二节　两岸商业银行竞争力比较之实证研究

一、样本及竞争力计算方法

（一）样本银行的选取及数据来源

在样本银行选取上，本篇考虑台商投资对银行业投资的引导效应，因此在一些地方性商业银行的选取上，纳入了台商投资相对密集地区珠三角、海西区、长三角、环渤海经济区的区域性或城市商业银行，如厦门银行、温州银行、东营市银行、北京银行等。考虑台商投资有向我国西部转移的现象，也将西部的地方性商业银行纳入评价范围，如重庆银行。另外，将北京农村商业银行和上海农村商业银行纳入评价范围，以此作为中国农村金融的代表。台湾的银行选取方面，原则上是将所有岛内一般银行都纳入评价范围。最后，综合数据的可得性，共有大陆 31 家银行、台湾 29 家银行被纳入样本银行，指标数据来源于各银行 2006 ~ 2010 年年报。

（二）竞争力得分计算

由于指标值的不同，为了最后计算出商业银行的竞争力得分，本篇利用密切值法进行计算。这里先对密切值法进行简单的介绍。

设在我们的综合评价中有 m 个对象、n 个评价指标，第 i 个对象的第 j 个评价指标值记为 x_{ij}，$i = 1, 2, \cdots, m$，$j = 1, 2, \cdots, n$，构成指标矩阵 $X = (x_{ij})_{m \times n}$。为了便于不同指标间的比较，采取以下步骤：

第一步，对每组指标值进行规范化：

$$a_{ij} = \frac{x_{ij}}{\sqrt{x_{1j}^2 + x_{2j}^2 + \cdots + x_{mj}^2}} \qquad i = 1, 2, \cdots, m \quad j = 1, 2, \cdots, n$$

如果第 j 个指标是越小越好的逆向指标，就把第 j 列的规范化值全部添上负号。

第二步，取每个指标的最大值构成最大数组 A^+；取每个指标的最小值构成最小数组 A^-：

$$A_j^+ = \max_i \{a_{ij}\}, \quad A_j^- = \min_i \{a_{ij}\} \qquad j = 1, 2, \cdots, n$$

即虚拟的最优点集和最劣点集：$A^+ = \{A_1^+, A_2^+, \cdots, A_n^+\}$，$A^- = \{A_1^-, A_2^-, \cdots, A_n^-\}$。

评价标准：离最优点越近越好，离最劣点越远越好。

第三步，分别计算第 i 个对象评价指标（a_{i1}，a_{i2}，…，a_{in}）到最优点的欧氏距离 d_i^+、到最劣点的欧氏距离 d_i^-，$i = 1, 2, \cdots, m$。再记距最优点最近值 d^+、距最劣点最远值 d^-：

$$d^+ = \min_i \{d_i^+\},$$

$$d^- = \max_i \{d_i^-\}。$$

可以算出第 i 个对象的密切值 C_i：

$$C_i = \frac{d_i^+}{d^+} - \frac{d_i^-}{d^-} \qquad i = 1, 2, \cdots, m$$

显然密切值是非负的，取值越小越优，等于 0 时最优。

二、两岸银行业竞争力计算结果分析

（一）整体竞争力：大陆高于台湾

数据计算在 Excel 中完成，按照前述密切值法的步骤，最后得到各银行的综合竞争力排序如表 3－2－1 所示，此处为节省篇幅，将竞争力得分放在附表 1 中。

表 3－2－1　两岸银行综合竞争力排序

年份	2006	2007	2008	2009	2010
北京银行	—	—	—	14	22
东营市银行	—	14	14	8	5
工商银行	3	2	2	2	10
光大银行	—	—	—	—	27
广发银行	33	25	30	46	51
广州银行	—	—	—	30	4
杭州银行	7	8	9	19	25
河北银行	—	—	38	33	32
华夏银行	22	26	28	31	48
嘉兴银行	—	—	—	12	6
建设银行	6	1	1	1	17
交通银行	13	7	5	16	35
民生银行	20	17	16	13	3
南京银行	—	—	12	21	31
宁波银行	8	10	11	20	23

续表

年份	2006	2007	2008	2009	2010
农业银行	—	—	25	40	55
浦发银行	12	13	10	15	11
上海农村商业银行	24	33	29	28	49
上海银行	11	21	23	29	43
绍兴银行	—	—	—	51	57
深圳发展银行	21	34	32	22	21
温州银行	4	9	13	17	30
厦门银行	—	—	—	54	58
兴业银行	16	12	8	6	7
招商银行	10	6	4	9	12
浙江民泰商业银行	—	—	—	10	16
浙江泰隆银行	5	5	7	3	1
浙商银行	9	18	20	24	13
中国银行	2	4	3	4	26
中信银行	—	11	6	11	9
重庆银行	—	—	—	7	8
安泰银行	38	45	50	47	33
台北富邦银行	27	29	21	26	29
大台北商业银行	—	35	33	36	14
大众银行	—	—	37	44	44
第一商业银行	14	19	19	43	45
高雄银行	26	39	43	55	53
国泰世华银行	32	24	24	23	20
合作金库银行	17	20	22	32	46
华南商业银行	19	23	17	41	42
华泰银行	36	37	42	53	54
京城商业银行	29	38	40	49	18
日盛国际商业银行	42	43	49	58	59
三信银行	30	40	44	56	50
台湾工业银行	—	—	—	18	15
台湾新光商行	39	31	36	48	40

续表

年份	2006	2007	2008	2009	2010
台湾银行	15	16	18	27	38
台湾中小企业银行	25	32	34	50	52
万泰银行	41	44	51	59	60
台新国际商业银行	40	30	41	42	19
阳信商业银行	31	42	47	57	56
永丰银行	23	36	39	35	39
玉山银行	28	28	31	34	36
元大商业银行	—	—	46	45	41
远东国际商行	34	41	45	39	37
彰化银行	—	—	26	37	34
兆丰银行	18	15	27	25	28
中国信托商业银行	35	22	15	38	24
中华开发工业银行	1	3	48	5	2
台中商业银行	37	27	35	52	47

注：—表示该银行当年数据缺失。

从表3-2-1可以看出，大陆银行整体竞争力排名较台湾银行靠前，说明大陆银行业综合竞争力在台湾银行业之上。由于表3-2-1前3年数据缺失的银行数量较多，不好比较各个银行竞争力排名的变化情况，因此，我们可以只看2009年和2010年的情况，作一简单的对比分析。若将60家样本银行以20为单位，按照排名的先后，分为第一、第二、第三阵营，则2009年和2010年竞争力排名中，第一阵营中，大陆银行分别为18家、14家，台湾的银行分别为2家、6家；第二阵营中，大陆两年的银行数目与台湾持平①；第三阵营中，大陆银行分别为3家、7家，台湾的银行分别为17家、13家。大陆竞争力表现较好的主要是全国性的股份制商业银行和城市商业银行。5大银行中，只有工商银行和建设银行排名保持在前20，分别为（2，10）和（1，17），中国银行两年的排名为（4，26），交通银行排名为（16，35），而农行排名较靠后，为（40，55），由此可见，几大行排名变化较大。相反，排名较为稳定的是全国性股份制商业银行和城市商业银行，如兴业银行（6，7）、招商银行（9，12）、中信银行（11，9）、浦

① 光大银行2009年的数据缺失，在竞争力计算中是没有排名的，但此处参考其2010年的排名27，将其列入第二阵营中，故两岸银行数目持平。

发银行（15，11）、浙江泰隆银行（3，1）、宁波银行（20，23）、重庆银行（7，8）、东营市银行（8，5）等。

为避免数据缺失造成的银行数量多寡对排名结果的影响，本篇将2006~2010年数据完整的银行保留在样本内，重新计算银行竞争力排名，得到的结果与前述类似，只是2010年的排名位次会有所不同，但不影响样本内银行的相对排名，故此处不给出具体排名结果。

（二）分项竞争力：各有千秋

按照竞争力指标体系的六大要素，分别计算样本银行2009年、2010年分要素竞争力，算法跟计算整体综合竞争力相同，结果如表3－2－2所示。我们对每一项要素逐步进行分析，找出银行竞争力差异的原因。

表3－2－2　2009年、2010年两岸银行业分要素竞争力排名

要素	基础资源		人力资本		经济效益		管理水平		财务状况		综合竞争力	
年份	2009	2010	2009	2010	2009	2010	2009	2010	2009	2010	2009	2010
浙江泰隆银行	53	53	10	14	2	1	12	17	27	31	3	1
民生银行	22	22	26	28	19	16	21	2	7	18	13	3
广州银行	50	51	31	24	34	11	1	1	22	27	30	4
东营市银行	59	58	44	43	3	3	19	31	31	32	8	5
嘉兴银行	58	57	45	38	5	6	26	15	28	5	12	6
兴业银行	23	23	16	17	12	10	6	14	10	2	6	7
重庆银行	49	54	8	7	4	15	4	9	9	10	7	8
中信银行	20	20	11	13	18	9	24	29	13	26	11	9
工商银行	1	1	50	53	7	4	44	45	21	21	2	10
浦发银行	21	21	56	59	22	21	17	20	20	20	15	11
招商银行	18	18	7	6	21	12	18	34	29	28	9	12
浙商银行	43	46	55	56	26	29	2	4	16	14	24	13
浙江民泰银行	52	59	32	32	9	7	13	33	3	25	10	16
建设银行	2	2	59	60	6	5	42	50	12	9	1	17
深圳发展银行	32	33	9	18	23	25	11	24	30	30	22	21
北京银行	34	36	36	34	10	19	29	36	24	17	14	22
宁波银行	46	47	20	8	16	18	15	35	8	15	20	23
杭州银行	44	49	15	12	15	22	16	30	2	4	19	25
中国银行	5	5	57	48	13	14	43	46	19	16	4	26
光大银行	—	24	—	55	—	23	—	37	—	23	—	27

续表

要素	基础资源		人力资本		经济效益		管理水平		财务状况		综合竞争力	
年份	2009	2010	2009	2010	2009	2010	2009	2010	2009	2010	2009	2010
温州银行	56	55	18	16	11	17	23	41	14	3	17	30
南京银行	47	48	58	58	8	8	35	43	26	24	21	31
河北银行	51	52	34	29	28	33	47	32	6	6	33	32
交通银行	15	14	30	33	20	20	39	47	15	13	16	35
上海银行	35	38	49	49	24	31	46	48	5	7	29	43
华夏银行	30	30	5	4	30	35	33	51	25	19	31	48
上海农商行	42	45	53	54	17	27	50	55	17	11	28	49
广东发展银行	31	32	19	20	27	28	56	57	23	22	46	51
农业银行	4	3	54	57	25	24	59	60	18	12	40	55
绍兴银行	57	60	41	42	29	13	57	59	11	8	51	57
厦门银行	55	42	51	50	33	44	55	56	4	29	54	58
中华开发工业银行	48	40	1	1	1	2	34	25	33	33	5	2
大台北商行	54	56	52	51	37	32	3	3	54	43	36	14
台湾工业银行	45	50	3	3	14	26	14	13	57	51	18	15
京城商业银行	38	39	28	26	55	30	25	11	46	45	49	18
台新国际	19	19	14	15	49	34	8	7	52	56	42	19
国泰世华	11	13	2	5	31	37	7	5	34	34	23	20
中国信托商行	13	11	23	27	51	36	10	16	38	59	38	24
兆丰银行	9	9	17	19	32	43	28	8	53	58	25	28
台北富邦银行	12	12	22	22	35	42	5	6	49	35	26	29
安泰银行	28	31	24	25	54	38	20	10	35	40	47	33
彰化银行	10	10	37	39	42	40	36	22	45	53	37	34
玉山银行	17	17	4	2	44	46	9	12	40	37	34	36
远东国际商行	27	28	6	9	36	39	32	19	1	1	39	37
台湾银行	3	4	38	41	41	55	30	28	44	50	27	38
永丰银行	16	16	25	23	43	48	22	21	50	42	35	39
台湾新光商行	24	25	40	40	45	45	40	26	59	47	48	40
元大商业银行	25	26	13	11	48	50	27	18	39	39	45	41
华南商业银行	7	7	35	37	40	47	45	38	42	54	41	42
大众银行	26	27	27	31	38	54	31	23	48	55	44	44

续表

要素	基础资源		人力资本		经济效益		管理水平		财务状况		综合竞争力	
年份	2009	2010	2009	2010	2009	2010	2009	2010	2009	2010	2009	2010
第一商业银行	8	8	46	46	50	49	38	40	32	48	43	45
合作金库银行	6	6	43	44	39	51	41	42	37	36	32	46
台中商业银行	29	29	29	30	56	57	37	27	36	44	52	47
三信银行	41	43	48	52	53	58	53	39	41	38	56	50
台湾中小企业银行	14	15	47	47	46	56	49	49	43	46	50	52
高雄银行	37	35	33	35	52	59	51	44	58	60	55	53
华泰银行	39	41	42	45	47	52	48	52	47	49	53	54
阳信商业银行	33	34	39	36	57	53	54	53	55	41	57	56
日盛国际商行	36	37	12	10	58	41	52	58	56	57	58	59
万泰银行	40	44	21	21	59	60	58	54	51	52	59	60

注：—表示该银行当年数据缺失。

从基础资源看，由表 3－2－2 可以看出，由基础资源形成的竞争力排名比较稳定，两年间的排名相差不大。以 2010 年为例，在基础资源竞争力排名第一阵营中，大陆银行占 7 家，分别是五大银行和中信银行、招商银行，台湾的银行占 13 家，也是几大①银行为首，第二阵营为大陆 10 家、台湾 10 家，第三阵营为大陆 14 家、台湾 6 家，这说明台湾的银行在基础资源方面的竞争力好于大陆的银行。对比基础资源竞争力排名和综合竞争力排名发现，两种竞争力排名保持较为一致的银行有工商银行、建设银行，由此可以发现，基础资源不是银行综合竞争力的关键决定因素，但对于工行和建行来说，它们的基础资源竞争力确实对综合竞争力起到了重要作用。

从人力资本看，人力资本竞争力在两年的排名除个别银行变动较大外，都基本保持稳定，两岸银行业在人力资本方面的排名旗鼓相当，进入三个阵营的银行数目，以 2010 年为例，大陆分别为 11 家、9 家、11 家，台湾分别为 9 家、11 家、9 家。人力资本竞争力与综合竞争力排名相近的银行数目约为 11 家，如台湾的中华开发工业银行、中国信托银行、华南商业银行、彰化银行、新光商业银行、合作金库银行、第一商业银行，以及大陆的招商银行、中信银行、重庆银行、河北银行。对比人力资本竞争力和综合竞争力排名来看，银行间差异较大，

① 本来台湾的五大银行包括台湾银行、土地银行、合作金库银行、第一商业银行和华南商业银行，但在样本银行中，由于土地银行的年报问题，数据不可得，故在此没有将其纳入在内。

人力资本竞争力排名靠前的银行，综合竞争力却较为靠后，而人力资本排名靠后的银行，综合竞争力排名却靠前，这一点在工商银行、中国银行、建设银行身上体现得尤为明显。

从经济效益看，大陆银行业竞争力远高于台湾。以 2010 年为例，三个阵营中，大陆银行数目分别为 19 家、11 家、1 家，而台湾的数目分别为 1 家、9 家、19 家。2009 年与 2010 年两年间，经济效益竞争力排名变化较大的银行约为 15 家，如中信银行、广州银行、重庆银行、台湾工业银行、京城商业银行（台）、台新国际商业银行（台）等。对比经济效益竞争力排名和综合竞争力排名发现，约 40 家银行两种竞争力排名保持较为一致，由此可以得出：经济效益是影响银行业竞争力的关键、决定性因素。

从管理水平看，台湾银行业略胜大陆一筹。以 2010 年为例，三个阵营中，大陆银行数目分别为 8 家、10 家、13 家，台湾的银行数目分别为 12 家、10 家、7 家。在第一阵营中，有 10 家银行两年排名基本保持一致，第二、第三阵营中的银行，两年排名变动稍大。对比管理水平竞争力和综合竞争力排名的情况，约有 17 家银行两种竞争力排名保持较为一致。特别值得一提的是，大陆的工、农、中、建、交五大银行排名全在第三阵营中，农业银行排名最末。五大银行要提升竞争力，必须大力改善其管理水平。

从财务状况看，以 2010 年为例，大陆银行业竞争力高于台湾银行业，进入三个阵营的银行数目，大陆分别为 19 家、12 家、0 家，台湾分别为 1 家、8 家、20 家。财务状况竞争力排名靠前的，综合竞争力排名靠后，而财务状况竞争力排名靠后的，综合竞争力排名却靠前，因此，财务状况不是决定综合竞争力的关键因素。

最后，将两岸银行分开看，台湾银行业综合竞争力排名与管理水平竞争力排名最为相近，其次为经济效益竞争力，说明影响台湾银行业竞争力的关键因素为管理水平，而后是经济效益因素；而大陆银行业中，综合竞争力排名与经济效益竞争力排名最为相近，其次为基础资源，说明影响大陆银行业竞争力的关键因素为经济效益，而后是基础资源。这也从侧面说明台湾的银行业发展较大陆成熟，靠精进的管理取胜，而大陆银行业主要是靠对基础资源的占有，从而获得较好的经济效益。

三、小结

从前述的分析中可以总结出，大陆银行业的综合竞争力虽强于台湾银行业，但是分要素的竞争力排名却不及综合竞争力的表现佳。尤其是在管理水平的竞争力方面，大陆银行业普遍排名较为落后，这一点在工、农、中、建、交五大行身上尤为严重。换一个角度思考问题，这也给未来大陆银行业的竞争力提升指出了一个明确的方向。台湾银行业较早经历民营化、国际化等改革，发展较大陆成熟，已经经历过利率市场化的过程，在利差逐渐缩小的经营环境下，积累了丰富经验，已经摆脱了依靠传统存贷业务赢取经济利益的模式，现如今主要是靠精进的管理获取经济利益，赢得竞争力。而大陆银行业下一步将要面对利率市场化改革，存贷利差将逐渐缩小，届时必须转变依靠传统存贷业务为主要利润来源的经营模式，需提高管理水平，控制成本支出，增加非利息收入，进而提升银行业的竞争力。

第四章　两岸银行业绩效比较及影响因素分析

对两岸银行业基础资源、人力资本、经济效益、管理水平、财务状况等方面竞争力的分析，使我们从定量角度，对两岸银行业的优劣势有了一定了解。本章对银行经营绩效的研究，将有助于找出两岸各个银行对经济资源的配置能力方面的差异，并进一步了解两岸银行业的差异。

第一节　文献回顾与模型介绍

自效率边界概念出现以来（Farrell，1957；Aigner and Chu，1968），学者多以数据包络分析（Data Envelopment Analysis，DEA）或随机边界法（SFA）分析绩效。SFA 方法通过设定生产函数具体形式来确定生产前沿面上的生产函数参数，从而解出具体的生产函数形式，并最终确定决策单元的效率值；而 DEA 方法建立在线性规划基础之上，无须事先设定生产函数的具体形式，在避免主观或不确定因素影响、简化运算等方面，具有明显优越性，近年来被广泛用于各个领域的效率评价，且相对其他方法占主导地位。

国外利用 DEA 研究银行效率起步很早。阿哈代夫（Alhadeff，1954）是研究银行效率的先行者之一，他分析了美国加利福尼亚 210 家银行从 1938 年至 1950 年的效率，认为银行业产出规模效率递增，而成本规模效率递减。Rangan 等（1988）对 215 家美国银行效率进行测度，发现效率和纯技术效率有关，而不是规模无效率。阿里等（Aly et al.，1990）测算了 1986 年美国的 322 家相互独立的银行的技术效率及规模效率，发现银行业技术效率较高，且银行的规模与效率呈现正相关关系。西蒙斯（Seims，1992）以 1984～1987 年美国 611 家银行和 1988 年已倒闭的 319 家银行为样本，运用 DEA 计算效率值认为，破产银行效率值有越来越低的趋势，至破产日降至最低，继续营业银行效率比破产银行高，在破产发生前可通过效率值分辨出两者的差别。扎姆（Zaim，1995）分析了土耳其国有、民营、外商银行的经营效率，结果显示国有银行效率比民营银行更有效率，但不及外商银行，国有银行效率低是由于配置无效率，而民营银行则是技术无效率。进行类似研究的还有萨塞衣（Sathye，2003），他分析了印度的国有、私有和外资银行的效率，结果表明，印度银行的平均效率优于世界平均效率，而私有银行效率最差。罗伯特（Robert，1998）采用 1984 年到 1993 年美国银行业的数据，运用 DEA 方法，结果表明资产规模、银行集中度与银行效率呈正相关关系，不良贷款、人均营业费用与银行效率呈负相关关系，且股权结构对银行效率也有影响。Fotios Pasiouras（2008）选取客户存款、员工人数、费用支出、短期资金、贷款损失准备作为投入指标，以贷款、净利息收入、净手续费收益、其他收益性资产为产出指标，运用 DEA 对希腊银行 2000 ~ 2004 年的效率进行了测算，他认为将贷款损失准备作为投入，增加了商业银行的效率，可表外项目对效率却无显著影响，且银行经营范围的扩张、市场占有率、分支机构数量、贷款活动、高度资本化等方面的优势有助于银行效率的提高，而 ATM 机数量则对效率影响不明显。

台湾研究银行绩效的实证文献丰富。黄台心（1997）利用边界成本函数作为分析模型探讨银行厂商的技术与配置效率，结果发现民营银行技术效率优于公营银行，公营银行则较具配置效率；叶彩莲、陈泽义（1998）采用 DEA 方法，结果显示公营技术效率相对较低。郑秀玲、刘玉硕（2000）探讨台湾 39 家银行于 1994 ~ 1996 年的成本效率。林炳文（2002）采用两阶段 DEA 法发现，银行合并对银行的技术效率、配置效率及成本效率并未有显著提升作用；Chen（2004）则利用 1994 ~ 2000 年 44 家一般银行的横断面与时间序列混合资料，研究银行合并对前述效率的影响。詹维玲、刘景中（2006）采用 DEA 计算 1992 ~ 2000 年银行业技术效率和 Malmquist TFP 指数，研究新、旧银行在亚洲金融风暴前后的生产力以及其决定因素，发现开放新银行后，旧银行生产力比开放新银行前好，甚至超越同期的新银行。徐清俊、黄俊诚（2005）以 DEA 衡量技术效率结果显示，金控子银行经营绩效和非金控子银行无太大差别，Ho 和 Lee（2008）分析2003 ~ 2006 年金控公司与独立银行之 Malmquist TFP 指数，发现两者亦无显著差异；但刘松瑜等（2006）利用 Malmquist TFP 指数求算生产力变动的趋势，结果显示金控下子银行的技术效率与资源配置皆比非金控体制下之银行好，王克陆等（2007）研究也显示金控的成立对大多数子公司之生产力皆有益。李文福、王媛辉等（2009）利用 Balk（2001）模型，将 Malmquist TFP 指数分解为纯技术效率变动、技术变动、规模效率变动、产出组合变动，考虑外资持股、公民营、金控体制对银行绩效的影响发现，外资持股比例和是否加入金控体系对技术变动有显著影响，对其他几项变动则无影响。大陆运用 DEA 研究银行绩效的文献亦不贫乏，早期有魏煜和王丽（2000）、秦宛顺和欧阳俊（2001）、张建华（2003）、刘汉涛（2004）、罗登跃（2005）等，他们的研究有一个共同的发现：国有商业银行整体效率低于股份制商业银行。迟泰国、杨德和吴珊珊（2006）研究指出，技术效率低是引起国内商业银行成本无效率的主要原因，而在配置效率上，国有银行和股份制银行并无显著差异。孙巍（2005）测算了我国 14 家商业银行 1996 ~ 2002 年的 Malmquist 指数认为，生产率水平下降和可贷资金规模的扩张是导致银行业整体绩效下降的重要原因。朱超（2006）对 13 家商业银行2000 ~ 2004 年的 Malmquist 指数进行测算，并做了敏感性分析，发现银行业整体效率低下主要受规模效率影响。庞瑞芝（2006）认为银行业整体 Malmquist 指数呈上升态势，规模因素是国有银行和股份制银行效率差异的主要原因。柯孔林和冯宗宪（2008）利用 Luenberger 生产率指数分析了我国 14 家商业银行 2000 ~ 2005 年的全要素生产率，认为银行业全要素生产率平均增长率为 4.8%，主要由于技术进步。袁晓玲和张宝山（2009）进一步研究表明，资产市场份额、GDP 增长率、产权结构多元化等因素对商业银行 Malmquist 生产率的提高有利，而资产费用率、CPI 等因素对其有负作用。蔡跃洲、郭梅军（2009）测算 2004 ~ 2008 年间我国 11 家上市商业银行的 Malmqusit 指数总体有所下降，但技术效率与规模效率有所上升。王兵、朱宁（2011）考虑银行不良贷款因素，利用 Luenberger 生产力指数对银行绩效进行研究，发现银行业整体效率是增长的，但股份制银行表现优于大型国有商业银行，非利息收入和不良贷款是银行无效率的主要来源。韩松、姜鹏（2011）从社会生产效率、服务效率、盈利效率和成长效率四个方面，选取不同的投入产出指标发现，股份制银行、国有控股银行、城市商业银行各具效率优势，但如果将投入变量中的员工人数换为工资薪酬，国有控股银行的效率则有很大提升。

综合现有利用 DEA 方法研究银行业效率的文献可以形成以下认识：①早期的研究只是简单将效率分解为技术效率、纯技术效率和规模效率，研究单期的效率，从 Malmquist 指数的研究开始，学者开始关注跨期的技术进步；②Malmquist 指数研究兴起后，学者们对其进行了扩展，从生产面开始延伸到成本面，同时开始探讨银行效率的影响因素；③选取不同的投入产出指标，效率值会有很大的差异，因此，投入产出指标的选取要尽量具有代表性和相关性；④关于两岸商业银行效率的研究十分薄弱。李文华、王自锋（2011）首次运用 DEA 方法比较分析两岸商业银行的效率，他们选取固定资产、用人费用、存款与汇款余额、利息支出作为投入变量，放款与贴现、利息收入两项作为产出变量，测算了 2006 ~ 2009 年间两岸银行业在固定规模报酬下的 Malmquist 效率指数，结果表明：中国大陆银行总效率高于台湾银行，台湾银行规模效率高于大陆，台湾银行平均总体要素生产力变动高于大陆，两岸银行总体要素生产力皆呈现成长趋势。但李文华、王自锋的研究是建立在固定规模报酬条件上的，只选取了放款、利息收入两项指标作为产出，没有考虑中间业务、投资业务的收益，所以，其产出指标缺乏代表性。本章在综合前述研究成果的基础之上，采取变动规模报酬下 Malmquist TFP 生产力指数及其分解项，对台湾、大陆银行的整体经营绩效做一个比较，进一步分析两岸银行业绩效差异的原因①，为后续的两岸银行业合作的探讨做一个定量的铺垫。

1. DEA 模型

数据包络分析方法（Data Envelopment Analysis，DEA）最早由 Charnes、Cooper 和 Rhodes（1978）在 Farell 包络思想基础上提出，用于评估公共部门和非营利部门的效率。在 DEA 理论体系中，最具代表性的模型是 CCR 模型和 BCC 模型，前者用于计算决策单元（记作 DMU，Decision Making Unit）的技术效率（TE），后者则用于求得 DMU 的纯技术效率（PE）。将 CCR 模型所求得的技术效率值与 BCC 模型所求得的纯技术效率值相除，可得到规模效率（SE）。根据 DEA 理论，各决策单元（DMU）的相对效率值介于 0 ~ 1 之间。当某个 DMU 的效率值为 1，表示其相对最有效率；相反，效率值越小时，表示该 DMU 的效率越差。CCR 模型和 BCC 模型具体如下：

（1）CCR 模型。Charnes 等（1978）提出 CCR 模型求得技术效率值。设有 n 个 DMU，每个 DMU 都有 m 个投入指标 x 和 s 个产出指标 y，投入指标的权向量 $\nu = (\nu_1, \nu_2, \cdots, \nu_m)^T$，产出指标的权向量 $\mu = (\mu_1, \mu_2, \cdots, \mu_s)^T$，则第 k 个 DMU 的 DEA 相对绩效 h_k 可以通过求解下面分式规划问题来求解。

$$
\begin{aligned}
& \max h_k = \sum_{r=1}^{s} \mu_r y_{rk} \Big/ \sum_{i=1}^{m} \nu_i x_{ik} \\
\text{s. t.} \ & \sum_{r=1}^{s} \mu_r y_{rj} \Big/ \sum_{i=1}^{m} \nu_i x_{ij} \leqslant 1 \qquad j = 1, 2, \cdots, n \\
& \mu_r \geqslant \varepsilon > 0 \qquad r = 1, 2, \cdots, s \\
& \nu_i \geqslant \varepsilon > 0 \qquad i = 1, 2, \cdots, m
\end{aligned}
\tag{1}
$$

式（1）就是 CCR 模型，其中 x_{ij} 代表第 j 个 DMU 的第 i 个投入值；y_{rj} 代表第 j 个 DMU 的第 r 个产出值；ε 为非阿基米德数（ε 一般取 10^{-6}）。式（1）是一个

① 由于本篇只是将台湾与大陆银行的经营绩效做一个简单意义上的比较，并不深究产权、体制等因素对银行绩效的影响，所以本篇只是从普遍意义的 DEA 方法入手，对两岸银行的 Malmquist 指数进行分析比较。

分式规划问题，使用 Chames 和 Cooper 于 1962 年提出的 CC 变换可以转换为一个等价的线性规划问题。

$$\min\theta - \varepsilon\left(\sum_{r=1}^{s} s_r^+ + \sum_{i=1}^{m} s_i^-\right)$$

$$\begin{aligned} \text{s.t.} \sum_{j=1}^{n} \lambda_i x_{ij} + s_i^- &= \theta x_{ik} \qquad i = 1,2,\cdots,m \\ \sum_{j=1}^{n} \lambda_j y_{rj} + s_r^+ &= y_{rk} \qquad r = 1,2,\cdots,s \\ \lambda_j, s_r^+, s_i^- &\geqslant 0 \qquad i,r,j\,\forall \end{aligned} \tag{2}$$

式（2）中的 s_r^+，s_i^- 分别为产出松弛变量与投入松弛变量。通过式（2）计算出来的 θ 值即是 DMU 技术效率值。需要指出的是，CCR 模型隐含 DMU 规模报酬不变（Constant Return to Scale，CRS）的假设。θ =1 表示受评估 DMU 为最佳 DMU。θ < 1 表示 DMU 的技术效率相对于最佳 DMU 是无效率的。

（2）BCC 模型。Banker 等（1984）在 CCR 模型基础上提出 BCC 模型，该模型通过在 CCR 模型中加入限制条件 $\sum_{j=1}^{n} \lambda_j = 1$，将 CCR 模型中规模报酬不变（CRS）的假设扩展为规模报酬可变（Varriance Return to Scale，VRS），具体见式（3）。

$$\min\theta - \varepsilon\left(\sum_{r=1}^{s} s_r^+ + \sum_{i=1}^{m} s_i^-\right)$$

$$\begin{aligned} \text{s.t.} \sum_{j=1}^{n} \lambda_i x_{ij} + s_i^- &= \theta x_{ik} \qquad i = 1,2,\cdots,m \\ \sum_{j=1}^{n} \lambda_j y_{rj} + s_r^+ &= y_{rk} \qquad r = 1,2,\cdots,s \\ \sum_{j=1}^{n} \lambda_j &= 1 \\ \lambda_j, s_r^+, s_i^- &\geqslant 0, i,r,j\,\forall \end{aligned} \tag{3}$$

由式（3）BCC 模型计算出来的 θ 值是纯技术效率值，反映 DMU 的纯技术效率情况。θ =1 表示受评估 DMU 为最佳 DMU。θ < 1 表示 DMU 的纯技术效率相对于最佳 DMU 是无效率的。将 CCR 模型所求得的技术效率值与 BCC 模型所求得的纯技术效率值相除，可得到规模效率。规模效率值等于 1 表示 DMU 在最适规模下生产，规模效率值小于 1 表示 DMU 的规模无效率。

2. Malmquist TFP 生产力指数介绍

Caves 等（1982）将 Malmquist TFP 生产力指数引入生产分析，1994 年 Färe

等将其进一步发展，建立了用来考察两个相邻时期生产率变化的 Malmquist 生产力指数。

假设有 J 家银行，使用 n 种投入、生产 m 种产出，设 t = 1，2，3，…，T，表示期间，投入要素向量为 $x^t \in R^n_+$，产出向量为 $y^t \in R^m_+$，而第 t 期的生产可能性集合可表示为：

$P^t(x^t) = \{x^t: x^t$ 能够生产 $y^t\}$

对任一投入产出向量 (x^t, y^t) 而言，其产出距离函数根据 Shephard（1970）、Färe（1988）、Färe 等（1994）的定义，可表示为：

$D^t(x^t, y^t) = \inf\{\delta: (x, y/\delta) \in P(x)\}$

其中，δ 表示 Farrell 的面向产出的效率指标，P（x）为生产可能性集合。如果 y 是 P（x）的组成部分，则函数值将小于或等于 1；如果 y 位于可能性生产集合的外部前沿面上，那么函数值将等于 1；如果 y 位于 P（x）外部，那么函数值将大于 1。

然而，若将时间因素纳入，考虑多期模型，生产技术可能发生变动（亦即生产前沿面的移动），在评价跨期生产力指数变动时，需要定义两个跨期产出距离函数：

$D^t(x^{t+1}, y^{t+1}) = \inf\{\delta: (x^{t+1}, y^{t+1}/\delta) \in P^t(x^{t+1})\}$

$D^{t+1}(x^t, y^t) = \inf\{\delta: (x^t, y^t/\delta) \in P^{t+1}(x^t)\}$

其中，$D^t(x^{t+1}, y^{t+1})$ 表示第 t + 1 期的投入和产出相对于第 t 期的生产前沿面的距离，同理，$D^{t+1}(x^t, y^t)$ 表示第 t 期的投入和产出相对于第 t 期的生产前沿面的距离。根据 Färe 等（1994）定义，Malmquist TFP 生产力指数可以具体表示为：

$$MTFP = \left[\frac{D^t(x^{t+1}, y^{t+1})}{D^t(x^t, y^t)} \times \frac{D^{t+1}(x^{t+1}, y^{t+1})}{D^{t+1}(x^t, y^t)}\right]^{\frac{1}{2}} \tag{4}$$

当 MTFP > 1 时表示个别决策单元从 t 期到 t + 1 期总要素生产力提升，当 MTFP < 1 时表示个别决策单元从 t 期到 t + 1 期总要素生产力下降。

一般而言，随着时间的推移，有三个原因导致 Malmquist TFP 生产力指数变动。首先为技术效率变动引起的产出或投入的增减，其次为生产技术可能发生变动导致生产前沿的移动，最后为生产规模的增减导致生产力变动。若采用变动规模报酬来测量产出导向 TFP 指数，根据 Färe 等（1994）、Ray 和 Desli（1997）等文献，可以将 TFP 指数分解为：

$$MTFP = TEC \times PE \times SEC \tag{5}$$

式（5）中第一项 TEC 可表示为：

$$TEC = \left\{\frac{D^t_V(x^{t+1}, y^{t+1})}{D^{t+1}_V(x^{t+1}, y^{t+1})} \times \frac{D^t_V(x^t, y^t)}{D^{t+1}_V(x^t, y^t)}\right\}^{1/2} \tag{6}$$

式（6）代表产出导向技术变动指数，用来衡量随时间经过生产技术变动造成的生产前沿移动的情况，其中，下标 V 表示变动规模报酬。若 TEC >1，则表示生产技术进步；反之，TEC <1，则表示生产技术退步。TFP 生产力指数的第二项 PE 可表示为：

$$PE = \frac{D_V^{t+1}(x^{t+1},\ y^{t+1})}{D_V^t(x^t,\ y^t)} \tag{7}$$

式（7）表示在变动规模报酬下的跨期生产纯技术效率变动指数。若PE >1，则表示纯技术效率改善，若 PE <1，则表示纯技术效率降低。TFP 指数的第三项 SEC 可表示为：

$$SEC = \left\{\frac{D_C^{t+1}(x^{t+1},\ y^{t+1})/D_V^{t+1}(x^{t+1},\ y^{t+1})}{D_C^{t+1}(x^t,\ y^t)/D_V^{t+1}(x^t,\ y^t)} \times \frac{D_C^t(x^{t+1},\ y^{t+1})/D_V^t(x^{t+1},\ y^{t+1})}{D_C^t(x^t,\ y^t)/D_V^t(x^t,\ y^t)}\right\}^{1/2} \tag{8}$$

式（8）代表规模效率变动，用来衡量随时间的推移生产规模变动的情形。当位于最适生产规模时，SEC =1；若 SEC <1，则表示相对于第 t 期，第 t +1 期远离最适生产规模；反之，SEC >1，表示相对于第 t 期，第 t +1 期更接近最适生产规模。

在这里，值得强调的是，式（6）和式（8）的分解是采用 Ray 和 Desli（1997）的方法，它有别于一般实证中所采用的 Färe 等（1994）的分解方法，后者假定规模报酬固定不变，与实际不符。

生产面产出导向 Malmquist TFP 生产力指数和其分解项指数是利用产出导向距离函数来测量的。假设有 J 家银行，其第 k 家银行的同期产出导向距离函数，可用下列的线性规划来估计：

$$\begin{aligned} & \max\delta \\ & \delta y_{km}^t \leqslant \sum_{j=1}^{J} \lambda_j y_{jm}^t \qquad m = 1,2,\cdots,M \\ \text{s. t. } & \sum_{j=1}^{J} \lambda_j x_{jn}^t \leqslant x_{kn}^t \qquad n = 1,2,\cdots,N \\ & \sum_j \lambda_j = 1 \qquad \lambda_j \geqslant 0 \end{aligned} \tag{9}$$

式（9）只要移除掉 $\sum_j \lambda_j = 1$ 的限制条件，可计算出在固定规模报酬技术下，同期的产出导向距离函数 $D_C^t(x^t,\ y^t)$。同理，跨期的产出导向距离函数 $D^t(x^{t+1},\ y^{t+1})$也可用如下线性规划计算：

$$
\begin{aligned}
&\max\delta \\
&\delta y_{km}^{t+1} \leqslant \sum_{j+1}^{J} \lambda_j y_{jm}^{t} \qquad m = 1,2,\cdots,M \\
&\text{s. t.} \sum_{j=1}^{J} \lambda_j x_{jn}^{t} \leqslant x_{kn}^{t+1} \qquad n = 1,2,\cdots,N \\
&\sum_{j} \lambda_j = 1 \qquad \lambda_j \geqslant 0
\end{aligned}
\tag{10}
$$

只要对式（10）的 t+1 进行改动，便可以求出 $D^{t+1}(x^t, y^t)$。

第二节　两岸银行业绩效比较之实证分析

一、DEA 模型投入产出指标选取

对商业银行投入和产出的界定是商业银行效率研究的重要问题。目前主要有三种方法：第一种是生产法，将银行作为金融产品的提供者，存款账户的数目和贷款笔数被作为产出，投入则为资本和劳力，很明显，存款数目和贷款笔数的数据难以取得，这种方法可操作性不强；第二种是中介法，将银行视为资金供给者和需求者之间的中介机构，利用存款、劳力和资本等作为投入，创造贷款和投资，进而获得利润，这种方法由于数据容易获得，研究者采用比较广泛；第三种是资产法，介于前两种方法之间，将存款同时作为产出和投入。由于银行确为将储蓄转化为贷款和投资的中介机构，本章认为采取中介法选取指标较为合理。

在确定具体投入、产出指标时，应遵循目的性、相关性、可控性、可得性原则。目的性要求根据研究目的，选取能准确反映 DMU 经营效率情况的指标；相关性要求选取与银行绩效相关性最大指标，排除相关性弱的指标，以避免指标体系过于庞杂；可控性要求所选取的指标是 DMU 在实际经营过程中可以控制的，如若投入产出指标不可控制，那么对于绩效评价而言也无实际意义；可得性即指标的可取得性。

综上所述，本章在总结已有研究所采取的投入、产出指标基础上，考虑两岸各银行数据统计口径一致性，以及数据的可得性基础上，选取如下投入、产出指标来分析两岸银行业的绩效。投入指标：员工人数、客户存款、固定资产净值；产出指标：客户贷款、投资、利息收入、非利息收入。其中，投资主要包括公允价值计量且变动计入当期损益的金融资产、可供出售金融资产、持有至到期投

资、股权投资、投资性房地产，选取这些内容主要是受到两岸数据统计口径的一致性和数据可得性的限制；非利息收入主要包括手续费及佣金收入、投资收益、汇兑损益。从投入指标来看，员工人数、客户存款、固定资产净值可以综合反映银行在人力、财力、物力方面的综合投入；从产出指标来看，客户贷款和投资可以反映银行在资金上的运用，利息收入和非利息收入则反映了银行资金运用产生的收益。之所以将利息收入和非利息收入分开作为两项产出指标是因为：大陆银行业目前没有像台湾银行业那样，普遍实行综合经营，当前主要的资金还是投入到贷款中，利息收入仍然是大陆银行业主要的收入来源，而台湾银行业已经普遍实现了综合经营，投资业务、中间业务收益等在其利润来源中占有重要地位。还有一个原因，如第三章竞争力分析中所述，非利息收入也可作为银行金融创新的一项衡量指标。

由于在用 DEA 做效率分析时，投入与产出指标之选择对于效率值的影响是非常敏感的，为符合投入产出指标单调性的假设，即投入数量的增加，产出不得减少，因此将各银行 2006 ~ 2010 年的投入与产出数据进行 Pearson 相关系数检验，结果见表 4 - 2 - 1。由表 4 - 2 - 1 可知，投入与产出指标存在显著的相关性，在 1% 水平下通过单侧及双侧检验，说明本文选取的投入、产出指标均具有合理性。

表 4 - 2 - 1　投入产出指标 Pearson 相关系数

	贷款	投资	利息收入	非利息收入
		双侧		
存款	0.993**	0.981**	0.970**	0.941**
固定资产	0.938**	0.941**	0.919**	0.861**
员工人数	0.932**	0.950**	0.926**	0.842**
		单侧		
存款	0.993**	0.981**	0.970**	0.941**
固定资产	0.938**	0.941**	0.919**	0.861**
员工人数	0.932**	0.950**	0.926**	0.842**

注：** 表示在 1% 的水平下显著。

二、资料说明

本章选取的样本银行包括大陆银行 22 家，台湾银行 24 家，大陆银行有工、农、中、建、交五大银行，招商、华夏、民生、兴业、中信等股份制银行，以及

杭州银行、嘉兴银行、日照银行、上海农商行等地方性银行，选择这些银行的原因在于：台商投资主要相对集中在长三角、环渤海经济区、珠三角、海西区，而台资银行登陆设立据点，也以这几个地区为主。台湾的银行有土地银行、合作金库银行、台湾银行、第一商业银行、兆丰国际商业银行、华南商业银行、台北富邦银行等，在此不全部列举。样本区间为2006～2010年，采用年度之平衡面板数据（Balanced Panel Data）。数据均摘自各银行每年披露的年报，笔者自行整理，为剔除通货膨胀的影响，各年的货币数值用CPI指数进行了平减（都以2006年为基期），然后用人民币、新台币兑美元汇率换算为美元，汇率数据来自外汇管理网站。各变量的描述统计结果如表4－2－2所示。

表4－2－2　各变量描述统计

	均值	最大值	最小值	标准差	偏度	峰度	J－B统计量
I_1	1.98 E+11	1.33 E+12	7.87 E+08	3.08 E+11	1.96	5.86	107.94
I_2	2.05 E+09	1.47 E+10	1.29 E+07	3.45 E+09	1.95	5.69	102.66
I_3	73898.22	447519.00	480.00	130983.70	1.80	4.64	71.77
O_1	1.22 E+11	7.68 E+11	1.35 E+07	1.78 E+11	1.87	5.54	93.48
O_2	6.10 E+10	4.55 E+11	2.99 E+07	1.08 E+11	2.08	6.26	128.30
O_3	9.08 E+09	5.48 E+10	4.42 E+07	1.35 E+10	1.89	5.42	92.17
O_4	1.12 E+09	9.49 E+09	1.51 E+06	2.08 E+09	2.45	8.08	228.07
I_1	2.12 E+10	8.50 E+10	1.11 E+09	1.93 E+10	1.10	3.82	27.71
I_2	5.34 E+08	2.69 E+09	4.51 E+07	5.61 E+08	2.06	7.73	196.56
I_3	4.04 E+03	9.54 E+03	5.41 E+02	2.65 E+03	0.33	1.75	10.00
O_1	1.67 E+10	6.01 E+10	1.82 E+09	1.53 E+10	1.09	3.38	24.48
O_2	3.23 E+09	2.66 E+10	2.01 E+07	4.25 E+09	2.14	9.64	312.53
O_3	6.52 E+08	2.52 E+09	6.16 E+07	5.85 E+08	1.00	3.18	20.34
O_4	1.23 E+08	7.29 E+08	－4.40 E+08	1.98 E+08	0.64	4.32	17.00

注：变量O_1、O_2、O_3、O_4分别对应产出指标的贷款、投资、利息收入、非利息收入，变量I_1、I_2、I_3分别对应投入指标的存款、固定资产净值、员工人数；表上半部分是大陆22家样本银行的数据描述统计值，下半部分是台湾24家银行的数据描述统计值。

三、实证结果分析

本章利用Malmquist TFP指数模型及数据资料，采用DEAP2.1软件进行数据运算，对大陆及台湾银行业从2006年至2010年的生产力指数变动情况做分析。

（一）样本期间大陆、台湾银行业整体生产力变动分析

表4－2－3是2006～2010年两岸银行业整体生产力变动结果。从TFP指数均值来看，两岸银行业在样本期间的整体生产力呈现不同特征。大陆样本银行TFP指数均值为1.008，表示在研究期间，银行业整体以每年0.8%的速度进步；台湾银行业TFP指数均值为0.935，表明在研究期间台湾银行业整体以每年6.5%的速度退步。台湾银行业整体生产力指数的退步，可能与前文所述的一些因素有关，如岛内市场接近饱和，竞争激烈，且台商的岛外迁移导致银行客户流失较为严重，因此导致银行业整体生产效率表现不佳。大陆样本银行整体生产力指数进步的原因可能是，为应对加入WTO后外资银行纷纷进驻导致的市场竞争，我国银行业进行了一系列改革，如股份制改革、引进境外战略投资者、改善公司治理等，这一系列措施的实施，大幅度提升了我国银行业的经营绩效。从TEC均值，即技术变动均值看，两岸银行业技术均呈现退步的状态，这与通常的技术进步预期是不一致的。由于TFP＝TEC×PE×SEC，从表4－2－3可以看出，台湾银行业生产力衰退是由于技术退步引起的，而技术退步的原因可能也与前述因素相关。在纯技术效率变动方面，台湾银行业表现优于大陆，都呈现进步的状态。在规模效率变动方面，台湾银行业SEC均值为1.022，大陆银行业SEC均值为1.032，反映两岸银行业样本期间每期朝着最适生产规模靠近。

表4－2－3　2006～2010年两岸银行业整体生产力变动结果

时期	TFP	TEC	PE	SEC	TFP	TEC	PE	SEC
	大陆				台湾			
2006～2007年	1.101	1.056	1.008	1.035	0.962	0.984	1.019	0.959
2007～2008年	1.027	0.931	1.010	1.093	0.894	0.727	1.059	1.162
2008～2009年	0.911	0.909	0.998	1.005	0.870	0.888	1.031	0.950
2009～2010年	1.003	0.993	1.013	0.997	1.022	0.965	1.027	1.031
均值	1.008	0.970	1.007	1.032	0.935	0.885	1.034	1.022

注：TFP、TEC、PE、SEC分别表示Malmquist生产力指数、技术变动、纯技术效率变动、规模效率变动；表中最后一行的均值系各期的几何平均值。

分年度看，两岸银行业各项效率值呈现出不同的变动特征。从TFP指数来看，大陆银行业只在2008～2009年表现为退步，可能是受2008年金融危机的影响，其他年份都表现为生产力进步；而台湾银行业除2009～2010年表现为进步外，其余年份均表现为退步，尤其是2007～2008年TFP指数最低，表示2008年

相对2007年，台湾银行整体产业生产力退步10.6%，2009~2010年TFP指数为1.022，说明2010年相对2009年，台湾银行生产力进步2.2%，可能的解释是：2009年国际金融危机的影响逐渐退去，2010年银行业情况只要稍微较2009年有所好转，表现在TFP指数上就会出现其值大于1的现象。从TEC技术变动来看，大陆银行业除2006~2007年表现为进步外，其余均表现为退步，台湾银行业在研究期间均表现为退步。从PE纯效率变动来看，大陆银行业除2008~2009年表现为退步外，其余均表现为进步，与TFP变化趋势一致，影响因素可能也相同；而台湾银行业PE指数值均大于1，表现为纯技术效率进步，反映出台湾银行业较高的资源配置能力。从SEC规模效率变动来看，2006~2009年都表现为规模效率进步，2009~2010年却为退步，台湾银行业则是退步与进步交替出现。

（二）样本期间各银行生产力变动分析

表4-2-4是样本期间各银行TFP生产力指数、技术变动、纯技术变动效率、规模变动效率在样本期间的均值①。从TFP生产力指数看，两岸银行业共有18家银行表现为生产力进步，其中大陆银行有工商、交通、建设、中国银行四家大型银行和招商、兴业、深发展、中信等股份制银行，以及杭州、嘉兴、上海等地方城市商业银行共计14家，而台湾银行业仅有台湾银行、高雄银行、新光银行、中小企业银行共计4家，其余的银行均表现为技术退步。大陆银行中，生产力表现最佳的五家银行依次为杭州银行、兴业银行、深圳发展银行、招商银行、广发银行，生产力变动表现最次的3家银行分别为光大银行、日照银行、上海农商行。台湾的银行中，表现最佳的4家银行依次分别为高雄银行、中小企业银行、新光银行、台湾银行，排名倒数3位的银行为远东国际银行、中华工业开发银行、台新国际商业银行。

从技术变动效率TEC看，大陆银行中技术表现为进步的有兴业、深发展、杭州、招商、上海、浦发、广发共计7家银行，其余均表现为技术退步。总体来说，股份制商业银行表现优于大型商业银行。样本内五家大型银行中，农业银行、交通银行排名倒数第4位、第6位，只有建设银行排名最靠前，为第9位。台湾的银行全部表现为技术退步，TEC值排名前5的银行为台湾银行、中小企业银行、合作金库银行、高雄银行，表现最次的3家银行分别为远东国际银行、中华开发工业银行、京城商业银行。就TEC看，大陆银行业好于台湾银行业。

---

① 关于各个银行在每个跨期的TFP指数及其分解项TEC、PE、SEC的数值，考虑篇幅限制，放到文末的附表中。

表 4-2-4 2006~2010 年各银行生产力指数

银行	TFP	TEC	PE	SEC
杭州银行	1.149	1.117	1.019	1.010
嘉兴商行	1.037	0.913	1.000	1.136
宁波银行	1.037	0.989	1.035	1.014
日照银行	0.880	0.887	1.000	0.991
上海农商行	0.924	0.949	0.976	0.997
上海银行	1.042	1.042	1.000	1.000
温州银行	0.947	0.818	1.163	0.995
浙商银行	0.956	0.966	0.993	0.996
光大银行	0.763	0.763	1.000	1.000
广发银行	1.064	1.022	0.994	1.047
华夏银行	0.945	0.945	1.000	1.000
民生银行	0.990	0.990	1.000	1.000
浦发银行	1.026	1.026	1.000	1.000
深圳发展银行	1.129	1.129	1.000	1.000
兴业银行	1.139	1.139	1.000	1.000
招商银行	1.085	1.056	1.000	1.028
中信银行	1.017	0.989	1.005	1.023
中国银行	1.039	0.950	1.000	1.093
农业银行	0.984	0.883	0.988	1.128
交通银行	1.050	0.914	1.000	1.149
建设银行	1.031	0.990	1.000	1.041
工商银行	1.032	0.964	1.000	1.070
均值	1.008	0.970	1.007	1.032
银行	TFP	TEC	PE	SEC
合作金库银行	0.943	0.931	1.000	1.013
第一商业银行	0.982	0.920	1.000	1.067
台湾银行	1.001	0.997	1.000	1.004
华南商行	0.971	0.911	0.994	1.072
台北富邦	0.957	0.916	1.040	1.004
国泰世华	0.908	0.921	1.008	0.978
高雄银行	1.028	0.931	1.103	1.000
兆丰银行	0.899	0.899	1.000	1.000

续表

银行	TFP	TEC	PE	SEC
中华工业开发银行	0.800	0.800	1.000	1.000
华泰银行	0.934	0.856	1.085	1.005
新光银行	1.009	0.873	1.078	1.073
阳信银行	0.990	0.861	1.057	1.088
三信银行	0.955	0.865	1.103	1.000
远东国际银行	0.770	0.787	0.986	0.992
永丰银行	0.952	0.907	1.010	1.040
玉山银行	0.926	0.877	1.073	0.985
万泰银行	0.914	0.867	1.000	1.054
台新国际	0.862	0.864	0.997	1.001
日盛国际	0.895	0.870	0.994	1.035
安泰银行	0.945	0.887	1.050	1.015
中国信托商业银行	0.869	0.864	1.000	1.006
中小企业银行	1.014	0.938	1.061	1.019
台中商行	0.996	0.884	1.096	1.028
京城商业银行	0.979	0.841	1.099	1.059
均值	0.935	0.885	1.034	1.022

从纯技术变动效率 PE 看，大陆 22 家银行除上海农商行、农业银行、浙商银行、广发银行效率值小于 1 之外，其余银行全部大于等于 1。台湾银行中，除远东国际银行、日盛国际银行、华南商业银行、台新国际商业银行小于 1 外，其余 20 家银行均大于等于 1。PE 方面，就研究样本而言，两岸银行业纯技术效率变动水平相当。

从规模效率变动 SEC 看，大陆 22 家银行除日照银行、温州银行、浙商银行、上海农商行小于 1 之外，其余银行均大于等于 1，说明各银行在研究期间规模基本朝着最适生产规模接近。5 家大型商业银行排名分别是交通银行 1、农业银行 3、中国银行 4、工商银行 5、建设银行 7；全国性股份制商业中，广发、招商、中信、宁波银行排名较为靠前，分别为 6、8、9、10；城市商业银行中，嘉兴银行表现最佳，排名第 2，杭州银行排名第 11，上海银行排名第 14，其余排名都靠后。从这一点看，地方性商业银行在规模效率上总体落后于股份制商业银行，而股份制商业银行落后于大型商业银行。台湾的银行中，21 家银行规模效率变动表现为接近最适生产规模，3 家银行表现为偏离最适生产规模，排名前 5 的银行分别为阳信商业银行、新光银行、华南商业银行、第一商业银行、京城商业银行，排名最后的 3 家银行分别为远东国际银行、玉山银行、国泰世华银行。

（三）营运绩效管理矩阵分析

本章利用各银行 2006 ~ 2010 年生产力指数进行营运绩效管理矩阵分析。以 2006 ~ 2010 年各银行 TFP 指数变动来看各银行持续发展的潜力，而研究期间 2009 年、2010 年两年的总技术效率（即前述的 PE 与 SEC 的乘积）则可以显示即期竞争力，同时采用这两个数值评估各银行表现。

将 2006 ~ 2010 年各银行的 TFP 指数置于纵轴，而 2009 年、2010 年总技术效率作为横轴，则可以出现四个象限。关于分界点的取舍如下：TFP 的分界点为 1，数值大于 1 表示绩效进步，数值小于 1 表示绩效退步；横轴的分界点为大陆或台湾全体样本银行的均值。按照顺时针的顺序，将横坐标、纵坐标的值都大于分界点值的象限定义为第一象限，则每个象限的具体意义如下：

（1）落于第一象限的银行长期潜在竞争力与即期的竞争力方面皆属于优秀，落于此区域的银行为竞争力与生产力表现较佳的银行，其发展前景应当被看好，不仅长期的发展潜力好，且近两年的经营效率也较其他样本内银行表现优异。

（2）落于第二象限的银行在目前的经营绩效上表现较好，但在长期的生产力变动表现上确实差强人意，显示落于此区域的银行目前具有竞争力，但是长期的生产力方面却有瓶颈。

（3）落于第三象限的银行在 TFP 生产力变动及目前的经营绩效方面都处于劣势的地位，不仅在经营绩效方面需要改善，生产力方面也需要加强，越靠左下角位置的银行，越处于竞争劣势地位，经营状况亟待改善。

（4）落于第四象限的银行在 TFP 生产力变动上具有一定水准，但是在目前的经营绩效上却有需要改善的地方。就经营绩效看，落于此区域的银行可进一步针对自身的经营效率做调整，假以时日必能进一步晋升为具有竞争力且具有技术优势的银行，因而落于此象限的银行具有竞争优势。

两岸银行业营运绩效管理矩阵如图 4 -2 -1 所示。从图中可以清晰地看到，大陆样本银行中，落于第一象限的有 4 家银行，分别是嘉兴银行、宁波银行、中信银行和建设银行，说明这些银行在生产力变动和经营绩效上都处于竞争优势地位；落于第二象限的有 3 家银行，分别是温州银行、浙商银行、光大银行，说明这些银行在当前较具有经营绩效的优势，但是长期生产力变动却不具有优势；落于第三象限的有6家银行，包括广发、民生、华夏、农行等，这些银行不管是在即期的经营绩效还是长期的生产力变动上，都处于劣势地位，就农业银行来讲，由于其历史经营包袱重、转型变革慢（从其股改及上市进程中便可以知晓一二），表现较差也属意料之中；落于第四象限的有9家银行，占据样本银行最多的份额，包括中行、交行、工行3家大型银行和浦发、深发展、兴业、招商等股份制银行，以及杭州银行、上海银行2家城市商业银行，这些银行短期的经营绩效只要加以改善，便可具有较强的竞争力。

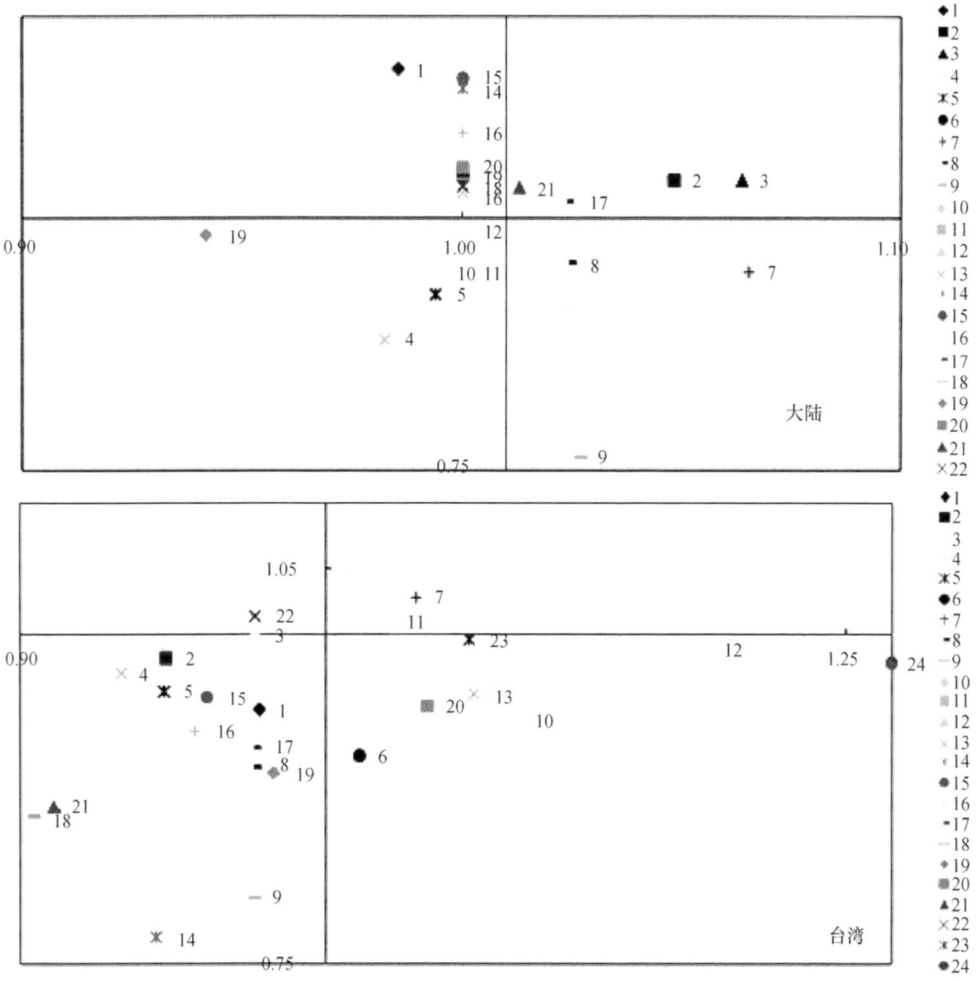

图4－2－1　两岸银行业运营绩效管理矩阵

表4-2-5 营运绩效管理矩阵银行代码对照

大陆				台湾			
1	杭州银行	12	民生银行	1	合作金库银行	13	三信银行
2	嘉兴商行	13	浦发银行	2	第一商业银行	14	远东国际银行
3	宁波银行	14	深圳发展银行	3	台湾银行	15	永丰银行
4	日照银行	15	兴业银行	4	华南商行	16	玉山银行
5	上海农商行	16	招商银行	5	台北富邦	17	万泰银行
6	上海银行	17	中信银行	6	国泰世华	18	台新国际
7	温州银行	18	中国银行	7	高雄银行	19	日盛国际
8	浙商银行	19	农业银行	8	兆丰银行	20	安泰银行
9	光大银行	20	交通银行	9	中华工业开发银行	21	中国信托商业银行
10	广发银行	21	建设银行	10	华泰银行	22	台湾中小企业银行
11	华夏银行	22	工商银行	11	新光银行	23	台中商行
				12	阳信银行	24	京城商业银行

在台湾样本银行中，位于第一象限的银行只有高雄银行和新光银行2家；落于第二象限的有7家银行，包括国泰世华、华泰商业、三信商业、安泰商业、台中商业等，这些银行虽在短期的经营效率方面具有竞争力，但是在长期的生产力变动方面却表现乏力；落于第三象限的银行有13家，占据24家样本银行的54.17%，包括五大银行的3家——合作金库、第一商业、华南商业，以及富邦、兆丰、永丰等银行，这些银行从长期和短期来衡量，都处于竞争劣势地位；落于第四象限的有2家——台湾银行和台中商业银行，它们只要改善短期的经营绩效，便可以处于竞争力优势地位。

综上所述，大陆银行业在长期生产力变动方面的表现要优于台湾银行业，这可能是大陆银行产业经营环境优于台湾的缘故。如前文所述，台湾银行业市场趋近于饱和，加之岛内市场狭小，还受台商客户向岛外迁移的影响，经历了利率市场化改革后，经营利差逐渐缩小，银行业经营的整体环境不如大陆好，市场空间也不如大陆广阔。

（四）特征不同的群组比较

本章将银行依据不同特征分为不同的群组进行比较，看银行的各项效率值是否会因为银行特征的不同而受到影响。结合现有文献中对银行经营效率的影响因素的探讨，本章从所有权、治理结构、资产质量、金融创新能力四个方面对银行的经营绩效的影响因素进行分析。其中，所有权用政府持股比例衡量，治理结构用银行是否上市、外资持股比例反映①，资产质量用不良贷款率代替，金融创新能力则以非利息收入占营业收入的比重来衡量。由于本文的年度数据只有5年数据，样本量太小，不能进行 Tobit 回归，从而以参数的形式加以检验，因此本章采用 Mann – Whitney 非参数检验，考虑来自不同群组的银行，其经营效率是否具有显著差异。

（1）所有权方面。以政府持股比例40%为分界点②，将样本银行分为两个群组——公营及民营。表4-2-6是对两岸银行的不同群组的各项效率值均值统计及进行 Mann – Whitney 检验的结果。从各项效率值的均值统计来看，大陆银行业公民营银行 SEC 之间差异较大，其余值差异较小，说明有政府支持的银行在规模效率变动方面表现优于民营银行；而台湾银行业各项效率值均值中，除技术变动相差较大外，TFP 生产力指数和纯技术效率变动、规模效率变动差异都较小。从 Mann – Whitney 检验的结果来看，除台湾银行业 TEC 检验 P 值为0.09外，P 值都较大，说明所有权的不同，对银行效率的影响并不显著。

表4-2-6 所有权对银行经营效率影响检验

			TEC	PE	SEC	TFP
大陆	均值	>40%	0.973	0.999	1.077	1.032
		<40%	0.991	1.013	1.023	1.023
	检验	Z	-0.245	-0.774	-0.488	-0.181
		P	0.807	0.439	0.625	0.856
台湾	均值	>40%	0.968	1.043	1.000	1.006
		<40%	0.894	1.037	1.036	0.944
	检验	Z	-1.697	-0.296	-0.945	-1.463
		P	0.09	0.767	0.345	0.143

（2）治理结构方面。外资持股比例以30%为分界点。表4-2-7和表4-2-8显示外资持股比例和是否上市对银行经营效率的影响。在外资持股比例方面，从均值统计看，两岸银行业不同的分组之间各项效率值差异不大，而检验的结果也表明两组数据间不存在显著差异；在是否上市方面，均值和检验的结果与外资持股比例结果相似，说明外资持股比例的高低、是否上市对银行经营效率

① 上市银行或者外资持股比例较高的银行，说明其在公司治理结构上较为完善，财务状况、发展前景方面具有一定竞争力。

② 虽然一般意义上持有50%的股权表示具有绝对控制权，但是根据样本银行的年报显示，一般持有40%以上的股份，则会成为银行的第一大股东，因此本文选取40%为分界点。

并无显著影响。另外，各银行为应对银行业全面开放导致的激烈竞争，公司治理方面日趋完善，各银行并无太大差异。

表 4－2－7　外资持股比例对银行经营效率影响检验

			TEC	PE	SEC	TFP
大陆	均值	>30%	0.932	1.000	1.096	1.011
		<30%	0.993	1.011	1.029	1.027
	检验	Z	－1.295	－0.231	－0.891	－0.447
		P	0.195	0.817	0.373	0.655
台湾	均值	>30%	0.849	1.031	1.062	0.921
		<30%	0.906	1.038	1.030	0.952
	检验	Z	－1.254	－0.245	－0.481	－0.719
		P	0.21	0.807	0.631	0.472

表 4－2－8　上市对银行经营效率影响检验

			TEC	PE	SEC	TFP
大陆	均值	上市	1.004	1.004	1.038	1.039
		未上市	0.966	1.016	1.034	1.009
	检验	Z	－1.179	－0.343	－0.057	－0.782
		P	0.238	0.732	0.954	0.434
台湾	均值	上市	0.902	1.035	1.034	0.950
		未上市	0.903	1.064	1.010	0.956
	检验	Z	－0.06	－0.809	－0.213	－0.046
		P	0.952	0.419	0.831	0.963

（3）资产质量方面。大陆银行业以样本内各银行在相同年度内的不良贷款率均值为分界点，将不良贷款率大于均值的银行记为次，将不良贷款率小于均值的银行记为优。台湾的银行分组同理。表 4－2－9 是资产质量对银行经营效率的影响检验结果。大陆银行业从各项效率值均值统计看，不良贷款率低的银行各项效率值均值都较不良贷款率高的银行大，说明技术变动、纯技术效率变动、规模效率变动和 TFP 生产力指数与资产质量成正比，Mann－Whitney 检验的 P 值显示，除 PE 纯效率技术变动在两组银行中有显著差异外，其余效率值都没有显著差异。台湾银行业中，从均值统计看，显示出与大陆相似的特征，资产质量高则技术变动、纯技术效率变动、规模效率变动和 TFP 生产力指数值就高，但是 Mann－Whitney 检验的 P 值仍然不支持两组银行有显著差异。

表 4 - 2 - 9　资产质量对银行经营效率影响检验

			TEC	PE	SEC	TFP
大陆	均值	优	0.995	1.018	1.099	1.036
		次	0.965	0.990	1.010	1.020
	检验	Z	-1.098	-2.315	-1.259	-0.741
		P	0.272	0.021	0.208	0.459
台湾	均值	优	0.924	1.050	1.037	0.960
		次	0.874	1.028	1.028	0.938
	检验	Z	-1.547	-1.499	-0.048	-0.066
		P	0.122	0.134	0.962	0.947

（4）金融创新能力方面。表 4 - 2 - 10 是金融创新能力对银行经营效率的影响检验结果。从均值统计来看，金融创新能力强的银行，各项效率值均值都较金融创新能力较差的银行高，说明金融创新能力强的银行，其经营效率确实比金融创新能力弱的银行优秀。但是，从 Mann - Whitney 检验的 P 值来看，除台湾银行业纯技术效率变动在两组银行中表现出显著差异外，其余效率值在两组银行中并无显著差别。

表 4 - 2 - 10　金融创新能力对银行经营效率影响检验

			TEC	PE	SEC	TFP
大陆	均值	优	0.991	1.012	1.050	1.031
		次	0.981	1.006	1.025	1.020
	检验	Z	-0.855	-0.835	-1.422	-0.113
		P	0.393	0.404	0.155	0.91
台湾	均值	优	0.937	1.042	1.033	0.950
		次	0.899	0.993	1.029	0.946
	检验	Z	-0.365	-1.666	-0.692	-0.192
		P	0.715	0.096	0.489	0.848

综上所述，所有权、公司治理、资产质量、金融创新能力对两岸银行业 TFP 生产力指数的变动影响并不显著，而所有权、金融创新能力会分别影响台湾银行的技术变动和纯技术效率变动，资产质量则是影响大陆银行纯技术效率变动的因素。

四、结论

本章利用DEA方法，选取2006~2010年大陆22家、台湾24家样本银行数据，对两岸银行业的Malmquist生产力指数及其分解项技术变动TEC、纯技术效率变动PE、规模效率变动SEC进行分析。结果发现：大陆银行业整体TFP指数表现为生产力进步，而台湾银行业整体TFP指数表现为生产力退步；从营运绩效管理矩阵分析，无论从长期的生产力变动还是从即期经营效率看，台湾银行业表现都次于大陆银行业，这可能是大陆银行业整体经营环境比台湾好的缘故；从影响银行业经营绩效的因素看，所有权、公司治理、资产质量、金融创新能力对银行经营绩效的影响并不显著。由于本节采取2006~2010年的年度数据，考虑到数据的时间跨度有限，不能采用回归方法之参数估计，故采用Mann-Whitney非参检验，但非参检验的结果较参数检验的稳定性低，影响因素对于银行经营绩效之影响是否显著的结果，仅供参考，这也是本章需要改进的方面。

第三节　两岸银行业技术效率及生产率的进一步研究

本节利用2004~2011年两岸32个省（市、自治区）的面板数据，采用DEA方法、Malmquist生产率变动指数、随机效应面板Tobit回归模型及系统广义矩估计（sys-GMM）对两岸银行业技术效率、生产率及其影响因素进行探讨。

目前国内外尚无学者基于区域视角对两岸银行业的技术效率及生产率进行探讨。为此，本节基于区域视角，首先运用DEA方法中的CCR模型和BCC模型对两岸32个省份的银行业技术效率进行静态比较，其次引入Malmquist生产率变动指数对两岸银行业进行动态分析，最后分别运用面板随机效应模型和系统GMM模型对影响两岸银行业技术效率及生产率的决定因素进行探讨。这是本节的主要贡献之处，尤其是运用面板随机效应模型和系统GMM模型对两岸银行业的技术效率及生产率之影响因素的实证研究部分是以往文献所没有的。

一、模型、变量及数据

因DEA模型、Malmquist生产率变动指数已在前文阐述过，故不再赘述。本部分只阐述银行业技术效率估计模型以及银行业生产率决定因素估计模型，而后是资料说明，最后是投入产出指标选取。

1. 银行业技术效率估计模型

本研究采用随机效应面板 Tobit 模型探讨两岸银行业技术效率的决定因素。一方面由于技术效率值介于 0 与 1 之间，只有表现最佳的省份银行业技术效率值等于 1，故在 1 处发生截断；另一方面是为了反映区域间差异的不可观察要素为随机分配。具体模型设定如下：

$$\begin{cases} Y_{it} = \beta_0 + \beta_1 TA_{it} + \beta_2 TA_{it}^2 + \beta_3 DLR_{it} + \beta_4 BOD_{it} + \beta_5 BPW_{it} + \\ \beta_6 LAW_{it} + \beta_7 NPL_{it} + \beta_8 GDP_{it} + \beta_9 FIR_{it} + \beta_{10} DLW_{it} + \\ \beta_{11} HHI_t + \beta_{12} D1_i + \beta_{13} D2_t + u_i + \varepsilon_{it}, \quad IFY_{it} < 1, \ \forall i, t \\ 1, \quad IFY_{it} \geq 1, \ \forall i, t \end{cases} \tag{1}$$

式（1）中，Y_{it}为第 t 年第 i 省份银行业的技术效率及其分解项，TA_{it}为第 t 年第 i 省份银行业资产规模变量，TA_{it}^2为第 t 年第 i 省份银行业资产规模变量的平方项，DLR_{it}为第 t 年第 i 省份银行业存贷比率，BOD_{it}为第 t 年第 i 省份每万人银行业营业网点，BPW_{it}为第 t 年第 i 省份银行业从业人员占比，LAW_{it}为第 t 年第 i 省份银行业贷款占资产比率，NPL_{it}为第 t 年第 i 省份银行业资产品质变量，GDP_{it}为第 t 年第 i 省份地区生产总值，FIR_{it}为第 t 年第 i 省份金融相关率，DLW_{it}为第 t 年末第 i 省份银行业存贷款余额占全国比率，HHI_t 为第 t 年银行业区域集聚度，$D1_i$ 为第 i 省份区域结构虚拟变量，$D2_t$ 为 2008 年国际金融危机虚拟变量。

各变量估计系数的预期符号及经济意义说明如下：

（1）因变量为银行业绩效（Y）。本研究采用数据包络分析方法（DEA）测算银行业技术效率（TE）及其分解项纯技术效率（PE）和规模效率（SE）。

（2）资产规模（TA）。本研究以取对数的银行业资产总额作为银行业资产规模变量。银行业资产规模可能存在最适规模，故银行业资产规模与其技术效率（生产率）的关系可能为非线性——呈倒 U 型或 U 型。因此，除资产规模外，自变量同时纳入资产规模的平方项（TA^2）。估计系数预期符号未定。

（3）存贷比率（DLR）。该比率反映某区域银行业资产配置能力和资产流动性强弱，该指标也可反映其银行业市场竞争能力。存贷比率 = 贷款/存款，一般而言，银行业存贷比率越高，该区域银行业技术效率（生产率）越高。因此，存贷比率预期符号为正。

（4）每万人银行业营业网点（BOD）。该变量反映区域银行业营业网点密度，其计算中使用的人口为常住人口。该变量估计系数预期符号未定。

（5）银行业从业人员占比（BPW）。该比率反映区域银行业人才集聚程度，银行业从业人员占比 = 银行业从业人员数/全社会就业人员数。该变量估计系数预期符号未定。

（6）贷款占资产比率（LAW）。本研究采用贷款占资产比率衡量产出对银行业技术效率（生产率）的影响。如果贷款在产出项中较具竞争优势，贷款占资产比率越高，银行业效率越高。如果贷款在产出项中不具竞争优势，贷款占资产比率越高，银行业效率可能越低。此外，贷款是银行业较具风险及流动性较差的资产，贷款占资产比率越高，银行业资产流动性可能变差，违约风险可能提高，银行业效率可能因此下降。故估计系数的预期符号未定。

（7）资产品质（NPL）。银行业资产品质越差，其经营风险越高，技术效率（生产率）越低。故估计系数预期符号为负。大陆各省份采用银行业不良贷款率（不良贷款/总贷款）作为其资产品质的代理变量；而台湾地区则采用银行业逾放比率表示。

（8）地区生产总值（GDP）。该变量反映区域的经济发展水平，一般情况下，随着经济发展水平的提高，银行业技术效率（生产率）也会提高。故该变量估计系数预期符号为正。

（9）金融相关率（FIR）。该变量反映区域的金融发展水平，金融相关率=存贷款余额/GDP。一般情况下，某区域金融发展水平越高，其技术效率（生产率）越高。故该变量估计系数预期符号为正。

（10）存贷款余额占全国比率（DLW）。该比率反映区域资金集聚程度，其值=存贷款余额/全国存贷款余额。存贷款余额占全国比率越高，其技术效率（生产率）越高。故该变量估计系数预期符号为正。

（11）银行业区域集聚度（HHI）。由于银行业区域集聚可影响银行业表现，故采用银行业区域集聚度作为自变量之一。我们运用常用的HHI——银行业存款市场占两岸的平方加总来衡量银行业区域集聚度，本研究包括两岸32个省份。HHI越低（高），银行业区域集聚度越低（高）。估计系数预期符号未定。

（12）区域结构变量（D1）。本研究采用是否东部地区衡量区域结构，是为1，否为0。东部地区包括京、津、冀、辽、沪、苏、浙、闽、鲁、粤、琼和台12个省市[①]。该变量估计系数预期符号未定。

（13）金融危机变量（D2）。时间虚拟变量为一组向量变量 D_t =（D_{2002}，…，D_{2011}）'，当 D_{2005}，…，D_{2011} 皆为0时，则代表2004年资料。2008年国际金融危机波及全球，可能对两岸银行业造成负面影响。因此，本研究以 $D_{2008\sim2011}$ 时间虚拟变量来检验2008年国际金融危机对银行技术效率（生产率）的影响。估计系数预期符号为负。

---

① 本节采用大陆东、中、西部地区划分方法，东部包括京、津、冀、辽、沪、苏、浙、闽、鲁、粤和琼11个省市，中部包括晋、吉、黑、皖、赣、豫、鄂和湘8个省份，西部包括渝、川、贵、云、藏、陕、甘、青、宁、新、桂和内蒙古12个省（市、自治区），本节将台湾划入东部地区。

2. 银行业生产率决定因素估计模型

银行业生产率决定因素估计模型设定为：

$$Y_{it}=\beta_0+\beta_1 Y_{it-1}+\beta_2 TA_{it}+\beta_3 TA_{it}^2+\beta_4 DLR_{it}+\beta_5 BOD_{it}+\beta_6 BPW_{it}+\beta_7 LAW_{it}+\beta_8 NPL_{it}+\beta_9 GDP_{it}+\beta_{10} FIR_{it}+\beta_{11} DLW_{it}+\beta_{12} HHI_t+\beta_{13} D1_i+\beta_{14} D2_t+u_i+\varepsilon_{it},\quad \forall i,\ t \tag{2}$$

式（2）中，Y_{it}为第 t 年第 i 省份银行业生产率变动及其分解项。加入因变量滞后一期项（Y_{it-1}）作为自变量是考虑到生产率变动可能存在自相关。若该变量显著说明银行业具有持续性，其估计系数可能为正或负。其他自变量与银行业技术效率的估计模型式（1）的自变量相同，其估计系数预期符号也相同。

本研究采用 Arellano 和 Bover（1995），Blundell 和 Bond（1998）提出的系统广义矩估计（system Generalized Method of Moments，sys－GMM）估计式（2）。系统 GMM 的估计系数必须在矩条件（Moment Condition）方可求得，为便于说明，将式（2）改写为：

$$Y_{it}=\beta_1 Y_{it-1}+\beta' X_{it}+\mu_i+\varepsilon_{it} \tag{3}$$

其中，Y_{it-1}表示因变量滞后一期项，其为内生变量；X_{it}为（K－1）×1 的外生变量向量，β'为估计系数向量。系统 CMM 将差分 GMM（Difference GMM）和水平 GMM（Level GMM）结合在一起，将差分方程与水平方程作为一个方程系统进行 GMM 估计，其除估计式（3）的差分形式外，还包括估计式（3）的水平形式，因此共有两组矩条件。

式（3）差分形式估计模型的矩条件为：$E(Z'_{di}\Delta\varepsilon_i)=0$，其包含 $m_d=(T-2)[(T-1)+2(K-1)T]/2$ 个矩条件，其中，T 为样本期。$\Delta\varepsilon_i$ 为误差差分项向量；$\Delta\varepsilon_i=[\Delta\varepsilon_{i3},\Delta\varepsilon_{i4},\cdots,\Delta\varepsilon_{iT}]'$。$Z_{di}$为工具变量矩阵（The Matrix of Instruments），定义如下：

$$Z_{di}=\begin{bmatrix} Y_{i1} & X_{i1} & \cdots & X_{iT} & 0 & 0 & 0 & \cdots & 0 & \cdots & 0 & \cdots & 0 & 0 & \cdots & 0 \\ 0 & 0 & \cdots & 0 & Y_{i1} & y_{i2} & X_{i1} & \cdots & X_{iT} & \cdots & 0 & \cdots & 0 & 0 & \cdots & 0 \\ \vdots & \vdots & \ddots & \vdots & \vdots & \vdots & \vdots & \ddots & \vdots & \ddots & \vdots & \ddots & \vdots & \vdots & \ddots & \vdots \\ 0 & 0 & \cdots & 0 & 0 & 0 & 0 & \cdots & 0 & \cdots & Y_{i1} & \cdots & Y_{iT-2} & X_{i1} & \cdots & X_{iT} \end{bmatrix}$$

工具变量为因变量（Y_{it}）的 t－2 期及其前期，以及外生变量（X_{it}）的第 1 期至第 T 期。

式（3）水平形式的估计模型矩条件为：$E(Z'_{li}\varepsilon_i)=0$，其包含 $ml=(T-2)K$ 个矩条件。ε_i 为误差项向量；$\varepsilon_i=[\varepsilon_{i3},\varepsilon_{i4},\cdots,\varepsilon_{iT}]'$。工具变量矩阵 Z_{li}的定义如下：

$$Z_{1i}=\begin{bmatrix}\Delta Y_{i2} & \Delta X_{i3} & 0 & 0 & \cdots & 0 & 0\\ 0 & 0 & \Delta Y_{i3} & \Delta X_{i4} & \cdots & 0 & 0\\ \vdots & \vdots & \vdots & \vdots & \ddots & \vdots & \vdots\\ 0 & 0 & 0 & 0 & \cdots & \Delta Y_{iT-1} & \Delta X_{iT}\end{bmatrix}$$

工具变量为因变量差分项（ΔY_{it}）的 t－1 期，以及外生变量差分项（ΔX_{it}）的当期。系统 GMM 包括一步系统 GMM（one－step sys－GMM）及二步系统 GMM（two－step sys－GMM），本研究采用二步系统 GMM。

3. 资料说明

本节选取样本期间为 2004～2011 年，样本为两岸 32 个省份①。在估计模型中所用到的中国大陆各省份变量资料来源皆来自《中国区域金融运行报告》、《中国金融年鉴》、《中国银行业监督管理委员会年报》、各省（市、自治区）统计年鉴各期及中国人民银行、中国银行监督管理委员会、各省（市、自治区）统计局网站；而台湾地区变量资料来源皆来自台湾“中央银行”编印之《“中华民国”金融统计月报》、《“中华民国”统计年鉴》及《“中华民国”统计月报》各期。为了降低物价波动影响，所有变量皆采用实际变量来衡量。因此，大陆各省份变量用消费物价指数（CPI，2006＝100）处理之，而台湾地区变量则用实际汇率折算成人民币表示的实际值。各变量描述性统计见表 4－3－1。

表 4－3－1　各变量描述性统计

变量	均值	标准差	最大值	最小值	观测数
存款（Y1）	15377.86	16143.02	78854.18	376.11	256
贷款（Y2）	10663.36	10917.36	50461.06	174.40	256
机构个数（X1）	6310	3818	16000	588	256
从业人数（X2）	92458	57093	280549	5146	256
资产（X3）	19854.64	22148.70	104206.28	382.18	256
存贷比率（DLR）	72.67	40.35	686.49	23.27	256
每万人银行业营业网点（BOD）	1.63	0.39	3.03	0.66	256
银行业从业人员占比（BPW）	0.47	0.27	1.73	0.18	256
贷款占资产比率（LAW）	59.17	32.84	549.63	17.89	256
资产品质（NPL）	6.69	6.79	35.12	0.42	256
地区生产总值（GDP）	8.76	1.07	10.72	5.43	256

① 包括我国大陆 31 个省（市、自治区）及台湾地区（香港及澳门特别行政区除外）。

续表

变量	均值	标准差	最大值	最小值	观测数
金融相关率（FIR）	2.58	0.98	7.30	0.76	256
存贷余额占全国比率（DLW）	3.12	3.13	19.04	0.10	256
银行业区域集聚度（HHI）	631.96	62.27	719.32	554.23	256

二、投入产出指标

1. 投入产出指标选择

利用 DEA 评估银行业效率时，能否合理选取投入和产出指标至关重要。选择投入产出变量主要有三种方法：①生产法（Production Approach）。对银行的评估主要集中于它们的生产活动，银行被视为是存款账户和贷款服务的生产者，把三个与成本有关的因素作为投入，即营业空间、劳动力开支和劳动成本，它们代表可供银行使用的资源。在产出方面，使用银行产品各类账户数量（包括储蓄账户、支票账户等）和金融交易笔数。②资产法（Assets Approach）。资产法视银行为存款和放款的中介机构，以资产负债表放款和其他资产作为产出，以存款和其他负债作为投入。这种方法强调资金运动和循环，重点考察银行的规模效率。③中介法（Intermediary Approach）。中介法视银行为提供金融商品和服务的中介机构，利用各类存款和买入资金转换成贷款和其他资产来获取利润。因此多以贷款、盈余和投资金额作为产出项目衡量，以各类资金成本作为投入项目。国内外研究文献中使用此类方法的研究颇多。可以说，三种方法各有侧重，各有所长。本研究借鉴上述银行效率指标选取的三种方法，同时考虑指标的精简性及数据的可得性，确定区域银行业效率评估指标，选取机构个数（X1）、从业人数（X2）和资产（X3）3 个指标为投入指标，存款（Y1）和贷款（Y2）2 个指标为产出指标。

2. 投入与产出指标相关性分析

在用 DEA 进行效率衡量时，投入与产出指标之选择对于效率值的影响是非常敏感的，所以对于投入产出指标选取必须格外谨慎。为符合投入与产出指标单调性（Isotonicity）之假设，即投入数量增加，产出不得减少，因此将各年度投入与产出项之资料进行 Pearson 相关检验分析，Pearson 相关系数见表 4－3－2。由表 4－3－2 可以看出，投入与产出指标不但为正值，且在 1% 显著水平下，通过单尾及双尾检定标准，显示指标间存在显著的相关性，故本研究选用的投入产出指标，均具有合理的相关性。

表 4-3-2　投入与产出之 Pearson 相关系数

产出＼投入	机构个数（X1）	从业人数（X2）	资产（X3）
存款（Y1）	0.5855***	0.8105***	0.9795***
贷款（Y2）	0.5877***	0.8131***	0.9812***

注：*** 表示在 $\alpha = 1\%$ 水平上显著。

三、实证结果分析

本研究将样本期（2004～2011 年）分为国际金融危机前后两个子样本期（2004～2007 年及 2008～2011 年）。用两岸 32 个样本的资料来计算各样本期各区域的银行业技术效率及生产率变动指数。因此，最佳区域是 32 个省份的最佳区域。

1. 技术效率分析

就两岸而言，2004～2011 年大陆银行业技术效率均值明显低于台湾，说明大陆银行业表现劣于台湾。大陆东、中、西部技术效率皆低于台湾。就各省份而言，2004～2011 年银行业技术效率均值由高至低排序是京、沪、浙、台、津、苏、藏、渝、粤、鲁、晋、云、陕、鄂、闽、川、琼、宁、冀、辽、贵、新、皖、青、湘、赣、吉、豫、甘、桂、黑和内蒙古，其中京、沪和浙 3 省市高于台湾。就各决策单元（DMU）而言，沪、京和吉等部分年份表现最好，技术效率为 1，其他决策单元技术效率有待进一步改善。进一步比较 2008 年国际金融危机前后（2004～2007 年和 2008～2011 年）技术效率，大陆大幅提升，其中西部最高，中部次之，东部最低，而台湾则略有下降。

表 4-3-3　两岸银行业技术效率及其分解项比较

年份	TE	PE	SE	TE	PE	SE	TE	PE	SE
	两岸			大陆			台湾		
2004	0.571	0.646	0.902	0.562	0.637	0.901	0.842	0.929	0.907
2005	0.571	0.633	0.921	0.561	0.621	0.922	0.891	1.000	0.891
2006	0.632	0.698	0.920	0.624	0.688	0.921	0.883	1.000	0.883
2007	0.646	0.703	0.931	0.639	0.694	0.932	0.868	0.965	0.899
2008	0.668	0.724	0.932	0.662	0.717	0.934	0.848	0.955	0.889
2009	0.750	0.798	0.946	0.746	0.793	0.947	0.871	0.950	0.917
2010	0.762	0.811	0.944	0.758	0.806	0.946	0.877	0.988	0.888

续表

年份	TE	PE	SE	TE	PE	SE	TE	PE	SE
	两岸			大陆			台湾		
2011	0.761	0.810	0.944	0.757	0.803	0.946	0.874	1.000	0.874
2004 ~ 2007	0.605	0.670	0.918	0.597	0.660	0.919	0.871	0.974	0.895
2008 ~ 2011	0.735	0.786	0.941	0.731	0.780	0.943	0.868	0.973	0.892
2004 ~ 2011	0.670	0.728	0.930	0.664	0.720	0.931	0.869	0.973	0.894
年份	东部			中部			西部		
2004	0.681	0.741	0.926	0.509	0.529	0.963	0.489	0.613	0.838
2005	0.658	0.706	0.937	0.487	0.494	0.987	0.521	0.627	0.866
2006	0.744	0.816	0.915	0.526	0.533	0.986	0.579	0.675	0.883
2007	0.744	0.816	0.915	0.559	0.566	0.988	0.601	0.692	0.892
2008	0.763	0.820	0.931	0.575	0.582	0.986	0.628	0.711	0.902
2009	0.837	0.890	0.940	0.690	0.698	0.988	0.701	0.768	0.925
2010	0.861	0.913	0.942	0.669	0.690	0.970	0.724	0.784	0.932
2011	0.842	0.898	0.937	0.671	0.698	0.964	0.736	0.787	0.943
2004 ~ 2007	0.705	0.763	0.928	0.520	0.530	0.981	0.548	0.652	0.870
2008 ~ 2011	0.825	0.881	0.937	0.651	0.667	0.977	0.697	0.762	0.925
2004 ~ 2011	0.765	0.822	0.933	0.586	0.599	0.979	0.622	0.707	0.898

从技术效率分解项（见表4－3－4）看，大陆纯技术效率优于台湾，规模效率劣于台湾，2004 ~ 2011 年大陆、台湾纯技术效率均值分别为 0.720 和 0.973，规模效率均值分别为 0.931 和 0.894。大陆东、中、西部纯技术效率皆低于台湾，其中中部最低、西部次之；而东、中、西部地区规模效率高于台湾地区，其中中部最高、西部次之。就各省份而言，2004 ~ 2011 年各省份银行业纯技术效率均值由高至低排序分别是藏、台、京、沪、苏、浙、宁、粤、青、津、鲁、琼、渝、云、晋、川、冀、鄂、陕、贵、辽、闽、新、皖、豫、吉、湘、赣、甘、桂、内蒙古和黑；规模效率排序分别是京、陕、沪、闽、晋、黑、湘、皖、赣、鄂、浙、津、新、桂、云、渝、甘、吉、豫、内蒙古、辽、冀、川、贵、台、苏、鲁、粤、琼、藏、宁和青。就各 DMU 而言，京、津、吉、沪、苏、浙、粤、藏、台等省份部分年份表现最好，纯技术效率为 1，其他决策单元纯技术效率有待进一步改善；京、冀、吉、沪、皖、豫、鄂、湘、川、陕等省份部分年份表现最好，规模效率为 1。进一步观察发现，大陆银行业技术效率劣于台湾，主要是由规模效率偏低所致。

表 4-3-4 各地区银行业技术效率及其分解项比较

	2004~2011 年			2004~2007 年			2008~2011 年		
省份	TE	PE	SE	TE	PE	SE	TE	PE	SE
北京	0. 966	0. 969	0. 997	0. 955	0. 960	0. 996	0. 977	0. 979	0. 999
天津	0. 835	0. 856	0. 973	0. 748	0. 779	0. 959	0. 921	0. 933	0. 988
河北	0. 624	0. 666	0. 944	0. 551	0. 563	0. 979	0. 697	0. 769	0. 908
山西	0. 679	0. 686	0. 991	0. 629	0. 632	0. 995	0. 729	0. 739	0. 987
内蒙古	0. 524	0. 550	0. 950	0. 457	0. 495	0. 922	0. 592	0. 606	0. 978
辽宁	0. 621	0. 659	0. 950	0. 560	0. 568	0. 987	0. 683	0. 749	0. 912
吉林	0. 554	0. 577	0. 956	0. 454	0. 484	0. 940	0. 655	0. 670	0. 972
黑龙江	0. 531	0. 536	0. 991	0. 499	0. 505	0. 987	0. 564	0. 568	0. 994
上海	0. 954	0. 959	0. 994	0. 944	0. 953	0. 991	0. 963	0. 965	0. 998
江苏	0. 820	0. 927	0. 885	0. 765	0. 872	0. 878	0. 876	0. 983	0. 891
浙江	0. 893	0. 913	0. 977	0. 828	0. 851	0. 973	0. 958	0. 976	0. 982
安徽	0. 593	0. 600	0. 987	0. 521	0. 530	0. 982	0. 664	0. 669	0. 993
福建	0. 637	0. 640	0. 994	0. 570	0. 575	0. 991	0. 704	0. 706	0. 997
江西	0. 559	0. 566	0. 986	0. 491	0. 504	0. 974	0. 627	0. 628	0. 998
山东	0. 716	0. 816	0. 877	0. 648	0. 743	0. 872	0. 785	0. 889	0. 882
河南	0. 552	0. 585	0. 952	0. 493	0. 496	0. 993	0. 610	0. 673	0. 912
湖北	0. 650	0. 665	0. 979	0. 581	0. 589	0. 987	0. 719	0. 742	0. 972
湖南	0. 568	0. 575	0. 990	0. 497	0. 502	0. 990	0. 640	0. 647	0. 990
广东	0. 723	0. 880	0. 838	0. 628	0. 774	0. 845	0. 818	0. 985	0. 830
广西	0. 536	0. 551	0. 970	0. 432	0. 451	0. 953	0. 641	0. 650	0. 986
海南	0. 630	0. 756	0. 834	0. 561	0. 758	0. 741	0. 700	0. 754	0. 927
重庆	0. 731	0. 755	0. 966	0. 661	0. 697	0. 948	0. 800	0. 814	0. 983
四川	0. 631	0. 685	0. 933	0. 558	0. 566	0. 987	0. 704	0. 804	0. 879
贵州	0. 612	0. 659	0. 926	0. 558	0. 618	0. 902	0. 666	0. 700	0. 950
云南	0. 677	0. 698	0. 967	0. 589	0. 621	0. 948	0. 766	0. 776	0. 987
西藏	0. 742	0. 999	0. 742	0. 613	0. 999	0. 614	0. 870	0. 999	0. 871
陕西	0. 661	0. 663	0. 997	0. 605	0. 609	0. 994	0. 716	0. 716	0. 999
甘肃	0. 547	0. 565	0. 965	0. 494	0. 526	0. 938	0. 599	0. 604	0. 993
青海	0. 585	0. 858	0. 681	0. 527	0. 849	0. 622	0. 643	0. 868	0. 740
宁夏	0. 628	0. 889	0. 702	0. 549	0. 840	0. 654	0. 706	0. 938	0. 751
新疆	0. 597	0. 612	0. 973	0. 528	0. 552	0. 957	0. 665	0. 672	0. 988
台湾	0. 869	0. 973	0. 894	0. 871	0. 974	0. 895	0. 868	0. 973	0. 892

在规模报酬方面（见表4－3－5），对8年的观察可发现，津、内蒙古、赣、桂、琼、渝、贵、云、藏、甘、青、宁、新等省份皆处于规模报酬递增阶段，故应该增加其规模以达最适规模；而苏、浙、鲁、粤、台等省份处于规模报酬递减阶段，其应缩减规模以免造成规模不经济的产生；京（2010年由规模报酬递减进入规模报酬不变阶段）和陕（2010由规模报酬递增进入规模报酬不变阶段）2省市处于规模报酬不变阶段，显示出其处于最适生产规模阶段。

表4－3－5　规模报酬分析

省份＼年份	2004	2005	2006	2007	2008	2009	2010	2011
北京	drs	irs	drs	drs	drs	drs	—	—
天津	irs	irs	irs	irs	irs	irs	irs	irs
河北	—	drs	drs	drs	drs	drs	drs	drs
山西	irs	irs	irs	irs	irs	drs	drs	drs
内蒙古	irs	irs	irs	irs	irs	irs	irs	irs
辽宁	irs	drs	drs	drs	drs	drs	drs	drs
吉林	irs	irs	irs	irs	irs	—	irs	irs
黑龙江	irs	irs	irs	irs	irs	irs	—	irs
上海	—	irs	irs	irs	irs	—	—	irs
江苏	drs	drs	drs	drs	drs	drs	drs	drs
浙江	drs	drs	drs	drs	drs	drs	drs	drs
安徽	irs	irs	irs	irs	irs	—	drs	drs
福建	irs	irs	irs	irs	irs	drs	drs	drs
江西	irs	irs	irs	irs	irs	irs	irs	irs
山东	drs	drs	drs	drs	drs	drs	drs	drs
河南	—	—	drs	drs	drs	drs	drs	drs
湖北	irs	irs	irs	—	—	drs	drs	drs
湖南	irs	irs	irs	irs	irs	—	drs	drs
广东	drs	irs	drs	drs	drs	drs	drs	drs
广西	irs	irs	irs	irs	irs	irs	irs	irs
海南	irs	irs	irs	irs	irs	irs	irs	irs
重庆	irs	irs	irs	irs	irs	irs	irs	irs
四川	irs	—	drs	drs	drs	drs	drs	drs
贵州	irs	irs	irs	irs	irs	irs	irs	irs
云南	irs	irs	irs	irs	irs	irs	irs	irs
西藏	irs	irs	irs	irs	irs	irs	irs	irs
陕西	irs	irs	irs	irs	irs	irs	—	—

续表

省份 \ 年份	2004	2005	2006	2007	2008	2009	2010	2011
甘肃	irs	irs	irs	irs	irs	irs	irs	irs
青海	irs	irs	irs	irs	irs	irs	irs	irs
宁夏	irs	irs	irs	irs	irs	irs	irs	irs
新疆	irs	irs	irs	irs	irs	irs	irs	irs
台湾	drs	drs	drs	drs	drs	drs	drs	drs

注："irs" 表示规模报酬递增；"drs" 表示规模报酬递减；"—" 表示规模报酬不变。

2. Malmquist 生产率变动指数分析

表4－3－6显示，2005～2011年两岸银行业生产率表现有所改善（tfpch ＞ 1）；从其分解项来看（见图4－3－1），两岸银行业表现为技术衰退（techch ＜ 1）及效率改善（effch ＞ 1）。就两岸比较而言，虽然两岸银行业生产率变动指数皆大于1，但大陆的表现好于台湾。较之分解项，陆（台）银行业表现为技术衰退（技术进步）及效率改善（效率降低），其中效率降低是由于规模偏离固定规模报酬或长期最适规模（sech ＜ 1）所致。大陆东、西部（中部）银行业生产率有所改善（降低），且东、西部地区表现优于台湾；从其分解项来看，大陆东、中、西部银行业表现皆为技术衰退及效率改善。进一步发现西部银行业生产率降低是由于规模偏离固定规模报酬或长期最适规模所致。就各省份而言（见表4－3－7），晋、内蒙古、吉、闽、鲁、鄂、湘、琼、渝、川、贵、陕和青13个省份（其他19个省份）银行业表现生产率降低（改善）。从其分解项来看，大部分省份的银行业效率表现有所改善，仅晋、台两省的银行业表现效率降低；而银行业技术进步的省份仅有京、津、浙、台4省份，其他省份银行业皆为技术衰退。同时发现，银行业生产率表现降低的省份主要是由其技术衰退所致。银行业效率降低则是由于规模偏离固定规模报酬或长期最适规模所致。

表4－3－6　两岸银行业生产率及其分解项比较

年份	tfpch	effch	techch	pech	sech	tfpch	effch	techch	pech	sech
	两岸					东部				
2005	0.945	1.088	0.869	1.079	1.008	0.912	1.002	0.910	0.966	1.037
2006	1.083	1.114	0.972	1.073	1.038	1.151	1.132	1.016	1.119	1.011
2007	0.978	1.000	0.978	1.001	0.999	0.956	0.981	0.975	0.982	0.998
2008	0.977	0.975	1.002	0.988	0.987	1.015	1.000	1.015	1.015	0.986

续表

年份	tfpch	effch	techch	pech	sech	tfpch	effch	techch	pech	sech
	两岸					东部				
2009	1.124	0.855	1.314	0.868	0.985	1.097	0.940	1.167	0.942	0.998
2010	0.974	1.172	0.831	1.167	1.005	1.021	1.069	0.955	1.061	1.007
2011	0.973	1.007	0.967	0.996	1.010	0.969	1.002	0.967	1.000	1.003
2005~2007	1.000	1.066	0.938	1.050	1.015	1.001	1.036	0.966	1.020	1.015
2008~2011	1.010	0.996	1.014	0.999	0.997	1.025	1.002	1.023	1.004	0.998
2005~2011	1.006	1.025	0.981	1.021	1.004	1.014	1.016	0.998	1.011	1.006
年份	大陆					中部				
2005	0.941	1.091	0.862	1.081	1.009	0.911	1.088	0.837	1.159	0.939
2006	1.087	1.118	0.972	1.076	1.040	1.019	1.084	0.940	1.006	1.077
2007	0.979	1.000	0.979	1.001	0.999	0.995	1.020	0.975	1.025	0.995
2008	0.977	0.974	1.003	0.988	0.986	0.949	0.950	0.999	0.968	0.982
2009	1.127	0.852	1.322	0.864	0.987	1.268	0.821	1.544	0.795	1.033
2010	0.974	1.180	0.825	1.172	1.006	0.865	1.249	0.692	1.309	0.954
2011	0.972	1.004	0.969	0.996	1.007	0.976	1.006	0.970	0.999	1.006
2005~2007	1.000	1.068	0.936	1.052	1.015	0.974	1.063	0.915	1.061	1.002
2008~2011	1.010	0.996	1.015	0.999	0.997	1.004	0.995	1.009	1.002	0.993
2005~2011	1.006	1.026	0.980	1.022	1.005	0.991	1.024	0.968	1.027	0.997
年份	台湾					西部				
2005	1.086	1.000	1.086	1.000	1.000	0.989	1.181	0.838	1.145	1.031
2006	0.991	1.000	0.991	1.000	1.000	1.077	1.129	0.953	1.084	1.041
2007	0.935	1.000	0.935	1.000	1.000	0.990	1.004	0.986	1.003	1.002
2008	0.990	1.000	0.990	1.000	1.000	0.962	0.968	0.994	0.978	0.990
2009	1.020	0.940	1.086	1.000	0.940	1.068	0.799	1.338	0.842	0.948
2010	1.001	0.961	1.042	1.000	0.961	1.008	1.243	0.811	1.194	1.042
2011	0.993	1.095	0.907	1.000	1.095	0.973	1.004	0.969	0.991	1.012
2005~2007	1.002	1.000	1.002	1.000	1.000	1.018	1.102	0.923	1.076	1.024
2008~2011	1.001	0.997	1.004	1.000	0.997	1.002	0.991	1.011	0.994	0.997
2005~2011	1.001	0.998	1.003	1.000	0.998	1.009	1.037	0.972	1.028	1.009

注：表中均值皆为几何平均数。

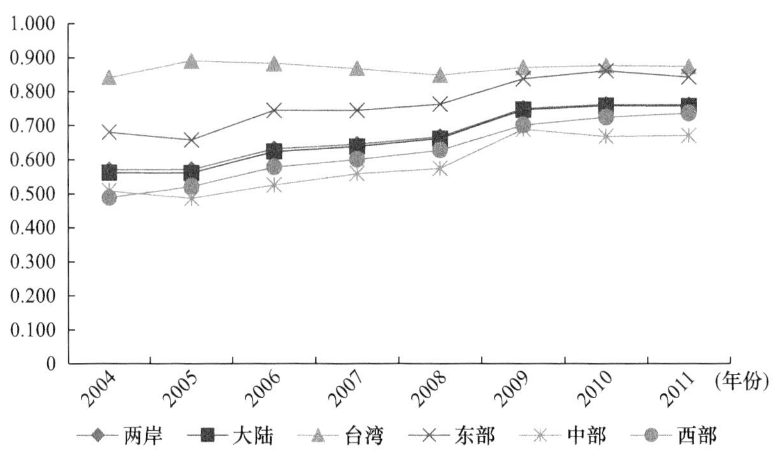

图 4-3-1 两岸银行业技术效率趋势

表 4-3-7 2005~2011 年各省份银行业生产率及其分解项

省份	tfpch	effch	techch	pech	sech	省份	tfpch	effch	techch	pech	sech
北京	1.061	1.000	1.061	1.000	1.000	湖北	0.991	1.014	0.977	1.019	0.995
天津	1.048	1.033	1.015	1.031	1.002	湖南	0.993	1.037	0.958	1.041	0.996
河北	1.010	1.040	0.971	1.040	1.000	广东	1.007	1.013	0.995	1.000	1.013
山西	0.957	0.987	0.970	1.000	0.987	广西	1.086	1.108	0.979	1.102	1.005
内蒙古	0.991	1.047	0.947	1.041	1.006	海南	0.979	1.000	0.978	0.982	1.019
辽宁	1.039	1.054	0.986	1.054	1.000	重庆	0.991	1.006	0.985	1.006	1.000
吉林	0.973	1.005	0.968	1.004	1.001	四川	0.989	1.030	0.961	1.035	0.994
黑龙江	1.004	1.027	0.978	1.034	0.993	贵州	0.969	1.014	0.955	1.008	1.006
上海	1.000	1.000	1.000	1.000	1.000	云南	1.028	1.047	0.981	1.044	1.003
江苏	1.013	1.014	0.999	1.000	1.014	西藏	1.048	1.052	0.997	1.000	1.052
浙江	1.015	1.000	1.015	1.000	1.000	陕西	0.985	1.016	0.970	1.024	0.992
安徽	1.001	1.034	0.968	1.036	0.998	甘肃	1.011	1.053	0.960	1.046	1.007
福建	0.994	1.008	0.987	1.007	1.001	青海	0.990	1.017	0.974	1.000	1.017
江西	1.007	1.048	0.961	1.051	0.997	宁夏	1.016	1.032	0.984	1.007	1.025
山东	0.995	1.020	0.975	1.006	1.014	新疆	1.005	1.028	0.977	1.027	1.001
河南	1.001	1.040	0.962	1.031	1.009	台湾	1.001	0.998	1.003	1.000	0.998

注：本表中均值皆为几何平均数。

根据生产率变动指数，2008 年国际金融危机后两岸银行业表现好于金融危机前；其分解项效率表现为金融危机后劣于金融危机前，技术表现为金融危机后好于金融危机前。就两岸比较而言，金融危机后陆（台）银行业生产率表现好于（劣于）金融危机前，且金融危机后（前）陆好于（劣于）台。其分解项效率金融危机后两岸表现皆劣于金融危机前，且金融危机后（前）陆劣于（好于）台；技术表现为金融危机后陆（台）表现优于金融危机前，且金融危机后（前）陆好于（劣于）台。金融危机后东、中部（西部）银行业生产率表现好于（劣于）金融危机前，且金融危机后（前）东中西部（西部）好于台。其分解项效率表现金融危机后东中西部皆劣于金融危机前，且金融危机后（前）表现为东部（东中西部）好于台；金融危机后东中西部技术表现皆好于金融危机前，其中金融危机后（前）东中西部皆好于（劣于）台湾。金融危机后京、晋、吉、沪、苏、浙、皖、闽、鲁、豫、鄂、湘、粤、川、贵、陕、青17个省份银行业生产率表现好于金融危机前，其中金融危机后（前）京等19（12）个省份表现好于台。其分解项效率为金融危机后所有省份表现皆劣于金融危机前，且金融危机后（前）京等17（28）个省份表现好于台；技术金融危机后所有省份的表现皆好于金融危机前，且金融危机后（前）京等23（1）个省份表现好于台（见表4-3-8及图4-3-2）。

表4-3-8　2008年国际金融危机前后各省份银行业生产率及其分解项

省份	2005~2007年					2008~2011年				
	tfpch	effch	techch	pech	sech	tfpch	effch	techch	pech	sech
北京	1.053	1.000	1.053	1.000	1.000	1.067	1.000	1.067	1.000	1.000
天津	1.056	1.072	0.985	1.074	0.999	1.042	1.004	1.037	1.000	1.004
河北	1.019	1.101	0.926	1.096	1.004	1.004	0.997	1.007	1.000	0.997
山西	0.902	1.000	0.902	1.000	1.000	1.000	0.977	1.024	1.000	0.977
内蒙古	0.994	1.133	0.877	1.122	1.010	0.989	0.986	1.003	0.984	1.002
辽宁	1.041	1.081	0.962	1.078	1.003	1.038	1.034	1.004	1.036	0.998
吉林	0.936	1.015	0.922	1.010	1.005	1.002	0.998	1.003	0.999	0.998
黑龙江	1.013	1.076	0.941	1.087	0.991	0.998	0.992	1.007	0.997	0.994
上海	0.973	1.000	0.973	1.000	1.000	1.021	1.000	1.021	1.000	1.000
江苏	0.990	1.032	0.959	1.000	1.032	1.030	1.000	1.031	1.000	1.000
浙江	1.001	1.000	1.001	1.000	1.000	1.027	1.000	1.027	1.000	1.000
安徽	0.992	1.076	0.921	1.079	0.997	1.009	1.003	1.005	1.004	0.999
福建	0.963	1.013	0.951	1.011	1.002	1.019	1.004	1.014	1.004	1.000
江西	1.014	1.135	0.893	1.134	1.001	1.002	0.987	1.014	0.993	0.994

续表

省份	2005~2007年					2008~2011年				
	tfpch	effch	techch	pech	sech	tfpch	effch	techch	pech	sech
山东	0.983	1.042	0.943	1.006	1.035	1.004	1.004	1.000	1.005	0.999
河南	0.984	1.087	0.905	1.051	1.034	1.014	1.006	1.008	1.016	0.991
湖北	0.970	1.036	0.937	1.039	0.996	1.007	0.999	1.008	1.004	0.995
湖南	0.983	1.088	0.904	1.095	0.993	1.001	1.000	1.002	1.001	0.999
广东	1.000	1.038	0.963	0.999	1.039	1.013	0.994	1.019	1.000	0.994
广西	1.220	1.302	0.937	1.289	1.010	0.995	0.982	1.013	0.980	1.002
海南	0.940	1.022	0.919	0.967	1.057	1.009	0.984	1.025	0.994	0.991
重庆	1.000	1.065	0.940	1.058	1.006	0.984	0.964	1.021	0.969	0.995
四川	0.980	1.067	0.919	1.069	0.998	0.996	1.003	0.993	1.011	0.992
贵州	0.939	1.045	0.899	1.029	1.015	0.991	0.991	1.000	0.992	0.999
云南	1.032	1.085	0.951	1.078	1.006	1.024	1.020	1.004	1.020	1.000
西藏	1.059	1.125	0.942	1.000	1.125	1.040	1.000	1.040	1.000	1.000
陕西	0.980	1.068	0.918	1.077	0.992	0.990	0.979	1.011	0.986	0.993
甘肃	1.037	1.138	0.911	1.122	1.014	0.992	0.994	0.999	0.992	1.002
青海	0.956	1.047	0.913	0.990	1.058	1.017	0.995	1.022	1.008	0.987
宁夏	1.023	1.078	0.949	1.016	1.061	1.010	1.000	1.010	1.000	1.000
新疆	1.020	1.097	0.930	1.090	1.006	0.994	0.979	1.015	0.982	0.997
台湾	1.002	1.000	1.002	1.000	1.000	1.001	0.997	1.004	1.000	0.997

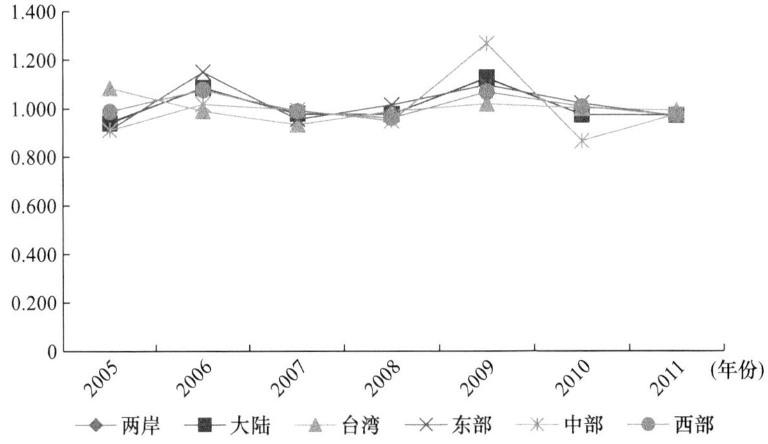

图 4-3-2　两岸银行业生产率变动趋势

3. 银行业技术效率估计结果

根据表4-3-9，银行业技术效率及其分解项的面板随机效应Tobit的估计结果相当稳健（Robust）。结果显示，技术效率决定因素除资产规模（TA）、贷款占资产比率（LAW）、资产品质（NPL）、区域结构（D1）4个估计系数不显著外，其他估计系数皆显著；纯技术效率决定因素除贷款占资产比率（LAW）估计系数不显著外，其他估计系数皆显著；规模效率决定因素仅资产规模（TA）、资产规模平方项（TA^2）、贷款占资产比率（LAW）、金融相关率（FIR）、存贷余额占全国比率（DLW）5个估计系数显著，其他估计系数不显著。

表4-3-9　技术效率及其分解项决定因素

自变量	因变量		
	技术效率（TE）	纯技术效率（PE）	规模效率（SE）
资产规模（TA）	0.0384	-0.6298***	0.7235***
	(0.8800)	(-7.1500)	(12.1300)
资产规模平方项（TA^2）	-0.0120***	0.0257***	-0.0374***
	(-5.8300)	(6.5300)	(-13.0900)
存贷比率（DLR）	0.0003***	0.0002**	0.0001
	(6.6600)	(2.1000)	(1.3400)
每万人银行业营业网点（BOD）	-0.0291***	-0.0304*	-0.0146
	(-2.6200)	(-1.6100)	(-0.9800)
银行业从业人员占比（BPW）	-0.4985***	-0.1645***	0.0436
	(-8.7400)	(-2.8700)	(1.1100)
贷款占资产比率（LAW）	0.0002	0.0009	0.0006***
	(1.2200)	(1.1900)	(3.4000)
资产品质（NPL）	-0.0005	-0.0028***	0.0006
	(-0.9000)	(-3.0900)	(0.7900)
地区生产总值（GDP）	0.2959***	0.0929*	0.0098
	(9.0800)	(1.6300)	(0.3000)
金融相关率（FIR）	0.1486***	0.1010***	0.0240**
	(13.6600)	(4.7000)	(1.9700)
存贷余额占全国比率（DLW）	0.0239***	0.0376***	-0.0061**
	(10.0500)	(8.7800)***	(-1.9700)
银行业区域集聚度（HHI）	-0.0009***	-0.0019***	0.0001
	(-6.0000)	(-10.1000)	(0.6700)

续表

自变量	因变量		
	技术效率（TE）	纯技术效率（PE）	规模效率（SE）
区域结构（D1）	0.0285	0.0788 ***	-0.0189
	(0.4100)	(2.7000)	(-0.8900)
金融危机（D2）	-0.0365 ***	-0.0886 ***	0.0106
	(-3.7600)	(-5.5500)	(0.8100)
常数（C）	-0.8670 ***	4.4213 ***	-2.7442 ***
	(-2.9500)	(12.1100)	(-11.0300)
样本数	256	256	256
σ_u	0.1843	0.0617	0.0444
σ_ε	0.0219	0.0398	0.0336
ρ	0.9861	0.7067	0.6370

注：①表中 *、**、*** 分别表示在 10%、5% 和 1% 的条件下显著；②估计系数下的括号中的数值为估计系数的 z 统计量。

不显著为正的资产规模及显著为负的资产规模平方项估计系数反映各省份银行业资产规模与其技术效率呈倒 U 型非线性关系，说明各省份存在最适资产规模；显著为负的资产规模及显著为正的资产规模平方项估计系数反映各省份银行业资产规模与其纯技术效率呈正 U 型非线性关系；显著为正的资产规模及显著为负的资产规模平方项估计系数反映各省份银行业资产规模与其规模效率呈倒 U 型非线性关系。显著为正的存贷比率估计系数表明各省份存贷比率越高，其银行业技术效率（纯技术效率）越高。显著为正的每万人银行业营业网点估计系数表明各省份银行业营业网点密度越高，技术效率（纯技术效率）越低。显著为负的银行业从业人员占比估计系数表明各省份银行业人才集聚程度越高，技术效率（纯技术效率）反而越低。显著为正的贷款占资产比率估计系数表明各省份贷款占资产比率越高，其规模效率越高。显著为负的资产品质估计系数，说明各省份资产质量的提高会带来纯技术效率的改善。显著为正的地区生产总值估计系数表明各省份经济发展水平越高，技术效率（纯技术效率）越高。显著为正的金融相关率估计系数表明各省份金融发展水平越高，其技术效率及其分解项越高。显著为正的存贷余额占全国比率估计系数表明，各省份资金集聚程度越高，其技术效率（纯技术效率）越高、规模效率越低。显著为负的银行业区域集聚度估计系数说明各省份银行业集聚程度越高，其技术效率（纯技术效率）越低。显著为正的区域结构估计系数说明东部地区银行纯技术效率高于中西部地区。显著为负的金融危机估计系数表明 2008 年国际金融危机对各省份银行业技术效率（纯技术效率）造成负面冲击。

4. Malmquist 生产率决定因素估计结果

为了解决自变量可能有内生变量的问题，本研究采用 Blundell 和 Bond（1998）所提出的系统 GMM 来估计式（2）。各模型皆报告样本数、Sargan 检验 p 值①及序列相关（AR）检验的 p 值②。各模型 Sargan 过度识别检验 5% 显著水平下皆没有拒绝零假设，支持工具变量具有有效性。其中生产率变动及规模效率变动模型估计结果皆无法拒绝残差项差分二阶序列相关系数为零的假设，表示其估计结果具有一致性。

估计结果显示（见表 4-3-10），除生产率和技术效率变动决定因素资产质量（NPL）、技术变动决定因素存贷比率（DLR）、纯技术效率变动决定因素资产质量（NPL）和区域结构（D1）、规模效率变动决定因素资产规模（TA）、每万人银行业营业网点（BOD）、贷款占资产比率（LAW）、存贷余额占全国比率（DLW）和区域结构（D1）等估计系数不显著以外，其他估计系数显著。

表 4-3-10　生产率及其分解项决定因素

自变量	因变量				
	生产率变动（tfpch）	技术效率变动（effch）	技术变动（techch）	纯技术效率变动（pech）	规模效率变动（sech）
生产率滞后一期项（Y_{t-1}）	-0.1153***	-0.2585***	-0.2387***	-0.2963***	-0.0475***
	(-18.7600)	(-26.9500)	(-12.84)	(-33.08)	(-4.47)
资产规模（TA）	-0.3769***	-0.9118***	1.1957***	-0.7233***	-0.1268
	(-2.6200)	(-5.9000)	(4.6600)	(-3.0200)	(-1.2700)
资产规模平方项（TA^2）	-0.0617***	-0.0398***	-0.0614***	-0.0648***	0.0090**
	(-7.0400)	(-6.0100)	(-5.5500)	(-6.3500)	(2.1900)
存贷比率（DLR）	0.0012***	0.0007***	0.0000	0.0007***	-0.0002***
	(14.9600)	(6.2300)	(-0.3200)	(3.8200)	(-7.2700)
每万人银行业营业网点（BOD）	0.2134***	0.6263***	-0.4006***	0.5118***	-0.0048
	(3.7100)	(6.7400)	(-4.6900)	(6.4800)	(-0.1800)

① 过度识别约束 Sargan 检验（Sargan Test of over-identifying Restriction），主要用来判断在估计过程中所使用的矩条件工具变量在总体上是否有效，其原假设为工具变量有效。

② 序列相关（AR）检验，即残差差分项二阶序列相关检验（Second-order Autocorrelation in the First-differenced residual），主要用来判断残差项在差分回归或者水平方程回归中是否存在序列相关。Arellano 和 Bond（1991）指出，为了使 GMM 估计结果具有一致性，当期的残差差分项与滞后一期的残差差分项可相关，但当期的残差差分项与滞后二期的残差差分项必须不相关。

续表

自变量	因变量				
	生产率变动（tfpch）	技术效率变动（effch）	技术变动（techch）	纯技术效率变动（pech）	规模效率变动（sech）
银行业从业人员占比（BPW）	-0.8384***	-1.7498***	-0.4883***	-1.2534***	0.1183*
	(-7.1100)	(-7.2000)	(-3.4800)	(-3.3700)	(1.6200)
贷款占资产比率（LAW）	0.0006*	-0.0069***	0.0064***	-0.0079***	0.0001
	(1.9500)	(-12.5000)	(11.8700)	(-8.3900)	(0.6800)
资产品质（NPL）	-0.0023	-0.0053	0.0065***	-0.0047	0.0024***
	(-1.4600)	(-1.4100)	(3.2500)	(-0.8500)	(2.7400)
地区生产总值（GDP）	0.8531***	1.0841***	-0.8521***	1.7410***	-0.1105***
	(7.7500)	(7.8000)	(-5.6500)	(7.0300)	(-3.1600)
金融相关率（FIR）	0.5388***	0.4972***	-0.2445***	0.5300***	-0.0449***
	(9.8600)	(8.3700)	(-5.4100)	(4.7400)	(-4.3500)
存贷余额占全国比率（DLW）	0.1959***	0.1901***	0.0875***	0.1675***	-0.0040
	(10.5600)	(13.0600)	(8.9700)	(7.5200)	(-1.4200)
银行业区域集聚度（HHI）	-0.0065***	-0.0087***	-0.0083***	-0.0068***	-0.0013***
	(-12.4300)	(-17.3500)	(-13.5600)	(-9.7800)	(-6.1600)
区域结构（D1）	0.3879**	0.1708**	1.3832***	-0.0273	-0.0251
	(2.5000)	(2.1700)	(7.4400)	(-0.2100)	(-0.6400)
金融危机（D2）	-0.2809***	-0.5917***	-0.2771***	-0.5201***	-0.1015***
	(-8.6000)	(-13.1300)	(-10.7600)	(-9.3000)	(-7.1400)
常数（C）	4.6396***	7.8283***	8.5781***	1.4117	3.3824***
	(4.1900)	(7.8200)	(7.3000)	(0.7500)	(6.2700)
样本数	256	256	256	256	256
Sargan 检验 p 值	0.5816	0.0911	0.1084	0.0847	0.2019
AR（1）检验 p 值	0.3806	0.0002	0.0001	0.0017	0.0240
AR（2）检验 p 值	0.4699	0.0034	0.0006	0.0177	0.1228

注：①表中*、**、***分别表示在10%、5%和1%的条件下显著；②估计系数下的括号中的数值为估计系数的z统计量。

模型中生产率变动指数滞后一期项估计系数皆显著为负，表明银行业生产率具有负持续性，即生产率相对较高（较低）的省份下一期可能相对较低（较高）。资产规模和资产规模平方项估计系数皆显著为负反映资产规模与银行业生

产率呈倒U型非线性相关关系，说明各省份银行业存在最适资产规模。存贷比率估计系数显著为正，说明各省份存贷比率提高有利于银行业生产率改善。每万人银行业营业网点估计系数显著为正，说明各省份银行业营业网点密度提高有利于银行业生产率的改善。银行业从业人员占比估计系数显著为负，表明各省份银行业从业人员集聚度的降低有利于银行业生产率的改善。贷款占资产比率估计系数显著为正，表明各省份银行业贷款具有竞争力。资产品质估计系数不显著，说明资产品质对各省份银行业生产率表现影响不显著。地区生产总值及金融相关率估计系数显著为正，说明各省份经济及金融发展水平提高有利于银行业生产率的改善。存贷余额占全国比率估计系数显著为正，说明各省份资金集聚程度越高，越有利于银行业生产率的改善。银行业区域集聚度估计系数显著为负，说明银行业区域集聚会对生产率产生负面影响。金融危机估计系数显著为负，表明2008年国际金融危机对各省市区银行业生产率变动造成负面影响。区域结构估计系数显著为正，表示东部地区比中西部地区银行业生产率更具竞争力。

四、结论与建议

本节利用2004～2011年两岸32个省份的面板数据，采用DEA方法、Malmquist生产率变动指数、随机效应面板Tobit回归模型及系统GMM就两岸银行业技术效率、生产率及其影响因素进行系统研究，主要结论归纳如下：

第一，大陆银行业技术效率低于台湾，究其原因主要是由于规模效率低于台湾所致（纯技术效率高于台湾）。随机效应面板Tobit回归模型结果发现贷款占资产比率、资产品质、区域结构皆不影响两岸银行业技术效率。各省份银行业存在最适资产规模。存贷比率提高、经济和金融发展、资金集聚有利于两岸银行业表现。银行业营业网点密度提高、银行业人才集中、银行业区域集聚及2008年国际金融危机是造成技术效率低下的主因。

第二，两岸银行业生产率表现有所改善，且大陆表现好于台湾。较之分解项，陆（台）银行业表现为技术退步（技术进步）及效率改善（效率降低），其中效率降低是由于规模偏离固定规模报酬或长期最适规模所致。系统GMM回归结果发现生产率变动有负持续性现象。两岸银行业资产规模与生产率的关系存在最适规模。存贷比率、银行业营业网点密度、贷款占资产比率、经济和金融发展水平、资金集聚程度提高能有效提升两岸银行业生产率。东部比中、西部地区更有利于生产率的改善。银行业从业人员占比提高、银行业区域集聚及2008年国际金融危机是生产率下降的主因。

根据DEA结果，大陆银行业技术效率低于台湾地区的主要原因是规模效率较低。因此，大陆各地区应积极提高银行业规模效率，重视规模过大所导致各种投入与产出项变量的无效率，造成规模无效率与规模报酬递减，注重经营规模及投入与产出变量的调整，积极提升银行业表现。根据技术效率和生产率变动指数估计结果，各地区银行业资产规模越大及银行业区域集聚程度越高，银行业技术效率及生产率未必必然越高。因此，各地区银行业资产规模扩大及区域集聚未必有利于银行业表现，而应保持适中的资产规模，注重银行业区域均衡、协调、可持续发展。由于经济金融发展水平提高有利于银行业表现，因此，要积极推进西部大开发、中部崛起战略，加快我国中西部地区发展，实现大陆东、中、西部均衡、协调、可持续发展。此外，应吸取 2008 年国际金融危机教训，积极防范风险、加强银行业监管，避免金融危机对两岸银行业的不利影响。

第五章　经济全球化态势下两岸银行业合作机遇与挑战

在经济全球化、区域经济一体化进程中，两岸银行业交流与合作从无到有，形式从单一到多样化，是两岸经济发展与往来的客观必然要求。要探索出现阶段适合两岸银行业合作的模式，在了解两岸银行业体系架构、竞争力、经营绩效的差异与优劣势之后，还需要回顾两岸银行合作的历史进展与现状，找出现阶段两岸银行业合作中的问题以及面临的机遇与挑战，为两岸银行业深化合作提供借鉴。

第一节　两岸银行业合作现状及问题

一、MOU、ECFA 签订前两岸银行业往来与合作情况

（一）两岸民间交流初期——1987～1992 年

这一阶段两岸银行业交流与合作主要是为了满足两岸人民的汇款需求。1987 年底，台湾开放当地居民赴大陆探亲。1990 年，台湾当局准许华南银行与渣打银行合作办理对大陆地区间接汇出款项业务，1991 年又开放国内金融机构办理对大陆地区间接汇款业务，随后台湾“中央银行”又开放国内外汇指定银行办理“大陆出口、台湾押汇”业务，以满足岛内厂商出口押汇需求。

（二）间接往来阶段——1993 年至两岸加入 WTO 之前

在“间接往来”的大陆政策原则之下，为稳定国内金融与两岸民间交流的需求，台湾当局采取循序渐进的措施，放宽了两岸金融间接往来的渠道。主要体现在：1993 年订立“台湾地区与大陆地区金融业务往来许可办法”，允许岛内银行与大陆银行海外分支机构、外资银行在华分支机构进行金融业务往来；1993

年订立“台湾地区金融机构办理大陆地区间接汇款作业准则”，开放岛内金融机构办理大陆地区间接汇入款业务；1995 年，为满足台湾厂商从事三角贸易的需要，台湾开放外汇指定银行办理“大陆进口、台湾开证”业务，同年又制定了“台湾地区银行办理大陆地区间接进出口外汇业务作业准则”，允许外汇指定银行及 OBU 与大陆银行海外分支机构办理间接进出口押汇、托收业务；1997 年开放 OBU 办理两岸间接汇款业务。

台湾投资大陆银行业实践方面，非金融业者早于银行业者进入大陆设立据点。1997 年 6 月，台湾宝成工业公司投资的香港莲花国际有限公司与上海浦东发展银行合资成立上海华一银行，双方分别持股 80%、20%。

（三）积极开放、金融松绑阶段——两岸“入世”后至 MOU、ECFA 签订前

1. 台湾方面政策的调整

2001 年，台湾当局将对大陆地区投资政策由原来的“戒急用忍”调整为“积极开放、有效管理”，同时开始实施将 OBU 建设为海外及大陆台商资金调度中心的计划。为配合这一计划的实施，台湾当局采取了一系列措施：2001 年开放岛内银行赴大陆地区设立办事处，提供台商财务咨询服务，了解台商在大陆的经营实况；2001 年开放台湾地区银行海外分支机构及 OBU 与大陆地区金融机构开展金融业务往来，可收受客户存款、办理汇兑、签发及通知信用证、进出口押汇、代理收付款项以及与这些业务相关的同业往来；2002 年允许 OBU、台湾银行海外分支机构办理授信及应收账款买卖业务，但这项业务的总余额不得超过净资产的 30%，其中无担保部分不超过 10%，不得收受境内股票、不动产及其他新台币资产作为担保或副担保；2002 年开放外汇指定银行与大陆地区金融机构直接通汇，并放宽对大陆地区汇出款项目。2008 年 3 月，台湾“行政院”又决定开放岛内金控公司及银行海外子银行可投资大陆地区银行，持有不超过 20% 的股权，同年 6 月又允许台湾地区银行及外币收兑处办理人民币兑换业务，7 月又开放大陆合格境内投资者投资台湾的股市和期货市场。2008 年 6 月底，“中央银行”公布《人民币在台湾地区管理及清算办法》，2009 年 6 月底，修订“两岸金融业务往来许可办法”，全面放宽两岸汇款限制。

2. 大陆方面政策的演变

大陆方面，2002 年修订《外资金融机构管理条例》，对外资银行在中国设立营业性机构的条件做了详细规定：在中国设立代表处 2 年以上，提出设立分行前 1 年底总资产不少于 200 亿美元，设立独资、合资银行的外方申请者总资产不少于 100 亿美元；经营全面外汇业务的分行，营运资金不少于 6 亿元人民币，独资银行、合资银行注册资本应不少于 3 亿元人民币；在大陆开业 3 年以上，提出申请前 2 年连续盈利，可经营人民币业务；增设分行须间隔一年。2003 年，内地与

香港签订《更紧密经贸关系安排 CEPA》，双方约定：香港银行在内地设立分行或法人机构，总资产规模不少于 60 亿美元；香港银行内地分行申请经营人民币业务的，应在内地开业 2 年以上，且多家分行进行整体盈利性考核。2003 年 12 月，大陆颁布《境外金融机构投资入股中资金融机构管理办法》，该办法规定：入股中资商业银行，总资产不少于 100 亿美元，入股城市信用社、农村信用社或非银行金融机构，总资产原则上不少于 10 亿美元；连续两年盈利；商业银行资本充足率不低于 8%；单个境外金融机构入股比例不得超过 20%。2004 年 9 月修订《外资金融机构管理条例实施细则》：取消增设分行须间隔一年的规定；降低经营全面外汇业务的外资银行分行的营运资金至 5 亿元人民币。2006 年 2 月颁布《外资金融机构行政许可事项实施办法》，对独资银行、合资银行、外国银行分行、外资金融机构驻华办事处的设立条件做了明确规定，对外资金融机构申请经营人民币业务应具备条件做了详细说明。2006 年 11 月，国务院颁布《外资银行管理条例》，随后银监会发布《外资银行管理条例实施细则》，前述的《外资金融机构管理条例》及其“实施细则”废止，主要规定有：鼓励在华外资银行转制为在华注册的法人银行，并允许外资法人银行经营全面的人民币业务，包括银行卡业务，但外国银行在华分行不能提供银行卡业务，吸收人民币定期存款的金额限制在单笔 100 万元以上；提高外资独资银行、合资银行的注册资本金至 10 亿元人民币；其他条件则无大的变化。大陆方面对台湾银行来华投资设立分行或代表处等，比照前述相关规定。

3. 业界合作实践

在一系列政策放宽条件下，两岸银行业的来往开始进入了一个新的发展阶段。

（1）通汇方面。2002 年，大陆央行正式批准银行与台湾地区银行开展直接通汇业务，7 月中国工商银行宣布全面受理公司客户和自然人与台湾地区银行各类结算、通汇业务，与台湾合作金库等 22 家银行及 12 家外资在台分行交换了结算控制文件，随后，中国银行、建设银行及农业银行也先后与台湾建立直接通汇业务关系往来，其中建设银行是首家实现“两岸汇款即时通”银行。

（2）机构互设方面。大陆 2002 年批准台湾国泰世华银行、彰化银行、合作金库银行、华南银行分别在上海、昆山、北京、深圳设立办事处；次年又批准土地银行、第一商业银行、“中国信托商业银行”分别在上海、上海、北京设立办事处。2003 年，台湾富邦金控收购香港港基国际银行，随后便以港基国际银行为跳板，借助 CEPA 的优惠条件，成功入股厦门银行。截至 2009 年末，台湾已有 11 家银行在大陆设立办事处，从事市场调查、资讯收集等工作，除前述银行外，还包括台湾银行、兆丰银行、玉山银行、远东国民银行（台湾永丰银行海外子银行）。

（3）初步货币清算机制。长期以来，大陆和台湾都不允许对方货币在己方辖区内进行流通和自由兑换。但随着两岸经贸规模日渐扩大，两岸在货币兑换上也有所松动。2001 年 11 月，国家外汇管理局批准福建东山对台小额贸易出口允许使用人民币核销。2003 年 12 月，外汇管理局又批准福州、厦门、泉州、莆田、漳州 5 城市的中国银行机构开始试办人民币与新台币现钞的兑换业务。2005 年 11 月，中国人民银行批准同意福建省旅行社与台湾地区旅行社之间开展业务往来中可以自由兑换货币与进行人民币结算。2009 年 9 月，新台币现钞双向兑换业务范围扩大至福建全省的中国银行各机构。台湾方面，为反映日益密切的两岸经贸关系，“中央银行”早已将人民币列入计算新台币实质汇率的货币范围，从 2003 年 8 月 6 日起，放开岛内银行的 OBU 办理以美元交割人民币的无本金交割远期外汇（NCF）和无本金交割汇率选择权（NDO）业务[①]。在 2004 年 3 月，有条件的允许旅客携带人民币入台。2005 年 10 月，台湾“行政院”开放金门、马祖金融机构以 2 万元/每人·天为上限，试办人民币兑换业务。2008 年 7 月初，人民币兑换业务在岛内开放[②]，台湾银行、合作金库商业银行等 14 家金融单位、约 1240 家分行可供申请兑换人民币业务，另外还有 15 家百货公司与 46 家旅馆可购买人民币[③]。2009 年 4 月 26 日，《海峡两岸金融合作协议》签署，两岸约定逐步建立两岸货币清算机制，加强两岸货币管理合作。

二、MOU、ECFA 签订后两岸银行业往来与合作情况

2009 年 11 月 16 日，台湾与大陆签署《两岸金融监理合作谅解备忘录》（MOU），并定于 2010 年 1 月 16 日生效，两岸银行业监督管理机构将在信息交换、机构设立、危机处置、人员交流等方面开展合作，以确保对互设的银行业金融机构实施有效监管，共同维护两岸银行业稳健发展。2010 年 3 月，台湾方面为配合 MOU 的生效，正式实施《两岸金融、证券期货、保险业务往来及投资许可管理办法》，规定大陆银行对岛内个别银行、金控公司的单一持股比例不得超过 5%，银行及投资人（含 QDII）合计持股比例不得超过 10%；大陆银行在台分行吸收存款以 150 万新台币为门槛，且分行净值不得低于营运资金的 2/3。2010 年 6 月 29 日，大陆与台湾签署《海峡两岸经济合作框架协议》（ECFA），在银行业开放方面，大陆承诺：台湾的银行比照大陆《外资银行管理条例》的有关规定，在大陆申请设立独资银行或分行（非独资银行下属分行），提出申请前应在大陆

① 傅仲珩. 海峡两岸银行业往来现状与合作构想［J］. 福建金融，2004（4）：14－16.

② 罗小军. 后 ECFA 时期两岸银行业往来［J］. 上海金融，2010（8）：77－82.

③ 智佳佳. 基于消费风险分担模型的两岸金融合作评估分析［J］. 福建论坛（人文社会科学版），2010（10）：140－144.

已经设立代表处 1 年以上；在大陆的营业性机构，申请经营人民币业务须在大陆开业 2 年以上且提出申请前 1 年盈利，申请经营在大陆的台资企业人民币业务须在大陆开业 1 年以上且提出申请前 1 年盈利；在大陆设立的营业性机构可建立小企业金融服务专营机构；为台湾的银行申请在大陆中西部、东北部地区开设分行（非独资银行下属分行）设立绿色通道。由此一来，台湾银行在大陆设立分行或独资银行的时间缩短，条件也较香港的 CEPA 优惠。台湾方面承诺：大陆的银行经许可在台湾设立代表人办事处且满 1 年，可申请在台湾设立分行。

台湾银行登陆方面。2010 年 9 月，中国银监会批准台湾土地银行、第一商业银行、合作金库银行、彰化银行在大陆的办事处升级为分行，其中，合作金库银行是台湾银行中总资产第二大银行，土地银行、第一商业银行和彰化银行分别列第四、第五、第八位。同年 10 月，银监会批准台湾中小企业银行设立上海办事处，国泰世华商业银行和华南商业银行也获准在华设立分行。截至 2012 年 2 月底，台湾 15 家银行已获准在大陆设立 6 家分行、10 家办事处①。大陆银行赴台方面，2010 年 9 月，中国银行和交通银行获得台湾金管局的批准，在台设立办事处，成为首批赴台设立分支机构的大陆银行。2011 年 3 月，招商银行、建设银行也获得批准在台设立办事处。2012 年 2 月，台湾金管会审核通过了中国银行、交通银行在台湾设立分行的申请。

另外，两岸在货币清算机制方面取得实质性进展。2010 年 7 月，中央银行授权中银香港为台湾人民币现钞业务清算行，负责向台湾方面许可的台湾商业银行的香港分行提供人民币现钞兑换等相关服务。银联卡在台刷卡、取现等业务陆续开通，持卡人在台消费更加便利②。这一系列进展，奠定了两岸货币清算机制和加强货币管理合作的基础。

三、两岸银行业合作的区域金融合作理论分析

从两岸银行业合作的发展历程中可以看出，两岸银行业交流与合作体现出新自由主义的“制度合作”和建构主义的“文化合作”模式的特征。文化合作模式强调区域认同观念、区域文化、区域互动及平等交流，从这一点看，两岸银行业的交流与合作，缘于两岸对银行业合作的共同理解和期望，这些是建立在两岸文化、地缘、亲缘方面得天独厚的优势，以及两岸银行业的交流合作能够促进两岸银行业、两岸经贸、两岸经济的共同发展的基础之上的。但文化合作模式是一种非制度性变迁。从两岸 MOU、ECFA 签订看，两岸银行业合作更多表现出制度

① 数据来源：银监会网站，www. cbrc. gov. cn。

② 郑航滨，郑直. 后 ECFA 时期海峡两岸金融合作发展趋势［J］. 福建金融管理干部学院学报，2011（3）：3-10.

合作模式特征。

新自由主义的制度合作模式是建立在相互依赖理论基础之上的，这是一种渐进的、自下而上的诱致性制度变迁。随着两岸经济贸易、投资及人民之间交流往来的“从无到有”的不断发展，引发对金融服务的大量需求，以及两岸在经济贸易上相互渗透、相互依赖程度的不断加强，台湾当局为促进自身经济发展，也不得不放弃“禁止”的态度而转向“允许”、“支持”、“合作”的态度。制度合作模式认为，阻碍合作的因素是信息不对称或不完善所引起的环境不确定性，通过制度合作可克服这些阻碍因素，《海峡两岸金融合作协议》、MOU、ECFA 的签订，也正好体现了两岸在解除银行业合作阻碍因素方面的意图。制度合作模式认为区域金融合作中的权力形式主要表现为制度性权力，即行为者通过制度所规定的秩序、规则，指导、操纵和限制其他行为者的行为。这种制度性权力表现在各方通过并依照共同达成的合作制度规范进行合作，各方运用权力时都受到制度框架的约束。具体到两岸的情况则是，两岸银行业合作措施的具体商定及实施，都遵循《两岸金融合作协议》、MOU、ECFA 的架构体系，并受其规定的约束。制度合作模式还认为，合作主体将各自的绝对获利放在首要的位置，然后才是各国之间的相对获益。从 ECFA 商定的进程及双方政府态度及具体要求的变化来看，也反映各方关注自己的绝对获利。在两岸银行业合作中，海峡两岸都认为从合作中能够获得自身利益提升，如台湾可获得市场扩大的规模效益、两岸台商可获得交易成本的降低、大陆可使自身银行业发展，两岸也可共谋银行业稳定发展、提升抗风险能力。也正是由于在制度合作模式中，各方最为关心自己的绝对利益，因此，在合作收益的分配上，需要以制度的方式加以明确，使合作双方都能根据合作协议得到各自认为“均等”或“平等”的收益。

四、两岸银行业合作中的问题

虽然 MOU 和 ECFA 的相继签订与生效，为两岸银行业的进一步开放与全面合作打开了方便之门，有助于两岸银行业合作的深化，有助于两岸金融业交流的蓬勃发展，但是不能否认，当前两岸银行业合作中存在以下问题：

首先，两岸的政治关系始终是影响银行业交流与合作的决定性因素。大陆对两岸银行业合作的态度较为积极，而台湾的态度较为消极，担心开放两岸金融直接往来后，大陆巨额资金流入台湾，对金融市场产生较大影响，也担心大陆给予的便利和优惠将进一步刺激台商投资大陆，使得台湾产业加速外移，导致产业空洞化，因而对银行业合作设置重重障碍，导致合作进展缓慢。

其次，双方合作呈现不对等性。在市场准入方面，大陆已经先后批准数家台资银行在大陆设立代表处及分行，符合条件者允许其经营相关的人民币业务，但是台湾对大陆银行的赴台申请批准较为缓慢，从机构互设方面就表现出明显的不平等现象，且大陆在 ECFA 中承诺了较 CEPA 更为优厚的条件，台湾却只是简单地允许大陆银行赴台设立代表处或升级分行事宜。在股权投资方面，台湾也有比大陆更苛刻的规定。

最后，合作内容和范围的局限性。当下两岸银行业的合作还处于业务契约型合作的低级阶段，表现在通汇、授信融资、贸易结算、信用证、初步的货币清算等业务上，主要集中在资金的流通与借贷领域。这种合作模式，主要通过业务合作协议等约定双方合作内容，并没有涉及深层次的交流与合作，不利于双方长期的、利益共享的合作关系的形成，不利于两岸银行业合作向更高级阶段推进。这对后 ECFA 时期、经济全球化态势下两岸银行业的合作提出了挑战。

第二节　经济全球化态势下两岸银行业合作机遇

经济全球化和区域经济一体化是当今世界经济发展中两股并行不悖的潮流。经济全球化的扩大和深化，推动区域经济一体化的进程，大陆和台湾地区经贸交流的密切发展，使得两地经济依赖程度不断加深，由此对两岸银行业合作提出了更高的要求。从共生合作竞争的角度看，环境诱导机制和共生动力机制，都将为两岸银行业合作提供难得的机遇。环境诱导机制主要包括外部的促进因素，如区域经济一体化、两岸经贸往来的推动，共生动力机制主要指合作主体自身的需求，如获得合作收益、解决自身银行业发展面临的问题等。

一、经济全球化推动两岸经贸合作加速，为两岸银行业合作提供了充分的客观现实条件

在经济全球化浪潮的席卷下，各个国家或地区为了在国际竞争中保持自己的优势而立于不败之地，纷纷采取对策，加强相邻国家或地区的经济整合，合作解决共同面临的经济问题。近来东亚区域经济整合速度加快，区域内《自由贸易协定》数量增多，产品、资本流动性不断增强。台湾为了避免在区域经济整合进程中被边缘化，为了维持台湾与东协、中国大陆、日、韩等国家或地区的紧密经贸关系，提升其产品竞争力，保证其经济发展，也开始积极推动与这些国家互惠开放市场。具体到台湾与大陆情况而言，表现在贸易、投资数量及规模的日渐增加和限制性政策及法规的放松，尤其是两岸 ECFA 的签订，对两岸产品贸易、服务贸易、投资等做了排他性的优惠安排，将极大促进两岸经贸合作的加速发展。

"经济先行，金融紧随"，两岸经贸的加速发展为两岸银行业合作奠定了扎实的现实基础。

二、两岸经贸合作加速，将进一步促进两岸银行业合作

两岸的经贸合作水平决定了两岸银行业合作的水平。从两岸贸易、投资往来与两岸银行业合作的进展情况可以看出，由于早期两岸的产业分工和协作层次低，台商在大陆的投资企业在运作模式上多属于"台湾接单，大陆生产"的模式，自日本进口原料，大陆加工，然后出口到欧美市场。此种模式对金融服务要求自然是停留在结算、汇兑方面。随着台湾岛内产业的升级换代，整个制造产业向大陆迁移，台商在陆企业对融资、资本运作与调度等相关金融服务的需求增多、需求层次也提高，加之 ECFA 的签订，对两岸贸易、投资等做出的相关优惠安排，将极大促进两岸贸易和投资的增长，由此将引发更多金融服务需求，也会对两岸金融业合作提出更高的要求。而银行业作为金融的主力军，在共同服务两岸贸易及投资往来的过程中，其合作也将不断被推进和深化。

三、两岸银行业自身发展中出现的问题，是推动两岸银行业合作发展的重要因素

目前，中小企业融资和农村金融是大陆银行业服务经济发展过程中出现的突出矛盾，且即将面临利率市场化和金融脱媒的严峻挑战，而台湾银行业面临着国际金融同行的竞争、自身客户外移、岛内银行机构众多、市场趋于饱和等问题，获利能力逐步降低，生存空间逐步被压缩。如上所述，两岸银行业在专业人才、市场经验、金融创新能力、网络、客户、资本、品牌上各具优势，有一定互补性，双方合作可达到双赢局面。大陆银行进入台湾地区，更全面地收集了解金融资讯，依托自身网络和客户优势，为两岸经贸往来以及台湾地区企业和个人在大陆的发展提供更大便利，同时，与金融市场较为开放的台湾银行业合作，充分借鉴和吸收对方银行业在国际化、利率市场化进程中的经验，加强双方金融人才的交流与培训，对于提升中国银行业管理水平、服务品质、金融创新能力、国际竞争力起到一定的推动作用，还可学习借鉴台湾银行业在中小企业、农村金融方面的优势，缓解目前银行业与经济发展的突出矛盾，加强银行业服务经济的功能。同理，台湾金融业要应对岛内激烈的竞争，也需要在更大范围内拓展市场，而有着众多台商的大陆当然是上好的选择。

四、两岸银行业合作出现了新的合作方向

大陆在 ECFA 中承诺，为台湾银行申请在大陆中西部、东北部地区开设分行

（非独资银行下属分行）设立绿色通道，这就为两岸银行业的合作指出了新的方向。台湾银行业在大陆布局紧随台商，具有明显的“客户追随”现象。台商在大陆的投资区域分布，以海西区、珠三角、长三角、环渤海经济圈为相对密集区，而2008年国际金融危机之后，台商对中西部尤其是重庆、成都、西安、湖南、湖北等地的投资明显增加。未来，台湾银行业者除继续耕耘上述台商投资相对密集地区金融市场外，也会受政策优惠及台商投资向中、西部转移等因素的影响，到中西部或东北部开设分行、参股当地银行、组建合资银行等，进一步开拓大陆市场。且目前大陆中西部、东北部金融市场空间更大，当地金融市场发展相对落后，应该积极引进台湾经验丰富、能力卓越的银行同业入驻，以增强竞争，促进当地银行业的发展。

第三节　经济全球化态势下两岸银行业合作挑战

经济全球化在推动区域经济一体化发展，扩大一国经济、金融边界的同时，也将全球化所带来的经济金融风险扩大。1997年亚洲金融危机的爆发与蔓延，2008年次贷危机扩大从而引发世界性经济危机，都从反面说明了经济全球化态势下加强经济、金融合作的重要性。从共生合作竞争的角度讲，共生阻尼机制即是两岸银行业交流与合作中的挑战。从对两岸银行业交流与合作现状、体系、竞争力、绩效方面的分析可以总结出两岸银行业合作须面对如下挑战。

一、契约型业务合作模式易受负面经济冲击影响

目前两岸银行业这种契约型的业务合作模式，在经济全球化程度逐步加深的过程中，容易受到国际金融危机、经济危机等负面因素的影响。台湾是典型的海岛型经济体，对外贸易依存度较高，大陆与其的贸易容易受到国际经济波动的影响。目前银行业的合作多半还是经贸合作，为台商在两岸之间的往来提供授信融资及相关服务，这种合作主要借助香港这一第三方来完成。当国际经济出现波动，各货币当局必然会采取相应的货币政策措施加以应对，从而也会使得整个融资过程变得相应缓慢且复杂，增加了各项转换、交易成本。在相应的货币政策退出之时，也可能由于前述融资过程的复杂、缓慢，使得银行无法迅速做出反应，导致信贷波动，给两岸银行业合作带来不良影响。因此，为避免这种信贷波动，两岸银行业必须探索更深层次的合作模式。

二、两岸尚未建立银行业合作的风险控制和管理机制

两岸银行业合作业务内容日趋多元化，涉及资产、负债及中间业务领域，受到宏观经济金融环境、政策与法规、市场与客户、竞争与创新的影响，且上述影响因素在经济全球化、区域经济一体化程度加深的态势下变得日趋复杂和多样化，并由此产生诸如信用风险、市场风险、操作风险和其他风险。随着两岸银行业合作的开展和推进，业务领域扩大、合作程度加深，合作工具和手段也将不断创新和多样，且两岸银行业合作涉及多个业务线、不同地区银行的多个业务部门、多个业务层次，业务类型多，管理链条长，规模较大，一旦出现风险，将给银行的经营活动造成严重影响，更甚者会波及两岸其他银行，毁坏两岸银行业前期合作建立的良好基础。目前两岸对银行业合作中的风险管理和控制，除监管当局的审查和监督外，多是依赖合作双方自身的控制与管理。但是两岸银行业市场的长期分割及银行业体系自身经营呈现出来的差异，也使各自风险管理水平不尽相同。因此，为更好促进两岸银行业合作，规避与化解其中的风险，两岸需建立统一的、行之有效的风险控制与管理机制。

三、两岸金融发展水平、两岸银行业之间体系、管理水平存在差异，对银行业合作有一定的阻力作用

台湾金融业早在20世纪80年代便开始了国际化进程，并对银行业进行了三次较大的改革与调整，与欧美等发达国家的银行业接触较早，而大陆在1994年开始确立社会主义市场经济发展重点以后，才开始对金融业进行循序渐进的改革，由此一来，两岸在金融发展水平、金融制度和市场化进程、银行业作业标准、程序等方面都存在较大的差异。加上海峡两岸的金融合作相对台湾与国外、大陆与国外的实践和经验较为缺乏，同时，两岸金融业统计、会计准则、银行业监管、货币政策的制定与实施、政府对金融市场的干预等方面也有所不同，这些因素将在一定时间内影响两岸银行业合作朝向更高阶段推进。

四、尚未发展货币清算机制

虽然中央银行授权中银香港为台湾人民币现钞业务清算行，负责向台湾方面许可的台湾商业银行的香港分行提供人民币现钞兑换等相关服务，但是这种经由第三方的方式，仍然会存在一些中间的交易成本，且台湾岛内银行各银行人民币现钞不足，无法满足台商大量的通汇需求，更加重了交易成本。实现人民币和新台币在对方市场内的直接兑换与清算，是未来银行业合作的重大挑战之一。

未来两岸银行业的合作应在遵循互惠互利、平等合作、循序渐进的原则下，充分抓住 ECFA 签订带来的一系列机遇，将每项承诺具体落实到实处，克服困难和一切挑战，实现两岸银行业的双赢，为两岸金融整合、经济整合打好基础。

第六章 经济全球化态势下两岸银行业合作模式及路径选择

随着两岸经济交往的日益密切，两岸银行业合作逐渐深化，从开始的业务联系到现如今的机构互设，从当初的禁止直接往来（通过第三地、第三种货币间接往来）到政府层面的推动，从两岸 MOU、ECFA 的签订并生效实施可以看出，两岸银行业合作迎来了前所未有的机遇。如何抓住机遇，共谋发展大计，需要选取适合现阶段的两岸银行业合作模式，并解决其中一些具体且迫切的问题。

第一节 银行业合作国际经验借鉴：以欧盟银行业一体化为例

一、欧盟银行业一体化进程

2002 年欧元正式流通，为欧洲市场统一清除了最大的制度障碍。但就银行业而言，一体化进程相对滞后经济一体化。根据欧洲一体化进程的总体发展，对银行业一体化采用不同的推进思路，逐步消除监管、政策方面障碍，促进银行业一体化的发展。具体来说，欧盟银行业一体化发展大致经历了四个阶段。

（一）成员国取消市场进入限制阶段：1957～1973 年

早在 1960 年和 1962 年欧共体就要求成员国允许资本自由流动，之后，资本自由化进程开始。在此基础上，1973 年欧共体通过了《废除对于银行和其他金融机构自我雇佣活动自由设立和自由提供服务的限制的指令》。该指令规定，对于进入某成员国市场的国外金融机构，在经营条件方面实施国民待遇原则，保证在一国经营的公司享有相同的监管待遇。该指令成为欧共当局推动银行业一体化的开端。但是由于 20 世纪 70 年代世界性金融危机，成员国纷纷对跨国资本流动进行限制，严重影响银行跨国业务的开展与跨国银行服务的提供，使该指令难以有效实施。

（二）银行监管初步一体化阶段：1973～1983 年

1977 年欧共体通过了第一银行指令《协调有关从事信贷机构业务的法律、法规和行政规章的指令》，开始监管协调化进程。第一银行指令提出了“母国监管”原则，规定：任何信贷机构总部所在国的监管当局要对信贷机构在欧共体范围内的业务活动进行全面监管。但该指令仅限于框架，没有具体监管措施方面规定，也未进入成员国的银行立法之中，实施缓慢，希望到另一成员国经营的银行还要受东道国当局监督，其业务范围受东道国法律约束，且提供国际化服务仍受资本流动管制的严重影响。因而，欧盟银行市场还处于分割的局面。

（三）实施相互承认原则阶段：1983～1992 年

欧盟银行业一体化在该阶段加速推进。1985 年开始，欧共体先后出台了《关于完善内部大市场的白皮书》、《单一欧洲法令》、《关于实施内部大市场的白皮书》三个重要文件，决定在 1992 年底前，实现成员国间商品、人员、资本和劳务的无国界自由流动。为配合这一目标，欧共体出台 280 项法令，并要求成员国将这些法令转换为成员国立法。在此背景下，欧盟理事会通过了《关于协调有关从事信贷机构业务的法律、法规和行政规章以及修改 77/780 欧共体指令的第二项理事会指令》（即第二银行指令）。该指令主要措施有：单一执照原则；母国监管原则；以母国规章制度为基础的相互承认原则，即欧盟境内相互承认的银行可以直接经营或通过子公司形式间接经营存贷款、金融租赁、担保、证券发行或保管等 13 项业务。

第二银行法令颁布后，各成员国对本国银行法实行了不同程度修改，来保证第二银行法令的顺利实施。该指令的全面实施，极大地促进了欧盟银行业的竞争和重组，推动了 20 世纪 90 年代以来欧盟银行业的并购浪潮，有力地促进了欧盟银行业的一体化发展。

（四）监管措施协调化及最新进展：1993 年至今

为加快欧盟金融市场一体化进程，彻底消除银行业一体化法律法规障碍，欧盟委员会提出了推进欧盟单一金融市场建设的“金融服务行动计划 FSAP”，开始了欧盟银行业监管规则协调化进程。FSAP 目标包括：建立单一批发市场，使企业可以在泛欧范围内筹集资金；为投资者和中介提供从单一进入点到达所有市场的通道；免除金融服务者不必要的跨境障碍；为基金投资创建一体化的审慎框架；使得证券交易和结算更安全。此外，FSAP 还致力于建立开放安全的零售市场，为消费者参与单一金融市场提供信息和保护，为泛欧基础的电子商务提供法制条件；建立审慎规则与监督。另外一个推动欧盟银行业一体化的举措是，将

Lanfalussy 四层次模式引入欧盟关于银行的立法进程中，旨在加快立法进程，改善监管当局之间的合作。2005 年 5 月，《金融政策白皮书（2005 ~ 2010）》发布，计划实施 FSAP 剩余的措施，巩固金融监管和监督的衔接。该白皮书侧重于现存规则的执行以及加强合作而非提出新的法律。欧洲央行 2010 年启动单一欧元支付体系 SEPA 的建立，在 SEPA 之下，欧元区内的支付将和国内支付同样便捷、安全，也将推动银行业技术标准方面的进一步融合。

二、欧洲银行业一体化进程特征

欧盟银行业一体化进程大致可以总结为本土集中—跨境渗透—泛欧经营一体化模式，主要展现出以下特征：

（1）从市场行为看（见图 6 - 1 - 1），主要表现为银行间的并购，同时也包含在欧盟设立分支机构以及跨境交易。1995 ~ 1999 年欧元区发生的银行并购总量为 1813 次，其中有 1571 次属于国内并购，占总量的 80% 以上，总体呈现国内化的特点[①]，少数的跨国并购主要发生在地理位置相近、障碍相对较小的荷、卢、比之间或北欧国家之间。2000 年以来，欧盟范围内银行并购活动的数量和金额如图 6 - 1 - 1 所示。国内并购仍然占主要部分，但跨国并购的金额和数量与国内并购的相对比例有所上升，尤其是 2008 年金融危机期间，跨国并购的金额达到了峰值。在跨境金融服务方面，欧洲中央银行统计数据显示：自欧元正式启动以来，银行跨境服务资产在总资产中所占比重呈现增长趋势，从 2008 年金融危机开始，比重有所下降，主要是在批发银行业务及证券相关市场业务方面，而零售业务市场受到的影响较小。

（2）从一体化程度看，若将银行业市场分为批发银行业、资本市场相关银行业务及零售银行三大部分，则批发银行业市场一体化程度最高，资本市场相关的银行业务市场一体化程度次之，零售银行业市场一体化进展最为缓慢。批发银行业务中，占主导的无担保银行间贷款和存款市场达到了充分的一体化，回购市场由于清算和结算方面的障碍，一体化程度相对较低；资本市场相关业务方面，一体化的表现主要是公司融资服务中介手续费水平的趋近；零售银行业务方面，服务价格上虽然在国家间的趋近程度在提高，但是利差上差异仍然较大，且跨境中介和跨境设立距离充分的一体化也有相当的距离，说明零售市场在欧元区国家间仍具有较高的分割性，可能是由于成员国间制度、规则及文化差异引起的。

（3）出现了全能银行经营模式。第二银行指令发布后，欧盟银行业便开始进入全能银行经营模式。欧元的正式启动造成金融体系的改变，促使银行业在

---

① 吴凤丹．欧元区银行业的并购与集中［J］．欧洲一体化研究，2002（2）．

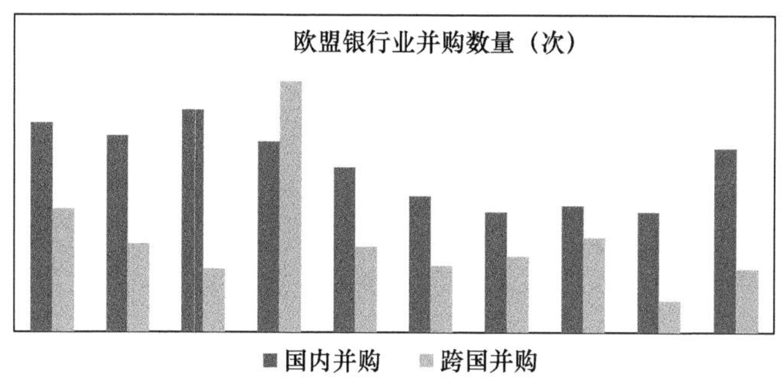

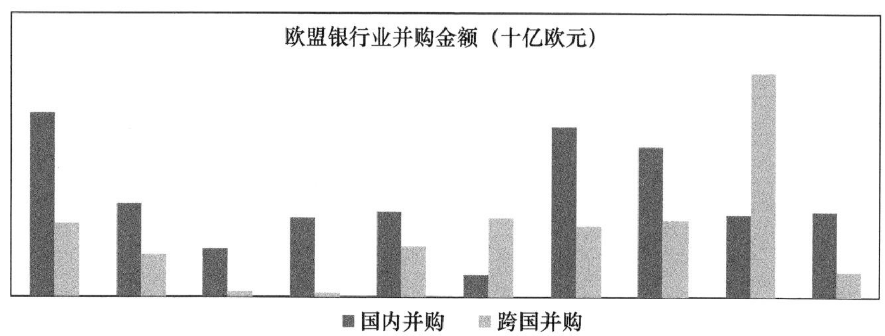

图6－1－1　欧盟银行业并购数量和金额

资料来源：欧洲中央银行。

新形势下进行金融功能的重新整合，刺激成员国建立泛欧的在所有金融服务方面进行有效竞争的机构，从而加速了全能银行的发展。区内银行全能化发展主要是通过并购重组，实现跨业联合。大银行并购重组跨度明显，囊括投资银行、抵押贷款机构、证券经纪公司、保险公司和资产管理公司的巨型全能金融集团纷纷诞生。全能银行模式使资本市场活动成为欧盟银行业经营中的重要部分，银行可以提供公司证券承销、其他投行业务、银团贷款、公司重组和投资、公司财务顾问、资产管理和交易等多项金融服务。

（4）欧盟银行业一体化是微观层面银行成长和扩大的必然结果，同时也是宏观层面经济一体化的必然产物。对个体银行来说，一体化可以降低交易成本，且银行业普遍相信“大而不倒”，金融机构越庞大，多元化程度越高，就越能适应变化的环境和应对激烈的竞争。在宏观层面上，欧盟经济一体化从需求扩大和制度统一的角度为银行扩展提供了客观要求，强化了其一体化的动机。经济的一体化，逐步实现了产品、技术、资本和劳务的自由流动，要求金融提供配套的服务，进而促进银行业一体化发展。从欧盟银行业一体化进程可以看出，推动欧盟银行业一体化因素主要有技术进步、监管放松、政策推动、欧元的启动等，其中，欧元的诞生旨在清除分割市场的因素，对银行业的一体化产生了根本性影响，但是其间也不乏政策等制度安排的促进作用。

三、欧盟银行业一体化对两岸银行业合作的启示

虽然两岸与欧盟最大差异在于经济一体化程度不如欧盟，且不是统一货币，但就目前两岸经济贸易发展现状来看，与欧盟一体化初期有相似之处。两岸的贸易依存度不断提高，直接投资金额和数量逐年增长，大陆已成为台湾第一大出口地和进口来源地，台湾也成为大陆第六大贸易伙伴。两岸 MOU、《两岸金融合作协议》、ECFA 的签订，逐步为两岸银行业的合作进行了制度、政策方面的安排，因此，欧盟银行业一体化有值得借鉴之处。

首先，欧盟银行业一体化是宏观和微观因素、制度和经济共同作用推动的，是循序渐进的过程。欧盟经济一体化促进了银行业一体化，各项法令、法律和规章为银行业一体化解除了障碍。因而，两岸银行业的深化合作，也需要在保证两岸经济合作深化的基础上，围绕现有 MOU、《两岸金融合作协议》、ECFA 框架，制定具体措施解除两岸银行业合作的制度、政策方面的障碍。其次，加快制定并完善两岸银行业合作方面的法律、法规，以法律形式保障两岸银行各自的利益。欧盟银行业一体化过程中的一些法令，如第二银行法令，在实施过程中，为保证其目标的实现，要求各成员国以立法的形式加以实施。两岸虽然签订了金融合作协议、ECFA，但对于对方银行在本地区的经营规定或条件、一些排他性优惠安排等，并未在法律中体现，不利于切实保障各自利益。再次，并购是银行业一体化进程中较为快速有效的方式，虽然并购目前在两岸银行业合作中不可行，但是可以尝试其他股权合作模式，如合资银行、策略联盟、交叉持股等模式。最后，欧盟银行业一体化进程中一个重要推动因素是管制的放松。具体到两岸银行业合作，还需要政府层面的逐步协调，逐步放松对两岸银行业合作的管制，如对入股比例限制等。

第二节　两岸银行业合作模式及路径选择

一、两岸银行业合作模式

在经济全球化态势下，两岸银行业合作的深化面临机遇与挑战，受到双方政治、经济等综合因素的影响，因而是一个长期的、循序渐进的过程。根据共生合

作竞争理论，若将两岸经贸发展所营造的环境看作是一个共同的商业生态系统，则两岸各个银行就可被看作若干共生单元，银行间不同的合作方式则是共生单元之间交换信息的作用模式。研究两岸银行业的合作，应将不同的共生单元区别对待，需要区分符合条件、可以到对方市场设立分行经营和不能到对方设立分行的银行，两者应该采取不同模式。

（一）具备登陆或赴台资质的银行

符合双方监管当局要求，能够到对方设立营业据点的银行，可以采取设立分行或独资子银行的模式，进驻对方金融市场。对于台湾银行业者来讲，设立分行是现阶段较为合理且可行的选择：投入资金较低，根据大陆《外资银行管理条例》，分行营运资金2亿元人民币即可，而设立子行的注册资本金为10亿元人民币；台湾母行可以完全掌握分行情况，在必要时可提供充分的支援，对台商的授信额度可以母行、分行共用，相对其他投资方式的风险较低。对于大陆银行业者来说，满足ECFA要求，设立分行或子行都是可行的，阻碍因素主要来自台湾监管当局。

但是采取设立分行和子行的模式，有其缺点：分行或子行开业后，营业据点有限，无法接触广大客户，未来仍需要不断增加营业据点，旷日持久，台资银行在大陆的名声也不及在大陆外资银行和中资银行，大陆银行赴台湾设立分行也面临台湾岛内市场狭小的限制，业务开展相对较为困难。

（二）不具备登陆或赴台资质的银行

不管是从现有合作模式的缺点及双方银行业的差异分析，还是从大陆银行业发展所面临的问题来分析，股权合作模式①无疑是现阶段较为合理的选择。参股是进入对方市场最快速有效的途径，可以利用被参股银行原有品牌、网点、客户等资源，在管理水平、经营理念方面进行借鉴与融合，有助于两岸银行业全方位、直接、有效开展合作，实现“1+1>2”的效果，达到互利共赢的目的。

1. 从现有合作模式缺点看两岸银行业合作模式选择

现阶段两岸银行业的合作模式主要是契约合作模式，业务合作内容主要体现在两岸授信融资、通汇、货币双向兑换方面。这种合作模式是银行业合作深化发展的必经模式，其主要是靠签署的业务合作协议进行规范，合作形式较为松散。这种合作模式并未充分发挥两岸银行业在业务、产品等方面的互补性，实现专业技术、产品、人员、管理、经营理念、市场等方面的合作。在经济全球化态势下，松散的契约合作模式容易受到国际不利因素冲击的影响。虽然MOU和ECFA的相继生效，从制度层面上为两岸银行业的合作向高层级模式发展打开了大门，

① 此处的股权合作模式是指相互参股的股权合作形式，若台资银行入股中资银行，中资银行或其控股公司就入股台资银行或其控股母公司。

但在银行业金融机构到对方市场营业方面的严格规定，以及其他外在的影响因素，在短期内仍将制约业界大规模的深化合作。因此，为克服现有合作模式的缺点，实现产品、人员、管理、经营理念方面的合作，采取股权合作模式是两岸银行业较为合理的选择。

2. 从两岸银行业差异看合作模式的选择

两岸银行业在体系、主管机关、市场集中度、经营模式、法规等方面存在差异，在竞争力、绩效、综合化经营、金融创新、服务等方面存在各自的优劣势。两岸银行业合作如若采取现有的模式，便较难、较慢收到“1 +1 >2”的效果。从两岸银行业整体环境差异看，双方在对方市场的经营机构需要花时间、花成本去适应对方市场，包括监管当局的要求、市场的需求；从两岸银行业金融机构自身的优劣势看，具有很强的互补性，根据本篇第二、第三、第四章的分析，台湾银行在管理水平、金融创新、中小企业金融服务、农村金融方面具有竞争优势，大陆在经济效益和财务状况方面具有竞争优势，但是，台湾若单独以分行或子行形式在大陆经营，客户基础必定有限，其竞争优势似乎还不能决定其一定能够盈利，因为大陆银行机构拥有更多的基础资源，大陆银行若以分行形式赴台经营，则更是无法从高利差、传统存贷业务中快速转变，适应低利差、综合化经营的新市场环境。因而，要实现“1 +1 >2”，促进两岸银行业金融机构竞争力及资源配置能力的提升，采取股权合作模式是合理的选择。一方面，入股方式可以增强投资者的主人翁意识，在经营过程中会尽心尽职；另一方面，入股方式可以避免上述方式的缺陷，以相对较快的方式进入对方市场，分享收益；此外，采取股权合作的模式，能更好地发挥两岸银行业在竞争力、资源配置能力方面的互补性，对双方银行业发展都可起到促进作用。

3. 从大陆银行业自身发展面临的问题看两岸银行合作模式的选择

从前文叙述中认识到，中国银行业经过改革，取得了重大的发展成就，但面对市场全面开放、竞争加剧的格局，中国银行业的发展需要加快转变发展方式。要完成这一艰巨的任务，一方面需要在巩固银行传统业务根基的同时，促进金融创新，推进银行经营转型，另一方面则需要提升国际化发展战略。首先，推进经营转型，需要在巩固传统的存贷业务，夯实基础的同时，将银行发展方式从主要依靠传统净利息收益向多元化、综合化收益转变，优化净利息收入、投资收益、中间业务收入的比例。要实现这一目标，就需要银行推进综合化经营，并实行多元化金融创新。推进综合化经营则是实行银行、证券、保险三者的相互渗透；多元化的金融创新则是要积极发展咨询服务类、投融资类、金融衍生品交易类等高技术含量、高附加值的中间业务。台湾银行业在 2002 ~2004 年实施的第一次金融改革中，便通过金融控股公司形式，开始探索银行业综合化经营之路，至今已

有10余年的实践经验，且经历了利率市场化改革，在应对利差缩小、客户岛外迁移等经营环境恶化过程中，通过金融创新，积极发展咨询等中间业务，探索出一条银行发展的道路。台湾银行业者在发展过程中所总结的经验，通过参股中资银行方式参与中资银行的经营，可更好提供给中资银行。其次，就提升银行业国际化战略来说，需要银行进行正确的区位选择。随着经济全球化、区域经济一体化进程的加快，国际经济金融环境日益错综复杂，中资银行业国际化发展进程中既有工商银行、建设银行、招商银行等成功案例，也有参资入股失败的遭遇。基于中资银行业国际化人才匮乏、跨国经营经验普遍不足的现实，在关注欧美金融市场的同时，进军地缘、人文等更为接近的台湾银行业，不失为国际化练兵的较好选择。如前所述，进军台湾银行业，采取设立分行的模式有其缺点，采取股权合作的模式以主人身份入股，先学习、积累、总结在台发展经验，为国际化经营打好基础。

二、两岸银行业合作路径

（一）合作对象的选择

合作对象的选择，主要针对股权合作模式而言。有入股意愿的银行要基于资源和能力，选择合适的合作伙伴。就台湾银行业参股大陆银行业而言，对于资产规模大、资本实力雄厚的五大银行和股份制商业银行，台湾银行业者入股乏力，而城市商业银行则是可行的最优选择：两者之间互补性较强，台湾银行业者管理、技术、金融创新有优势，城市商业银行有网点、客户基础优势，合作空间较大。就大陆银行业参股台湾银行业而言，台湾2010年3月正式实施《两岸金融、证券期货、保险业务往来及投资许可管理办法》，规定大陆银行对岛内个别银行、金控公司的单一持股比例不得超过5%，银行及投资人（含QDII）合计持股比例不得超过10%，有鉴于此，大陆银行业应选择台湾银行中股权较为分散的银行作为入股对象，以便在众多股东中占有相对重要的地位，更好地掌握银行经营运行情况。从台湾各银行股权结构看，股权较为分散的银行有华泰商业银行（前10名股东持股合计占比37.21%，2010年情况，下同）、京城商业银行（31.97%）、三信商业银行（21.97%）、阳信商业银行（23.33%）等。

（二）区域选择

台湾银行业进驻大陆的区域可以选择珠三角、海西区、长三角、环渤海经济圈等台商投资相对集中地区，以广大台商作为客户基础；也可以利用政策优惠，如ECFA中承诺的东北部、西部地区，抢先布局，以便争夺市场。大陆银行业进驻台湾可主要选择在陆台商母公司所在地，或者与在陆台商贸易往来密切的公司的聚集地，或者是台湾几大著名的工业园区，就近了解与掌握台商经营情况，与大陆母行共享更为可靠与全面的台商运营信息，进而为两岸台商提供更好、更便捷的金融服务。

（三）市场定位

就台湾银行业进入大陆而言，鉴于台湾银行业在中小企业金融服务、农村金融方面的优势，可定位为中小企业银行、农村商业银行；目标客户方面，初期以台商客户为主，中长期则转向当地中小企业和居民。就大陆银行业进入台湾市场而言，主要定位为两岸台商客户之间的往来提供金融服务，顺带学习台湾银行业在利率市场化、综合经营等环境下的经营之道。

第三节　两岸银行业合作需要解决的问题

一、建立并完善两岸货币清算机制

长期以来，两岸货币兑换是间接的，通过人民币以外的第三种可自由兑换货币（如美元、港元等）进行通汇，间接形成人民币兑新台币汇率。目前，大陆与台湾地区人民币、新台币现钞业务清算主要通过香港中银国际与台湾银行在港分行进行。这种方式虽在一定程度上满足了两岸经贸及民众往来的日常需要，但也存在问题：一方面，两次兑换增加了汇兑损失，提高了结算成本；另一方面，助长了地下金融，扰乱两岸正常的金融秩序。未来，深化两岸银行业合作，必须建立和完善两岸货币清算机制，结束以前“第三地、第三方货币”的模式，由两岸商业银行实行直接的汇兑与清算。从两岸金融往来发展可以总结出一条规律，即经贸先行、金融紧随。因此，要推动货币清算机制的发展，可以先推动人民币或新台币作为两岸间跨境贸易的结算货币，在珠三角、海西区两大台商投资相对集中地区进行试点，然后再逐步放开长三角、环渤海经济区等。这样一来，既可以节约结算成本，还能对两岸贸易、投资起到促进作用。待这一方式的经贸往来达到一定规模的时候，便能够促使两岸业界甚至官方对建立两岸货币清算机制的积极参与和推动，这种由经贸需求倒逼业界或官方进行合作的形式，估计是各方阻力最小的模式。两岸货币清算机制的建立，还要考虑两岸货币回流渠道的疏通，可以考虑厦门至金门、福州马尾至马祖的路线通道。

二、扩大海峡两岸金融合作范围

扩大金融合作范围，包括扩大地理范围和业务范围。目前，两岸银行合作地域大多集中于福建省及长三角地区，合作的内容局限于通汇、授信融资、货币兑换等方面。以福建省为主体的海西区和长三角是台商投资相对集中的区域，两岸银行业的合作跟随两岸经贸，应是先行先试。以福建省为例，2009 年 10 月，新台币与人民币现钞双向兑换业务已在中国银行系统内全面推行，除引进富邦金控入股厦门银行外，还开创了台资企业投资入股大陆农村合作金融机构的先河。上海则是另一个人民币与新台币现钞双向兑换的试点区域。ECFA 签署后带动两岸经贸提速，两岸银行业合作也会跟随贸易、投资的地域转移向其他沿海地区或内陆地区逐渐开展，因而建议在吸收福建、上海等先行成果经验的基础之上，扩大两岸金融合作的地理范围，引导两岸银行业合作向广大内陆地区进行转移。在业务方面，除继续深化已有领域的合作之外，还可开展金融创新合作：探索建立中小企业融资体系以及中小企业信用保证基金；在农村金融方面开展合作；在离岸金融业务方面进行合作与对接，开办人民币和新台币离岸金融业务。

三、建立两岸联合征信平台

两岸银行业机构互设分支机构的大门已经打开，大陆已有两家银行获准在台设立分行，台湾亦有 6 家银行获准在大陆设立分行，经营相关业务。在业务开展的初期，双方对彼此的市场还不熟悉，对客户的全面了解需要一个相对较长的过程。因此，为顺应 ECFA 签署后两岸往来企业日益增多、金融业务相互渗透的大趋势，摆脱信息不对称造成的被动局面，增进两岸银行业对双方企业、个人资信状况的了解，规避信用风险，实现两岸客户征信资讯的延伸和共享，显得至关重要。台湾联合征信制度建立已久，大陆中央银行也正在建立自己的征信体系，因而两岸可协商征信系统对接，或是联合开发两岸台商企业征信系统，在几大台商投资相对集中地区率先进行试点，促进两岸信用信息交流，加强信用数据管理，提高两地银行业务效率，降低其经营风险。

四、两岸金融监管的合作

国际金融危机的爆发，使金融风险管理与控制成为讨论热点，金融监管成为行业健康发展的重要保障。2010 年初两岸金融监管合作谅解备忘录 MOU 已经生效，但其只是提供双方相互合作的基础，不具备法律约束力，三项 MOU 的内容都是依循国际惯例来处理，主要包括资讯交换、资讯保密、金融检查、持续联系及国际金融海啸发生后的危机处置等，具体开放项目或技术问题并没有详细地包括在 MOU 里，采取“先签署、后磋商”的模式。为积极推动两岸银行业合作的深化，必须健全两岸金融监管的合作，不仅仅是体现在文本协议上，而是应该围绕 MOU + ECFA 架构，成立专门工作小组，协商制定相对统一的监管标准，改进监管方式和手段，扩大监管的内容和范围，避免监管漏洞，从而将协议承诺落实到实处。同时由监管当局组织和督促，行业自行协商落实，尽快建立两岸银行业合作中的风险控制与管理机制，保证银行业合作有序稳步向深化推进。

五、恰当处理合作收益分配问题

两岸银行业合作体现出新自由主义的“制度合作”模式特征，在这一合作模式下，合作双方关注的重中之重是各自获得的绝对利益。因此，构建合理的合作收益分配模式至关重要。不同的收益分配模式，将影响合作各方的合作积极性与具体合作行为，进而导致不同的合作效果。在股权合作模式中，合理的收益分配模式应综合考虑影响收益分配的多种因素，在综合衡量各个银行承担的风险与投入的资源、效用的差别、合作的满意度的基础上，制定令各方能接受并满意的收益分配方案，从而激励各合作主体的积极性，充分发挥合作竞争的优势，以获得合作竞争所带来的规模、成本、创新、协同等方面的效应。

除上述需要解决的问题外，还应注意以下问题：由两岸行业协会牵头，加强金融人才的交流与培育，以及金融专业证书的相互认证等；围绕 MOU + ECFA 架构，加强两岸金融的行业规范和金融法律法规建设，为银行业深化合作打好基础；促进两岸银行业会计制度与国际银行业会计标准统一，为合作消除技术层面上的不利因素。

附 录

附表1 两岸银行综合竞争力得分情况

银行＼年份	2006	2007	2008	2009	2010
浙江泰隆银行	0.96	0.40	0.70	0.25	0.00
民生银行	1.25	0.71	0.98	0.46	0.35
广州银行	—	—	—	0.93	0.36
东营市银行	—	0.66	0.85	0.41	0.44
嘉兴银行	—	—	—	0.45	0.44
兴业银行	1.23	0.59	0.74	0.33	0.45
重庆银行	—	—	—	0.34	0.50
中信银行	—	0.56	0.68	0.45	0.55
工商银行	0.89	0.23	0.06	0.09	0.56
浦发银行	1.21	0.63	0.77	0.48	0.56
招商银行	1.09	0.42	0.51	0.43	0.58
浙商银行	1.09	0.71	1.16	0.69	0.59
浙江民泰商行	—	—	—	0.43	0.66
建设银行	0.97	0.16	0.06	0.09	0.66
深圳发展银行	1.30	1.20	1.67	0.55	0.71
北京银行	—	—	—	0.47	0.72
宁波银行	1.03	0.53	0.79	0.53	0.73
杭州银行	1.02	0.48	0.75	0.53	0.74
中国银行	0.85	0.39	0.35	0.28	0.74
光大银行	—	—	—	—	0.77
温州银行	0.95	0.51	0.82	0.49	0.85
南京银行	—	—	0.79	0.54	0.87

续表

银行＼年份	2006	2007	2008	2009	2010
河北银行	—	—	1.97	0.99	0.89
交通银行	1.21	0.46	0.64	0.49	0.94
上海银行	1.19	0.78	1.25	0.88	1.15
华夏银行	1.35	0.97	1.43	0.94	1.30
上海农商行	1.47	1.12	1.58	0.84	1.32
广发银行	1.63	0.95	1.60	1.21	1.50
农业银行	—	—	1.34	1.08	1.67
绍兴银行	—	—	—	1.32	1.70
厦门银行	—	—	—	1.44	1.72
中华开发工业银行	0.00	0.23	3.15	0.31	0.14
大台北商行	—	1.20	1.75	1.03	0.63
台湾工业银行	—	—	—	0.52	0.65
京城商业银行	1.56	1.24	1.98	1.28	0.66
台新国际	2.42	1.07	2.21	1.09	0.68
国泰世华	1.61	0.89	1.34	0.66	0.69
中国信托商行	1.78	0.79	0.95	1.05	0.73
兆丰银行	1.24	0.69	1.42	0.75	0.80
台北富邦	1.50	0.99	1.17	0.80	0.83
安泰银行	2.28	3.98	3.78	1.23	0.89
彰化银行	—	—	1.35	1.03	0.92
玉山银行	1.53	0.98	1.63	1.01	0.95
远东国际商行	1.76	1.41	2.65	1.07	0.99
台湾银行	1.22	0.70	1.10	0.82	1.04
永丰银行	1.43	1.21	1.97	1.03	1.05
台湾新光商行	2.35	1.09	1.85	1.27	1.08
元大商行	—	—	2.71	1.19	1.10
华南商行	1.25	0.81	1.08	1.08	1.15
大众银行	—	—	1.90	1.10	1.18
第一商业银行	1.21	0.72	1.11	1.09	1.18
合作金库银行	1.23	0.78	1.18	0.95	1.20

续表

年份 银行	2006	2007	2008	2009	2010
台中商行	2.25	0.98	1.83	1.33	1.27
三信银行	1.58	1.35	2.60	1.57	1.44
台湾中小企业银行	1.48	1.12	1.77	1.30	1.52
高雄银行	1.48	1.26	2.44	1.52	1.56
华泰银行	1.79	1.21	2.31	1.39	1.63
阳信商行	1.58	1.56	2.87	1.67	1.68
日盛国际商行	3.49	1.92	3.71	3.81	1.91
万泰银行	3.26	3.60	7.46	5.03	3.11

注：—表示该年该银行数据缺失，下同。

附表 2　2006～2010 年大陆银行和台湾银行各项效率值

银行	TEC	PE	SEC	TFP	TEC	PE	SEC	TFP
	2006～2007 年				2007～2008 年			
杭州银行	1.258	1.078	1.051	1.425	1.332	1.000	1.025	1.366
嘉兴商行	0.935	1.000	1.239	1.158	0.872	1.000	1.227	1.070
宁波银行	1.094	0.932	0.962	0.981	0.889	1.091	1.099	1.066
日照银行	0.962	1.000	1.000	0.962	0.889	1.000	1.000	0.889
上海农商行	1.116	1.000	1.000	1.116	0.791	0.910	0.999	0.719
上海银行	1.152	0.920	0.999	1.059	0.852	1.087	1.001	0.927
温州银行	0.718	1.587	1.006	1.147	0.970	1.045	0.948	0.962
浙商银行	0.992	0.962	0.983	0.939	1.005	0.952	1.015	0.970
光大银行	0.374	0.984	0.963	0.354	1.023	0.981	1.020	1.024
广发银行	1.231	0.959	1.154	1.361	1.110	1.043	1.043	1.208
华夏银行	1.463	1.000	1.000	1.463	0.641	1.000	1.000	0.641
民生银行	1.049	1.000	1.000	1.049	1.037	1.000	1.000	1.037
浦发银行	1.053	1.000	1.000	1.053	1.070	1.000	1.000	1.070
深圳发展银行	1.434	1.000	1.000	1.434	1.227	1.000	1.000	1.227
兴业银行	1.450	1.000	1.000	1.450	1.134	1.000	1.000	1.134
招商银行	1.176	1.000	1.115	1.312	1.066	1.000	1.000	1.066
中信银行	1.057	1.021	1.098	1.186	1.018	1.000	0.951	0.968

续表

银行	TEC	PE	SEC	TFP	TEC	PE	SEC	TFP
	2006～2007 年				2007～2008 年			
中国银行	1.035	1.000	1.037	1.073	0.949	1.000	1.377	1.307
农业银行	0.956	0.869	1.103	0.917	0.692	1.139	1.590	1.253
交通银行	0.974	1.000	1.258	1.224	0.762	1.000	1.386	1.057
建设银行	1.289	1.000	0.889	1.146	0.780	1.000	1.289	1.005
工商银行	1.224	1.000	0.986	1.206	0.714	1.000	1.332	0.952
均值	1.056	1.008	1.035	1.101	0.931	1.010	1.093	1.027

银行	TEC	PE	SEC	TFP	TEC	PE	SEC	TFP
	2008～2009 年				2009～2010 年			
杭州银行	0.948	0.948	0.960	0.862	0.979	1.055	1.007	1.040
嘉兴商业银行	0.876	1.000	1.096	0.960	0.972	1.000	1.000	0.972
宁波银行	0.959	1.127	1.000	1.081	1.023	1.000	1.000	1.023
日照银行	0.719	1.000	1.000	0.719	1.008	1.000	0.965	0.973
上海农商银行	0.905	0.999	0.998	0.903	1.017	0.997	0.992	1.007
上海银行	1.084	1.000	1.000	1.084	1.109	1.000	1.000	1.109
温州银行	0.646	1.021	1.047	0.691	0.996	1.081	0.982	1.057
浙商银行	0.884	1.022	0.985	0.889	0.987	1.040	1.003	1.029
光大银行	0.893	1.036	1.017	0.941	0.992	1.000	1.000	0.992
广发银行	0.819	0.882	0.998	0.721	0.976	1.108	1.000	1.081
华夏银行	0.814	1.000	1.000	0.814	1.047	1.000	1.000	1.047
民生银行	0.977	1.000	1.000	0.977	0.906	1.000	1.000	0.906
浦发银行	1.006	1.000	1.000	1.006	0.977	1.000	1.000	0.977
深圳发展银行	0.961	1.000	1.000	0.961	0.960	1.000	1.000	0.960
兴业银行	0.908	1.000	1.000	0.908	1.127	1.000	1.000	1.127
招商银行	0.961	1.000	1.000	0.961	1.031	1.000	1.000	1.031
中信银行	0.966	1.000	1.051	1.016	0.920	1.000	0.997	0.917
中国银行	0.901	1.000	1.000	0.901	0.922	1.000	1.000	0.922
农业银行	0.955	0.943	0.977	0.880	0.964	1.020	0.943	0.927
交通银行	0.960	1.000	1.000	0.960	0.979	1.000	1.000	0.979
建设银行	0.957	1.000	0.981	0.938	1.001	1.000	1.045	1.045
工商银行	1.013	1.000	1.000	1.013	0.974	1.000	1.000	0.974
均值	0.909	0.998	1.005	0.911	0.993	1.013	0.997	1.003

续表

银行	TEC	PE	SEC	TFP	TEC	PE	SEC	TFP
	2006～2007 年				2007～2008 年			
合作金库银行	0.952	1.000	0.997	0.949	0.970	1.000	1.054	1.022
第一商业银行	0.957	1.000	1.116	1.069	0.750	1.000	1.280	0.959
台湾银行	1.020	1.000	1.017	1.037	0.980	1.000	1.000	0.980
华南商业银行	0.892	1.000	1.134	1.012	0.744	1.000	1.289	0.958
台北富邦	1.031	0.990	0.867	0.885	0.658	1.183	1.271	0.989
国泰世华	1.002	0.962	0.866	0.834	0.891	0.984	1.059	0.928
高雄银行	0.965	1.114	0.975	1.049	0.892	1.229	0.975	1.069
兆丰银行	0.885	1.000	1.000	0.885	0.821	1.000	1.000	0.821
中华工业开发银行	0.845	1.000	1.000	0.845	0.276	1.000	1.000	0.276
华泰银行	0.971	1.122	0.844	0.919	0.682	1.001	1.214	0.828
新光银行	1.011	1.136	0.952	1.094	0.682	1.052	1.415	1.015
阳信银行	0.958	1.017	0.980	0.955	0.751	1.007	1.230	0.930
三信银行	0.980	0.947	0.849	0.788	0.733	1.565	0.988	1.134
远东国际银行	0.926	1.000	1.000	0.926	0.438	1.000	1.000	0.438
永丰银行	0.941	1.039	1.165	1.139	1.014	1.000	1.052	1.067
玉山银行	0.962	1.104	0.988	1.050	0.769	1.032	1.179	0.936
万泰银行	1.162	1.000	0.902	1.048	0.782	1.000	1.368	1.070
台新国际	1.241	0.888	0.746	0.822	0.513	1.126	1.696	0.981
日盛银行	1.154	0.886	0.903	0.923	0.650	1.041	1.326	0.897
安泰银行	0.983	0.941	0.958	0.886	0.846	1.174	1.064	1.056
中国信托商业银行	1.100	1.000	0.837	0.921	0.610	1.000	1.546	0.943
台湾中小企业银行	0.877	1.170	1.040	1.067	0.935	1.082	1.037	1.049
台中商行	0.936	1.113	1.007	1.049	0.820	1.145	1.058	0.993
京城商业银行	0.972	1.095	0.991	1.055	0.829	0.946	1.114	0.874
均值	0.984	1.019	0.959	0.962	0.727	1.059	1.162	0.894

续表

银行	TEC	PE	SEC	TFP	TEC	PE	SEC	TFP
	2008～2009年				2009～2010年			
合作金库银行	0.819	1.000	1.024	0.838	0.993	1.000	0.980	0.973
第一商业银行	1.019	1.000	0.826	0.841	0.982	1.000	1.099	1.080
台湾银行	0.868	1.000	1.000	0.868	1.140	1.000	1.000	1.140
华南商业银行	1.027	1.000	0.866	0.889	1.011	0.978	1.044	1.032
台北富邦	0.977	1.000	0.921	0.900	1.063	1.000	1.002	1.065
国泰世华	0.865	1.268	0.784	0.860	0.931	0.860	1.271	1.019
高雄银行	0.893	1.082	1.009	0.975	0.978	1.000	1.043	1.021
兆丰银行	0.913	1.000	1.000	0.913	0.985	1.000	1.000	0.985
中华工业开发银行	1.538	1.000	1.000	1.538	1.143	1.000	1.000	1.143
华泰银行	0.891	1.140	0.988	1.003	0.911	1.084	1.010	0.998
新光银行	0.893	1.023	0.977	0.893	0.942	1.104	1.005	1.045
阳信银行	0.857	1.105	1.094	1.036	0.892	1.101	1.064	1.045
三信银行	0.809	1.000	1.074	0.869	0.965	1.000	1.111	1.072
远东国际银行	0.906	1.000	1.000	0.906	1.041	0.945	0.969	0.954
永丰银行	0.722	0.910	0.994	0.653	0.983	1.099	0.960	1.037
玉山银行	0.884	0.927	0.931	0.763	0.905	1.254	0.866	0.983
万泰银行	0.763	1.000	1.000	0.763	0.816	1.000	1.000	0.816
台新国际	0.993	1.000	0.713	0.708	0.882	0.989	1.112	0.970
日盛银行	0.857	1.082	0.894	0.829	0.892	0.977	1.074	0.935
安泰银行	0.719	1.100	1.041	0.824	1.034	1.000	1.000	1.034
中国信托商业银行	0.933	1.000	0.707	0.659	0.889	1.000	1.121	0.996
台湾中小企业银行	0.940	1.000	1.000	0.940	1.003	1.000	1.000	1.003
台中商行	0.786	1.089	1.016	0.869	1.012	1.041	1.032	1.087
京城商业银行	0.724	1.077	1.099	0.857	0.856	1.307	1.037	1.160
均值	0.888	1.031	0.950	0.870	0.965	1.027	1.031	1.022

第二篇　两岸四地货币一体化篇

导 论

一、选题背景与意义

自1961年蒙代尔明确提出最优货币区理论以来，随着全球经济金融一体化趋势的加强，区域货币一体化的理论发展迅速。尤其在指导欧洲货币一体化过程中，区域货币一体化理论自身也不断完善，“一个国家，一种货币”向“一个市场，一种货币”的理念转变已经得到学术界普遍认同，而欧元的成功诞生亦为其他经济联系紧密地区实现货币一体化提供了借鉴。自20世纪末香港、澳门相继回归祖国怀抱以后，两岸四地间经济交流与合作不断深入。2003年内地先后与港、澳签署《内地与香港关于建立更紧密经贸关系的安排》和《内地与澳门关于建立更紧密经贸关系的安排》（CEPA），内地与港澳间的经济交流与合作上升到制度化层面。2010年大陆与台湾签署《海峡两岸经济合作框架协议》（ECFA）。至此，两岸四地经济交流与合作发生了质的改变，迈入了前所未有的新阶段。可以预想，两岸四地的贸易、投资等全方面合作将释放出巨大动能。由于历史原因，目前两岸四地存在着人民币、港元、澳门元和新台币同时流通的特殊局面，这无疑增大了区域内的交易成本，不利于贸易、投资的进一步发展，“一个市场，一种货币”的内在逻辑必然要求两岸四地间进行货币合作，并逐步实现两岸四地货币一体化。另外，2008年爆发的全球金融危机也使人们更加意识到地区间进行金融合作以及改革国际货币体系对于防范和应对金融风险的重要作用，两岸四地实行货币一体化将极大提高其整体抵御风险的能力。世界银行发布的《2020年的中国：新世界的发展挑战》中提出，“人民币有可能成为世界货币格局中引人注目的‘第四极’货币”，人民币迈向国际化已成为国际货币体系发展中的一大可能趋势，两岸四地货币一体化作为人民币国际化上的重要一环，对其展开研究具有重要现实意义。总之，在区域经济一体化进程加快的背景下，在后ECFA时期及“十二五”期间，随着两岸四地经济整合程度的加深、金融合作的深化，就两岸四地货币一体化的机遇、挑战、实现路径和阻碍因素等问题进行深入研究不仅有助于丰富货币合作理论，而且可为决策部门提供理论依据和决策参考。

二、国内外研究现状

国外对于两岸四地货币一体化的研究几近空白，国内学者的研究多出现于欧元诞生之后。或以两岸四地货币一体化为分析对象，或只针对其中两地或三地的货币一体化进行分析；且多从两岸四地货币一体化的成本和收益、必要性和可行性、一体化步骤和路径等角度进行分析。

首先，两岸四地货币一体化的必要性主要以一体化之后所得收益为切入点。朱孟楠等（2005）认为，两岸四地实现货币一体化后，可以促进两岸四地竞争和资源的有效配置，且由于节省货币兑换和套期保值的管理成本而使出口企业竞争力得到提升，同时将有利于两岸四地金融市场的稳定和效率的提高，并降低了由于汇率波动而引发的金融风险。除此之外，魏巍（2005）认为，两岸四地货币一体化可以节约巨额的外汇储备、防范国际金融危机、推动亚洲区域货币建设。

其次，两岸四地货币一体化的可行性主要通过两种途径来阐述。一是依据最优货币区理论中最优货币区的建立标准来分析可行性。黄燕君等（2001）从货币层面和实物层面对港、澳两地的经济条件进行了比较，得出两地已较好地具备货币统一之经济基础和现实条件的结论。朱孟楠等（2005）从两岸四地的要素流动性、经济开放度、产品多样化程度、金融一体化程度和趋同标准入手，结合成本收益分析，认为两岸四地构建统一的“中元区”是可行的，但仍存在政治阻碍、经济水平差距等不利因素。二是运用计量手段考察两岸四地经济结构的相似性，尤其是对经济冲击相关性进行实证，所用方法为巴尤米和艾臣格林（Bayoumi and Eichengreen，1994）在判断若干国家是否适宜加入最优货币区时运用的 VAR 方法。李心丹等（2003）以实际汇率代表货币冲击，结果显示，内地与香港之间没有太大的实际经济波动非对称性。靳超等（2004）则采用一年期储蓄存款利率衡量货币冲击构建出三变量模型，结果显示，内地与香港之间的供给冲击具有一定的对称性，而需求冲击和货币冲击都不具有对称性，但从未来发展看，两地经济将逐渐融合，实行货币一体化的条件也将成熟。周念利（2007）采取贸易强度指标和经济冲击对称性指标作为衡量经济一体化程度和区域趋同程度的标准，并对大陆与港澳台的双边贸易强度指标与结构性经济冲击对称性的时序变化指标进行了回归分析和因果关系检验，结果显示，除台湾外的三地，其需求冲击的对称性渐趋一致；两岸四地供给冲击的对称性渐趋一致；两岸四地目前尚不满足实现货币一体化的动态约束条件。

最后，多数学者对于货币一体化的路径基本持相似观点，即首先实现港澳货币统一，接着实现与人民币的一体化，最后实现两岸四地的货币统一（沈国兵等，2003；朱孟楠等，2004）。对实施步骤也做出了设想：在中华经济圈内创立钉住共同货币篮子制度，共同货币篮子由四种货币按一定比重构成，权数每五年调整一次，设立“华元合作基金”，在共同货币区内实行联合浮动体系，对内实行严格的固定汇率制，只允许在中心汇率上下一定幅度内波动；对外实行浮动汇率，实行目标区制度（李晓等，2004；王湘东，2005）。周念利、张汉林（2008）则结合欧洲货币一体化经验为两岸四地的短期、中期、长期货币合作设计了细致的推进安排。

通过对现有文献的梳理可以发现，学者们从不同侧面、不同角度对两岸四地货币一体化进行了卓有成效的研究，并形成了极富建设性的成果。但是学者们的研究多以定性研究为主，以研究经济冲击对称性为目的的实证分析则多将澳门排除在外，仅观察了大陆、香港、台湾的经济冲击对称性，在两岸四地货币一体化的路径设计上，对近期最迫切的两岸四地经济整合安排着墨较少。为此，本篇试图将定性分析和定量分析相结合，将澳门的经济冲击对称性纳入实证研究的范围，使实证研究更为全面，并对两岸四地货币一体化前须进行的经济整合作了进一步的讨论。

三、本篇研究思路与方法

本篇首先对货币一体化理论的发展脉络进行梳理，为分析两岸四地货币一体化打下理论基础。之后通过对欧洲货币一体化、拉美地区“美元化”、两德货币统一和非洲货币一体化实践进行对比和剖析，总结成功实现货币一体化需具备的条件和可能模式、路径，从而为两岸四地货币一体化提供经验借鉴。在对理论和实践进行回顾和总结的基础上，本篇首先对两岸四地货币和汇率制度进行了描绘和对比，为两岸四地进行货币和汇率制度合作打下基础。接着着重分析了在经济全球化这一大背景之下，尤其是在两岸签署了《海峡两岸经济合作框架协议》（ECFA）之后，两岸四地货币一体化迎来了哪些新的机遇，同时面临着哪些严峻的挑战。然后在定性分析基础上，运用 SVAR 模型对与两岸四地货币一体化成本有密切关系的两岸四地经济冲击的对称性进行了实证分析。最后，水到渠成，综合前面的分析提出新时期、新形势下两岸四地实现货币一体化的模式和最优的路径选择。

本篇研究以马克思主义经济理论为指导，综合应用西方经济学、计量经济学、区域经济学等多学科的方法与理论，对经济全球化态势下两岸四地货币一体化进行综合、系统分析。具体而言，拟应用 Eviews 软件建立结构向量自回归模型分析两岸四地经济冲击的对称性；运用比较研究方法，结合已有的欧洲、拉美、两德、非洲货币一体化实践，并通过对两岸四地的现实经济、政治等方面进行比较分析，提出两岸四地货币一体化的可行模式和路径。总之，本篇采用理论分析与实证研究相结合、定性分析与定量分析相结合的研究方法探讨两岸四地货币一体化问题。

四、本篇主要内容与结构安排

遵循由理论到实践，立足现实、放眼未来，定性分析与实证分析相结合的大体思路，本篇分为六章：

第一章，全面梳理货币一体化理论，主要以最优货币区理论为核心，包括传统的最优货币区理论和最优货币区理论的新进展，并对货币一体化理论进行总结和评价，为后面两岸四地货币一体化讨论的全面展开做好理论铺垫。

第二章，深度剖析现有货币一体化实践案例。目前已有的货币一体化实践主要有欧洲货币一体化、拉美“美元化”、两德货币统一和非洲货币联盟等，这些实例从各个角度为我们提供了实实在在的实现货币一体化的经验和启示，故本章将对这些实例进行较为详尽的分析，以期为最后一章两岸四地货币一体化实现路径的提出做好事实铺垫。

第三章，在推动货币一体化的过程中，货币合作和汇率协调与安排扮演着至关重要的角色。两岸四地自出现“一国四币”的货币流通格局以来，根据各自经济发展的特点和需要，形成了各不相同的汇率制度，两岸的货币制度也各有特点。因而，本章对两岸四地的货币体系作一回顾和比较，有助于为两岸四地一体化路径安排厘清思路。

第四章，重点分析经济全球化背景下，尤其是 ECFA 签订之后两岸四地货币一体化即将面临的机遇和挑战。ECFA 的签订将推动大陆与台湾之间的经济整合与金融合作，经济一体化程度的加深催生货币一体化之需求，而金融合作的进一步开展则直接为货币一体化创造条件。在经济、金融一体化推动货币一体化的基本逻辑下，在原有的 CEPA 基础上，本章将全面分析 ECFA 对两岸四地的经济、金融整合带来的重大影响，从而得出两岸四地开展货币合作、最终实现货币一体化将迎来的无限机遇和挑战。

第五章，两岸四地组建完全的货币同盟将导致汇率政策工具丧失的成本，而这一成本的大小，很大程度上与两岸四地经济冲击的对称性有关。故在本章，笔者将通过计量手段，运用经典的巴尤米和艾臣格林的两变量结构性向量自回归方法，对两岸四地间经济冲击（包括供给冲击、需求冲击）的对称性进行实证分析，并从实证分析得出的结果出发，对两岸四地目前是否适合推进货币一体化进行判断。

第六章，在以上论证基础上，立足于目前两岸四地货币一体化现实情况，在经济全球化大背景下，对两岸四地货币一体化的可行模式、推进时机和路径做出设想。

第一章　货币一体化理论基础

货币一体化与所有经济现象一样，其理论和实践发展都经历了“实践—认识—再实践—再认识”的螺旋式上升过程。在其发展过程中，前后出现了许多概念，这些概念常常相互联系又有所区别，为此，本章先对与货币一体化有关概念作一梳理。之后，对货币一体化的核心理论——最优货币区理论的发展进行简要回顾。

第一节　货币一体化概念

目前，无论国外还是国内理论文献还没有一个被普遍承认的“货币一体化”定义。而货币一体化的理论发展至今，已经出现了许多相关概念，包括“货币一体化”（Monetary Integration）、“货币统一”（Monetary Unification）、“货币区”（Currency Area）、“共同货币”（Common Currency）、“货币同盟”（Monetary/Currency Union）、“汇率同盟”（Exchange Rate Union）等。

1957 年特里芬（R. Triffin）分析了“国家主权作为一个在相互依存的世界里进行政策决策，实施行政管理的框架的不充分性”，指出货币领域的合作对这种“不充分性”是一个有力的补充①，随后讨论了国家间货币一体化的构想，提出国际单一货币安排：创造新的国际货币单位“特别提款权”，各国间货币形式相互独立但价值一致；通过立法确定在交易合同中使用共同计价单位；货币自由流通；由唯一的权力中心负责货币发行。其国际货币改革思想和国际经济与货币合作理论为共同货币尤其是欧洲货币一体化建设奠定了坚实的理论基础。

巴拉萨（B. Balassa，1961）在《经济一体化的原理》中提出了关于“货币

① 雷志卫. 欧洲货币联盟的理论基础与运作机制［M］. 北京：中国金融出版社，2000：104 - 105.

统一”的极富建设性的观点，他主张将“货币统一”运用于国际层面，通过资本尤其是短期资本自由流动来解决国际收支不平衡，指出了“国家央行间的相互合作尤其是货币政策的协调”的重要性，同时也认同“由超国家权力中心实施共同货币政策的有效性”。

蒙代尔（R. Mundell，1961）在《最优货币区理论》一文中，将货币区分为两类：一类是货币区内的国家使用单一货币，拥有单一的中央银行；另一类是货币区内的国家仍使用各自货币，但各国之间实行固定汇率。并论述了两类货币区之间的巨大差别。另外，他指出，“货币区有多种模式，最紧密的形式是单一货币联盟，美元化是迈向单一货币联盟的霸权式道路。由政治协议创造新的货币需要高度的政治合作和主权分享（像欧元或赫伯特·格鲁伯（Herbert Grubel）的北美美元（Amero）计划就是如此）。多个货币构成的货币区包括货币局制度，以及各国货币体系达到一致。这两种安排也可以不是最终迈向完全单一货币联盟的两个阶段”。①

科登（W. Corden，1972）在《货币一体化》一文中将货币联盟描述为：在这个区域里的国家的汇率即使可能对非联盟国家波动，但是对联盟里的国家则具有永久性的固定关系，并且在区域里，不论是对经常账户还是资本交易，永远不存在任何的外汇管制。

罗勃森（P. Roboson，1980）在《国际一体化的经济学》一文中指出货币一体化的两个显著特征：第一，一体化区域内部汇率永久性固定，对外实施汇率共同浮动；第二，区内货币完全可兑换。

格劳威（Paul De Grauwe）在其著作《货币联盟经济学》中将货币联盟划分为完全的货币联盟和不完全的货币联盟两种。书中写到，“世界上许多国家将本币钉住另外一种货币，特别是美元。这样这些国家就与被钉住的国家组成了‘不完全’的货币联盟”。而他所指的“完全的货币联盟”，则是取消本国货币，采用一种共同货币，成员国的中央银行要么取消，要么将不再拥有任何实际权力的货币联盟。

马斯顿（Richard C. Marston）则在《汇率同盟的真实货币扰动》一文中将“汇率同盟”描述为同盟中国家将各自货币与其他国家的货币保持固定的汇率，实际上也就是格劳威所讲的“不完全的货币同盟”。

综上所述，西方学者对于货币一体化、货币同盟、货币区等概念的定义并不统一，各概念既有区别又有联系。即便是同一概念，其名词界定内涵和外延也不尽相同。为便于本文的表述，现将有关概念定义如下：

① 蒙代尔．蒙代尔经济学文集（第五卷）——汇率与最优货币区［M］．北京：中国金融出版社，2003：70.

货币一体化：是一种超国家的制度安排，是为了实现经济、政治等共同利益，各国政府间通过彼此在经济、金融、货币领域的配合，不断推动国家间货币合作，最终形成共同货币区的过程。

货币同盟：分完全的货币同盟和不完全的货币同盟。其中，完全的货币同盟指同盟中的成员国采用单一货币，统一对外浮动。按照单一货币在选择上的不同，完全货币同盟又可以分为两种情况：一种情况是各成员国放弃本国货币，并统一采用另一国货币作为单一货币；另一种情况是各成员国放弃本国货币，并重新创造出一种货币，如欧元区如今所使用的欧元。不完全的货币联盟，则是指同盟中的成员国保留本国货币，各国货币间实行固定汇率安排。根据固定汇率安排的不同，不完全的货币同盟可以采取单一钉住、篮子钉住、货币局等形式。

货币区：为货币一体化的高级阶段，即完全的货币同盟。

第二节　最优货币区理论

20 世纪 50 年代早期，弗里德曼（Friedman）发表的《浮动汇率的情况》一文引起学术界关于浮动汇率安排与固定汇率安排孰优孰劣的讨论，而当时实行了十几年的布雷顿森林体系开始出现不稳定倾向，1960 年第一次美元危机的爆发，更加引发了学者们对汇率安排的思考：到底是汇率制度本身存在问题，还是固定汇率并不适用于所有的国家？20 世纪 60 年代早期，作为对固定汇率制和浮动汇率制优劣讨论的最新理论成果，蒙代尔首次提出最优货币区理论，并建设性地提出最优货币区可以是一个不与国土边界重合的区域。随后，麦金农（Mckinnon）、肯尼（Kenen）、弗莱明（Fleming）、明茨（Mintz）、托尔（Tower）和威利特（Willet）等学者对最优货币区理论进行了丰富和扩展。

一、传统最优货币区理论

（一）初创阶段：单一指标法

20 世纪 60 年代是最优货币区理论的初创阶段，这一阶段经济学家们主要关注最优货币区（Optimum Currency Area，OCA）的评判标准问题，根据加入货币区后能否成功实现经济政策目标，即保持内外均衡提出了不同的 OCA 评判标准，并提出了货币一体化的成本收益分析。这些标准包括：

1. 要素流动性标准

要素流动性标准由蒙代尔 1961 年在其开创性论文《最优货币区理论》中提

出。在价格和工资刚性的前提假设下，蒙代尔分析了当国家间出现需求转移，即一国出现顺差，另一国出现逆差，相应地，一国面临通货膨胀压力，而另一国出现失业问题时，如果这些国家采用单一货币，将无法通过汇率浮动实现内外均衡，此时就必须依靠要素的流动机制来进行调节。蒙代尔强调生产要素流动性，尤其是劳动力要素的流动性在考虑是否形成最优货币区的关键性。

蒙代尔作为第一位提出最优货币区理论的学者，为后来该理论的蓬勃发展做出了开创性贡献，被称为“欧元之父”。然而以劳动力要素流动性作为最优货币区成立条件存在极大的局限性，引发了学术界的不少争议，与如今已经成立的欧元区的实践也不相一致，毕竟高度的劳动力要素流动性在现实中很难实现，劳动力要素的转移要受到文化、风俗、语言、法律等条件制约，与其说单一货币是高度要素流动的结果，不如说单一货币促进了要素流动。另外，通过劳动力要素转移来实现内外均衡存在调节时效的问题，因而在应付国际收支短期波动上无能为力。

2. 经济开放性标准

继蒙代尔之后麦金农（1963）提出了将经济开放性作为评判最优货币区的标准。麦金农把全部的产品分为可贸易品和不可贸易品，可贸易品包括可出口产品和可进口产品，不可贸易品是那些由于运输成本高昂而无法进入外贸流通的产品，并用可贸易品占不可贸易品的比例来衡量经济的开放程度。麦金农指出，对于一个高度开放的经济体而言，浮动汇率无法消除贸易失衡，因为浮动汇率的作用会被国内价格反弹抵消。原因是一个经济体越是开放，其可贸易品和不可贸易品占国内消费的比重就越大，那么国外价格对国内物价的直接和间接影响就越大。当本国货币贬值时，可贸易品的价格会上升，导致国内价格水平的整体上升，从而通过贬值改善贸易失衡会大打折扣。因此，麦金农认为，贸易额比较高的经济开放区之间应该组成最优货币区，区域内实行固定汇率，而与区域外的国家实行浮动汇率。也就是说，经济开放度高的地区组成货币区是“最优”的。当一个小型开放国家的贸易伙伴是一个大国时，麦金农的分析框架是适用的，但是当一个小型开放国家与多个相互之间汇率浮动的大国进行贸易时，麦金农的分析框架就失效了。

3. 产品多样化标准

由于完全的劳动力要素流动几乎不存在，凯南（1969）于是将产品多样化引入最优货币区评判标准的分析。他的分析同样是建立在蒙代尔关于需求转移是国际收支失衡的主要原因的基础之上。凯南认为，对于产品多样化的国家而言，出口产品和进口产品也相应地是多样化的。这样，当某一种出口商品或进口商品需求下降时，总体的产出和就业水平不会受到很大的影响，产品多样化此时就充当了分散外部市场冲击的“稳定器”作用。正因如此，通过浮动汇率改变贸易条件的必要性大大减小，因而更能从使用单一货币中取得收益。

4. 金融一体化标准

英格拉姆（Ingram）认为，蒙代尔提出的加入货币区国家应具有的高度劳动力要素流动性在现实中是很难满足的。与蒙代尔将需求转移作为国际收支失衡的主要原因不同，英格拉姆更加关注一个国家的金融特征，认为国际收支失衡很重要的一个原因是资本要素流动性较低，这与国内缺乏长期证券交易有关。英格拉姆从两方面阐述了资本要素流动性在恢复国际收支平衡方面的作用。一是当国家金融高度一体化时，可以通过相互之间的资金融通解决经常项目的国际收支问题。对于暂时性的失衡，通过向盈余地区借入资金或者通过出售冲击结束后可回购的净外国资产，资本流动可以在很大程度上减少实际调整如产出调整的需要；对于长期失衡，资本流动也可以起到通过将冲击分散到较长时间内消化的作用。二是通过利率机制调节国际收支失衡。在金融高度一体化情况下，即使是微小的利率变动也会引起成员国间的资本（非投机性短期资本）流动，从而减小成员国间的长期利率差异，消除国际收支失衡。以上两条途径减小了通过浮动汇率改变成员国间贸易条件的必要性。因此，金融一体化程度较高的地区更适合形成货币联盟。

5. 政策一体化标准

托尔和威利特（1970）认为，各国对失业和通货膨胀率偏好的不一致是国际收支失衡的重要原因，并把政策一体化作为确定最优货币区的重要标准。托尔强调为了组成最优货币区，各国应该让渡部分主权，建立起超国家的中央银行，实行统一的财政制度。凯南也强调了实行统一财政制度的重要性，他认为财政高度一体化可以提高货币区财政的转移能力，有利于一体化所致的地区差异，使经济接近于理想的最优货币区状态。

6. 通货膨胀相似性标准

哈伯勒（Harberler，1970）和弗莱明（Felming，1971）从宏观视角出发，把通货膨胀差异作为国际收支失衡的主要原因，并提出国家间由于产业组织结构（如市场的垄断程度）、劳动制度（如工会组织）、经济政策（如货币和财政政策）以及社会偏好（如对于通货膨胀的厌恶程度）的不同，会导致国家间通货膨胀的持久性或暂时性的差异，这种差异不仅会造成经常账户失衡，还会引起投机性资本的短期流动，进而增加了运用汇率调整来实现内外均衡的必要性。所以通货膨胀相似国家之间形成货币区可以大大降低丧失汇率工具的成本，因而更适合组成货币区。虽然通货膨胀确实会导致国际收支恶化，但将通货膨胀作为国际收支失衡的主要原因显然是不恰当的。

早期最优货币区理论的缺陷是，所提出的标准往往流于片面，过分强调单一标准，却无法将这些标准综合起来形成一个系统性分析框架，导致采用不同的 OCA 标准就会得出不同的 OCA 边界的情况，即不确定性问题（Problem of Inconclusiveness）（Tavlas，1994）。并且某些标准之间存在内在“不一致问题”（Tavlas，1994），难以进行量化分析。

（二）20 世纪 70 年代最优货币区理论的发展

这一阶段，欧共体开始向经济与货币联盟方向发展，实践的发展引导最优货币区理论转向对加入货币区后成本和收益的分析。同时，这一阶段较之前一阶段有了极为重要的进展，因为经济学家们开始分析和衡量 OCA 评判标准之间的相对重要性，将不同的标准综合起来考虑。然而，同早期的最优货币区理论一样，由于对成本和收益的分析仅仅停留在理论层面，没有进行定量的分析，所以在实践中可操作性不强。

科登（1972）指出，加入货币区的成本是，成员国将丧失对货币政策和汇率的直接控制，亦即放弃支出转换政策，这将导致名义价格和工资是向下刚性的。当遭受需求冲击导致出口下滑时，成员国只能采取诸如财政紧缩的支出吸收政策和真实汇率的变化来恢复外部平衡。由于名义工资和价格缺乏弹性，因而在面对冲击时真实汇率也将是缺乏弹性的，真实汇率这一较为迅捷的调整工具就失效了，只能完全由支出吸收政策工具来调整，而这一工具发挥效力是比较慢的。在科登看来，能对冲击做出迅速反应的价格和工资弹性在所有 OCA 标准中最为重要，经济开放度和冲击对称性也很关键，生产要素流动性虽然很重要但是无法有效应对短期扰动。

石山（Ishiyama，1975）则指出，每个国家都应从自身利益和社会福利角度全面考量加入货币区的成本和收益，不同的社会偏好会带来越来越大的通货膨胀和工资差异，而国家间相互冲突的需求管理政策相对于其他 OCA 标准，如在面对大多数暂时性宏观冲击时的差异来说更加关键。

托尔和威利特（1976）指出，一个国家越是开放，这个国家加入货币区就越能提升货币的有用性，同时也限制了追求内部均衡的宏观经济政策的自由使用。加入货币区的总成本由外部冲击的来源、类型和强度决定，并且是经济开放度的减函数。最后他们认为，任何一个 OCA 标准的重要性都没有取得一致的看法，只能通过实证研究来加以确定。

概括地讲，这一阶段学者们得出的加入货币区的收益包括：提高货币有用性，增加价格透明度从而有利于促进竞争，消除汇率不确定性从而有利于加强内部市场、促进贸易、降低投资风险、刺激外国直接投资和促进资源优化配置，节约交易成本，深化金融市场等。而加入货币区的成本则包括使用新的共同货币的转换成本，成立超国家机构的管理成本，丧失货币政策自主权的成本和铸币税损失等。

二、现代最优货币区理论

（一）20 世纪 80 年代末至 90 年代初的发展

在经历了 20 世纪 60 年代至 70 年代中期的发展后，OCA 理论陷入了疲弱状态，甚至被学术界遗忘。OCA 理论被认为“基本上是一种学究式的讨论，而对汇率政策和货币改革等实际问题毫无益处[①]”。这种状况一直持续到 20 世纪 80 年代中期，随后得益于宏观经济理论发展和欧洲货币一体化的进展，经济学家和政治家们又重新关注 OCA 理论，并为其做了几方面重要修正，相对于“老”OCA 理论而言，形成了“新”OCA 理论（Tavlas，1993）：

1. “一个市场，一种货币”理论

很长一段历史时期，货币统一被视为国家统一的标志，国家垄断货币发行权，将货币政策权和货币发行权作为国家主权的重要内容之一，这便是“一个国家，一种货币”的货币模式，亦被称为“威斯特伐利亚模式[②]”。“一个国家，一种货币”的观念并非从国家诞生之日便自然产生。19 世纪以前，在世界范围没有一个国家的货币能够独占国内市场，一国范围内往往同时流通着大量外国货币。国家必须制定货币之间的兑换率，即使是国家正式发行的货币也缺乏统一标准[③]。这种货币流通状况造成了假币盛行和国内财政系统的极大破坏。直到 19 世纪，随着民族国家的发展与成熟，统一的国家货币才出现。尤其当货币发展到信用货币时代，国家以其主权信用充当了货币的信用保证，并且民族国家从空间上的确为市场交易主体提供了最稳定、最完整的市场，促进了国内经济的发展，于是“一个国家，一种货币”的货币主权观成为一种理所当然的货币选择。随着区域经济一体化的发展，商品、资本、人员等超越国界的流动使得各国市场融合度进一步加深，欧洲经济一体化发展到货币一体化阶段带给人们新的思考，货币的使用空间究竟应该由什么决定？1990 年麦克尔·爱默生（Micheal Emerson）等经济学家完成了《一个市场，一种货币：对建立经济与货币联盟的潜在成本和收益的评估》的报告，以作为《德洛尔报告》的组成部分。《德洛尔报告》明确肯定了欧洲实行完全的货币一体化所带来的巨大收益。爱默生等人提出的“一个市场，一种货币”是对“一个国家，一种货币”传统观念的颠覆，认为当市场

---

① Y. Ishiyama. The Theory of Optimum Currency Areas – A Survey［J］. IMF Staff Papers，1975，22（2）：357.

② 1648 年，以恢复欧洲和平为目的的会议在威斯特伐利亚召开，并签订了标志主权国家诞生的《威斯特伐利亚条约》，世界政治开始以民族国家为最基本单元，相应地，货币发行的地理空间也与国家主权范围重合。本杰明（Benjamin，1999）将这一货币模式称为“威斯特伐利亚模式”。

③ 吴志成，龚苗子. 从国家货币到市场货币——货币与国家关系的解读［J］. 经济社会体制比较，2005（6）：59.

融合超越了国家疆界时，国家货币已经难以满足市场对货币的服务要求，相反却可能成为障碍因素。货币的使用应该与市场相契合，无论这个统一市场包含多少个国家，单一货币应是最佳选择①。“一个市场，一种货币”理论为主权国家间的货币融合扫清了思想上的障碍，也为欧洲货币一体化的进程指明了方向，欧洲货币一体化之路豁然开朗。

2. “新”OCA理论对“老”OCA理论的修正

（1）货币政策的长期无效性。传统最优货币区理论分析是建立在向右下方倾斜的菲利普斯曲线基础上，通过运用政策工具政府可以实现合意的通货膨胀和失业率的组合。对此，货币主义者提出了批评，弗里德曼—费尔普斯假说（Friedman - Phelps Hypothesis）指出，劳动力价格是按照实际工资而非名义工资进行谈判的，所以应该用预期的通货膨胀对菲利普斯曲线进行修正，完全被预期到的政策变动将不会对实际变量如产出、就业产生任何影响（Mc Callum，1989）。菲利普斯曲线应该是一条垂直于自然失业率的直线，政策制定者只能决定通胀率，却无法选择合意的失业率（Artis，1991）。既然货币政策在长期是无效的，那么加入货币区导致货币政策独立性丧失的成本并不像传统最优货币区理论所认为的那么高。

（2）政策可信度问题。卢卡斯（R. Lucas，1972）将理性预期引入分析框架，说明政府政策有效性和政府诚信之间的关系，指出即使在短期内，在某些条件下，完全预期到的政策变动无法对实际交易产生影响。基德兰德和普雷斯科特（F. Kydland and E. Prescott，1977）运用理性预期理论和动态博弈模型演绎了政府实施经济政策以及私人部门进行决策的过程，并提出相机抉择将导致“动态不一致性”问题，即相机抉择的货币政策往往引致一个正的通货膨胀倾向。随后巴罗和戈登（Barro and Gordon，1983）运用中央银行的预期损失函数和卢卡斯供给函数，证实了基德兰德和普雷斯科特的论断：在理性预期情况下，央行货币政策的结果是更高的通胀和不变的就业②。因此，对于具有较高通胀记录而又多次违背原先做出的低通胀目标承诺的政府而言，迅速赢得低通胀承诺可信度的途径只有放弃货币政策主权，并与一个低通胀国家建立货币联盟（Giavazzi and Giovannini，1989）。

（3）汇率调整的有效性。放弃本国货币的代价是该国无法通过汇率工具消除需求差异或者是成本、价格差异，但如果汇率调整是无效的，那么即使国家间存在上述差异，加入货币区也不会增加额外成本。关于这一点，学者们持有两种

① 黄燕君. 港元—人民币一体化：意义、条件、前景［M］. 北京：中国社会科学出版社，2003：8-9.

② 陈亚温，胡勇，王学鸿. 欧元经验与效应——欧元对国际货币体系的影响研究［M］. 北京：经济科学出版社，2006.

不同的观点：第一种观点是，名义汇率的调整没有带来外部失衡的调整（Krugman，1989；De Grauwe，1989；Tavlas，1993）。因为通过资产组合平衡来调整相当迟滞，导致汇率的变动也存在严重时滞（Branson，1985）。根据李嘉图等价和完全预期，宏观经济政策的变动可能也无法影响汇率（De Grauwe，1989）。沉没成本模型和市场定价模型也得出了理性企业可能不会迅速调整出口价格的结论。以上均削弱了名义汇率调整的有效性。第二种观点是，名义汇率调整在某些阶段还是相当有效的。De Grauwe（2000）指出，1982 年比利时的汇率贬值的确起到了恢复国内和经常账户均衡的作用，如果不采取汇率贬值策略将导致更大的成本。1982～1983 年法国汇率贬值也是一个成功的例子（Sachs and Wyplosz，1986）。

（4）劳动力市场制度差异。不同的国家，其劳动力市场制度往往各不相同。有些国家工会谈判集中程度高，有的国家则较低。这些差异会构成加入货币区的巨大成本，因为即使面临同样冲击，各国的工资和物价水平也会因劳动力市场制度的不同而形成不同的变化趋势。工会谈判高度集中化的国家，工会会考虑工资增长的通货膨胀效应，因而实际工资将保持不变。相反，工会谈判相对分散的国家，由于每个工会都会认为自己只是劳动力中很小的一部分，要求的名义工资上涨不会对物价水平造成很大影响，会造成更高的名义工资（Bruno and Sachs，1985）。卡福斯特和吉佛尔（Calmforst and Driffill，1988）发展了这种合作博弈理论，进一步指出工资谈判集中度和工资上涨幅度存在非线性关系，工资谈判越是分散，引起的外部性问题就会越突出。综上所述，劳动力市场制度不同的国家组成单一货币区的成本会更高，因为面对同一冲击，各国工资和物价会做出不同的反应，而这些差异已经无法通过汇率调整消除。

（二）20 世纪 90 年代以来的最优货币区理论

20 世纪 90 年代以来，得益于计量经济学发展，通过建立模型来开展 OCA 理论的实证研究在经济学界广泛流行，而欧洲一体化的推进也为实证研究提供了难得的案例和素材。

1. 基于一般均衡模型的 OCA 分析

赫尔普曼（Helpman，1981）、卡尔肯和华莱士（Kareken and Wallace，1981）以及卢卡斯（Lucas，1982）发展了 OCA 的一般均衡研究的基本框架，根据不同汇率制度下福利相等理论认为，汇率制度不会影响社会福利。巴尤米（Bayoumi，1994）、里奇（Ricci，1997）、贝尼和多克尔（Beine and Docquier，1998）引入价格和工资刚性，用一般均衡模型对早期 OCA 思想进行分析，赫尔普曼和拉辛（Helpman and Razin，1982）及纽迈耶（Neumeyer，1998）等考虑了金融市场不完全条件下的情形。德瓦拉贾（Devarajan Rodrik，1991）则建立模型权衡西非洲法郎区实行单一货币以提高货币可信度的收益（通货膨胀的下降）

以及成员国放弃实现经济稳定目标带来的损失。

2. OCA 标准的评估和实证分析

进入 20 世纪 90 年代以来，学者们对于 OCA 标准做了大量评估和实证分析，研究对象几乎涵盖自最优货币区理论诞生以来所提出过的所有 OCA 标准，包括工资和物价的灵活性、生产要素流动性、金融市场一体化程度、对外开放度、生产和消费的多样化程度、通货膨胀相似性和财政一体化程度等。并且得益于计量经济学的发展，实证研究中“代理标准”（Proxy Criteria）被广泛应用。“代理标准”避开了繁杂的 OCA 标准或者“真实”经济特征，而是通过反映潜在经济现象的诸如汇率波动性和非对称冲击的宏观经济指标来间接判断 OCA 标准。巴尤米和艾臣格林（Bayoumi and Eichengreen，1997）利用双边汇率波动性与 OCA 标准之间的关系来判断一国是否适合加入货币区。这一做法背后的逻辑是，OCA 指标变量的变动一定会对双边汇率产生影响，汇率波动反映的信息相对而言要多于其他变量，所以识别出影响双边汇率波动的因素，就能够间接识别出关于 OCA 指标的大量信息，通过各 OCA 指标对汇率影响的大小可以确定各 OCA 指标的相对重要性程度。这一方法就是最优货币区指数（Optimum Currency Area Index）法，简称 OCA 指数法。继巴尤米和艾臣格林之后，罗曼（Roman Horvath，2002）对 OCA 指数回归方程作了变动，用开放性指标代替了巴尤米和艾臣格林所用的国家规模指标，得出的方程同样具有解释力。科恩和韦普洛茨（Cohen and Wyplosz，1989）、韦伯（Weber，1991）则计算了几组欧洲国家的产出变动之和与产出变动之差，并将其分别作为对称冲击与不对称冲击的指标来研究货币联盟内成员国冲击的对称性，但是产出变动并不等同于冲击，并且这种研究方法混淆了冲击和对冲击的反应。巴尤米和艾臣格林（1994）在布兰查德和柯（Blanchard and Quah，1989）所发展的 VAR（Vector Auto - Regression）基础上改进了经济冲击对称性的研究方法，通过“识别假定”分解识别出供给冲击和需求冲击，区分了非对称冲击和对称冲击的反应。

3. OCA 标准内生性

20 世纪末，最优货币区理论实现了重大突破，相较于以往将最优货币区标准视为外生标准来看待的视角，OCA 标准具有内生性的观点一经提出就为最优货币区的理论发展注入了新的活力。最优货币区标准的内生性源于欧盟委员会和经济学家克鲁格曼（Krugmen）关于经济一体化与非对称冲击之间关系的探讨。欧盟委员会的观点是：经济一体化会提高货币区成员国的经济冲击的对称性，理由是各国间贸易是基于规模经济和不完全竞争的产业内贸易，而产业内贸易会带来相似的贸易结构，因而会使需求冲击具有对称性。克鲁格曼则提出，贸易一体化可能产生两种效应，一种是产业布局更为集中，另一种是产业布局由于更接近

消费地而趋于分散，其实证结果更支持前一种效应，即经济一体化将加深产业集中度，各国专业化程度的增加会削弱冲击的对称性。1998 年弗兰克和罗斯（Frankel and Rose）首次提出了最优货币区标准的内生性概念，他们从贸易和商业周期的相关性出发，利用 1959～1993 年 21 个工业化国家贸易和产出相关度数据进行回归分析，并得出了贸易联系的加强可以促进国家间产出对称性的增加的结论。也就是说，最优货币区标准具有内生性，判断一国能否适合加入货币区不能仅仅凭借该国此刻对货币区标准的满足程度，即使一国无法满足最优货币区标准的“事前”条件，加入货币区后在一定条件下也能得到最优货币区标准的“事后”满足。内生性标准提出以后，引起了学术界的极大关注，许多学者通过研究也证实和扩展了最优货币区标准的内生性问题。阿提斯和张（Artis，M. J. and W. Zhang，1998）通过研究证实自 20 世纪 80 年代起欧盟国家商业周期的相关性不断提高，与此同时所受到不对称冲击的来源数据越来越少。布兰查德和沃尔弗斯（Blanchard and Wolfers，2000）、保罗和邦托利拉（Paul and Bentolila，2002）则讨论了劳动力市场机制内生性问题。OCA 标准的内生性将以往的最优货币区理论的研究从相对静态推向动态，拓展了货币一体化理论的分析视角，丰富了货币区成本收益分析的内容，为某些国家组成货币区提供了理论指导。

4. 加入货币区的成本—收益综合分析

克鲁格曼和奥伯斯费尔德（Krugman and Obstfeld，1998）提出 GG－LL 模型（如图 1－2－1 所示），作为判断是否加入货币联盟的依据。GG－LL 模型基于以下三个假设：①货币区规模越大，区内价格水平的稳定性与可测性就越高；②货币区内汇率固定；③货币区内市场联系的紧密程度与加入货币区的收益成正比。

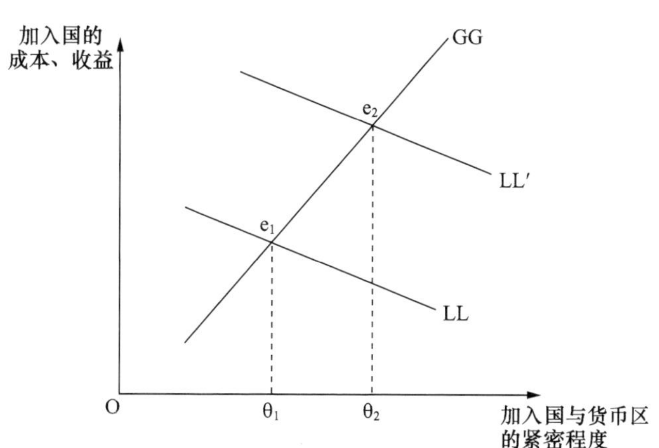

图 1－2－1　GG－LL 模型

GG－LL 模型中的 GG 曲线表示参与国加入货币区的收益随着参与国与货币区的一体化程度的提高而增加，LL 曲线则表示参与国加入货币区的成本随着一体化程度的提高而减少。两条曲线的交点可以用来判断一国加入货币区的时机，也显示一国加入货币区所应达到的最低一体化程度。GG－LL 模型还可用于分析外部环境的变化对一国加入货币区选择的影响。当一国遭受需求冲击导致与固定汇率区相差很大的通货膨胀率时，加入货币区的成本将会上升，推动 LL 曲线右移于 LL′，此时两条曲线的交点 e_2 代表了新的经济条件下一国加入货币区的新时机。虽然 GG－LL 模型是确定一国是否加入货币区的重要分析工具，但该模型并未将经济结构相似性以及财政政策一致性等因素考虑在内，而这些因素对一国是否应该加入货币区的决策显然具有重要影响。

第二章 货币一体化国际经验与借鉴

在最优货币区等经济金融理论共同影响下，20 世纪 90 年代以来，国际货币体系涌现出一股明显的区域货币一体化潮流，目前的货币一体化实践主要有欧洲货币一体化、拉美“美元化”、两德货币统一和非洲货币联盟等。这些实例从正、反两面为我们提供了实实在在的实现货币一体化的经验和启示。本章将在前文最优货币区理论基础上，对欧洲、拉美、两德、非洲的货币一体化进程进行仔细的观察，为两岸四地货币一体化的模式和路径选择提供借鉴。

第一节 欧洲货币一体化经验与借鉴

欧洲货币一体化过程是一个由低级向高级的渐进的过程。1999 年欧元的诞生，极大地推动了货币一体化理论和实践的发展，为世界范围内正在谋求区域货币合作的国家提供了典范和经验。研究欧洲货币一体化的经验，对稳步推进两岸四地货币一体化，具有很好的借鉴作用。

一、欧洲货币一体化历史进程

（一）欧洲货币一体化启动前的欧洲货币和经济合作

欧洲货币合作的起源可以追溯到 20 世纪 60 年代以前。“二战”后，由于以美元为主导的布雷顿森林体系无法克服欧洲各国在对外贸易中存在的支付困难，导致越来越庞大的“美元缺口”，而国际货币基金组织（IMF）对解决欧洲内部的多边支付问题表现出无能为力，欧洲各国首次迈上货币合作的道路，于 1950 年 7 月 1 日成立了欧洲支付联盟（European Payments Union，EPU）。EPU 的中心内容是，每个月底 EPU 成员国向国际清算银行汇报各自的贸易差额，然后由 EPU 对各国贸易差额进行净额结算，实行多边抵销；对不能抵销的部分，EPU 给每个国家安排一个相当于1949年进出口总额的信贷配额。根据每个国家欠债额占配额和黄金存量总和的比例决定清算方式，以此鼓励欠款国谋求对EPU的内部平衡[①]。EPU成功运作了八年后于1958年解散，取而代之的是欧洲货币协定（European Monetary Agreement，EMA）。EPU和EMA的出发点仅在于便利各国贸易结算，恢复欧洲各国货币的自由兑换，却未涉及有关汇率安排等货币一体化的实质内容。虽然货币一体化进展缓慢，欧洲经济一体化却在蓬勃发展。继1951年《欧洲煤钢共同体条例》（又称《巴黎条约》）签订之后，1957年欧洲煤钢共同体六国[②]又在意大利罗马签署了《建立欧洲经济共同体（European Economic Community，EEC）条约》和《建立欧洲原子能共同体条约》（合称《罗马条约》）。1967年欧洲原子能共同体、欧洲经济共同体和欧洲煤钢共同体合并，通称为欧洲共同体（European Communities，EC）。欧洲共同市场的建立极大地激发了欧洲经济发展。《罗马条约》签署时六国之间的贸易总额仅占全球贸易总额的6.6%，五年后迅速攀升至10%；对外出口在《罗马条约》签署五年后亦大幅增长了28%，出口额不仅超过了前苏联及前经互会，也超过了英联邦成员国之和，仅次于美国。1964年，欧共体国家的出口总额超过美国，成为世界上最大出口地区。1979年，欧共体的国民生产总值为23804亿美元，首次超过美国，出口额亦达美国的3倍[③]。日益强大的经济实力，为日后货币一体化奠定了基础。

（二）欧洲货币一体化的启动和《维尔纳报告》

欧洲货币一体化的正式开端可以追溯至欧洲委员会（European Commission）在1962年10月24日的一份备忘录（Marjolin Memorandum）。在这份备忘录中，欧洲委员会建议至20世纪60年代末将关税同盟发展为经济同盟，成员国货币之间实行不可撤销的固定汇率[④]。但是由于当时在布雷顿森林体系下世界范围内普遍采取固定汇率制，成员国认为没有必要采取进一步制度安排就能保证成员国之间的汇率稳定，因而后来除1964年成立了欧洲经济共同体成员国中央银行行长委员会（the Committee of Governors）之外，并没有其他措施落实备忘录提出的建议。20世纪70年代，随着布雷顿森林体系的瓦解，为消除浮动汇率带来的负面影响，欧洲经济共同体于1969年提出了建立欧洲货币联盟（European Monetary Union，EMU）的建议，并指派时任卢森堡首相兼财政大臣的皮埃尔·维尔纳（Pierre Werner）领导专家小组起草具体实施计划。1970年10月8日，《致欧洲

① 雷志卫. 欧洲货币联盟的理论基础与运作机制［M］. 北京：中国金融出版社，2000：59.

② 这六个国家分别是法国、德国、意大利、比利时、荷兰、卢森堡。

③ 张斌. 货币一体化理论及对东亚货币一体化的理论探讨［D］. 中国社会科学院研究生院博士学位论文，2001.

④ Hanspeter K. Scheller. The European Central Bank – History，Role and Functions［M］. ECB's Press and Information Division，2004.

理事会及执委会关于分阶段实现经济和货币联盟的报告》（即《维尔纳报告》）公布，反复修改后于 1971 年 3 月通过，1972 年初开始推行。《维尔纳报告》提出了分三个阶段在 10 年内建立欧洲经济货币联盟的具体实施计划（见表 2－1－1）。虽然后来《维尔纳报告》计划因种种原因搁浅，但该报告作为首次提出在欧洲实现单一货币、建立共同的中央银行并做出具体安排的官方文件，具有开创性意义，由于其基本内容与后来欧洲货币联盟（EMU）十分相似，英国《金融时报》将维尔纳称为“EMU 睿智的教父”[①]。

表 2－1－1　《维尔纳报告》中的欧洲货币联盟计划

阶段	时间	主要目标
第一阶段	1971 年初到 1973 年底	缩小成员国货币汇率波动幅度，着手建立货币储备基金，以稳定汇率，同时加强有关货币政策和经济政策的协调
第二阶段	1974 年初到 1976 年底	集中成员国的部分外汇储备以充实货币储备基金，从而进一步稳定各国货币间的汇率并促使欧共体内部的资本流动逐步自由化
第三阶段	1977 年初至 1980 年底	使共同体成为一个商品、资本、劳动力完全自由流动的经济统一体，固定汇率向统一货币发展，货币储备基金向联合中央银行发展

《维尔纳计划》虽然未能得到整体落实，但其中三个要素得以保留和采用，其中之一便是建立欧共体内部汇率管理机制。1972 年 3 月，欧共体部长理事会决定实行可调整的中心汇率制度，即欧洲汇率史上著名的“蛇洞制”。“蛇洞制”在执行《史密森协定》[②] 的基础上，规定成员国货币之间的汇率只能围绕两国中心汇率在 ±1.125% 的幅度内波动（荷兰、比利时、卢森堡三国之间汇率波动幅度为 ±1.25%），此为“蛇”；成员国对美元联合波动的幅度为 ±2.25%，此为“洞”。此外，还要求成员国选择相关成员国货币而非美元来干预外汇市场，以削弱美元的市场地位并提高干预效果。由于 1973～1974 年第一次中东石油危机影响下美元不断贬值，“蛇洞制”并未能持续顺利运行，其间不断有国家退出或加入“蛇洞制”，最后剩下的国家其实已经是在没有“洞”的情况下的联合浮动了。

① 雷志卫. 欧洲货币联盟的理论基础与运作机制［M］. 北京：中国金融出版社，2000：65.

② 《史密森协议》由西方十国集团于 1971 年 12 月签订，条约主要内容之一是，各国货币对美元波动的允许幅度由 ±1% 扩大到 ±2.25%。

（三）欧洲货币体系（European Monetary System，EMS）

为了加强汇率稳定，在法国总统德斯坦和前联邦德国总理施密特共同努力下，欧洲货币体系于1979年3月成立。EMS由三大要素组成：一是创设欧洲货币单位（European Currency Unit，ECU）；二是建立欧洲稳定汇率机制（Exchange Rate Mechanism，ERM）；三是扩大欧洲货币合作基金（European Monetary Cooperation Fund，EMCF），建立新的信贷机制。

ECU是EMS的核心，其价值取决于一篮子货币的加权平均值。除了正式实施后6个月需要调整一次外，欧共体理事会一般每5年对一篮子货币的种类及权重进行调整。在确定权重时，主要以各成员国的相对经济实力为依据。虽然官方未指定任何一种货币作为“锚”，但德意志马克和德国联邦银行当时毫无疑问是EMS的轴心①。ECU的主要作用有四点：一是作为EMS平价网（Parity Grid②）中决定成员国间中心汇率的标准，以及篮子体系（Currency Basket）中成员国货币偏离中心汇率的参考指标；二是充当货币当局的干预手段；三是充当官方信贷的计算单位和价值尺度；四是充当成员国中央银行的储备资产③。

表2-1-2　ECU的最初构成

货币名称	各国货币在ECU中的数量	权重（%）
意大利里拉	109	9.49
联邦德国马克	0.828	32.98
比利时法郎	3.66	9.28
法国法郎	1.15	19.83
荷兰盾	0.286	10.51
爱尔兰镑	0.00759	1.15
丹麦克朗	0.217	3.06
英镑	0.0885	13.34
卢森堡法郎	0.140	0.35

资料来源：根据欧洲委员会官方网站公布资料整理（http://ec.europa.eu/economy_finance/emu_history/documents/facts/realignments_ems_ecu.pdf）。

① Francesco Paolo Mongelli. How did the European Economic and Monetary Union Came about?

② 所谓平价网，是指参加ERM的成员国先确定以ECU为标准的本国货币中心汇率，再通过套算的方式彼此之间两两确定一个双边中心汇率即“平价”，各国汇率允许在中心汇率的±2.25%幅度内波动（意大利为±6%）。1993年8月后ERM的允许波幅扩大为±15%。若以表格形式表示出来，则形成一个形如格子网的汇率系统，平价网的名称也由此而来。

③ 李卓．欧洲货币一体化的理论与实践［M］．武汉：武汉大学出版社，2005：84-85.

在确定 ECU 的基础上，欧洲稳定汇率机制（ERM）就各国货币当局对汇率的干预做出了安排。在 ERM 的安排下，成员国双边中心汇率必须根据 ECU 与成员国货币的中心汇率进行套算。如果一国货币对另一国货币的汇率波动偏离了两国的双边中心汇率，那么两国的货币当局都有义务在外汇市场进行干预。

欧洲货币合作基金早在 1973 年就已成立，EMS 成立后计划对其加以扩大，经过两年的过渡后将其打造为集中各成员国 20% 的黄金和外汇储备的欧洲货币基金（European Monetary Fund，EMF），并由其管理短期货币支持（Short - Term Monetary Support，STMS），向遇到暂时性国际收支失衡的成员国提供短期信贷支持。

欧洲货币体系运行之后取得了巨大成效。尤其在其运行的前 10 年，成员国的汇率波动性明显下降，汇率机制充分发挥了汇率稳定器的作用。汇率机制的稳定进一步促进了 ECU 在官方和私人领域的使用程度，为日后单一货币的发行创造了有利条件。同时通货膨胀率明显下降，成员国之间通货膨胀率的相对差异也显著减小。到 1989 年底，所有 ERM 参加国（西班牙和意大利除外，这两国不适用于双边中心汇率波幅 ±2.25% 的限制）通货膨胀率之间的标准离差仅为 1%①。此外，欧洲货币体系促进了欧共体成员国经济政策的协调和成员国间贸易发展，并且推动了成员国经济的增长。然而应该明确的是，欧洲货币体系并不是没有缺陷的，而且这种缺陷随着实践的发展越发明显。1978 年欧盟委员会决议曾指出 ECU 应该成为 EMS 的核心，但在实践中，ECU 发挥的作用非常有限。虽然 ECU 作为多样化资产组合和对冲货币风险的手段在金融市场中被普遍接受，但是真正在整个欧洲货币体系中起到“锚链”（Anchor）作用的却是联邦德国马克，并且 ECU 的发行方式也决定了官方 ECU 的数量并不能随着实际需要而增长，所以 ECU 市场的发展前景并不乐观。另外，ERM 本质上还是一个“固定但可调整”的汇率制，这种制度具有不稳定性。再者，EMS 也缺乏一个高效的调节机构，不仅没有建立超国家的中央银行，欧洲货币基金的作用也没有得到充分的发挥②。20 世纪 90 年代以来，三次危机的冲击最终给欧洲货币体系以重大的打击。1992 年 9 月，欧洲货币体系发生汇率危机，英镑和意大利里拉退出欧洲货币体系；1993 年 7 月、8 月发生的汇率危机最终导致欧洲货币体系的中心汇率波动幅度扩大至 15%，这实际上等于取消了共同汇率机制。

（四）欧洲经济货币联盟（Economic and Monetary Union，EMU）

1986 年 2 月欧共体成员国在卢森堡签署了旨在建设欧共体内部统一大市场的

① 朱青．欧元与欧洲经货联盟——欧洲货币统一的理论与实践［M］．北京：中国人民大学出版社，1999：45.

② 雷志卫．欧洲货币联盟的理论基础与运作机制［M］．北京：中国金融出版社，2000：72 - 73.

《单一欧洲法令》（the Single European Act，SEA），明确提出开展经济与货币合作等内容，并要求在1993年1月1日前消除对商品、资本、劳务和人员在共同体内部流动的所有限制。统一大市场的建设必然要求货币一体化步伐加快，《单一欧洲法令》不仅标志着欧洲一体化迈入了一个全新的阶段，而且也极大地推动了货币一体化进展。1988年6月，欧洲理事会再次提出要重启EMU计划，作为《单一欧洲法令》的后续发展，并建立了由欧洲委员会主席德洛尔主持的委员会来制定EMU的具体步骤。1989年6月，欧洲理事会马德里会议通过了《欧洲共同体经济和货币联盟的报告》，即《德洛尔报告》。该报告继承了《维纳尔报告》的基本框架，虽然《德洛尔报告》并不把发行单一货币作为成立货币联盟的必要条件，但是提出发行单一货币可以看作"未来货币联盟的一种自然的、理想的发展"，在深刻分析了货币一体化对经济一体化的重要意义之后，《德洛尔报告》提出了分三阶段建成经济货币联盟的设想：第一阶段目标是实现内部统一市场，加强成员国经济政策的协调，消除金融一体化的所有障碍，并加强成员国之间的货币合作；第二阶段目标是建立起基本的机构和组织结构，加强成员国之间的经济趋同，从而为向第三阶段的过渡创造基本的前提条件；第三阶段目标是促成成员国间形成不可撤销的固定汇率机制，并且落实欧共体内的货币和经济责任，简言之，就是"分权"，为经济货币联盟的建成作制度和技术上的准备①。马德里首脑会议在通过《德洛尔报告》的同时，还决定欧洲经济货币联盟计划的第一阶段从1990年7月1日开始。1991年12月9~10日，欧共体和成员国政府首脑会议（Inter Governmental Conference，IGC）进一步确认了实现经济货币联盟的具体方针、政策和步骤，并达成《欧洲联盟条约（The Treaty on European Union）》，即《马斯特里赫特条约》（简称《马约》）。《马约》的突出贡献在于明确规定要在货币联盟中引入单一货币，而不是像《德洛尔报告》将单一货币作为货币联盟未来可能的发展方向，并且确定了分三个阶段实行货币一体化的时间表，具有极强的可操作性，欧洲货币一体化至此翻开了崭新的一页。

表2-1-3　《马斯特里赫特条约》欧洲货币联盟计划

阶段	时间	主要目标
第一阶段	1990年7月1日 至1993年12月31日	实现所有成员国加入欧洲货币体系的汇率机制，实现资本的自由流动，协调各成员国的经济政策，建立相应的监督机制

① Hanspeter K. Scheller. The European Central Bank - History，Role and Functions［M］. ECB's Press and Information Division，2004.

续表

阶段	时间	主要目标
第二阶段	1994 年 1 月 1 日至 1997 年	进一步实现各国宏观经济政策的协调，加强成员国之间的经济趋同；建立独立的欧洲货币管理体系——欧洲货币局（EMI），作为欧洲中央银行的前身，为统一欧洲货币做技术和程序上的准备；各国货币汇率的波动在原有基础上进一步缩小并趋于固定
第三阶段	1997 年至 1999 年 1 月 1 日	最终建立统一的欧洲货币和独立的欧洲中央银行

注：意大利、西班牙和英国货币汇率的波动幅度为 ±6%，其他成员国货币汇率的波动幅度为 ±2.25%。

资料来源：姜波克．国际金融学［M］．北京：高等教育出版社，1999.

《马约》从 1993 年 11 月 1 日起正式生效，欧洲共同体同时更名为欧洲联盟（European Union）。1994 年 1 月，欧洲中央银行的前身——欧洲货币局（European Monetary Institute，EMI）成立。1995 年 12 月，欧盟马德里首脑会议一致同意将单一货币命名为欧元（Euro）。为加强成员国经济的趋同，《马约》规定了加入欧洲货币联盟的国家必须符合的四项趋同标准：第一项是财政赤字标准，要求该国预算赤字占国内生产总值的比重必须不高于 3%；第二项是政府债务标准，要求该国政府债务占国内生产总值的比率不可超过 60%；第三项是利率标准，要求加盟之年内成员国已经存在着一个按物价稳定的要求不超过三个表现最好的成员国至多 2 个百分点的平均名义长期利率；第四项是通胀标准，要求加盟之前的一年内，成员国持续的平均通胀率不能超过按物价稳定的要求表现最好的成员国通胀率的 1.5 个百分点①。截至 1998 年 5 月，比利时、德国、西班牙、法国、爱尔兰、意大利、卢森堡、荷兰、奥地利、葡萄牙和荷兰满足《马约》的趋同标准。1999 年 1 月 1 日至 2001 年 12 月 31 日，欧元作为共同货币与首批进入第三阶段的成员国货币并行，欧洲中央银行正式开始动作，负责制定和执行欧元区单一货币政策，并且成员国货币与欧元的中心汇率不可更改地固定。

二、评述

欧洲数百年来曾一直处于战争和和平的循环之中，却在短短的半个世纪里由 11 个欧洲国家建立起统一的货币联盟。欧洲货币一体化的探索是迄今为止唯一通过协议方式取得成功的跨国货币统一。从欧洲诞生过程中看到关键几点：首先，经济一体化是货币一体化的直接动力。从最初的欧洲煤钢共同体，经由欧洲共同体、欧洲自由贸易联盟、关税同盟、欧洲货币体系，最后发展到欧洲经济与

① 参见《欧洲联盟条约》中《关于建立欧洲共同体条约第 109J 条中有关趋同标准的议定书》。

货币联盟，欧元区遵循了“自由贸易区—关税同盟—经济同盟—货币同盟”的由低级到高级的区域经济一体化的历史逻辑进程，欧洲各国市场相互融合程度的加深，欧洲各国经济利益的引力是推动欧洲各国将政治分歧置于第二位、放弃本国货币而采用单一货币欧元的强大动力。其次，欧盟成员国的共同推力是欧元生成的强大保障。在追求共同利益的同时，欧洲一体化还被作为战略工具满足各成员国特殊的利益需求。德法轴心是欧洲一体化的发动机，在欧洲一体化进程中起着核心领导作用。德国的欧盟政策可以被看作是持续尝试为德国在欧洲创造一个政治平台及为德国日益增加的影响找到合法性，而法国则通过其核心政策和在欧盟内部承担与德国维持权力平衡的责任来力图维持其大国地位。德法轴心为艰难的欧洲一体化进程到目前为止所取得的所有进步奠定了具有关键意义的基础①。正是核心国家的强力推动，使得单一货币联盟在短短的半个世纪就建立起来，这是依靠经济一体化的自然力量所无法达到的。最后，一系列的制度合作和机构安排有力保证了欧洲货币一体化的行进轨道。欧洲货币一体化道路可谓困难重重，在建立货币联盟的过程中也遭遇了几次挫折，但是依靠一系列协议和法律构筑的制度安排，单一货币联盟的建立所要求的共同标准得以满足，并且有效增加了各国的违约成本，使得欧盟各国始终沿着经济与货币一体化道路不断前进。从欧洲货币一体化的启动到欧元的诞生均离不开严格的法律制度的约束和具体明确的协议安排。《欧洲联盟条约》既是欧盟的宪法基础，也是欧元立法的宪法基础。在此之上，《欧洲联盟条约》和《欧洲中央银行体系和欧洲中央银行章程》，《稳定与增长公约》、《新汇率机制》和《欧元的法律地位》共同组成欧元的法律保障体系，规定了中央银行的章程、独立性，有力约束了成员国的财政纪律，明确了欧元的地位以及欧元兑换的一系列细则。欧洲中央银行、欧洲委员会、欧洲议会与欧洲法院等超国家机构的设立，保证了欧洲货币联盟的顺利运行以及欧洲一体化不会出现倒退，在欧洲货币一体化的过程中起着不可替代的重要作用。

第二节　拉美国家货币一体化经验与借鉴

欧洲货币一体化，是由经济实力相当、差距不大的欧洲国家之间通过一系列协定和安排，在满足相应趋同条件后，放弃本国货币，采用新创立的单一货币，形成完全货币同盟模式，是迄今为止货币一体化最为成功的典范。而拉美国家的

① 杨伟国．欧元生成理论［M］．北京：社会科学文献出版社，2002：215－216.

货币一体化，则是由拉美的发展中国家放弃本国货币，一致采用更为强势的美元，与发达国家美国形成货币同盟的方式。其中大多数拉美国家及美国之间并未达成任何协定或安排，而是单方面对经济实行了“美元化”。作为达成货币同盟的另一种方式，拉美国家的“美元化”亦具有极大借鉴意义。

一、美元化定义

根据美国联合经济委员会（Joint Economic Committee）、国际货币基金组织（IMF）和国外学者的定义，美元化可分为三个层次：①非官方美元化（Unofficial Dollarization）。当本国居民持有以外币银行存款或现金以抵御本国货币贬值时就会发生非官方美元化[①]。②半官方美元化（Semi - official Dollarization），也称为官方二重货币体系（Officially Bimonetary Systems），即在保留本国货币作为法定货币的同时，将某一特定的外国货币也作为本国的法定货币，甚至外国货币存款在本国银行体系中占绝对地位，但是在支付薪水、纳税等日常活动中，优先使用本国货币[②]。③官方美元化（Official Dollarization），即完全美元化（Full Dollarization），指完全放弃本国货币，而将某一特定的外国货币作为唯一的法定货币，是从非正式的、有限的美元化，向适用于所有交易的完全、官方美元化的转变[③]。

二、美元化问题的发展

20 世纪 70 年代，由于国际市场石油美元猛增、西方国家资本相对过剩、游资众多、贷款利率大幅下降，许多拉美国家大肆举借外债，以追求所谓的“高速度、高增长”。1973 ~ 1978 年拉美国家举债年平均增长率高达 28%，1981 年外债总额已超过 2777 亿美元[④]。超过自身承受能力的举债直接刺激举债国的通货膨胀。20 世纪 80 年代，拉美国家先后出现严重的通货膨胀现象，墨西哥、秘鲁、阿根廷等国家的通货膨胀率均达到三位数。为了减少本国货币购买力下降带来的损失，各国国内居民纷纷将本国货币转换成美元，而政府亦允许居民开立美元银行账户和美元流通，将美元存款纳入本国货币量统计，形成非官方美元化。虽然美元化现象越来越普遍，但在当时仅引起了较小的、主要是学术界的关注。90 年代发生在新兴市场的一系列危机，先是 1994 ~ 1995 年爆发于墨西哥的金融危

---

① Schuler，Kurt. Dollarization，Basic understanding［EB/OL］. http：//www. stern. nyu. edu/globalmacro/，2001.

② Connie Mack. Basics of Dollarization［EB/OL］. http：//users. erols. com/kurrency/basicsup. htm，1999.

③ Berg，Andrew and Borenztein，Eduardo. Pros and Cos of Dollarizing［EB/OL］. IMF Publication Services，http：//www. imf. org/external/pubs/ft/issues/issues24/note1.

④ 高潮. 债务危机让拉美经济“停滞十年”［J］. 中国对外贸易，2011（10）：42.

机，之后1997～1998年亚洲、俄罗斯和巴西金融危机接连发生，引起了学界和政界对于美元化问题的重视，因为遭遇这些危机的国家无一例外发生了本币的严重贬值，美元化作为解决当时汇率制度安排存在问题的方案之一，成为学界和政界讨论的热点。1999年初，阿根廷总统梅内姆宣布，阿根廷政府将认真考虑将其经济美元化，不再实行以美元为储备的货币局（Currency Board）制度，而是完全放弃本国货币比索，将美元作为本国唯一的法定货币，即实现官方美元化。这一事件直接导致对美元化问题的激烈讨论。随后，厄瓜多尔和萨尔瓦多相继于2000年和2001年实现了官方美元化，危地马拉亦于2001年宣布将美元作为法定货币，与本国法定货币格查尔（Quetzal）同时流通，实现半官方美元化。加上早在1904年就已经实现了官方美元化的巴拿马，以及于1899年实现官方美元化的波多黎各，目前已经有4个拉美国家实现了官方美元化。除已经实现官方美元化的拉美国家以外，其他大多数拉美国家均处于非官方或半官方美元化状态。阿根廷、尼加拉瓜、洪都拉斯、哥斯达黎加等国政府均表示要认真而积极地思考本国经济的美元化问题，美洲大国墨西哥、巴西、加拿大等亦对此表示深厚兴趣。

三、拉美国家货币一体化的动因

拉美国家的货币一体化与拉美各国国内的政治经济背景以及全球经济金融一体化潮流密不可分。

首先，外债管理严重失当引起的恶性通货膨胀（见表2－2－1），导致国内居民对本国货币产生信任危机，纷纷选择更加强势的美元作为结算工具。20世纪70年代拉美国家大肆举借外债，至1982年，巴西、墨西哥、阿根廷三个拉美最大的债务国所借外债占本国GDP的比重已分别达到30.84%、50.43%和51.72%。拉美国家将所得资金投入过于庞大且收益慢、周期长的投资计划（如巴西1981～1985年发展计划中提出共计3720亿美元的43项大型投资计划）或者其他非生产性工程，致使这些项目无法产生足够的收益用于支付所欠外债本金和利息。大量举债以追求“高速度、高增长”直接推动了恶性通货膨胀，而政府为弥补财政赤字而发行货币更加助推了拉美各国的通胀。20世纪80年代末，阿根廷的通胀率一度超过2000%。拉美债务危机爆发后，通货膨胀成为拉美国家长期难以摆脱的一大难题，亦成为拉美各国美元化的重要成因。

其次，动荡的政治局势是导致本币信任危机的又一原因。“二战”后，拉美国家民族民主运动高潮迭起，13个拉美国家走上民族独立的道路。20世纪80年代，针对拉美国家中普遍存在的军人执政、军人独裁的体制，“政治民主化”浪潮愈演愈烈。进入90年代后拉美国家依旧政局纷乱，处境艰难。如海地军人1991年9月发动政变，推翻了民选总统阿里斯蒂德；被认为是拉美最稳定、民主政治最完善的国家之一的委内瑞拉在 1992 年连续发生了两次军人政变；巴西 1992 年 3 月以来因总统与“腐败案件”有牵连而引发的政治危机，已导致科洛尔被议会弹劾而停职；秘鲁总统藤森在军队支持下发动“自我政变”，于 1992 年 4 月 5 日宣布解散议会、彻底改组司法机构；尼加拉瓜总统查莫罗夫人于 1992 年 9 月 30 日宣布终止国民议会的权力等。动荡的政局加剧了人们对国家未来发展前景的担忧，增持强势货币资产以应付未来不确定性的需求激增。

表 2-2-1　拉美部分国家年均通货膨胀率　　单位:%

年份＼国家	阿根廷	玻利维亚	巴西	厄瓜多尔	墨西哥	乌拉圭	委内瑞拉	秘鲁	拉美和加勒比
1980～1990	389.0	316.7	284.5	36.4	70.4	61.3	422.6	229.6	179.4
1990～1995	20.5	10.5	965.3	37.2	15.5	55.6	98.3	62.4	380.9

资料来源：World Development Indicators［Z］. the World Bank，1997：206-208.

再次，钉住汇率机制背景下接连发生的金融危机是拉美国家考虑使其经济走向完全美元化的直接动因。20 世纪 70 年代后，拉美多数国家采取钉住（或爬行钉住）汇率制（见表 2-2-2）作为反通货膨胀计划的重要组成部分。这种汇率制度实行初期的确产生了较好的反通货膨胀效果，通货膨胀率明显下降。但是发展到后来往往容易导致汇率高估的问题，进而造成经常项目的失衡，因而钉住汇率制极易遭受外部攻击，诱发金融危机。20 世纪 90 年代以来新兴市场发生了一系列危机，包括 1994～1995 年墨西哥金融危机，1997～1998 年亚洲、俄罗斯和巴西的金融危机，2001 年阿根廷金融危机，从某种程度上说明了钉住汇率制的局限性。而从危机发生后造成的影响来看，实行浮动利率制的国家所受影响更大（亚洲金融危机期间，实行固定汇率制的阿根廷和巴拿马，其利率变动幅度分别为 2.4% 和 -0.26%，而实行有限浮动的巴西和智利则分别为 18.68% 和 6.5%）。且拉美国家多为小而开放的发展中经济体，实行浮动汇率制将使国内经济更易受国际市场影响。为了维护国内经济金融市场的稳定，拉美国家开始谋求通过实现经济完全美元化以图一劳永逸地解决货币贬值和汇率动荡的问题。

最后，全球经济一体化背景推动拉美国家的美元化浪潮。经济全球化促使生产要素在世界范围流动、配置，加深了拉美各国与世界其他国家和地区的经济联系。拉美国家作为美国的近邻，历史上一直与美国保持着密切的经济联系，经济全球化浪潮进一步加深了这种联系。

表 2-2-2　拉美各国汇率制度一览（截至 2001 年 12 月）

硬钉住			中间汇率制度				浮动汇率制
完全美元化	货币联盟	货币局	钉住和爬行钉住	事实上的钉住和爬行钉住	区间浮动	事实上的区间浮动	巴西
厄瓜多尔	东加勒比中央银行国家	阿根廷	尼加拉瓜	玻利维亚	委内瑞拉	哥斯达黎加（爬行区间）	加拿大
萨尔瓦多			苏里南	危地马拉		多米尼加共和国	智利
巴拿马				洪都拉斯		巴拉圭	哥伦比亚
波多黎各				牙买加		乌拉圭	海地
				秘鲁			墨西哥

注：①东加勒比中央银行成员国包括 8 个：安圭拉、安提瓜和巴布达、多米尼克、格林纳达、蒙特塞拉特、圣基兹和尼维斯联邦、圣卢西亚、圣文森特和格林纳丁斯。这 8 个国家使用单一货币东加勒比元（EC dollar），并自 1976 年 7 月以来以 1 美元兑换 2.7 东加勒比元的固定汇率钉住美元，国际货币基金组织称这种汇率安排为“准货币局安排”。

②阿根廷和委内瑞拉于 2002 年采用浮动汇率制。

③巴西、智利、哥伦比亚、墨西哥采用的浮动汇率制是有管理的浮动汇率制。

资料来源：Vittorio Corbo Exchange Rate Regimes in the Americas：Is Dollarization the Solution？（http：//www. imes. boj. or. jp/research/papers/english/me20 - s1 - 6. pdf）

四、评述

拉美国家美元化与欧洲货币一体化是完全不同的两种货币一体化方式。从拉美国家美元化的动因来看，发生美元化的拉美国家并非出于经济一体化发展到一定阶段后为了追求进一步经济利益而推动美元化，而是为了缓解国际清偿危机和货币危机进行完全美元化，或者是由于国内恶劣的经济政治环境而自发产生美元替代现象。从发生美元化的拉美国家经济实力看，拉美国家与美国之间的货币联盟并非经济发展水平相当的国家之间开展的货币合作，而多产生于经济实力较弱的发展中国家对美国的一种经济依赖。从货币一体化深度看，拉美国家发生的美元化是处于较低层次的货币一体化。除了阿根廷和墨西哥在实行美元化的过程中计划通过与美国达成某种协议来补偿其美元化过程中丧失的铸币税收益以外，其他拉美国家的美元化完全没有任何的制度和协议安排，在宏观政策协调和财政纪律等方面更谈不上任何有意为之的努力。在这种情况下，拉美国家美元化过程容易出现反复，近年来拉美国家出现“去美元化”倾向。拉美国家美元化过程充分说明在建立货币联盟过程中强势货币所起的重要作用，美元的强势地位增加了

美元对其他国家的吸引力，同时相近的地理位置和紧密的经济联系亦成为拉美国家选择美元的原因。两岸四地货币一体化中，人民币国际地位的提升势必助推货币一体化进程，尤其是在中国香港已成为国际金融中心的情况下，人民币实现全面自由化，提高在国际上的接受度，更是货币一体化进程中的重要一环。两岸四地具有一衣带水的区位优势，货币一体化具有先天优势，未来推进人民币国际化，提升两岸四地经济融合度应为重点努力方向。

第三节 两德货币一体化经验与借鉴

两德货币一体化与两岸四地货币一体化具有某种程度的相似性，但亦存在重大差别。相似性表现在：两德货币一体化和两岸四地货币一体化均是发生在同一个民族内部，两德人民和两岸四地民众均拥有相同的历史、文化、语言、传统和风俗习惯，东德和西德与两岸四地一样，均实行不同的政治与经济制度。然而两德货币一体化，是服从于国家主权统一而进行的不同货币间的统一，货币统一的首要目的是为了达成政治统一，货币一体化侧重于贯彻“一个国家，一种货币”的理念。而两岸四地货币一体化则不同，除了台湾尚未回到祖国外，香港、澳门均已回归祖国怀抱，香港、澳门在“一国两制”框架下，与大陆进行平等互利的经济合作。台湾虽然尚未回归祖国，但两岸关系的推进一直以两岸人民共同利益为前提，因而两岸四地的货币一体化更加侧重贯彻“一个市场，一种货币”的理念，通过货币一体化服务于经济一体化。虽然两德货币统一时政治背景与现今两岸四地所处的政治背景有本质差别，但是两德推行货币一体化的实践仍对两岸四地推行货币一体化具有参考意义。

一、两德货币统一的历史过程

“二战”后，德国分裂为德意志联邦共和国（简称“西德”）和德意志民主共和国（简称“东德”）两个国家。两个国家实行不同的经济制度。东德的《宪法》在第9条第3款中明确载明：“德意志民主共和国的国民经济和其他社会领域一律实行计划管理的基本原则。德意志民主共和国的国民经济是社会主义计划经济。”西德的根本法中虽没有明确条款，但包含有采用市场经济的基本内容[①]。在两种截然不同的经济体制下，东德和西德的经济发展差距逐渐拉大（见表

① 哈麦尔．西德和东德的经济体制：社会市场经济与社会主义计划经济的体制比较［M］．北京：中国社会科学出版社，1980：24.

2-3-1)，西德经济实力远远领先于东德经济实力。在战后货币改革方面，西德地区率先参照美国的银行体系建立中央银行体系，即联邦银行，并决定废除原先使用的帝国马克，发行新的货币德意志马克（即西德马克）。帝国马克与新马克的兑换率起初设定为1:1，后来货币当局将这一兑换率提升到1:1.5。东德地区的货币改革十分被动。在西德地区抢先进行货币改革之后，西德地区的帝国马克已经大幅贬值，而东德地区的帝国马克仍然保留原有价值，这样就存在空前的套利机会。为了防止西德地区的帝国马克大量涌入东德地区引起经济秩序混乱，仅在西德地区进行货币改革后的第四天，东德地区也仓促地进行了货币改革，发行新的货币，即东德马克。并于1948年初，在东柏林成立了德意志国家银行，专门负责新货币的发行及各专业银行间汇划账户的管理。至此，西德和东德完成货币体系改革，西德马克和东德马克分别在两个国家流通。

表2-3-1　1989年统一前两德经济状况对比

	东德	西德
人口	1640万人	6230万人
国内生产总值	3534亿东德马克	22370亿西德马克
人均GDP	21500东德马克	363000西德马克
失业率	0%	7.10%
人均年净货币收入或人均年可支配收入	10200东德马克	22500西德马克
税收收入	2697亿东德马克	5355亿西德马克
通货膨胀率（1970年=100）	99.5%	197.7%
政府支出/GDP	76.3%	31.2%

资料来源：海因茨·缪尔德斯．两德统一中的经济问题［M］．北京：科学技术文献出版社，1992.

随着两德统一历史潮流的推进，货币统一问题被提上日程。1990年5月18日，经过两个月的艰难谈判，西德财政部长魏格尔和东德财政部长龙贝格在波恩正式签署了《关于建立两德货币、经济和社会联盟的国家条约》，两德统一从货币统一开始。货币统一内容如下：①德意志马克成为德国东部地区的唯一法偿货币，联邦银行成为唯一的货币当局；②市场导向的银行体系引入德国东部地区，资本流动不受限制，利率自由决定；③工资、薪金、房租和其他现金支付以1:1的比例兑换为西德马克；④东部地区居民14岁以下可平价兑换2000西德马克，14~58岁可兑换4000西德马克，59岁以上者可兑换6000马克；⑤其他国内金融资产与负债按2:1的比例兑换成西德马克；⑥非东部地区居民与机构持有的以东德马克计算的资产1989年前到期的以2:1比例兑换，1989年12月31日后到

期的以3:1比例兑换。综合计算，东德马克和西德马克兑换比率为1.65:1[①]。同时，两国的银行制度也必须归于统一，将东德以国家银行为核心的单一银行制度改造成具有“全能银行”特点的、具有高度独立性的联邦德国银行体制，西德联邦银行承担货币区的货币发行职责。在建立货币联盟过程中，两德之间以及西德各政党之间考虑的焦点是，如何保证西德公民为此牺牲的利益最小，同时又能尽快满足东德公民在经济条件上立即获得改善的要求。

二、两德货币统一成效

两德货币联盟的建立，是一种激进型的货币一体化模式。货币统一的过程中，政治因素被置于首要位置。在建立货币联盟之前，东德和西德实行截然不同的经济制度，各项经济指标相差迥异，与欧洲货币一体化相比，对国家加入货币联盟前应达到的趋同标准缺乏任何安排。虽然东德和西德曾考虑进行渐进式的统一方式，根据货币一体化的先行条件酝酿经济条件，再通过两国货币的平价调整统一货币，但在两国政府协商过程中，东德居民大规模地涌入西德。1989~1990年东德涌入西德的人高达50万，引发各种经济、社会问题，急剧动荡的国内政局迫使东德政府同意采用激进型的货币一体化模式，在短时间内达成两德货币统一。这种激进型的货币一体化模式有些类似于1992年俄罗斯经济转轨时期的“休克疗法”，见效快，但是破坏力极大。统一前，一个西德马克可以兑换4个左右的东德马克，两德实行货币统一时，东德马克一夜之间升值400%，造成东德经济的崩溃。由于东德马克大幅升值，使得西德商品变得非常便宜，引爆东德居民的购物狂潮。1990年7月1日货币联盟正式组建至同年12月底，东德居民购买的从西部进口的新汽车相当于以前五六年购买的数量总和[②]。西德商品迅速占领东德市场，致使东德的大量产品受到排挤。除汽车以外，家用电器等耐用消费品和食品、轻工产品等，都在与西德商品的竞争中惨遭淘汰，西德商品在东德地区的大型商店中占80%，导致东德大量企业倒闭、停产，大批工人失业。1991年东德失业率高达8.1%，75.7万人没有工作，短期工人也增至180万。1993年东德的失业率进一步攀升至15.4%。假如把短期工人缺少的工作时数也计算在内，那么失业率要比官方所提供的数字高出97万，实际失业率是21%[③]。导致东德地区失业率上升的主要原因除了货币统一造成的东德马克升值，还有一个重要原因是统一后联邦政府多次提高东德工人的工资以减少东德劳动力大规模流入西德，但是这一举措却使东德产品成本提高，进一步削弱了东德产品的竞争力。

① 海因茨·缪尔德斯．两德统一中的经济问题［M］．北京：科学技术文献出版社，1996：81.

② 许美征．两德统一后的经济和金融问题［J］．科技导报，1992（2）：13.

③ 中国社科院访德代表团．德国学者谈德国统一后的经济现状［J］．经济学动态，1994（10）：39.

东德经济的溃败使德国政府面临空前的财政金融压力。1991 年联邦财政支出高达4100 亿马克，其中 1/4，即 930 亿马克用于两德统一，具体用途如下：用于交通投资的为 120 亿马克，用于组建私营企业支出的为 170 亿马克，用于失业救济、养老和医疗保险的为 260 亿马克，促进东部经济回升的为 120 亿马克。对东部支出的增加，扩大了联邦政府的财政赤字。1991 年财政赤字可能达 1100 亿马克，而 1989 年只有 150 亿马克，1990 年为 650 亿马克。三级政府会计赤字将达 1500 亿～1600 亿马克，占全德 GNP 的 5%～5.5%，而过去西德财政赤字只占 GNP 的 1.5%①。两德为货币统一付出了沉重代价，这种激进型的货币一体化模式违背了经济规律，但是不可否认，在经历了艰辛的统一过程之后，德国正在收获着由货币统一继而经济制度统一带来的好处。

三、评述

回顾两德统一的过程，货币统一之所以达成，有两点很重要：一是由于西德能以主动积极的姿态，抓住难得机遇，推进货币一体化②。在东德于外正遭受东欧剧变的强大冲击，于内则发生昂纳克下台、斯多夫辞职、柏林墙倒塌以及群众大规模示威流行等动荡之时，西德迅速行动，发表实现德国统一的“十点计划”，随后争取了“2＋4”方案，为实行货币统一赢得了最佳行动时点。二是西德本身强大的经济实力是实现统一的根本保证。两岸四地近年来亦取得了许多突破性进展，如继内地与港澳签署《内地与香港关于建立更紧密经贸关系的安排》和《内地与澳门关于建立更紧密经贸关系的安排》（Closer Economic Partnership Arrangement，CEPA）之后，大陆与台湾亦实现了“大三通”，签署了《海峡两岸经济合作框架协议》（Economic Cooperation Framework Agreement，ECFA），应抓住机遇，为实现货币一体化创造条件，但两岸四地的货币一体化更宜采取渐进模式，在经济条件成熟时推进，这样更符合两岸人民的共同利益。

第四节　非洲货币一体化经验与借鉴

从全球范围看，非洲是拥有货币联盟最多的大陆。由于长期遭受殖民统治和掠夺，非洲国家形成了单一的经济结构特征。独立前，非洲国家的经济多依附宗主国，凭借宗主国的财政和技术支持勉强维持经济的发展。20 世纪 60 年代非洲

① 许美征．两德统一后的经济和金融问题［J］．科技导报，1992（2）：14.

② 牛长振，李芳芳．德国统一对两岸和平发展的启示［J］．国际展望，2011（3）：112.

国家纷纷独立，各非洲国家领导人都深切地认识到非洲各国间实现经济一体化、大力发展非洲国家之间的经济联系，以替代原来的与宗主国间的经济联系的重要性，因而非洲的区域一体化组织蓬勃发展，目前已经成立了14个区域一体化组织，得到非洲联盟承认的有8个①。伴随着经济一体化的发展，非洲地区的货币合作也在不断深入。目前已经成立的货币联盟包括西非经济与货币联盟（The West African Economic and Monetary Union，WAEMU）和中非经济与货币共同体（The Central African Economic and Monetary Community，CAEMC）。此外，还有多个组织已经拟定了具体货币联盟成立计划。如西非国家经济共同体计划于2015年成立西非货币区（第二货币区），发行统一货币“埃科”（ECO），2020年推广到西非国家经济共同体全境。

一、非洲法郎区

非洲法郎区（Franc Zone）是由西非经济与货币联盟和中非经济与货币共同体两个货币联盟组成的。其中西非经济与货币联盟成立于1994年1月，其前身为1962年5月建立的西非货币联盟（Union Monétaire Ouest Africaine，UMOA），包括贝宁、布基纳法索、科特迪瓦、马里、尼日尔、塞内加尔、多哥和几内亚比绍共8个法语国家。这8个国家使用共同货币——“非洲金融共同体法郎”（Fran of the French Community of Africa，XOF），即“西非法郎”。西非经济与货币联盟下设两个银行：①西非国家中央银行。由西非货币联盟于1962年成立，为西非经济与货币联盟8个成员国共同的中央银行，总行设在塞内加尔的首都达喀尔。②西非开发银行。成立于1973年，是区域性政府间开发金融机构，宗旨是促进西非经济与货币同盟各国经济平衡发展和西非经济一体化进程，总部设在多哥首都洛美。中非经济与货币共同体于1999年6月正式启动，取代原中部非洲关税和经济联盟，包括中非共和国、赤道几内亚、刚果（布）、加蓬、喀麦隆、乍得6个成员国。这6个国家使用共同的货币——“中非金融合作法郎”（Franc of Financial Cooperation in Central Africa，XAF），即“中非法郎”。中非经济与货币共同体下设中非国家银行作为6个成员国共同的中央银行，负责制定货币政策、发行货币、确定基准汇率政策、管理外汇储备和维护支付和债务清偿体

① 这8个区域一体化组织分别为：西非国家经济共同体（Economic Community of West African States，ECOWAS）、萨赫勒—撒哈拉地区国家经济共同体（The Community of Sahel - Saharan States）、南非开发共同体（Southern African Development Community，SADC）、东非南非共同市场（The Common Market for Easten and Southern Africa，COMESA）、东非共同体（East African Community，EAC）、阿拉伯马格里布联盟（Union of the Arab Maghreb; Union du Maghreb Arabe，UMA）、中非国家经济共同体（Economic Community of Central African States，ECCAS）、东非政府间发展组织（The Inter Governmental Authority on Development，IGAD）。

系的良好运行。

表 2-4-1 CFAF 对法国法郎（FF）汇率的历次调整

CFAF 创立	1945 年 12 月 26 日	1CFAF = 1.70FF
法国法郎贬值	1948 年 10 月 17 日	1CFAF = 2.00FF
新法国法郎制度	1960 年	1CFAF = 0.02FF
CFAF 贬值	1994 年 1 月 12 日	1CFAF = 0.01FF

资料来源：习辉. 区域货币合作理论与路径 [M]. 北京：中国金融出版社，2011.

非洲法郎区是根据一系列经济和金融协定建立的，法国曾通过这些协定对它的殖民地实施管理。1945 年法国对其殖民地货币的管理进行了改革，将太平洋地区以外殖民国家（绝大部分在非洲）货币合并为法属非洲殖民地法郎，于是在如今的非洲法郎区，法属非洲殖民地法郎 CFAF 诞生。CFAF 诞生时与法国法郎的平价固定在 1∶1.70，并且相互之间以此固定比例自由兑换。1948 年 10 月 CFAF 的比价达到 1∶2.00。由于“二战”后法国法郎多次贬值，贬值幅度高达 90%，1958 年法国总统戴高乐决定推出新法郎，取代不断贬值的旧法郎。1960 年法国实行货币改革，发行新法郎，规定每 100 旧法郎兑换 1 新法郎，而法属非洲殖民地法郎的价值则保持不变。因此，CFAF 与法国法郎的平价变为 1∶0.02，直到 1994 年均保持不变。1994 年 1 月 11 日，法郎区成员国在达喀尔召开的特别首脑会议上做出了非洲法郎汇率贬值的决定，100 非洲法郎兑换 1 个法国法郎。欧元诞生后，西非法郎和中非法郎与法郎之间 1∶0.01 的固定比价也相应转化为西非法郎和中非法郎与欧元之间 655.957∶1 的固定比价。这种固定汇率安排对法郎区国家宏观经济目标的实现发挥了阶段性的重要作用。

非洲法郎区是发达国家和发展中国家之间政府进行制度化合作的结果。非洲法郎区的两个中央银行在法国财政部设立“业务账户”（Operations Account），将其 50% 的外汇存入该账户。如有必要，可对该账户进行透支。上述安排保证了货币的可兑换性，也使资本在法郎区内流动成为可能。此外，通过制定共同的贸易和金融政策，国际贸易得到极大的发展。这些原则至今仍通行于非洲法郎区。在非洲法郎区，通过三个基本机制实现对货币增长的控制：第一，业务账户透支要支付利息（按信贷平衡支付）。第二，业务账户平衡低于规定目标时，要求有关中央银行采取限制信贷扩张的政策，限制措施着重提高再贴现的费用，并限制流入其他再贴现机构。强调再贴现既反映了国内金融市场的有限发育，也反映了银行储备必要条件的缺乏。为了实施限制信贷的规定，各中央银行业务账户的盈余从理论上是在成员国之间分配的，余额归银行自己。第三，中央银行对各国公共部门的信贷，最高不得超过前一年财政收入的 20%。这些规定虽未严格确定国内信贷总额增长的最高限额，但却是一项有力的金融纪律措施①。

非洲法郎区是世界上独一无二的货币、经济和文化区域，是世界上唯一一个融合不同发展水平国家的真正的地区性货币体系，是由原法属殖民地国家组合而成的统一体。从技术层面上讲，法郎区是一个具有内外联系的货币体系；而从政治层面上讲，法郎区则是各成员国政府所支持的合法组织形式②。

二、西非货币区

西非货币区（West African Monetary Zone，WAMZ）是西非国家经济共同体（Economic Community of West African States，ECOWAS）内 6 个不属于西非法郎区的国家成立的西非国家经济共同体内的“第二货币区”，6 个国家分别是尼日利亚、塞拉利昂、加纳、几内亚、冈比亚和利比里亚。另外，佛得角以观察员的身份加入。西非货币区除了成立共同的中央银行制定和执行货币政策之外，还保留了各国的中央银行负责货币政策的具体执行。

西非国家经济共同体成立于 1975 年 5 月 28 日，目前有 15 个成员国。按照《西非国家经济共同体条约》，西非国家经济共同体的宗旨为促进西非地区国家的经济一体化，推动成员国在经济、社会和文化上的发展与合作，未来西非国家经济共同体将建立和形成一个自由贸易区、关税同盟、统一大市场和经济联盟。1987 年，西非国家经济共同体提出西非货币区计划（EMCP），决定于 1994 年统一其 16 个成员国的货币③，建立单一货币区，还制定了加入货币区期间各国应达到的趋同标准。但由于种种原因，该计划被一再推迟。1994 年，西非国家经济共同体内 8 个法语国家率先成立西非经济与货币联盟，即“第一货币区”。1999 年底，西非国家经济共同体 16 个成员国首脑在加纳首都阿克拉发表了《阿克拉宣言》，决定在共同体内已经建立的“第一货币区”之外，设定“第二货币区”，分步实现货币统一，同时建立西非中央银行（WACB）。第二货币区建成日期设定在 2003 年 1 月。对第二货币区成员国规定了四条主要趋同标准，即中央银行对预算赤字的融资不超过上一年税收的 10%；通货膨胀率低于 10%；预算赤字占 GDP 的比例不高于 4%；外汇储备需满足 3 个月的进口额。然而直到 2002 年底仍没有任何成员国能达到上述四条标准，原定的建成日期被迫推迟至 2005 年 7

---

① James M. Boughton. CFA 法郎：稳定性十分脆弱的非洲地区［J］. 金融与发展，http://www.cfeph.cn/cfeph/finance.nsf/102009b942ff90464825672e001acac8/579ae0d86a2490f6482568240011296 5? OpenDocument.

② 张延良，木泽姆. 非洲货币合作历程及发展前景［J］. 国际金融研究，2002（12）：35.

③ 除现有的 15 个成员国外，毛里塔尼亚亦为西非国家经济共同体成员国。2002 年，毛里塔尼亚退出。

月1日，之后再次被推迟至2009年12月。2009年5月在尼日利亚首都阿布贾举行的地区委员会的各国部长和央行行长会议仍然认定西非货币区的5个国家尚不具备“融合”的基本条件，其单一货币ECO的实行时间进一步推迟至2015年。

三、评述

非洲货币联盟建立时虽然以欧元区的建立和运作实践作为参照和指导，但是与欧洲货币一体化进程不同，非洲货币一体化并不遵循“自由贸易区—关税同盟—经济同盟—货币同盟”的由低级到高级的区域经济一体化的历史逻辑进程，而是直接跃过了“自由贸易区—关税同盟—经济同盟”，在非洲各国的殖民历史主导下，具有不同经济结构、处于不同发展水平的非洲国家间直接组建起货币同盟。按照最优货币区理论提出的组成货币区的国家应该具备的诸如经济一体化程度、金融一体化程度、要素流动性、财政一体化、经济结构相似性等标准，组成货币联盟的非洲国家趋同程度离最优货币区标准尚存距离，西非法郎区显然还不是最优货币区。

表2-4-2　西非法郎区十国基本经济指标对比

	GDP（十亿美元）	人均GNI（美元）	农业占GDP（%）	工业占GDP（%）	2000~2010年GDP年均增长率（%）
布基纳法索	8820.313	550	33.28	22.36	12.95
科特迪瓦	22780.28	1160	23.85	25.29	8.14
喀麦隆	22393.53	1180	19.47	30.64	8.31
中非共和国	2013.015	470	53.87	14.22	7.69
乍得	7587.673	620	12.52	54.26	18.54
刚果共和国	11897.62	2150	4.35	73.08	13.96
刚果民主共和国	13145.12	180	42.47	28.41	11.81
加蓬	13011.42	7740	4.85	60.25	9.89
塞内加尔	12954.02	1090	13.38	23.57	10.69
多哥	3153.401	490	43.65	23.97	9.02
马里	9251.389	600	36.54	24.19	14.34

注：基于数据可获得性，GDP、人均GNI为2010年数据，除布基纳法索（2006）和多哥（2005）外，其他国家的农业、工业占GDP比重均为2007年数据。

资料来源：世界银行网站（www.worldbank.org）。

由表2-4-2可知，非洲货币联盟国家间在经济发展程度和经济结构上差别很大，2010年加蓬的人均GNI高达7740美元，刚果共和国、科特迪瓦、喀麦隆

和塞内加尔的人均 GNI 亦在 1000 美元以上，而中非共和国和多哥的人均 GNI 分别仅为 470 美元和 490 美元。从三次产业结构看，中非共和国、刚果民主共和国、多哥和马里的农业仍占重要地位，在 GDP 中的比重高达 30% 以上，而刚果共和国和加蓬的农业在 GDP 中已经不占重要地位，占比下降到 10% 以下。经济发展程度的不平衡和经济结构不同大大削弱了这些国家在面对经济冲击时的对称性。且西非国家间的贸易联系较弱，难以摆脱仍然较强的外部依赖性，进一步减弱了货币一体化的经济基础保障，同时未能发挥货币一体化在降低贸易成本上的好处。如 2007 年以后欧元对美元汇率的升值曾使自 1999 年来钉住汇率的非洲货币联盟国家的对外贸易面临困境，因为几乎所有的中非经济与货币共同体（CEMAC）国家均是石油出口国，而当时普遍价格下跌的棉花则是一些西非经济与货币联盟（WAEMU）国家的主要出口品，本国货币汇率的上升导致这两个货币联盟都面临区域冲突成本和与之相关的其中一些成员国的政治和社会经济的不稳定成本。非洲货币区不仅贸易一体化水平低，金融一体化程度亦不高，区域内国际交易的份额很小①。在经济政策方面，CEMAC 和 WAEMU 缺乏共同的预算安排。虽然 CEMAC 和 WAEMU 与法国之间会召开一年两度的会议，但是 CEMAC 和 WAEMU 各自的制度安排和政策制定仍由这两个货币联盟独自决定。显然，非洲货币合作仍需克服各国在国家和区域政策目标上的不一致性。根据最优货币区标准的内生性，虽然货币区国家在加入货币区之前未达到 OCA 条件，但加入之后有可能会使 OCA 条件得到满足，但是学者们对此研究多以欧元区为实例，非洲货币区是否也表现出 OCA 标准的内生性还有待观察。无论如何，非洲货币一体化为两岸四地组成货币区的时机提供了新思路，即是应该严格按照“自由贸易区—关税同盟—经济同盟—货币同盟”的进程达到货币一体化，还是可以在合适的时机实现巧妙的跳跃，一举达成货币一体化，再通过货币一体化进一步加深经济一体化程度。

① 陈亚温，胡勇，王学鸿．欧元经验与效应——欧元对国际货币体系的影响研究［M］．北京：经济科学出版社，2006：139.

第三章　两岸四地货币体系比较

从欧洲、拉美、非洲和两德货币一体化实践中可以发现，在推动货币一体化的过程中，货币合作和汇率协调与安排扮演着至关重要的角色。两岸四地自出现“一国四币”的货币流通格局以来，根据各自经济发展的特点和需要，形成了各不相同的汇率制度，两岸的货币制度也各有特点。对两岸四地的货币体系作一回顾和比较，有助于为两岸四地一体化路径安排厘清思路。

第一节　中国大陆货币体系

一、中国大陆货币制度简述

大陆货币制度经历了金属货币制度、银本位制度、汇兑本位制度和统一的人民币制度的演变历程。现行人民币制度的建立以 1948 年 12 月 1 日人民币发行为标志。1948 年 12 月 1 日中国人民银行在河北石家庄市成立，同日发行统一的人民币，作为华北、华东、西北三区统一流通的货币。1949 年中国人民银行发出《收兑旧币通令》，至新中国成立时，各解放区流通的地方性货币基本收回，统一的人民币制度基本形成。根据《中华人民共和国中国人民银行法》和《中华人民共和国外汇管理条例》规定，大陆地区的货币制度主要包括以下内容：①中华人民共和国的法定货币是人民币，以人民币支付中华人民共和国境内的一切公共的和私人的债务，任何单位和个人不得拒收；②人民币的单位为元，人民币辅币单位为角、分；③人民币制度是一种不兑现的银行券制度；④人民币由大陆的中央银行——中国人民银行统一印制和发行，并管理人民币流通；⑤中华人民共和国境内禁止外币流通，并不得以外币计价结算，但国家另有规定的除外；⑥人民币出入境受不同程度的限制。在人民币可兑换性方面，1996 年人民币实现了经常账户的自由兑换，近年来，大陆的资本项目正遵循循序渐进、先易后难、先长期后短期、先机构后个人、先真实后虚拟的原则逐步推进资本项目的自由兑换，近期在实行了 QFII[①] 制度之后又进一步设计和推行 QDII[②] 制度。

二、中国大陆的汇率制度

1949 年至今，大陆的汇率制度经历了由官定汇率到市场决定，由固定汇率到以市场供求为基础、参考一篮子货币进行调节、有管理的浮动汇率制度，由严格管制到逐步放宽限制的演变过程。

（一）改革开放前人民币汇率制度

新中国刚刚成立时，并不存在真正意义上的汇率制度，此时人民币调整频繁，稳定性弱，人民币汇率以其对美元比价为基础，根据外汇供需和物价水平浮动。1953 年后至 1972 年 6 月，人民币汇率只在 1968 年对英镑一次性升值 14.3%，由 100 英镑兑 689.3 元人民币调至 590.8 元人民币，除此之外一直到 1972 年 12 月人民币汇率一直固定在 1 美元折合 2.4618 元人民币的水平。1973 年随着布雷顿森林体系的崩溃，人民币转为钉住一篮子货币的汇率制度，一篮子货币的选择主要参考国际上较为坚挺的几种外币，根据不同时期需要加以调整，汇率制度的目标是维持人民币汇率的稳定并促进对外贸易的发展。与此相适应，改革开放前对于外汇的管理实行统收统支、高度集中的计划经济外汇管理体制，国务院授权中国人民银行行使外汇管理职责，中国银行是大陆唯一的外贸外汇专业银行。大陆每年制订外汇收支计划，“以收定支，以出定进”，以指令性计划和行政手段维护外汇收支平衡。

（二）改革开放后人民币汇率制度

1978 年以后大陆汇率制度演变可分为以下阶段：

第一阶段（1979 ~ 1985 年）是双重汇率制阶段。这一阶段，官方汇率与贸易外汇内部结算价并行，实质上是计划经济下的固定汇率制，由于官方汇率严重高估，人民币经历了多次大规模的贬值。

---

① QFII 即 Qualified Foreign Institutional Investor 的首字母缩写，是指符合相关规定条件，投资于中国证券市场的境外基金管理机构、保险公司、证券公司以及其他资产管理机构。具体操作上，QFII 经批准汇入外汇资金，并转换为当地货币，通过专用账户投资当地证券市场，其本金、资本利得、股息等经批准后可购汇汇出。

② QDII 即 Qualified Domestic Institutional Investor 的首字母缩写，是指符合相关规定条件，在中华人民共和国境内募集资金，运用所募集的部分或者全部资金以资产组合方式进行境外证券投资管理的境内基金管理公司和证券公司等证券经营机构。具体操作上，QDII 经监管部门批准在一定额度内，通过专用账户投资境外证券市场。单个合格投资者申请投资额度的上限为 10 亿美元，申请投资额度每次不得低于 5000 万美元。

第二阶段（1986～1993 年）是双轨制阶段。这一阶段，官方汇价与外汇调剂市场并存，允许出口商将留成的外汇拿到调剂市场上进行交易，与第一阶段的双重汇率制相比，人民币汇率灵活性提高。

第三阶段（1994～2004 年）是以市场供求为基础的、单一的、有管理的人民币浮动汇率制阶段。1994 年人民币汇率制度改革启动，官方汇价与外汇调剂汇率并轨，同时取消了原先的外汇留存和上缴，实行银行结售汇制，建立了全国统一的银行间外汇市场。1994～1997 年人民币对美元名义汇率累计提高 4.3%，人民币汇率基本上没有什么波动，尤其是 1997 年以后，人民币汇率基本上长期稳定在与美元比价 1:8.28 的位置。

第四阶段（2005 年至今）是以市场供求为基础、参考一篮子货币进行调节、有管理的浮动汇率制度阶段。1994 年外汇制度改革以后，大陆经常项目和资本项目双顺差持续扩大，国际间贸易摩擦进一步加剧，人民币面临升值压力。于是 2005 年 7 月 21 日大陆宣布完善人民币汇率形成机制，开始实行以市场供求为基础、参考一篮子货币进行调节、有管理的浮动汇率制度，人民币汇率不再单一钉住美元，人民币兑美元的汇率一次性升值 2.1%。1994 年 1 月至 2012 年 1 月人民币汇率走势见图 3－1－1。

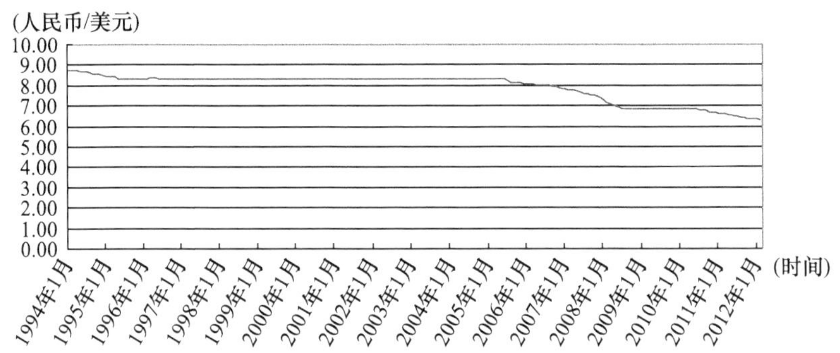

图 3－1－1　人民币兑美元中间价（1994 年 1 月至 2012 年 1 月）

资料来源：中国经济数据库（CEIC）。

从 1997 年亚洲金融危机直至 2005 年人民币汇率制度改革，大陆所实行的汇率制度实际上是钉住美元的汇率制度。这种汇率制度在稳定汇率、促进对外贸易的发展方面起到了积极作用，但是固定汇率制下人民币升值压力不断扩大，迅速积累的外汇储备面临管理风险，央行货币政策操作难度增加，亦不利于大陆出口企业的转型升级。

第二节　中国台湾货币体系

一、中国台湾货币制度简述

台湾位于我国东南沿海，是中国最大的岛屿。中日甲午战争中清廷战败，被迫签订《马关条约》，将台湾全岛及所有附属岛屿、澎湖列岛割让给日本。1945年抗日战争中日本战败，台湾光复。台湾的流通货币自清朝起就颇为庞杂，约有一百多种。由于在经济上受英国等外国商业资本支配（鸦片战争后安平、淡水、鸡笼等诸港被迫开放），流通中最为普遍的是外国铸造的银圆，其次才是清朝所铸银圆、小银币及青铜钱等。日本占领台湾后，对台湾庞杂的货币进行了整理及统一。简单来说，台湾货币制度经过了混乱时期（1895 年 5 月至 1897 年 10 月）、过渡时期（1897 年 11 月至 1904 年 6 月）、金本制时期（1904 年 7 月至 1909 年底）以及其后的管理通货时期①。

表 3－2－1　2011 年各季度新台币发行数额及准备　单位：亿新台币

日期	新台币券、辅币券及外岛地名券发行数额	硬币、硬辅币券发行数额	黄金准备	黄金准备比重	外汇美元准备	外汇美元比重
2011/03/31	12110. 51	704. 05	5500. 76	0. 45	6609. 75	0. 55
2011/06/30	11895. 40	709. 32	5710. 85	0. 48	6184. 54	0. 52
2011/09/30	12054. 46	720. 82	6523. 11	0. 54	5531. 34	0. 46
2011/12/31	12459. 93	746. 15	6181. 19	0. 54	6278. 73	0. 50

资料来源："中华民国"中央银行网站（http：//www. cbc. gov. tw/）。

台湾现在的法定货币是新台币（台湾《中央银行法》规定，新台币为"国币"，对于台湾境内的一切支付具有法偿效力）。1949 年 6 月 15 日发行以来，新台币的发行制度经历了三个阶段演变，分别是台湾银行发行阶段、中央银行委托台湾银行发行阶段、中央银行自行发行阶段。新台币的发行采取的是十足的准备

① 台湾银行经济研究室．台湾经济史上册［M］．台湾：台湾银行出版社，1957：5－7.

制，由中央银行提供金银、外汇、合格票据等有价证券折值十足抵充（见表3-2-1）。对新台币跨境流动，台湾中央银行亦进行了不同程度的规定①。台湾外汇市场自由度高，外资投资台湾股市的资金进出完全自由，汇入、汇出投资资金与新台币的兑换亦无限制，新台币实现完全自由兑换。

二、中国台湾汇率制度演变

台湾属于海岛型经济，资源较为贫乏，较适合发展外向型经济，因而台湾很早就实现由内向型经济向外向型经济的转型，形成了典型的出口导向型经济体系。20世纪后半叶，台湾快速从一个农业社会发展成为新兴工业化经济社会，实现经济腾飞的奇迹，跻身“亚洲四小龙”。以出口导向为主的台湾，其经济成就的取得，与其因应不同经济发展形势所采取的汇率制度密不可分。

（一）固定汇率时期（1949年6月至1978年7月）

1978年7月以前，台湾基本采取固定汇率制，其间经历了由单一汇率到复式汇率，1958年后又回到单一汇率的反复过程。相应地，在外汇管理制度上则实行外汇集中制，又称外汇统收统付制。

1. 复式汇率制度

1949年国民党政权逃到台湾，进行币制改革，颁布《台湾省币制改革方案》、《新台币发行办法》、《台湾省进出口贸易及汇兑金银管理办法》等重要法令。针对当时存在的严重通货膨胀，加之当时台湾经济严重依赖美国的援助，发行的新台币自然地选择了与美元挂钩，采用1美元兑5新台币的固定汇率，并实施结汇证办法，即出口商出口所得外汇，规定其两成结售给“央行”，余下八成则发给结汇证，结汇证可自由转让给进口商。这样的单一汇率制度仅仅实行了七个半月便由复式汇率取代。单一汇率制转为复式汇率制的原因与当时台湾经济环境有关。1949年台湾面临生产破坏、物资短缺的窘境，物价急剧上涨，进口利益优厚导致外汇申请激增，有限外汇很快耗尽，结汇证价格大涨，当局被迫放弃单一汇率而实行复式汇率制。复式汇率的要点是：对进口重要经济建设物资及若干台湾岛内民众生活必需品给予优惠汇率。为此，自1950年开始，台湾根据对物资需求的紧迫程度，对进出口货物规定了10种不同汇率。

2. 单一汇率制度

复式汇率制初衷是克服当时台湾存在的巨额贸易逆差和严重的通货膨胀给台湾经济带来的负面影响，但是这一汇率制度存在明显的缺点，“诸如外汇贸易管制法令的繁多、管制手续复杂、政治上沉重负荷、进口衰沉、过度消费等，都是

① 台湾《中央银行法》规定：“携带或寄送国币之限额，由本行规定。携带或寄送国币出入境超过本行依前项规定所定限额者，其超过部分，应予退运。”

大家所熟知的。而这个制度的优点，如稳定物价、鼓励出口、抑制消费、促进经济发展等反而被过重的弱点所掩盖，不能发挥力量。①”基于此，1958 年，台湾启动了外汇体制改革，一是将烦琐的复式汇率简化及调整为单一汇率，分四步完成（见表 3－2－2）；二是将高估的台币贬值至真实的汇率水平。

表 3－2－2　台湾外汇体制改革一览

改革阶段	开始时间	主要措施
第一阶段	1958 年 4 月 14 日	官方牌价对美元汇率由 15.51：1 贬值为 24.58：1（买入）和24.78：1（卖出）；进口物资分甲乙丙种，甲种按牌价结汇，乙种再加结汇证价款；“防改捐”改由进口关税附征
第二阶段	1958 年 10 月 21 日	所有进出口物资及公营结汇均须缴付结汇证
第三阶段	1959 年 8 月 10 日	基本汇率定为 36.38：1，对出口结汇换发代表全部出口价值的新结汇证；于 1960 年 7 月 1 日规定台银结汇证牌价 40.03：1 为汇率标准，并通知 IMF，台湾汇率实现单一化
第四阶段	1963 年 9 月 27 日	宣布取消结汇证，建立单一汇率制度，由“中央银行”挂牌，银行买进汇率 40.00：1 为基本汇率，卖出汇率则由 40.03：1 改为40.01：1

资料来源：王家骥，傅敏．台湾金融与经济发展［M］．北京：中国金融出版社，1992；孔祥贤．台湾金融［M］．南京：南京大学出版社，1994.

此次外汇体制改革极有成效，汇率单一化与汇率贬值使台湾经济发生结构性的重大转变，直接促成了台湾对外贸易的真正起飞，台湾迎来了“经济奇迹”的黄金时期。1960～1970 年台湾出口年均增长 25.3%，1970 年的出口额达 1960 年的 9 倍之多，在 70 年代出口年增速更是达到 30.08%②。

（二）有管理的浮动制度（1978 年 7 月至 1987 年 7 月）

固定汇率制为台湾带来了稳定的价格环境，同时为“央行”货币政策实施施加了约束，消除了居民对通货膨胀的预期心理。但是进入 20 世纪 70 年代以来，美国经济恶化，多次爆发美元危机。1971 年 7 月，第七次美元危机爆发，尼克松政府不久即实行“新经济政策”，停止美元兑换黄金。固定汇率制使台湾难以避免美国的经济不稳定因素和输入型通货膨胀的影响，为避免钉住美元给台湾经济带来的压力，台湾当局于 1978 年 7 月 11 日宣布新台币不再钉住美元而改采

① 尹仲容．我对台湾经济的看法续编［M］．台北：“行政院”经济设计委员会，1973：131.

② 王家骥，傅敏．台湾金融与经济发展［M］．北京：中国金融出版社，1992：101.

用浮动汇率，以求汇率能顺应市场供需情况变化，随时做温和调整，发挥国际收支调节的功能。1979 年 2 月 1 日，台湾成立银行间外汇市场，由 5 家外汇指定银行①负责人组成汇率议定小组，根据前一营业日银行与顾客间外汇交易状况，制定即期外汇交易中心汇率。从此，台湾的外汇制度告别官定汇率时代，由市场交易决定汇率，“央行”通过外汇买卖对汇率施加间接的影响。同时外汇的所得和需求，不再向“央行”结汇和结售，并允许将外汇所得以外汇存款的方式持有。有管理的浮动汇率制度（又称机动汇率或爬行钉住或肮脏浮动汇率）实施以来效果并不显著，因为在“央行”过度干预之下，机动汇率实际并不太“动”，基本保持在 40:1 的水平。这段时期中的大部分时间（1981～1987 年），虽然“央行”宣称其汇率政策目标是“动态稳定”，但是实质上“央行”的汇率政策重点是防止新台币升值②。1987 年台湾“行政院”宣布停止适用外汇条例的部分条文，外汇管制大幅放宽，台湾基本成为外汇管理自由的地区。

（三）浮动汇率制度（1989 年至今）

1989 年 4 月 3 日，台湾将原来以当日银行间美元交易加权平均汇率作为次一营业日新台币兑美元中心汇率制度，取消上下限规定，根据中心汇率所制定的银行与顾客间议价规定也一并取消，银行与顾客间 1 万美元以下的小额结汇汇率，由 9 家主要银行每日共同商定，除 3 万美元以下的非现金即期交易采用“美元小额结汇议定汇率”外，其余汇率由市场供需决定。

第三节 中国香港货币体系

一、香港货币制度简述

香港自古以来就是中国领土，即使在 1842 年清政府与英国签订中国历史上第一个丧权辱国的不平等条约——《南京条约》后的将近一个世纪里，香港仍然实行与内地一样的货币制度——银本位制。这一方面是由于香港人民自明朝起即使用白银和铜钱，已有数百年的历史；另一方面是由于香港与内地之间的经济联系十分密切，香港是内地对外贸易的转运港，因而香港货币制度难以割断与内地货币制度之间的联系。1935 年由于世界白银价格上涨，内地和香港地区步调

---

① 5 家外汇指定银行分别为台湾银行、中央国际商业银行、第一商业银行、华南商业银行和彰化商业银行。将汇率干预大权交给商业银行，在世界中央银行历史上是一大创新。

② 陈旭昇，吴聪敏．台湾汇率制度初探［J］．经济论文丛刊，2008（6）：155.

统一地相继被迫废除了银本位制，中国政府采取以元为货币单位的纸币本位制度（即“法币改革”），而香港也于1935年11月9日通过《货币条例》，宣布以港元作为香港货币单位，并将港元和英镑之间的兑换比率固定在1英镑兑换16港元的水平。同年12月6日香港政府通过《银行钞票发行条例》，规定汇丰、渣打、有利三家银行所发行的纸币为法偿货币，发钞银行发行港元时，须按1英镑兑换16港元的汇率，以等值英镑存入外汇基金，以换取负债证明书。至此，港元诞生，内地与香港的货币制度开始走上不同轨道。而此时香港采用的货币制度与英国殖民地货币发行局制度十分相似，只是在发行技术上有些差别。1997年香港回归，按照“一国两制”原则，香港回归后至少50年内，港元仍然是香港的法定货币。《中华人民共和国香港特别行政区基本法》强调香港法币的独立性：“港元为香港特别行政区法定货币，继续流通。港元的发行权属于香港特别行政区政府。港元发行须有百分之百的准备金。港元的发行制度和准备金制度，由法律规定。”“香港特别行政区不实行外汇管制政策。港元自由兑换。继续开放外汇、黄金、证券、期货等市场。香港特别行政区政府保障资金的流动和进出自由。”目前，香港纸币主要由政府通过金管局授权3家商业银行——汇丰银行有限公司（上海）、渣打银行（香港）有限公司及中国银行（香港）有限公司发行（其发钞量占市场流通量的比例分别是80%、15%、5%），仅硬币和10元的纸币由政府发行。这样的货币制度是相当独特的，即货币发行并不由具有中央银行职能的金管局负责，而且主要的发钞银行汇丰银行也不是由政府办的，甚至汇丰银行的基地在外地，经营重心也已经由香港转移到伦敦。

二、中国香港汇率制度

作为世界上最重要的国际金融中心之一，香港已经形成独具特色且非常成熟的汇率制度。自从英国对香港实行殖民统治之后，香港汇率制度依次经历了银本位制、英镑汇兑本位制、与美元挂钩的汇率制度、浮动汇率制度和联系汇率制。联系汇率制是具有悠久历史的英国殖民地的汇率制度①，它的实施符合香港实际情况，港元自实施联系汇率制以来保持了持续的稳定，并多次在重大的政治和金融事件②的冲击面前表现出良好的防御能力。

① 张五常．用人民币替代港元？［J］．IT经理世界，2003（1）：84.

② 面对1987年的全球股灾、1990年的波斯湾战争、1991年的国商（香港）倒闭事件、1992年的欧洲汇率机制解体、1995年的墨西哥货币危机、1997年的亚洲金融风暴，香港的联系汇率制度丝毫未受影响。

表 3-3-1　香港汇率制度的历史沿革

汇率制度	开始实施的时间	汇率水平
银本位制	1963 年至 1935 年 11 月 4 日	银圆为法定货币
英镑汇兑本位制	1935 年 12 月 6 日 1967 年 11 月 23 日	1 英镑 =16 港元 1 英镑 =14.55 港元
与美元挂钩，干预上下限为核心汇率 ±2.25%	1972 年 7 月 6 日	1 美元 =5.65 港元
与美元挂钩	1973 年 2 月 14 日	1 美元 =5.085 港元
浮动汇率制	1974 年 11 月 25 日	
联系汇率制	1983 年 10 月 17 日	1 美元 =7.80 港元

资料来源：根据香港金融管理局网站资料整理（http：//www.hkma.gov.hk/）。

（一）联系汇率制的形成与运作

香港现行联系汇率制诞生于 1983 年 10 月，是货币发行制度的一种特殊形式，即货币的发行须以十足的外汇储备作为支持。香港本身并不设立中央银行，而是由汇丰银行、渣打银行和中国银行三家发钞行负责货币发行。发行港元时，发钞行须按 1 美元 =7.8 港元的固定汇率向香港金管局提交等值美元，并计入外汇基金账目以换取负债证明书。相反，在回收港元时，金管局会赎回负债证明书，发钞行则从外汇基金收回等值美元。发钞行在向其他持牌银行提供港元时，也须按同样汇率收入美元。虽然联系汇率制令港元与美元之间保持了稳定汇率，但联系汇率制本身只是一种发钞制度，并非固定汇率制，港元与美元的市场汇率由外汇市场自主决定，只是由于外汇市场上的套利机制，使得市场汇率保持在 1:7.8的水平窄幅波动。香港联系汇率制的诞生与当时的政治经济背景密不可分。1983 年中英两国政府对香港的政治前途问题的谈判出现了波折，加之 1983 年以前采用的浮动汇率制及相应制约机制的缺乏导致香港经济基本面的恶化，从而使港元汇率暴跌，将港元与美元挂钩、实施联系汇率制是恢复人们对于港元信心的唯一选择。香港联系汇率制诞生以来，在发展中不断完善，经过 1998 年 9 月的“七项技术措施”和 2005 年 5 月的“三项优化措施”，联系汇率制前期存在的严重依赖货币当局对市场的直接干预来维持汇率稳定的漏洞得到修补，建立起基于规则的、通过市场自发的套利机制实现汇率稳定的汇率制度。

（二）联系汇率制的自动调节机制

联系汇率制下的港元汇率之所以能够保持稳定，主要归功于自动的利率调节机制。当港元资产需求减少，港元面临贬值压力至兑换保证汇率时，金管局便会向银行买入港元，货币基础随之收缩，利率随之上升，吸引资金流入，港元贬值压力缓解；反之，当港元资产需求增加，港元面临升值压力时，金管局便会向银行卖出港元，货币基础随之扩大，利率随之下调，遏制资金流入。整个过程中，

汇率则一直保持稳定。而为了减少利率波动，金管局可通过贴现窗口提供流动资金，银行可利用外汇基金票据和债券及其他合格证券作抵押订立回购协议，通过贴现窗口向金管局借取隔夜流动资金。贴现基本利率，即计算回购协议适用的贴现率的基础利率是按预告公布的公式计算的，该公式以美国联邦基金利率与香港同业拆借利率为依据。由于外汇基金票据和债券有外汇储备的十足支持，所以这个过程产生的港元流动资金亦自动得到外汇储备支持，完全符合货币发行局制度的运作原则。

（三）联系汇率制的限制与未来可能发展路径

香港联系汇率制在过去十几年间运作良好，成功维持了香港货币汇率的稳定，为香港经济发展创造了有利条件，但是任何一种汇率制度都有其缺陷，正如弗兰克尔（Frankel，1999）所说，没有任何一种汇率制度适合于同一时期的所有国家和同一国家的所有时期，对于联系汇率制的未来发展方向已经引起广泛讨论。由于联系汇率制度使港元保持与美元之间的固定汇率，香港的利率政策、货币供应在很大程度上与美国的利率政策和货币供应保持密切的联系，这在香港和美国的经济周期较为同步的时候没有出现任何问题，但是随着人民币国际地位的不断提高以及香港与内地经济的进一步融合，港元估值中的人民币因素日益凸显，最突出的表现就是香港利率在与美国利率保持了23年的一致之后，于2004年底首次出现背离，出现了同步不同向，甚至既不同步亦不同向现象，联系汇率制的套利机制失效，说明香港与内地的经济联系的加强使得人民币因素在港元的利率形成和估值中所起的作用越来越大，后文的实证部分亦显示内地与香港的经济冲击对称性要高于美国。基于此，许多学者对联系汇率制进行了反思，其中最具代表性的是曾澍基（2001，2002）的一系列研究成果。他认为联系汇率制由对美元的单挂钩改为与人民币单挂钩，或者放弃本币使用人民币可能会是联系汇率制的最终出路，但是这两种方案的实现均需要一定的条件：①人民币实现完全可兑换；②内地与香港的经济融合达到成熟阶段（满足实质趋同、名义趋同、风险分享等要求）。

第四节 中国澳门货币体系

一、澳门货币制度简述

与香港一样，澳门自古便是中国的领土。1553年葡萄牙人占领澳门，1557

年澳门由葡萄牙人正式开埠。在葡萄牙管理澳门的400多年的时间里，澳门一直没有发行官方货币，市面上流通的货币极其复杂。最早使用的是大陆的银圆，之后墨西哥银圆和香港发行的钞票、银和铜制成的辅币，还有一些钱庄银号自行印制的本票式银票也加入流通行列，货币秩序非常混乱[①]。直到1905年，葡萄牙政府才委托葡资的澳门大西洋银行印制和发行澳门自己的货币，澳门货币制度开始建立。此后半个多世纪，澳门货币发行权一直掌握在葡萄牙政府手里。1976年《澳门组织章程》赋予澳门政府更多在货币发行上的权利。1980年"澳门发行机构"（IEM）成立，该机构属"公共企业性质"，拥有澳门地区发行纸币的专有权。1989年澳门政府撤销IEM，并代之以新的行政机关"澳门货币暨汇兑监理署"（AMCM）负责货币发行的监管，AMCM在澳门回归后更名为澳门金融管理局。目前澳门政府授权两家商业银行——大西洋银行及中国银行澳门分行在澳门发行银行纸币。发钞行发行货币时须按联系汇率制，以1港元兑1.03澳门元的固定汇率向澳门金管局交出港元。与《香港特别行政区基本法》一样，《澳门特别行政区基本法》亦强调了澳门货币的独立性："澳门元为澳门特别行政区的法定货币，继续流通。澳门货币发行权属于澳门特别行政区政府。澳门货币的发行须有百分之百的准备金。澳门货币的发行制度和准备金制度，由法律规定。澳门特别行政区政府可授权指定银行行使发行澳门货币的代理职能。""澳门特别行政区不实行外汇管制政策。澳门元自由兑换。澳门特别行政区的外汇储备由澳门特别行政区政府依法管理支配澳门特别行政区政府保障资金的流动和进出自由。"

澳门元虽然为澳门法定货币，但是在货币流通体系上澳门元并未"一币独大"。相反，港元在澳门的流通货币中扮演着非常重要的角色。由表3-4-1可看出，作为日常交易媒介的M1中，对港元的认同性表现出不断上升之势。2000年港元只占澳门M1货币供应量的34.35%，澳门元则占60%以上，2011年港元和澳门元在M1中的占比分别为48.39%和49.31%，且港元比重曾一度超越澳门元。在M2货币供应量中港元所占的比重则远远高于澳门元，2000~2011年港元的平均比重为53.26%，澳门元的平均比重仅为27.36%，约为港元的1/2，表明人们储蓄时的港元偏好，而银行的贷款结构亦表明银行贷款时更倾向于港元（截至2012年1月，澳门私人部门信贷余额中港元占66.17%，澳门元占25.56%，其他货币占8.27%）。澳门货币流通之所以存在这样的状况，一是由于澳门元从1983年开始就实行与港元挂钩的联系汇率制，澳门元与港元之间的稳定汇率大幅降低了持有港元的风险。二是港元是澳门外贸主要结算货币之一，2011年澳门对香港的出口额占澳门出口总额的44.60%，对香港的进口额亦占澳门进口总

① 刘秀莲．影响世界的货币——港元、澳门元［M］．西安：西安出版社，2000.

额的12.18%。这部分外贸多使用港元进行结算。三是澳门的博彩旅游业主要面向香港市民，后者多以港元进行消费和支付；在大宗交易、楼宇买卖方面，由于所需物料或经营货物均需进口，所以一直以来都以港元标价和结算①。近年来，由于大陆与澳门经贸交往日益密切，大量内地游客造访澳门，人民币在澳门也逐渐占有一席之地。

表3-4-1　2000~2011年澳门地区货币供应　　单位:%

年份	M1			M2		
	澳门元	港元	其他货币	澳门元	港元	其他货币
2000	64.27	34.35	1.38	27.34	52.41	20.24
2001	59.54	39.37	1.09	28.52	51.24	20.25
2002	61.90	37.19	0.91	27.83	51.76	20.40
2003	55.43	40.20	4.37	26.71	53.51	19.79
2004	46.76	50.19	3.05	25.94	54.75	19.32
2005	53.55	42.21	4.24	27.04	51.71	21.25
2006	45.88	44.04	10.08	26.83	53.88	19.29
2007	42.46	49.47	8.06	27.48	54.70	17.82
2008	52.61	41.87	5.52	28.50	52.29	19.21
2009	48.92	47.52	3.56	28.15	53.61	18.24
2010	45.74	49.92	4.35	27.99	54.64	17.37
2011	49.31	48.39	2.30	25.97	54.57	19.46

资料来源：澳门金管局网站。

二、澳门汇率制度

澳门元诞生后，其汇率制度的发展经历了三个时期：第一个时期是1977年4月7日以前与葡萄牙货币埃斯库多（Escudo）挂钩的固定汇率制。葡萄牙与澳门政府规定澳门元与埃斯库多之间的汇率为1埃斯库多兑换5澳门元，再与其他货币兑换。70年代后，由于葡萄牙国内政局动荡，经济受到挫折，外汇储备不断流失，埃斯库多多次贬值，严重影响澳门元的稳定和流通。1977年2月葡萄牙宣布埃斯库多贬值的同时，澳门政府决定取消与埃斯库多的联动机制，并将澳门元

① 中国银行澳门分行经研部．澳门货币制度的演变与现状［J］．国际金融研究，1999（4）：47－48.

与港元相挂钩。第二个时期是澳门元与港元的固定汇率的调整期。早在澳门元与埃斯库多实行固定汇率的时期，澳门元与港元之间就保持着 1∶1 的非官方汇率。澳门元与港元挂钩之后，先是以市场上的平均兑换率即每 1000 港元兑换 1075 澳门元作为法定兑换率，并在此基础上允许存在 ±10% 的波动幅度。此后澳门政府两次试图实现澳门元与港元的平兑均以失败告终。1983 年 10 月香港政府将港元与美元挂钩，澳门元也自动间接地实现了与美元的挂钩。澳门汇率制度进入第三个时期，即 1983 年直到现在的与港元的固定汇率制，从那时起，澳门元与港元就一直维持在 103 澳门元兑 100 港元的水平，由于港元与美元挂钩，澳门元与美元也实现了间接的挂钩（见图 3－4－1）。

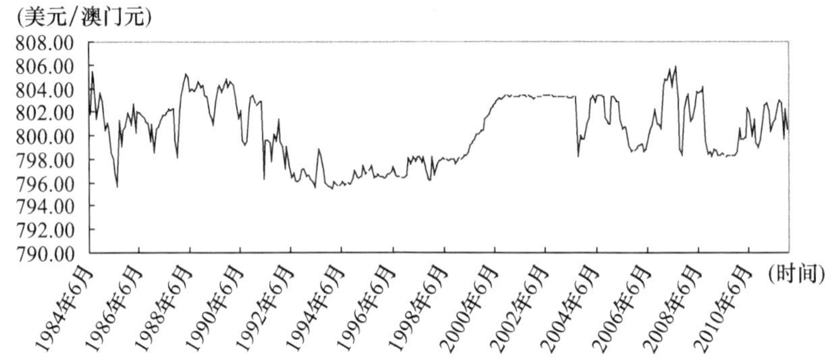

图 3－4－1　1984 年 6 月至 2011 年 12 月澳门元兑美元汇率

第五节　两岸四地货币体系比较

本节着重对两岸四地货币制度和汇率制度分别进行考察，现对两岸四地货币体系（见表 3－5－1）作一整体比较。不难看出，香港和澳门的货币体系最为相似。两地都不设立专门的中央银行，而是设立金融管理局行使中央银行的部分职能。两地的金融管理局均不自行发行货币，而是授权当地的几家商业银行进行货币发行。在汇率制度上，两地均实行货币局制度，货币发行前均需提供十足的发行准备。由于澳门元严格钉住港元，港元则钉住美元，因而香港和澳门的汇率制度均为钉住美元的汇率制度。也正因如此，两地均失去了活跃且完全自主的货币政策。大陆和台湾均设立了各自的中央银行行使央行的全部职能，央行均拥有较强的货币政策独立性，大陆实行有管理的浮动汇率制，但实际上人民币汇率的决

定以美元为主导。台湾自20世纪80年代末即开始实行浮动汇率制，汇率市场化程度最高，但受美元影响较强。台湾的货币发行与香港、澳门一样，需要有十足的准备，但是人民币的发行则完全依靠中国政府的信用保证。相对于港元、澳门元和新台币的完全可兑换性，人民币只实现了经常项目下的完全可兑换和资本项目下的部分可兑换。整体而言，港澳台货币体系市场化水平、开放程度均高于大陆。

表3-5-1　两岸四地货币体系比较

	大陆	香港	台湾	澳门
中央银行制度	单一式	准中央银行制	单一式	准中央银行制
货币政策独立性	较强	弱	较强	弱
汇率制度	有管理的浮动汇率制	钉住美元制	浮动汇率制	钉住美元制
货币可兑换性	经常项目完全可兑换，资本项目部分可兑换	完全可兑换	完全可兑换	完全可兑换
货币发行准备	无	十足的美元外汇发行准备	十足的黄金、美元外汇等发行准备	十足的港元外汇发行准备

资料来源：根据中国人民银行、香港金管局、台湾中央银行、澳门金管局网站内容整理而得。

第四章　经济全球化态势下两岸四地货币一体化机遇与挑战

进入21世纪以来，经济全球化和区域经济一体化成为世界经济发展中两股并行不悖的潮流。经济全球化的深化推动了区域经济一体化进程，同时由于世界范围内几大政治利益集团的存在，在全球层面上建立一个一体化的经济体系是一个长期的渐进过程，而在区域的范围之内则要容易得多，区域经济合作方兴未艾。目前的北美自由贸易协定、欧洲联盟以及正在发展中的亚洲自由贸易区，预示着未来在世界上将形成的三大区域中心。两岸四地历史渊源深厚，文缘相同、地缘相近、人缘相亲，在经济上各具优势和活力，组成“大中华经济圈”提升整体竞争力，成为我国经济一体化战略的核心层。根据爱默生的“一个市场，一种货币”的理论，货币空间应由实际的货币交易网络决定，单一货币是统一市场的最好选择，经济一体化催生货币一体化是水到渠成的结果。而根据欧元区的实践，“自由贸易区—关税同盟—经济同盟—货币联盟”即由经济一体化最终达到货币一体化这一最高级阶段亦是大势所趋。经济全球化态势下两岸四地的经济融合以及人民币国际化的进展为两岸四地货币一体化的实现创造了难得机遇，但两岸四地货币一体化仍面临着极大挑战。

第一节　经济全球化态势下两岸四地货币一体化机遇

一、大陆和港澳台经济一体化进程全面迈入制度性整合阶段

2003年6月29日和10月17日，内地分别与香港和澳门签署了《内地与香港关于建立更紧密经贸关系的安排》和《内地与澳门关于建立更紧密经贸关系

的安排》（Closer Economic Partnership Arrangement，CEPA），主要内容包含货物贸易、服务贸易与贸易投资便利化三个部分。采取循序渐进方式，不断扩大开放程度，至今内地与香港和澳门均已分别签署了8个补充协议。CEPA是内地与香港、澳门签署的具有自由贸易协议性质的经贸安排，随后内地“十一五”规划首次将内地与香港（澳门）的经贸合作纳入其中，内地与港澳三地的经贸合作由经济资源整合，提升到制度性合作的高度。“十二五”规划进一步提出“支持港澳巩固提升竞争优势”、“深化内地与港澳经济合作”的目标。大陆与台湾的经贸合作虽然政治阻隔重重，但市场机制的自发作用使得与生产要素联系密切的物流、资金流、人流和技术流共同推动大陆和台湾的经济不断向更高层次发展。内地与港澳签署CEPA之后，2010年6月29日，大陆海协会与台湾海基会领导人在重庆签署《海峡两岸经济合作框架协议》（Economic Cooperation Framework Agreement，ECFA）。框架协议包括序言和5章16条及5个附件。ECFA在两会框架下商签，充分体现了两岸特色，同时又不违反WTO规定，台湾与大陆的经济整合由功能性整合阶段进入制度性整合时期。至此，两岸四地经济一体化进程全面迈入制度性整合阶段。

（一）两岸四地贸易规模有望进一步扩大，贸易状况进一步改善

密切的经济联系是货币一体化的直接动因和重要基础。大陆地区近年来经济保持较快增长，居民财富极大增加，成为全球经济最具活力的地区和最具潜力的市场。香港、澳门、台湾具有与大陆一衣带水的区位优势，且各有所长，优势互补，与大陆市场形成了日益紧密的经济联系。

表4-1-1　2000~2011年两岸贸易统计　　单位：千美元,%

年份	贸易总额	增长率	对台出口	增长率	自台进口	增长率	贸易差额	增长率
2000	10620828	—	6229334	37.55	4391494	68.77	1837840	—
2001	10798330	1.67	5902959	-5.24	4895371	11.47	1007588	-45.18
2002	18495457	71.28	7968584	34.99	10526873	115.04	-2558289	-353.90
2003	33908648	83.34	11017887	38.27	22890761	117.45	-11872874	364.09
2004	53141620	56.72	16792252	52.41	36349368	58.79	-19557116	64.72
2005	63737357	19.94	20093696	19.66	43643661	20.07	-23549965	20.42
2006	76591643	20.17	24783086	23.34	51808557	18.71	-27025471	14.76
2007	90431744	18.07	28014979	13.04	62416765	20.48	-34401786	27.29
2008	98274831	8.67	31391315	12.05	66883516	7.16	-35492201	3.17
2009	78672151	-19.95	24423472	-22.2	54248679	-18.89	-29825207	-15.97
2010	112881097	43.48	35945951	47.18	76935146	41.82	-40989195	37.43
2011	127556501	13.00	43596545	21.28	83959956	9.13	-40363411	-1.53

资料来源：“中华民国”统计资讯网（http：//www.stat.gov.tw/）。

加入 WTO 以后，台湾与大陆贸易高速增长，虽然 2008 年国际金融危机爆发后两岸贸易一度遭受严重冲击，贸易增长急剧下滑，2009 年出现负增长，但是 2000～2011 年间两岸贸易年平均增速仍高达 25.35%。截至 2011 年底，大陆与台湾地区贸易额达 1275.57 亿美元，其中大陆对台出口 435.97 亿美元，自台进口 839.6 亿美元。自 2003 年起，中国大陆就已经超越美国、日本，成为中国台湾的最大贸易伙伴、最大出口市场和最大贸易顺差来源地，大陆市场在台湾经济发展中具有举足轻重的作用。

表 4－1－2　2011 年台湾地区前十大进出口市场　　单位：千美元，%

排名	国家或地区	出口	比例	国家或地区	进口	比例
1	大陆	83959956	27.24	日本	52199740	18.55
2	香港	40084464	13.00	大陆	43596545	15.49
3	美国	36364294	11.80	美国	25758792	9.15
4	日本	18228117	5.91	韩国	17860303	6.35
5	新加坡	16879779	5.48	沙特阿拉伯	13846602	4.92
6	韩国	12378215	4.02	澳大利亚	10907288	3.88
7	越南	9026479	2.93	德国	9427645	3.35
8	马来西亚	6891736	2.24	马来西亚	8601508	3.06
9	德国	6868895	2.23	新加坡	7953127	2.83
10	泰国	6139604	1.99	科威特	7695823	2.73

资料来源：笔者根据“中华民国”统计资讯网（http：//www.stat.gov.tw/）公布数据计算得到。

应该看到，由于台湾对大陆产品进口存在诸多限制，两岸贸易一直处于不平等地位。2002 年起，大陆对台湾一直入超，且贸易赤字基本处于不断扩大的趋势。2010 年大陆与台湾签署 ECFA，在 ECFA 的“早收清单”中，货物贸易方面，大陆对台湾降税的产品多达 539 种，合计 138.4 亿美元，降税产品包括农产品、化工产品、机械产品、电子产品、汽车零部件、纺织产品、轻工产品、冶金产品、仪器仪表以及医疗产品十类①。台湾方面亦对 267 项原产于大陆的产品包括石化产品、机械产品、纺织产品及其他产品四类实施了降税。虽然“早收清单”以大陆向台湾让利为主，台湾降税产品数量仅为大陆的 1/2，短期内大陆对台湾的出口增长有限，但未来随着 ECFA 谈判的不断深入和两岸经贸交流的不断

① 中华人民共和国商务部台港澳司．海峡两岸经济合作框架协议［Z/OL］．http：//tga.mofcom.gov.cn/subject/ecfa/index.shtml.

深化，大陆对台湾出口亦会大幅增长，两地之间货物贸易的“单向”特征将得到改善。服务贸易方面，大陆将对会计、计算机及其相关服务、研究和开发、会议、专业设计、进口电影片配额、医院、民用航空器维修，以及银行、证券、保险11个服务行业扩大开放，台湾将对研究与发展、会议、展览、特制品设计、进口电影片配额、经纪商、运动及其他娱乐、航空电脑定位系统以及银行9个服务行业进一步开放，大陆与台湾之间服务贸易将更趋热络。

内地经济发展过程中，香港一直是内地最重要的国际转口港，也是内地引入海外资金、技术、管理等方面的主要渠道，是内地第五大贸易伙伴。而自1985年以来，内地一直是香港最大的贸易伙伴和最大的进口来源地，1995年以来内地取代美国成为香港的第一大出口市场。香港回归祖国以来，香港与内地贸易额稳步上升（见表4－1－3），2000～2011年均增速为16.28%。1997年香港与内地的贸易额仅11161.17亿港元，占香港贸易总额的36.34%。2011年香港与内地的贸易额达34441.62亿港元，为1997年的3倍，占香港贸易总额的48.50%。且内地在香港对外贸易中的地位稳步上升，而美国和日本与香港的贸易额占香港贸易总额比重则逐年下降，台湾和新加坡则基本保持不变（见图4－1－1）。目前香港与内地已经实现货物自由化，香港产品销往内地可享受零关税。而根据“十二五”规划要求大幅提升内地对香港服务贸易开放水平，在支持香港发展的多项措施中还首次提到“十二五”末，通过CEPA基本实现内地与香港服务贸易自由化。

表4－1－3　2000～2011年内地与香港贸易统计

单位：百万美元，%

年份	贸易总额	增长率	对港出口	增长率	自港进口	增长率	贸易差额	增长率
2000	53961.63	23.17	44530.40	20.62	9431.23	36.81	35099.17	16.90
2001	55926.12	3.64	46502.60	4.43	9423.52	-0.08	37079.08	5.64
2002	69271.14	23.86	58483.20	25.76	10787.94	14.48	47695.26	28.63
2003	87462.49	26.26	76323.50	30.50	11138.99	3.25	65184.51	36.67
2004	112928.37	29.12	101126.30	32.50	11802.07	5.95	89324.23	37.03
2005	136736.39	21.08	124504.30	23.12	12232.09	3.64	112272.21	25.69
2006	166228.67	21.57	155434.20	24.84	10794.47	-11.75	144639.73	28.83
2007	197114.20	18.58	184290.00	18.56	12824.20	18.80	171465.80	18.55
2008	203717.15	3.35	190771.00	3.52	12946.15	0.95	177824.85	3.71
2009	174978.25	-14.11	166262.10	-12.85	8716.15	-32.67	157545.95	-11.40
2010	230651.39	31.82	218381.00	31.35	12270.39	40.78	206110.61	30.83
2011	283545.44	22.93	268039.00	22.74	15506.44	26.37	252532.56	22.52

资料来源：中国经济数据库（CEIC）。

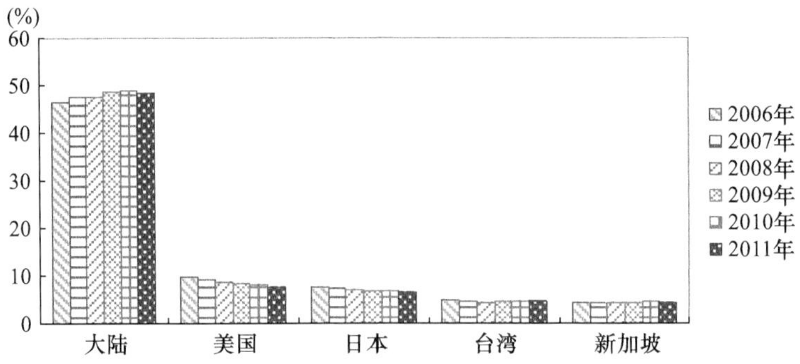

图4-1-1　2006~2011年香港前五大贸易伙伴贸易占香港贸易总额比重

资料来源：香港特别行政区政府统计处网站（http：//www. censtatd. gov. hk/）。

内地在澳门对外贸易中占重要地位。自澳门回归以来，内地与澳门的贸易显著增长，2000~2011年平均增长率达到10.97%，且出口平均增速显著大于进口平均增速。1999年内地与澳门的贸易额仅为74.26亿澳门元，2011年两地贸易额达到202.19亿澳门元，为1999年的2.72倍。内地成为澳门最大的贸易伙伴和进口来源地。自2003年内地与澳门签订CEPA以来，两地陆续签订了8个附件，总开放措施高达281项，开放内容每年均有深化。商品贸易方面，自2006年起所有澳门原产的货物，经订定原产地标准后，进入内地均可享受零关税待遇。现下按2011年内地税号订定的原产地标准货物已达1216项。截至2011年11月，零关税货物总出口货值达2.44亿澳门元。服务贸易方面，截至2010年底，澳门公司或居民在内地共成立了760多家公司和个体工商户，涉及运输物流、广告、会展、旅游等行业。

表4-1-4　2000~2011年大陆与澳门贸易统计

单位：百万美元,%

年份	贸易总额	增长率	对澳出口	增长率	自澳进口	增长率	贸易差额	增长率
2000	804.87	9.59	709.88	11.35	94.99	-2.02	614.89	13.75
2001	862.53	7.16	743.47	4.73	119.06	25.34	624.42	1.55
2002	1018.18	18.05	875.86	17.81	142.33	19.55	733.53	17.47
2003	1467.50	44.13	1281.70	46.34	185.80	30.55	1095.90	49.40
2004	1828.98	24.63	1613.23	25.87	215.75	16.12	1397.49	27.52
2005	1866.36	2.04	1601.95	-0.70	264.41	22.55	1337.54	-4.29
2006	2438.17	30.64	2181.44	36.17	256.73	-2.90	1924.72	43.90

续表

年份	贸易总额	增长率	对澳出口	增长率	自澳进口	增长率	贸易差额	增长率
2007	2924.65	19.95	2643.11	21.16	281.54	9.66	2361.57	22.70
2008	2907.65	-0.58	2601.55	-1.57	306.10	8.72	2295.45	-2.80
2009	2112.40	-27.35	1858.35	-28.57	254.05	-17.00	1604.30	-30.11
2010	2264.36	7.19	2141.53	15.24	122.83	-51.65	2018.70	25.83
2011	2518.44	11.22	2356.06	10.02	162.38	32.20	2193.68	8.67

资料来源：中国经济数据库（CEIC）。

（二）两岸四地间投资朝制度化、自由化方向发展，有利于实现产业分工、互补共赢

内地与香港、澳门之间投资关系发展较早。改革开放以来，内地首先给予东南沿海地区较为宽松自主的经济管理权限和特别优惠的外资政策，加之地理位置的关系，港、澳商很早就开始在内地进行投资。其投资的动机主要在于利用内地低廉的土地和工资来保持其以劳动密集型产品为主的出口优势。于是，借助制造业向内地的转移，香港、澳门在20世纪80年代后期完成了产业升级。近年来随着内地经济的飞速发展，港、澳商在内地的投资表现出了与以往不同的特征。在投资的区域上，港、澳商由早期主要投资于广东、福建两省，逐渐向江苏、浙江、山东等省“北上”转移。投资领域则由原来的劳动密集型产业逐渐向资本、技术密集型产业转移。由表4-1-5可见，香港一直是内地最主要的资金来源地，2000~2011年内地实际利用港商直接投资年均增速高达14.76%。2011年对内地投资排名前十位的国家或地区中，香港以770.11亿美元位居第一，远远领先于排名第二的台湾（67.27亿美元），而内地也是香港最大的外来直接投资者，2010年内地对香港的累计直接投资达31273亿港元，高于英属维尔京群岛（27524亿港元），更远远领先于排名第三、第四的荷兰（6051亿港元）和百慕大群岛（5545亿港元）①。香港与台湾、澳门之间的投资关系也相当密切：香港是台湾对外投资的第二目的地（第一目的地为美国），也是澳门主要投资者。

表4-1-5　大陆实际利用外商直接投资金额统计

单位：百万美元，%

年份	总计	港资	占比	澳资	占比	台资	占比
2000	40715	15500	38.07	347.28	0.85	2296.6	5.64

① 资料来源：香港特别行政区政府统计处公布的以市值计算的香港外来直接投资数据。

续表

年份	总计	港资	占比	澳资	占比	台资	占比
2001	46878	16717	35.66	321.12	0.69	2979.9	6.36
2002	52743	17861	33.86	468.38	0.89	3970.6	7.53
2003	53505	17700	33.08	416.6	0.78	3377.2	6.31
2004	60630	18998	31.33	546.39	0.90	3117.5	5.14
2005	72406	17949	24.79	600.46	0.83	2151.7	2.97
2006	72715	20233	27.83	602.9	0.83	2135.8	2.94
2007	83521	27703	33.17	637	0.76	1774.4	2.12
2008	108312	41036	37.89	581.61	0.54	1898.7	1.75
2009	94065	46075	48.98	814.71	0.87	1880.6	2.00
2010	105735	60567	57.28	655.24	0.62	2475.7	2.34
2011	116011	70500	60.77	680.43	0.59	2183.4	1.88

资料来源：中国经济数据库（CEIC）。

台商在大陆投资起步较晚，1991 年起开始蓬勃发展。据台湾“经济部投资审议委员会”统计，1991～2011 年累计核准台商赴中国大陆投资项目 39572 件，合计金额 1117.00 亿美元。而据港澳台司统计，截至 2011 年 12 月底，大陆累计批准台资项目 85772 个，实际利用台资 542 亿美元。按实际利用外资统计，台资在大陆累计吸收境外投资中占 4.60%。然而由于两岸之间长久以来存在的对于经贸关系的限制，大陆与台湾之间的投资地位表现出极度的不对等性，台湾对大陆的投资逐年增加，而台湾对于大陆企业入岛投资却存在诸多限制，致使大陆对台投资极为有限。ECFA 签订之后，台湾对于大陆企业入岛投资的限制有所放宽，增加了对大陆的直接投资开放项目，具体包括：中草药、汽车、纺织业、橡胶制品制造等 65 项制造业；批发业、零售业、观光旅游、海空运等 23 项服务业；11 项公共建设工程。2011 年台湾核准陆资赴台投资件数为 102 件，投资金额达 4373.6 万美元。自 ECFA 签订开放陆资赴台投资以来，累计核准陆资投资件数为 204 件，核准投资金额为 1.76 亿美元。大陆对台湾投资主要集中于电脑、电子产品及光学制品制造业（占 32.11%），批发及零售业（占 25.51%）以及资讯软件服务业（占 22.37%）[①]。台湾的企业在管理、人才与技术方面具有较大优势，开放陆资赴台后，大陆资本有望采取独资、合资、合作等方式与台湾资本展开合作，取长补短，共谋发展。目前大陆企业在台湾的市场布局以电脑、电子产品及

① 资料来源：“中华民国”“行政院”新闻局全球资讯网。

光学产品制造业为主，观光旅游、公共建设工程等方面也将是未来陆资在台的布局重点。ECFA不仅使两岸投资由单向过渡到双向，更重要的是表明台湾方面在经贸交流政策方面的一大改观，基于此，大陆在台的投资环境也会逐渐完善，相关规定和配套措施也将相继出台，未来大陆对台投资领域将进一步扩大和自由化。

表4－1－6　台商对大陆投资金额统计　　单位：百万美元，%

年份	台湾核准资料		
	件数	金额	平均每件金额
1992	264	246.99	0.94
1993*	9329	3168.41	0.34
1994	934	962.21	1.03
1995	490	1092.71	2.23
1996	383	1229.24	3.21
1997*	8725	4334.31	0.5
1998*	1284	2034.62	1.58
1999	488	1252.78	2.57
2000	840	2607.14	3.1
2001	1186	2784.15	2.35
2002*	3116	6723.06	2.16
2003*	3875	7698.78	1.99
2004*	2004	6940.66	3.46
2005*	1297	6006.95	4.63
2006*	1090	7642.34	7.01
2007*	996	9970.55	10.01
2008*	643	10691.39	16.63
2009*	590	7142.59	12.11
2010*	914	14617.87	15.99
2011*	887	14376.63	16.21

注：*表示台湾核准资料含补办，根据《台湾地区与大陆地区人民关系条例》第35条的规定，向“经济部”提出补办申请许可案件件数与金额；细项数字不等于合计系四舍五入之故。

资料来源：台湾资料来源于台湾“经济部投资审议委员会”。

二、香港人民币离岸市场日趋成熟，人民币国际化步伐加快

香港人民币离岸市场的建设一直是人民币实现国际化战略的重要一环。2011年《中华人民共和国国民经济和社会发展第十二个五年规划纲要》（以下简称《十二五规划》）明确指出，“支持香港发展成为离岸人民币业务中心和国际资产管理中心”，“巩固和提升香港国际金融、贸易、航运中心的地位，增强金融中心的全球影响力”，这是我国政府首次以国家文件形式公开宣布，对于积极发展离岸人民币市场的香港来说，无疑迎来了黄金机遇期。香港、澳门、台湾均在很早以前推行自由化、国际化，多方面与国际接轨，香港更是“全球金融中心指数”（Global Financial Centre Index）设立以来连年位列第三的国际金融中心，直逼伦敦和纽约。相对而言，大陆目前仍实行强制性的结售汇制度，人民币仍未实行全面自由兑换，人民币虽然潜力更大，但就这一点而言，现下人民币可谓弱币，港元、澳门元、新台币则属强币。香港离岸人民币市场日趋成熟，必将大力推动人民币国际化进程，为两岸四地最终组成单一货币区创造条件。

（一）人民币离岸市场的多元化产品平台逐渐形成

香港人民币业务于2004年开办，经过数年发展，人民币产品从无到有，从个人消费到贸易、投资以及衍生产品，满足本地和外国企业及金融机构多元化需求的人民币产品平台正在逐渐形成。例如，为个人和企业提供的人民币存款、汇款、兑换、信用卡、支票、本票；为贸易商提供的贸易结算、融资，外汇即期、远期、掉期交易；为投资者提供的人民币基金、保险同业拆借和即将在港交所挂牌上市的房地产信托投资基金（Real Estate Investment Trusts，REITS）和企业首次公开发行（Initial Public Offerings，IPO）以及IPO后将不可避免会出现的牛熊证等衍生产品。

（二）离岸人民币债券市场持续增长

香港离岸人民币债券市场起步于2007年6月，同年7月首笔人民币债券由国家开发银行公开发售。2010年2月香港金管局对香港人民币业务的监管原则做出诠释，随后中国人民银行与中国银行（香港）有限公司在香港金管局签署了新修订的《关于人民币业务的清算协议》（简称《清算协议》）。《清算协议》取消了金融机构在香港开设人民币账户以及个人人民币账户资金跨银行转账的限制，极大地拓展了香港人民币债券市场的发债主体范围，为人民币债券市场实现突破创造了有利条件。据香港金管局统计，2007年香港发行人民币债券100亿元，2008年发行120亿元，2009年发行160亿元，2010年达到380亿元，2011年达到1080亿元。发债主体由原先内地金融机构扩大到财政部、境外机构、跨国企业及国际金融机构。债券类型由原先的普通债发展至合成式可转换人民币债

券。债券期限则由最初的 2 ~3 年期，扩大至 10 年期债券（如国家财政部及亚洲开发银行发行的债券）。

（三）人民币跨境贸易结算井喷式发展

人民币跨境贸易结算试点启动之初，由于范围小，结算量也很小。最初半年的总结算量仅 100 多亿元，2010 年上半年攀升至 600 亿元。2010 年 6 月试点范围大幅扩大（见表 4 –1 –7），加上新的清算协议签署之后香港金融产品增加，以及人们对人民币升值的普遍预期，人民币跨境贸易量激增，2010 年全年达 5064 亿元人民币，其中大陆出口约占 20%，进口约占 80%，人民币净流出 300 亿元。2011 年跨境人民币贸易结算业务累计 2.08 万亿元，较 2010 年增长 3.1 倍，其中通过香港办理的跨境人民币贸易结算占到了总量的八成左右。

表 4 –1 –7　人民币跨境贸易结算试点发展历程

发展过程	境内地区	境外地区
试点（2009 年 7 月 1 日）	上海、广州、深圳、珠海、东莞	香港、澳门、东盟 10 国①
扩大试点（2010 年 6 月 17 日）	上海、广东、北京、天津、内蒙古、辽宁、吉林、黑龙江、江苏、浙江、福建、山东、湖北、广西、海南、重庆、四川、云南、西藏、新疆 20 个省市	所有国家和地区（包括台湾）
全面实施（2011 年 8 月 22 日）	中国大陆	所有国家和地区（包括台湾）

资料来源：史芳铭．台湾 OBU 开办人民币业务与台商的运用［J］．两岸经贸，2011（5）．

（四）香港人民币存款规模显著增长，银行间外汇和货币资金市场基本形成

随着人民币跨境贸易结算试点不断扩大和人民币市场深度和广度不断增加，人民币存款规模显著增长（见图 4 –1 –2）。2010 年 7 月以前人民币存款量逐月小幅增长，2007 年以后人民币存款增长速度明显加快。2010 年 7 月香港人民币存款余额 1036.84 亿元，2012 年 1 月已经迅速攀升至 5759.60 亿元，月平均增长率达到 9.99%②。截至 2011 年末，人民币存款占香港外币存款的比重达到 18.9%，较 2010 年末提高了 7.5 个百分点，成为当地仅次于美元的第二大外币存款。

香港银行间外汇和货币资金市场初具雏形。香港金管局在 2010 年 2 月曾明

① 东盟 10 国包括文莱、印度尼西亚、马来西亚、菲律宾、新加坡、泰国、柬埔寨、老挝、缅甸和越南。

② 采用几何平均增长率计算得到。

确表示，人民币只要不涉及回流，其在港的业务和应用范围向其他外币看齐，意即其他外币在港开展的业务，人民币同样可以开展。目前香港市场产品逐渐丰富、存量增加，银行间短期市场应运而生。人民币离岸市场利率曲线已经出现，人民币债券指数也已诞生，银行已经可以发行人民币本票，这一切都推动着香港离岸人民币市场进一步向综合性和多元化发展①。

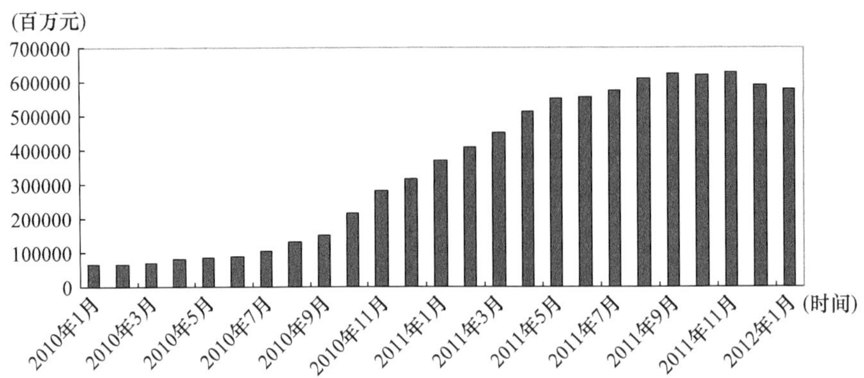

图 4-1-2　2010 年 1 月至 2012 年 1 月香港人民币存款增长情况

资料来源：香港金管局网站（http：//www. hkma. gov. hk/chi/index. shtml）。

三、台湾人民币业务取得进展，两岸货币清算机制进入研究阶段

相对于大陆和港澳在货币合作方面取得的重大进展而言，台湾则由于政治因素干扰起步较晚，与大陆在人民币业务和货币清算的安排上其进展落后于香港和澳门，但是发展迅速。从两岸通汇与货币清算上看，2001 年以前，台湾禁止两岸银行直接往来，大陆与台湾之间的通汇及信用证等银行业务一直需经第三地金融机构中转。但迫于民间需求压力，台湾当局逐步放松管制，自 2002 年 7 月，中国人民银行总行批准大陆商业银行与台湾商业银行建立代理关系，交换密押，互开账户，两岸的直接通汇业务正式启动。2005 年 10 月，台湾“行政院”开放金门、马祖金融机构试办人民币兑换业务，每人每日兑换上限为 2 万元人民币，这是两岸通汇进程中的一个重要举措。2007 年，台湾金融机构与海外分支机构，承做两岸汇款与进出口外汇业务金融达 2098 亿美元②。2008 年，台湾金融部门

① 编辑部. 香港人民币离岸中心迎来黄金机遇期［J］. 广角镜，2011，4（44）.

② 2009 年台金融机构两岸 OBU 业务超过两千亿美元［EB/OL］. 中国新闻网，http：//www. china-taiwan. org/jm/jrbx/lajlxz/lath/200805/t20080506_ 636211. htm，2008-05-06.

批准台湾银行、台湾土地银行、兆丰银行开办台湾本岛人民币双向买卖业务，但是一般民众在台湾兑换人民币每次兑换金额以 2 万元人民币为限。公司、法人户暂不在开放之列，并且获批银行也不会在全台所有分行提供人民币兑换业务。而在中国大陆方面，人民币与新台币兑换试点主要集中在福建。早在 1998 年，中国银行厦门分行福州分行与马江支行就率先开办了新台币兑换人民币业务。2003 年 12 月，福州、厦门、漳州、泉州、莆田 5 个地区的中国银行分支机构在实行新台币兑入业务的基础上，办理一定范围的新台币现钞的兑出业务，并允许台湾地区旅行社和从事对台小额贸易的台湾贸易机构开立人民币临时存款账户。福建成为大陆唯一新台币兑出业务试点①。2009 年 11 月两岸顺利签署金融监管谅解备忘录（英文简称 MOU），2010 年 6 月顺利签署 ECFA，同年 7 月 13 日，中国人民银行与中国银行（香港）有限公司签署了《关于向台湾提供人民币现钞业务的清算协议》。同日，台湾“央行”也会同金管会同步修正《人民币在台湾地区管理及清算办法》，开放符合条件的金融机构与中银（香港）签订人民币抛补协议。大陆“十二五”规划提出“推动建立两岸货币清算机制”，明确了对两岸建立货币清算机制的态度，而建立货币清算机制的技术问题已经基本解决。台湾方面亦主动就此议题与大陆进行洽谈。此外，2011 年 8 月 14 日，台湾“央行”发布的《台湾办理人民币业务的说明》，将发展人民币离岸中心“列为努力目标”，这将进一步推动两岸货币清算机制的建立。

四、全球金融危机后主要货币地位动摇，人民币国际影响力日益扩大

2008 年全球金融危机的爆发，暴露了建立在信用发行基础上的以美元为中心的国际货币体系具有的不稳定性和非公平性弊端。由于现存货币体系会扩大全球经济失衡，加剧汇率波动，并导致以美元作为储备货币的信心下降，国际上要求改革现行货币体系的呼声日渐高涨，未来国际货币体系向多极化发展是必然趋势，而金融危机为人民币作为未来多极化货币体系中的“一极”提供了难得的历史机遇。2008 年起，中国相继与韩国、中国香港、马来西亚等国家和地区签订了总规模为 8050 亿元人民币的本币互换协议（见表 4－1－8），与其他国家的货币合作的广度和深度进一步增加。值得注意的是，根据本币互换协议，对方在需要的情况下可动用协议中规定的人民币用于流动性支持，人民币实际上已经发挥了部分“外汇储备”的功能②。此外，人民币在区域内已经逐步承担起贸易结算、投资货币和金融产品计价的职能，人民币的跨境流通开始由金融危机前的非

---

① 戴淑庚，姚峰，张莉莉．后 ECFA 时期两岸金融整合的路径选择与战略构想［J］．商业研究，2012（5）：107－113.

② 李超．人民币区域化问题研究［M］．北京：中国金融出版社，2011：36.

正式或缺乏制度安排的区域化向政府主导作用逐渐加强的区域化转变。人民币国际化进展将为两岸四地货币一体化的实现提供动力。

另外，大陆和台湾、香港、澳门作为具有外向型特征的经济体，遭受来自本次全球金融危机的不同程度的冲击。综观金融危机下动荡的国际金融形势，生产要素具有高度流动性、经济一体化程度高的区域之间，通过加强区域金融整合，最终实现货币一体化，有利于稳定区域内经济、化解金融风险、增强应对外来冲击。金融危机在对两岸四地经济造成冲击的同时，也使两岸四地深刻地认识到加强区域合作的重要性。实际上，两岸四地过分依赖出口的外向型经济特征均具有无法摆脱的内在脆弱性，大陆内需市场亟待开拓，而台湾、澳门和香港已经形成各自的竞争优势，未来两岸四地携手，优势互补，增强各自经济竞争力和抵御外来冲击的能力将大有可为。

表4-1-8　全球金融危机以来中国签订的货币互换协议

签订日期	签订双方	协议主要内容
2008年12月12日	中国人民银行/韩国银行	规模为1800亿元人民币/38万亿韩元。双方可在上述规模内，以本国货币为抵押换取等额对方货币。协议有效期为3年，经双方同意可展期
2009年1月20日	中国人民银行/香港金管局	规模为2000亿元人民币/2270亿港元。双方可在需要时，向两地商业银行的分支机构提供短期流动资金。协议实施有效期为3年，经双方同意可展期
2009年2月9日	中国人民银行/马来西亚国民银行	规模为800亿元人民币/400亿吉林特。协议实施有效期为3年，经双方同意可展期
2009年3月11日	中国人民银行/白俄罗斯共和国国家银行	规模为200亿元人民币/8万亿白俄罗斯卢布。协议实施有效期为3年，经双方同意可展期
2009年3月23日	中国人民银行/印度尼西亚银行	规模为1000亿元人民币/175万亿印度尼西亚盾。协议实施有效期为3年，经双方同意可展期
2009年3月29日	中国人民银行/阿根廷中央银行	规模为700亿元等值人民币。阿根廷从中国进口商品时可使用人民币，不必再使用美元作为中介货币
2010年6月9日	中国人民银行/冰岛中央银行	规模为35亿元人民币的双边本币互换协议。协议实施有效期为3年，经双方同意可展期
2010年7月23日	中国人民银行/新加坡金管局	规模为1500亿元人民币的双边本币互换协议。协议实施有效期为3年，经双方同意可展期

资料来源：李超．人民币区域化问题研究［M］．北京：中国金融出版社，2011.

第二节 经济全球化态势下两岸四地货币一体化挑战

一、两岸四地经济社会体制存在差异，经济发展水平尚有距离

目前，两岸四地各自采用不同的经济社会体制。大陆是社会主义市场经济体制，属发展中国家，经济规模已经跃居世界第二，2010 年大陆的 GDP 达 58782.57 亿美元，是港澳台三地 GDP 总和的 8.61 倍。台湾、澳门和香港是资本主义经济体制，虽然经济规模远小于大陆，但是人均 GDP 却远远领先于大陆。2010 年澳门、香港、台湾的人均 GDP 分别高达 51214 美元、31915 美元和 18588 美元，大陆人均 GDP 仅 4428 美元，分别约为澳门、香港和台湾人均 GDP 的 1/11、1/7 和 1/4，澳门、台湾均属于中等发达地区，香港则已跻身发达经济体。从三次产业结构看，大陆第一产业所占比重逐年缓慢下降，第三产业所占比重不断上升，有逐渐逼平第二产业比重之势，基本上保持“二三一”的格局。台湾第一产业所占比重远低于大陆，且第三产业相当发达，所占比重约为第二产业的 2 倍。香港和澳门的第一产业在国民经济中已经居于十分次要的地位，其所占比重均已几乎为 0，而第三产业占据绝对优势，其所占比重分别超过 90% 和 80%，港澳台的三次产业均呈现“三二一”的格局。三次产业结构是判断国家或地区经济发展所处阶段的重要依据。我国学者结合区域经济发展阶段的各种划分标准和理论，将区域经济发展分为传统经济阶段、工业化初期阶段、全面工业化阶段、后工业化阶段，并刻画了各阶段产业结构特征（见表 4-2-1）[①]。此划分方法较客观、准确地把握了各阶段的变化且较适合我国现状，故此处采用此法对两岸四地的经济发展阶段加以判断。不难看出，大陆仍处于全面工业化阶段，而港澳台均已进入后工业化阶段。

表 4-2-1 区域经济发展阶段的产业结构特征

发展阶段	传统经济阶段	工业化初期阶段	全面工业化阶段	后工业化阶段
三次产业比重	Ⅰ > Ⅱ > Ⅲ	Ⅱ > Ⅰ > Ⅲ	Ⅱ > Ⅲ > Ⅰ	Ⅲ > Ⅱ > Ⅰ
主导产业	农业	纺织、食品、采矿	电力、化学、钢铁、汽车、机电	高新技术和第三产业

资料来源：朱之文，潘征．海峡西岸发展研究论集［M］．北京：经济科学出版社，2008.

① 朱之文，潘征．海峡西岸发展研究论集［M］．北京：经济科学出版社，2008.

法律体系建设方面，港澳台均已建立起较为健全的法律体系，大陆法治建设与之尚存在较大差距。财政政策方面，内地近年来持续实行积极的财政政策，连年赤字；香港和澳门的财政预算均“以量入为出为原则，力求收支平衡，避免赤字，并与本地生产总值增长率相适应”①，因此香港和澳门的财政不存在赤字（见表4－2－2），即使香港在2008年全球金融危机之后盈余规模有所缩小，但仍保持连年盈余，澳门财政盈余并未受到金融危机的太大影响，2010年香港的财政盈余占GDP的比重为－1.49%，澳门的财政盈余占GDP的比重高达－18.72%；台湾则以稳健财政为总原则，以稳定物价为首要考虑目标，根据经济环境调整财政政策，金融危机爆发后，台湾自2008年下半年起实施积极财政政策，财政赤字大幅上升，占GDP比重一度达到4%以上的水平。税制方面，因两岸四地经济政治体制的不同，两岸四地在税制上也存在较大差异。大陆以间接税为主体税种，税种较多，税收以“财政、经济、公平、税收行政”为原则；香港被称为“避税港”，是国际上少数低税负地区之一，以直接税为主体税种，税制简单且税率低；澳门税制基本源于葡萄牙，与香港税制较为接近，均以直接税为主体税种，亦执行“避税港”税收制度，具有税种少、税负轻的特点；台湾与大陆均采取复税制结构，税收以“公平、量能、利益均衡、市场经济”为原则，但台湾“分税”依据已经不是直接税和间接税，而是“中央税”、“直辖市”及县（市）税两级税制②。由于两岸的经济体制、经济发展阶段、经济规模等还有一定差距，这些因素将在一定程度上延缓两岸的经济整合进程。

表4－2－2　两岸四地基本指标比较

年份		2006	2007	2008	2009	2010
GDP（亿美元）	大陆	27129.17	34942.35	45199.5	49905.28	58782.57
	香港	1899.3	2070.89	2153.66	2092.83	2244.58
	台湾	3763.75	3931.34	4001.32	3774.1	4300.96
	澳门	145.2	180.2	207	213	279.6
GDP增速（%）	大陆	12.7	14.2	9.6	9.2	10.3
	香港	7.02	6.39	2.31	－2.67	6.81
	台湾	5.44	5.98	0.73	－1.81	10.72
	澳门	14.4	14.4	3.3	1.7	27

① 引用自《香港特别行政区基本法》、《澳门特别行政区基本法》。

② 叶少群．海峡两岸税收制度比较［M］．北京：中国财政经济出版社，2008：26.

续表

年份		2006	2007	2008	2009	2010
人均 GDP（美元）	大陆	2069	2651	3412	3744	4428
	香港	27699	29900	30865	29880	31915
	台湾	16491	17154	17399	16359	18588
	澳门	29088	34277	37705	39141	51214
财政赤字/GDP（%）	大陆	0.77	-0.58	0.40	2.28	1.69
	香港	-0.95	-3.63	-7.37	-0.09	-1.49
	台湾	-0.10	-0.31	0.71	4.09	4.85
	澳门	-8.47	-20.97	-19.17	-20.23	-18.72
产业结构	大陆	11.1: 48.0: 40.9	10.8: 47.3: 41.9	10.7: 47.5: 41.8	10.3: 46.3: 43.4	10.1: 46.8: 43.1
	香港	—	—	0: 8.0: 92.0	—	—
	台湾	1.61: 31.33: 67.06	1.49: 31.38: 67.12	1.6: 29.05: 69.35	1.74: 28.96: 69.30	1.58: 31.34: 67.08
	澳门	—	—	0: 15.7: 84.3	—	—

资料来源：中国经济数据库（CEIC）、中国统计局网站（http：//www.stats.gov.cn/）、《“中华民国”统计月报》各期、“中华民国”统计资讯网（http：//www.stat.gov.tw/）。

二、两岸四地贸易一体化程度仍存在相当大提升空间

虽然近年来两岸四地间的贸易取得了长足发展，市场融合程度有所提高，但是两岸四地尚未建成统一大市场。CEPA 具有自由贸易协议的性质，是中国国家主体与香港、澳门特别行政区之间签署的自由贸易协议性质的经贸安排，带有明显的自由贸易区特征。两岸 ECFA 则是特惠贸易协定性质的经贸安排，属于经济整合的最低级阶段，两岸的经济整合向自由贸易区、关税同盟、共同市场等目标迈进还有一段较长的路要走。

由表 4-2-3 可以看出，除 2009 年受全球金融危机影响大陆与台港澳地区的贸易额有所下滑外，2000 年以来大陆与港澳台间的贸易额逐年快速上升。但是 2004 年起，区内贸易在大陆贸易总额中的比重不断下降，2011 年大陆与港澳台的贸易额占其贸易总额的比重仅为 11.36%。台湾、香港和澳门的区内贸易表现出了与大陆地区基本一致的变动趋势（见图 4-2-1），即大多数年份不断上升，所不同的是，香港、澳门和台湾的区内贸易在其各自贸易总额中所占份额均呈上升之势，分别从 2000 年的 21.60%、43.14% 和 15.75% 上升到了 2011 年的 35.80%、47.33% 和 28.75%。区内贸易对港澳台重要性显然大于大陆。1979 年欧洲货币体系建立时，内部贸易额占贸易总额的比重为55.9%，两岸四地的贸易额占贸易总额的比重与欧洲货币体系当时的水平尚存有相当大的差距。如何进一

步推进两岸四地间的经济整合，将两岸四地建成统一大市场，将是两岸四地实现货币一体化进程中的一大挑战。

表 4－2－3　2000～2011 年两岸四地之间贸易情况

单位：亿美元，%

年份	大陆			台湾			澳门			香港		
	TT	ITT	R	TT	ITT	R	TT	ITT	R	TT	ITT	R
2000	4742.90	657.55	13.86	2926.82	461.02	15.75	47.94	20.68	43.14	4146.64	895.65	21.60
2001	5096.50	680.53	13.35	2342.85	419.04	17.89	46.86	21.04	44.89	3909.71	872.12	22.31
2002	6207.70	828.28	13.34	2485.62	536.91	21.60	48.86	22.48	46.01	4077.36	982.89	24.11
2003	8509.88	1201.56	14.12	2786.11	670.27	24.06	53.35	23.89	44.77	4556.58	1180.14	25.90
2004	11545.60	1677.58	14.53	3511.28	886.99	25.26	62.90	28.68	45.59	5303.33	1484.65	27.99
2005	14219.00	2025.02	14.24	3810.46	1002.39	26.31	63.87	30.45	47.67	5888.70	1734.88	29.46
2006	17604.40	2451.98	13.93	4267.15	1161.42	27.22	71.18	34.76	48.83	6514.97	2061.83	31.65
2007	21765.76	2903.46	13.34	4659.29	1306.44	28.04	79.07	39.47	49.92	7121.55	2379.30	33.41
2008	25632.57	3043.01	11.87	4960.77	1328.92	26.79	73.63	37.29	50.64	7511.80	2387.91	31.79
2009	22075.33	2552.11	11.56	3780.45	1095.59	28.98	55.83	27.91	50.00	6658.21	2064.01	31.00
2010	29739.98	3453.13	11.61	5258.37	1526.35	29.03	63.83	31.25	48.95	8232.54	2709.68	32.91
2011	36420.60	4135.98	11.36	5896.95	1695.49	28.75	86.37	40.88	47.33	9123.65	3266.14	35.80

注：表中的 TT 表示贸易总额，ITT 表示区内贸易额，R 表示区内贸易额占贸易总额的比重。

资料来源：根据中国经济数据库（CEIC）数据计算得到。

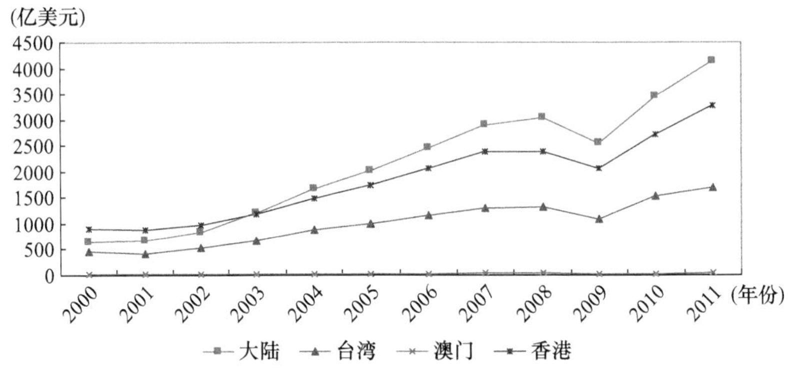

图 4－2－1　2000～2011 年两岸四地之间贸易额变动趋势

资料来源：同表 4－2－3。

三、两岸政治关系仍然是两岸经济迈向制度性整合的重大挑战

ECFA 的顺利签署虽然意味着两岸四地经济一体化迈入制度性整合阶段，但相对于大陆积极让利的态度而言，台湾在两岸经济合作上的态度仍然十分保守和谨慎。在两岸四地的经济一体化和货币一体化过程当中，台湾自身的政治考量甚至可能超越经济考量，因而台湾的积极配合和开放态度无疑是两岸四地经济一体化和货币一体化中难度最大的一步。纵观台湾与大陆经济整合的格局，要想取得新的实质性进展，亟待解决的首要问题是政治对立问题。1979 年大陆提出和平统一的政策以来，大陆曾多次就两岸结束敌对状态提出谈判的建议。然而，台湾当局对大陆积怨太深，敌意甚强，并以大陆先放弃武力威胁，承认台湾为对等政治实体为谈判的前提，至今双方无法进行政府层面的磋商与谈判。2006 年是不平凡年份，陈水扁为求自保，加快以“宪政”谋求“法理台独”的进程。其卑劣行径不仅无益于两岸尤其是台湾的经济发展和社会稳定，也对台湾的国际地位带来了极大负面影响。而中国大陆始终保持灵活、务实的对台政策。2005 年，胡锦涛总书记提出“四点意见”，使两岸关系显著改善。同年，大陆通过《反分裂国家法》，正是对“台独”分子猖狂行为的最有效回应；2006 年 4 月 16 日，胡锦涛总书记会见国民党荣誉主席连战时进一步提出推动两岸关系和平发展的四点建议：坚持“九二共识”、为两岸同胞谋福祉、深化互利双赢的交流合作和开展平等协商；2007 年召开的中国共产党第十七次全国代表大会上，胡锦涛总书记也就两岸关系提出了诚挚的希望，即只要在“一个中国”的前提下，关于两岸的其他问题都可以谈。可见，两岸对立的政治关系是台湾与大陆经济整合全面迈向制度性整合的最大障碍。

四、人民币国际化进程处于初级阶段，两岸四地货币一体化金融支撑仍显薄弱

人民币国际化的进展虽然对两岸四地货币一体化的进程起到助推作用，但现阶段人民币国际化才刚刚起步，仅仅实现了一定程度的区域化，在与周边的国家和地区的贸易、投资等经济交往中充当了计价手段、结算工具等职能，人民币迈向国际化仍有相当长的道路要走，人民币国际化尚处于起步阶段这一事实说明两岸四地实现货币一体化要想获得人民币国际化的强大助力仍需时日。此外，两岸四地货币一体化缺乏相应的金融支撑体系。首先，人民币资本账户尚未实现完全可自由兑换，使两岸四地货币一体化缺乏实现的必要条件。虽然货币的完全自由兑换既非经济体间结成货币联盟的必要条件，也非充分条件，但是在港元、澳门元已经是完全可自由兑换货币、香港已经发展成为国际著名金融中心的前提条件

下，人民币与港元、澳门元结成货币同盟，必须要求人民币实现完全自由兑换。大陆已经于1996年实现了经常账户的自由兑换，近年来，大陆的资本项目遵循循序渐进、先易后难、先长期后短期、先机构后个人、先真实后虚拟的原则逐步推进人民币资本项目的自由兑换，但是囿于大陆整个金融体系发展尚不成熟，无法保证对外来经济金融冲击的良好抵御能力，大陆资本项目实现可兑换这一目标在短期内难以达成。其次，人民币汇率形成机制市场化程度不高。如前所述，人民币汇率长期以来主要钉住美元，这种汇率机制确保了人民币汇率的相对稳定，促进了中国的对外贸易，但是当两岸货币一体化要求人民币与港元、澳门元和新台币建立某种紧密的汇率安排时，客观上要求人民币的汇率形成机制更加市场化，而不是通过与美元挂钩实现人民币的“锚”功能。最后，人民币利率的市场化改革仍未完成。利率市场化改革对大陆整个金融体系的稳定具有深远的影响，不仅与人民币资本项目自由兑换的实现、人民币汇率机制的改革相辅相成，互相影响，而且也是大陆加入货币区放弃汇率工具后调节经济的重要工具。总体而言，提升金融支撑系统的体质将是两岸四地货币一体化的重要一环。

第五章　两岸四地货币一体化实证分析

如第四章所述，两岸四地货币一体化迎来良好的机遇和前景，同时货币一体化道路亦困难重重。两岸四地货币一体化带来诸多收益如区内交易成本的大幅下降和汇率波动性的消除，但同时亦需承担货币政策独立性的丧失。而货币政策独立性丧失带来的成本取决于经济冲击的对称性和对于冲击的调整速度。本章拟通过 SVAR（Structural Vector Autoreg Ression）模型对两岸四地经济冲击的对称性做一考察，为后文两岸四地货币一体化实现步骤安排提供依据。

第一节　经济冲击对称性与 SVAR 模型

经济冲击对称性研究始于 20 世纪 90 年代，早期对经济冲击对称性研究多以欧洲国家为研究对象。普罗兹（Poloz，1990）、艾臣格林（Eichengreen，1992）、格劳威和范哈佛贝克（De Grauwe and Vanhaverbeke，1993）比较了欧洲联盟和其他货币联盟相对价格的波动性，但是相对价格的变动混淆了经济冲击和对冲击的反应，也无法区别结构性扰动。科恩和韦普洛茨（Cohen and Wyplosz，1989）、韦伯（Weber，1991）则计算了几组欧洲国家产出变动之和与产出变动之差，并将其分别作为对称冲击与不对称冲击的指标来研究货币联盟内成员国冲击的对称性，但是产出变动并不等同于冲击，并且这种研究方法同样混淆了冲击和对冲击的反应，也无法区分诸如由财政和货币政策的实施而导致的需求冲击和由真实经济冲击引致的供给改变。布兰查德和柯（Blanchard and Quah，1989）发展的 SVAR 方法克服了上述方法的缺陷，巴尤米和艾臣格林（1992，1994，1996）在 SVAR 方法的基础上通过“识别假设”（Identifyingassumptions）从拟合残差中分离了供给冲击和需求冲击，并将冲击和对冲击的反应从宏观经济总量的波动中识别出来。

一、AD—AS 模型

在阐述 SVAR 模型前，先引入标准的宏观经济总供给—总需求分析框架（AD—AS 模型）。AD 曲线是一条向右下方倾斜的直线，短期供给曲线（SRAS）是一条向右上方倾斜的直线，长期供给曲线（LRAS）则是一条垂直的直线，假设经济最初位于 AD、SRAS 和 LRAS 的交点所表示的均衡状态，图 5－1－1 和图 5－1－2 分别简单明了地刻画了需求冲击和供给冲击对产出和物价的影响。

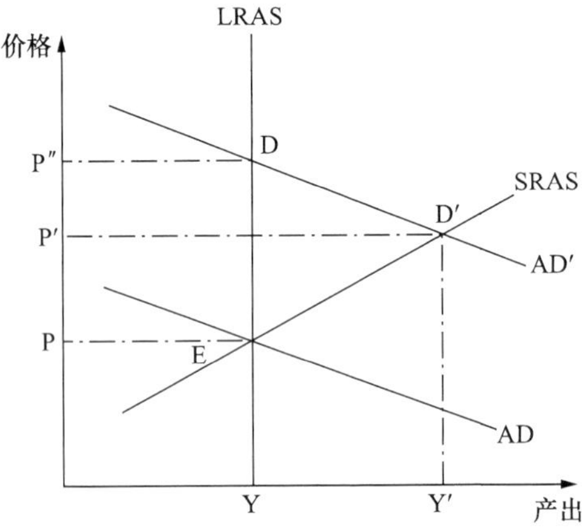

图 5－1－1　需求冲击

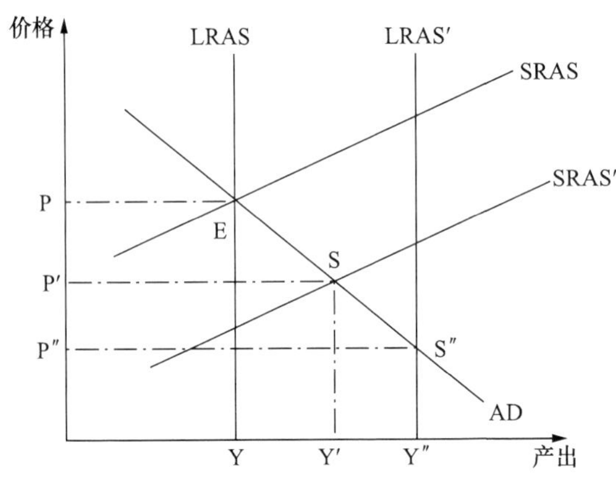

图 5－1－2　供给冲击

当发生正向需求冲击时，AD 曲线右移，短期内实际产出增加（Y→Y′）的同时价格上升（P→P′），但是长期内产出会回到期初的水平（Y′→Y），价格会

进一步上升（P′→P″），也就是说，需求冲击对实际产出的影响是暂时的，但对价格的影响却是持久的。当发生正向的供给冲击时，SRAS 曲线右移，短期内产出增加（Y→Y′），价格下降（P→P′），长期内这种影响会进一步加深，实际产出进一步增加（Y′→Y″），价格进一步下降（P′→P″），也就是说，供给冲击无论短期内还是长期内都会对产出和价格造成影响。

二、SVAR 模型

在此具体阐述 SVAR 模型。设变量 y_t 和 p_t 分别代表实际产出和物价，为了满足数据的平稳性要求，y_t 和 p_t 分别表示产出和物价对数值的差分数据。考虑如下双变量向量自回归模型（VAR）：

$$\begin{bmatrix} y_t \\ p_t \end{bmatrix} = \begin{bmatrix} y_0 \\ p_0 \end{bmatrix} + \begin{bmatrix} a_{11}(L) & a_{12}(L) \\ a_{21}(L) & a_{22}(L) \end{bmatrix} \cdot \begin{bmatrix} y_t \\ p_t \end{bmatrix} + \begin{bmatrix} e_t^y \\ e_t^p \end{bmatrix} \tag{1}$$

其中，e_t^y 和 e_t^p 为白噪声随机扰动项，没有结构性含义，代表产出和物价变动中未被回归方程解释的部分。a_{ij}（L）为阶数为 n 的滞后算子 L 的多项式，即 $a_{ij}(L) = \sum_{k=1}^{n} a_{ij}L^k$，其中 n 为确保 e_t^y 和 e_t^p 序列无关而选择的滞后阶数。为揭示结构性扰动，即具有经济含义的供给和需求冲击，有以下关系式：

$$\begin{bmatrix} e_t^y \\ e_t^p \end{bmatrix} = \begin{bmatrix} c_{11} & c_{12} \\ c_{21} & c_{22} \end{bmatrix} \cdot \begin{bmatrix} \varepsilon_t^D \\ \varepsilon_t^S \end{bmatrix} \tag{2}$$

其中，ε_t^D 和 ε_t^S 分别为需求与供给冲击，因此，产出与物价变动中未被解释的扰动项是供给与需求冲击的线性组合。用矩阵可表示为：$e_t = C\varepsilon_t$。如果 C 存在逆矩阵，结构性扰动（经济冲击）ε_t 可通过 $\varepsilon_t = C^{-1}e_t$ 求出。在 2×2 矩阵中，求解矩阵 C 需要四个约束条件。由估计出的 e_t^y 和 e_t^p 方差—协方差矩阵，可提供三个约束条件：

$$\begin{bmatrix} Var(e_t^y) & Cov(e_t^y, e_t^p) \\ Cov(e_t^y, e_t^p) & Var(e_t^p) \end{bmatrix} = \begin{bmatrix} c_{11} & c_{12} \\ c_{21} & c_{22} \end{bmatrix} \cdot \begin{bmatrix} Var(\varepsilon^D) & Cov(\varepsilon^D, \varepsilon^S) \\ Cov(\varepsilon^D, \varepsilon^S) & Var(\varepsilon^S) \end{bmatrix} \cdot \begin{bmatrix} c_{11} & c_{21} \\ c_{12} & c_{22} \end{bmatrix} \tag{3}$$

通过 SVAR 估计，可以得到残差项方差—协方差矩阵，即式（3）的左边。而在 Blanchard – Quah 分解中假设供给冲击与需求冲击是正交的，并将其标准化：

（1）需求与供给冲击的方差为 1：$Var(\varepsilon^D) = Var(\varepsilon^S) = 1$。

（2）需求与供给冲击是正交化的：$Cov(\varepsilon^D, \varepsilon^S) = 0$。

因此，上述经济冲击的标准化条件与式（3）联合，可得到关于矩阵 C 的以下三个约束式：

$$c_{11}^2 + c_{12}^2 = Var(e^y) \quad (4)$$

$$c_{21}^2 + c_{22}^2 = Var(e^p) \quad (5)$$

$$c_{11}c_{21} + c_{12}c_{22} = Cov(e^y, e^p) \quad (6)$$

需求冲击 ε_t^D 对产出不具有长期影响。为得到该约束条件的数学表达式，将VAR 表达式转换为无法观测的结构性经济冲击的无限阶移动平均过程 MA（∞）：

$$\begin{bmatrix} y_t \\ p_t \end{bmatrix} = \sum_{m=0}^{\infty} L^m \begin{bmatrix} b_{11m} & b_{12m} \\ b_{21m} & b_{22m} \end{bmatrix} \cdot \begin{bmatrix} \varepsilon_t^D \\ \varepsilon_t^S \end{bmatrix} \quad (7)$$

上式表明，y_t 和 p_t 是结构性扰动 ε_t^D 和 ε_t^S 的当前和前期值之和。b_{ijm}——所谓的脉冲响应函数，描述了结构性扰动对左边变量 m 期之后的影响。由于需求冲击对产出不具有长期影响，或需求冲击对产出增长的累计效应为零，因此得到第四个约束条件：$\sum_{m=0}^{\infty} b_{11m} = 0$。

第二节　SVAR 模型实证分析

一、模型构建与数据说明

本章的实证分析采用经典的两变量 SVAR 模型，运用 Eviews 6.0 完成所有的模型估计。实证对象为两岸四地和美国五个经济体。将美国作为实证对象是由于两岸四地在对外经济联系和汇率决定上与美国之间存在密切联系，故此处以美国作为大陆的参照物。以 1982～2010 年两岸四地和美国不变价格的 GDP 年度数据作为产出指标，以 1982～2010 年各经济体的年度 GDP 平减指数作为价格指标。之所以采用 GDP 平减指数而非 CPI 作为价格指标，是因为 CPI 衡量的仅是消费品的价格上涨，而 GDP 平减指数衡量的是全面物价上涨水平。中国大陆、中国香港、中国台湾和美国的数据来自 IMF 的 World Economic Outlook Database，而中国澳门的数据来自 CEIC 数据库里的 Global Database。

首先，对产出和价格数据进行对数化处理，并对之进行平稳性检验。在此采用最为常用的两种数据平稳性检验方法，即 ADF（Augmented Dickey - Fuller）检验和 PP（Phillips - Perron）检验。检验结果如表 5 - 2 - 1 所示。

表 5-2-1　数据平稳性检验

国家或地区	指标及序列形式		ADF 检验		Phillips - Perron 检验	
			统计量	P 值	统计量	P 值
中国大陆	实际 GDP	基本值	3.662864	0.9998	19.29272	1.0000
		一阶差分	-0.36451	0.5438	0.050406	0.6909
		二阶差分	-4.03276***	0.0002	-4.05202***	0.0002
	GDP 平减指数	基本值	3.362232	0.9995	3.50091	0.9997
		一阶差分	-4.50908***	0.0001	-4.85165***	0.0000
中国台湾	实际 GDP	基本值	9.731872	1.0000	7.067619	1.0000
		一阶差分	-0.79185	0.3636	-1.00918	0.2737
		二阶差分	-7.73922***	0.0000	-9.77569***	0.0000
	GDP 平减指数	基本值	1.382576	0.9547	1.897722	0.9839
		一阶差分	-2.35419**	0.0204	-4.44751***	0.0001
中国香港	实际 GDP	基本值	6.438252	1.0000	6.048158	1.0000
		一阶差分	-2.57863**	0.0118	-2.43724**	0.0167
		二阶差分	-7.33015***	0.0000	-19.7155***	0.0000
	GDP 平减指数	基本值	0.369922	0.7847	1.668852	0.9741
		一阶差分	-1.79035*	0.0701	-1.76154*	0.0743
		二阶差分	-6.05523***	0.0000	-6.15104***	0.0000
中国澳门	实际 GDP	基本值	5.595445	1.0000	4.316257	1.0000
		一阶差分	-1.58302	0.1052	-1.29822	0.1745
		二阶差分	-6.0264***	0.0000	-7.09378***	0.0000
	GDP 平减指数	基本值	1.5634	0.9676	2.901069	0.9984
		一阶差分	-1.78735*	0.0706	-1.56744	0.1083
		二阶差分	-8.36218***	0.0000	-8.29355***	0.0000
美国	实际 GDP	基本值	2.949133	0.9986	6.999898	1.0000
		一阶差分	-2.00727**	0.0445	-1.77852*	0.0718
		二阶差分	-6.44761***	0.0000	-7.89317***	0.0000
	GDP 平减指数	基本值	2.153989	0.9906	6.063506	1.0000
		一阶差分	-4.21808***	0.0001	-3.43365***	0.0013

注：*、** 和 *** 分别表示 10%、5% 和 1% 的显著性水平。

除美国和中国香港外，其余经济体经过对数化处理的实际 GDP 数据只有在二阶差分情况下才表现平稳；美国实际 GDP 数据的 ADF 检验结果显示，在 5% 的显著性水平下表现为一阶平稳，而 PP 检验结果则显示，在 10% 的显著性水平下表现为一阶平稳；中国香港的实际 GDP 数据的 ADF 和 PP 检验均显示其在 5% 的显著性水平下表现为一阶平稳。价格指标方面，除中国大陆和美国的 GDP 平减指数在1%的显著性水平下表现为一阶平稳外，中国台湾的对数价格数据的ADF结果显示其在5%显著性水平下一阶平稳，PP结果则显示其在1%的显著性水平下一阶平稳，中国澳门和中国香港的对数价格数据经过二阶差分后才经过平稳性检验。综上，本实证采用价格和产出数据的二阶差分形式。

其次，确定SVAR模型的最优滞后阶数。根据AIC信息准则、SC准则和LR统计量，SVAR（1）能够很好地描述数据动态。

二、实证结果

（一）两岸四地经济冲击相关性

通过SVAR模型可以分解出结构性扰动——需求冲击和供给冲击，两岸四地的供给冲击和需求冲击如图5－2－1和图5－2－2所示。

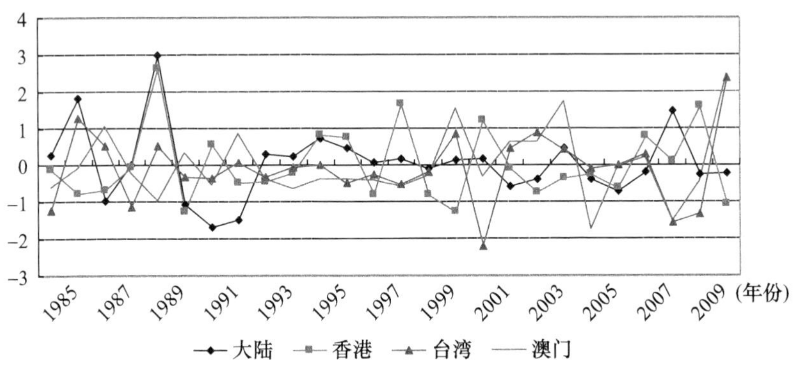

图5－2－1　1985～2009年两岸四地供给冲击分析

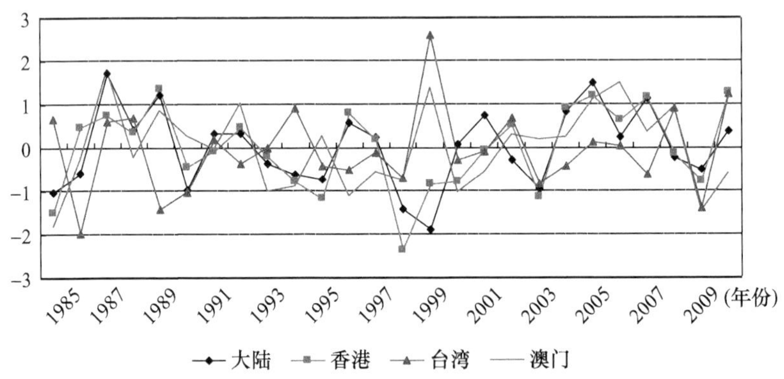

图5－2－2　1985～2009年两岸四地需求冲击分析

初步看来，两岸四地供给冲击对称性不强。相对而言，两岸四地根据供给冲击的对称性可分为两组：大陆和香港、台湾和澳门。各组组内成员之间的供给冲击较为对称。1988~1990 年大陆和香港的供给冲击无论是水平还是方向和步调都表现出极强的对称性，但是21 世纪初期，这种对称性明显降低。1994 年以后大陆和香港的供给冲击对称性有所改善，但是香港遭受的冲击水平显著高于大陆。台湾和澳门的供给冲击在90 年代后期较为对称，尤其是2007 年金融危机爆发后供给冲击的对称性显著增强。

图5-2-2 直观显示，20 世纪90 年代起大陆和香港的需求冲击无论是冲击规模还是冲击方向、步调都表现极高的对称性，远优于大陆和香港供给冲击的对称性。台湾与大陆和香港表现出一定程度的冲击对称性。澳门的需求冲击在20 世纪90 年代中期以前几乎没有表现出与其余三地任何程度的对称性，但是20 世纪90 年代后期，澳门的需求冲击路径先是追随台湾，2001 年中国加入WTO 以后，两岸四地的需求冲击开始趋于一致，对称性不断提高。

下面从冲击相关系数对两岸四地冲击对称性作更为细致的考察(见表5-2-2)。从整个样本期间来看，大陆和香港之间、台湾和澳门之间均具有较高的正相关性，大陆和台湾之间、大陆和美国之间表现为正相关性，但相关水平较弱。两岸四地与美国的其他组合均表现为负相关性，且香港与澳门、香港与台湾、大陆与澳门之间负相关性水平较高。

表5-2-2　两岸四地及美国供给冲击相关系数情况（1985~2010 年）

大陆=1

	大陆	香港	台湾	澳门
大陆	1	—	—	—
香港	0.41	1	—	—
台湾	0.02	-0.40	1	—
澳门	-0.31	-0.48	0.64	1
美国	0.06	-0.01	-0.14	-0.10

为了进一步考察两岸四地供给冲击相关程度变动，以1997 年、2003 年、2007 年为分界点，将整个样本划分为4 个子样本期间（见表5-2-3)。大陆与香港的供给冲击相关性在逐渐减弱，甚至在2008 年全球金融危机发生以后由正相关转为负相关。但是香港与大陆的供给冲击相关程度与大陆和台湾、澳门之间相关程度相比表现最好，如果从整个样本期看，大陆与香港之间的正相关度更是远远高于美国。台湾和澳门在1997 年和2007 年金融危机之后与大陆供给冲击相关性均为负，并且负相关程度远大于香港。大陆与台湾之间供给冲击对称性在非

危机期间有所加强，澳门与大陆的供给冲击在2003年CEPA签订之前一直是负相关，2003年之后、2008年之前出现了正的相关性。香港和台湾之间、香港和澳门之间对称性的变化与大陆和澳门之间的变化类似。台湾和澳门之间的供给冲击对称性最优，不仅在4个子样本期间不断提高，并未受到两次金融危机任何影响，且绝对值水平已经接近1。供给冲击相对于需求冲击而言因为对经济体所产生的影响更为持久，因而被许多学者认为在评价经济冲击的对称性上更有说服力。从供给冲击对称性上看，大陆和香港、台湾和澳门最适合组成货币区，但是两岸四地组成最优货币区的对称性条件并不理想。

表5-2-3　两岸四地及美国供给冲击相关系数情况（分时段）　　大陆=1

	中国大陆	中国香港	中国台湾	中国澳门
中国大陆	1	—	—	—
中国香港	0.57/0.37/0.14/-0.10	1	—	—
中国台湾	0.36/-0.53/0.85/-0.53	0.06/-0.74/0.35/-0.80	1	—
中国澳门	-0.59/-0.27/0.70/-0.69	-0.59/-0.75/0.01/-0.65	0.25/0.72/0.91/0.98	1
美国	0.01/0.14/0.14/0.19	-0.12/-0.54/1.00/0.96	0.29/-0.08/0.37/-0.94	0.11/0.16/0.04/-0.84

注：表格中的四个数值从左至右依次对应1985~1997年、1998~2003年、2004~2007年、2008~2010年。

从需求冲击相关系数（见表5-2-4）看，两岸四地需求冲击的对称性要好于供给冲击对称性。在整个样本期内，两岸四地除了大陆与台湾、香港与台湾之间供给冲击负相关（且大陆与台湾、香港与台湾之间的负相关程度较低），其他组合均为正相关。其中大陆与香港之间的需求冲击的正相关程度最高，远高于香港与美国之间的需求冲击对称性，大陆与澳门、香港与澳门、台湾与澳门之间亦达到了很高的正相关水平。

进一步从子样本期间看，香港与大陆的需求冲击相关程度在2003年以后不断提升，反映了大陆与香港之间签订的CEPA所带来的两地经济金融融合程度的加深对两地需求冲击的影响非常明显。同样与大陆签订了CEPA的澳门却没有因此表现出更好的对称性，部分原因是澳门产业单一，博彩业一枝独秀，与大陆经济融合潜力仍待发掘。大陆与台湾需求冲击相关性一直处于较低水平，但是2008年金融危机以后却大幅上升至0.81的高水平（见表5-2-5），而同一时期大陆、香港和台湾与美国之间均有很高的正相关性，显示两岸四地受美国经济的影响较大。

表5－2－4　两岸四地及美国需求冲击相关系数情况（1985～2010年）　大陆＝1

	中国大陆	中国香港	中国台湾	中国澳门
中国大陆	1	—	—	—
中国香港	0.81	1	—	—
中国台湾	－0.13	－0.04	1	—
中国澳门	0.31	0.42	0.20	1
美国	0.31	0.39	0.33	0.31

表5－2－5　两岸四地及美国需求冲击相关系数情况（分时段）　大陆＝1

	中国大陆	中国香港	中国台湾	中国澳门
中国大陆	1	—	—	—
中国香港	0.82/0.60/0.97/1.00	1	—	—
中国台湾	0.07/－0.41/－0.10/0.81	－0.40/0.33/－0.32/0.81	1	
中国澳门	0.61/－0.59/0.34//0.16	0.51/0.23/－0.48/0.16	－0.22/0.81/0.89/0.71	1
美国	0.67/－0.21/0.19/0.99	0.55/0.04/0.04/0.99	0.18/0.26/0.70/0.70	0.53/0.39/－0.35/－0.01

注：表格中的四个数值从左至右依次对应1985～1997年、1998～2003年、2004～2007年、2008～2010年。

（二）产出和价格对结构性冲击的响应分析

脉冲响应函数是考察扰动项的影响如何传播到各变量，用以刻画模型受到冲击时对系统的动态影响。根据前文建立SVAR模型时涉及的两项重要假定：①只有供给冲击会对长期实际产出产生影响；②供给冲击和需求冲击的方差为1，以下通过脉冲响应函数考察两岸四地对供给冲击和需求冲击的反应以及调整速度。

附录A－2列出两岸四地及美国的脉冲响应图，反映了一个标准差的需求冲击和一个标准差的供给冲击对两岸四地及美国的实际产出和价格的影响随时间变动的情况。通过观察可以发现，五个经济体的需求冲击对产出的影响均符合AD－AS模型；除台湾外的经济体的需求冲击对价格的影响符合AD－AS模型；只有台湾和澳门的供给冲击对产出的影响符合AD－AS模型；除美国和澳门外的其余三个经济体的供给冲击对价格的影响符合AD－AS模型。在SVAR模型里，永久性冲击和暂时性冲击被分别定义为供给冲击和需求冲击，但事实上，正如巴尤米和艾臣格林（1994）指出的，永久性的需求冲击和暂时性的供给冲击同样存在，SVAR有可能将具有永久性效应的需求冲击识别为供给冲击，造成冲击结果与AD－AS模型不符的现象。

前文考察了两岸四地需求冲击和供给冲击的对称性，但除了对称性，冲击的大小和各经济体对冲击的调整速度也同样重要。因为即使两岸四地遭受的是不对称性冲击，小规模的冲击和较快的冲击调整速度也可以有效降低调整成本。下面对冲击规模和冲击调整速度加以定义：

需求冲击的规模 = 一个标准差的需求冲击对 GDP 平减指数和实际产出为期 1 年的影响之和。

供给冲击的规模 = 一个标准差的供给冲击对实际 GDP 的长期（10 年）影响。

需求冲击调整速度 = 一个标准差的需求冲击对 GDP 平减指数和实际产出为期 2 年的影响之和/一个标准差的需求冲击对 GDP 平减指数和实际产出的长期（10 年）影响之和。

供给冲击的调整速度 = 一个标准差的供给冲击对实际 GDP 为期 2 年的影响/一个标准差的需求冲击对实际 GDP 的长期（10 年）影响。

表 5-2-6　两岸四地和美国的冲击规模及调整速度

国家或地区	需求冲击		供给冲击	
	规模	调整速度	规模	调整速度
中国大陆	0.0355	0.99	0.0302	0.98
中国香港	0.0448	0.62	0.0262	0.62
中国台湾	0.0228	0.61	0.0207	0.73
中国澳门	0.0523	0.26	0.0538	0.22
美国	0.0171	0.90	0.0124	0.92

由表 5-2-6 可知，供给冲击方面，产业单一的澳门所受冲击力度最强，大陆和香港次之，台湾最小。对于供给冲击的调整速度，大陆调整最快，台湾和香港次之，澳门则最慢。需求冲击方面，澳门所受冲击力度依然最强，香港和大陆次之，台湾最小，而在需求冲击的调整速度方面，大陆最快，香港和台湾次之，澳门最慢。整体而言，大陆与台湾、香港的冲击规模尤其是供给冲击规模较为接近，而两岸四地在调整速度上的对称性较低，若组成单一货币区将面临较高的调整成本。

（三）方差分解分析

脉冲响应分析反映了供给冲击、需求冲击对产出和价格的影响，这远远不够，下面借助方差分解分析来确定各冲击对产出和价格的影响中多少是来自供给冲击的影响，多少是来自需求冲击的影响，即考察供给冲击和需求冲击对产出和价格的相对重要性。

如表5-2-7所示，造成大陆、台湾、澳门实际产出变动的各项因素中，供给冲击的影响最大，不论短期还是长期，供给冲击对产出的影响程度均达到了90%以上。香港的情况较为特殊，产出变动的初始阶段，供给冲击对产出的影响最大，但是一段时间以后，需求冲击的影响逐渐扩大并最终略微超过了供给冲击的影响。造成价格变动的各项因素中，两岸四地的表现一致，需求冲击都是造成价格变动的最主要因素，在期初需求冲击对价格的影响均达到90%以上，但是经过一段较长的时间以后（此处为10年），香港和台湾两地的供给冲击对价格的作用会明显加大。总体而言，两岸四地产出和价格的主要影响因素基本一致。

表5-2-7　产出和价格变动的方差分解分析　　单位：%

	产出变动				价格变动			
	供给冲击		需求冲击		供给冲击		需求冲击	
大陆	95.05	91.23※	4.95	8.77※	0.03	0.88※	99.97	99.12※
香港	75.95	49.69※	24.05	50.31※	6.35	23.68※	93.65	76.32※
台湾	98.16	91.31※	1.84	8.69※	0.73	35.54※	99.27	64.46※
澳门	98.42	91.52※	1.58	8.48※	3.71	6.66※	96.29	93.34※

注：表中带※的是10期得出的结果，余下的是1期得出的结果。

三、小结

本章通过产出和价格的两变量SVAR模型，对影响产出和价格的供给冲击和需求冲击进行分解。通过两岸四地供给冲击和需求冲击的相关性分析、响应分析和方差分解分析发现，两岸四地经济冲击具有一定的对称性，且需求冲击的对称性优于供给冲击的对称性，但是两岸四地经济冲击的对称性水平并不理想，澳门在冲击规模和调整速度上与大陆、香港和台湾均存在较大差异，两岸四地货币一体化的实现将会是一个较长的历史过程。

第六章 经济全球化态势下两岸四地货币一体化模式与路径选择

通过对经济全球化态势下两岸四地货币一体化面临的机遇和挑战，以及两岸四地经济冲击对称性分析可知，两岸四地货币一体化必将是一个长期而曲折的过程。本章首先对区域货币一体化模式进行简单回顾，初步明确两岸四地货币一体化所应采取的模式，再从短期以及中长期两个时间维度尝试对两岸四地货币一体化的实现路径做一探讨。

第一节 经济全球化态势下两岸四地货币一体化模式选择

一、区域货币一体化模式的简单回顾

20 世纪 70 年代前期布雷顿森林体系崩溃以后，区域经济与货币合作逐渐形成一股潮流，相互之间经济联系紧密的地区之间纷纷成立区域经济一体化组织，以提升整体在世界经济版图中的地位。在区域经济合作发展波澜壮阔的同时，货币一体化实践日益丰富和发展。除了欧洲、拉美、非洲等国家和地区的货币一体化以外，亚洲货币一体化的前景也受到学术界的广泛讨论。一般说来，区域货币一体化主要包括三种模式：单一货币联盟、多重货币联盟、主导货币区域化（钟伟，2001），当然，同一种模式下的货币一体化实践并不必然相同，而通常各有特点。

（一）单一货币联盟

单一货币联盟特指成员国舍弃本国货币，另行创建一种新的货币的一体化模式。单一货币联盟的典型代表和成功案例无疑是欧元区的诞生。欧元的引入严格

遵循“自由贸易区—关税同盟—经济同盟—货币同盟”的由低级到高级的货币一体化进程，以贸易一体化为起点，凭借经济一体化的牵引力，逐步顺次推进。在货币一体化的进程中进行了一系列谨慎细致的制度合作和机构安排，通过高昂的违约成本保证所有成员国一致的货币一体化方向。单一货币联盟的另一实例是非洲货币一体化，非洲货币一体化实践虽然很大程度效法欧洲，但是与欧洲货币一体化的最大不同是非洲的货币一体化走在经济一体化之前。

（二）多重货币联盟

多重货币联盟在某种程度上可以说是走向单一货币联盟的一种过渡阶段，但并非必然阶段。它是未满足建立全面统一货币联盟条件国家或地区之间，先在满足条件的子区域建立起货币联盟，等时机成熟时再推动已经建立起的子区域货币联盟统一为单一货币联盟。非洲货币一体化实践既可以作为单一货币联盟例子，也可以作为多重货币联盟例子。除了已经存在的非洲法郎区以外，非洲的多个组织已经拟定了具体的货币联盟成立计划，如西非国家经济共同体曾计划于 2015 年成立西非货币区（第二货币区），其最终目标是将各子货币区加以合并。多重货币联盟为短期内尚无法全面开展货币一体化的区域提供了一种思路。

（三）主导货币区域化

主导货币区域化是指类似美元的区域强势货币，在政府法定或私人部门事实选择下，以压倒性优势替代别国的国内法定货币，在货币流通领域占据主要地位，发挥区域货币的职能和作用的货币一体化模式。该种货币一体化模式的典型代表就是拉美国家的美元化，蒙代尔曾将该货币一体化方式形容为“迈向单一货币联盟的霸权式道路”，两德货币统一亦可归于此类。

二、两岸四地货币一体化模式选择

由前面的分析可知，两岸四地在经济发展阶段、社会制度、国际化程度等方面仍然存在较大的差异，区域内经济一体化仍处于较低的层次和水平，货币一体化缺乏足够的经济一体化基础支持，且两岸四地间经济冲击对称性不足，这一切都需要两岸四地加强经济整合，在区域内实现资本、劳动力等生产要素的更优配置，使两岸四地的经济融合向纵深发展。两岸四地虽处于不同的发展阶段，在一定程度上为两岸四地货币一体化设置了障碍，但是也为两岸四地利用各自优势实现互补共赢提供了机会。事实上，两岸四地间的产业合作和经济整合已经开始且向纵深推进。经济的进一步融合不仅促进生产要素的流动，降低使用汇率工具调节经济均衡的必要性，也很有可能使两岸四地经济对称性有所提高，因而两岸四地货币一体化所适合的模式应是类似于欧元的以贸易一体化为起点，从低级向高级推进的渐近的货币一体化模式，推进过程中始终应遵循循序渐进、互惠共赢的原则。经济一体化虽然是货币一体化的基础，但是根据内生性理论，经济一体化并不必然要达到相当高的水平才可以推动货币一体化，两岸四地的货币一体化可视情况适时推进。

第二节 经济全球化态势下两岸四地货币一体化路径选择

与两岸四地所采取的货币一体化模式相对应，考虑两岸四地在经济发展阶段、社会制度、国际化程度、经济冲击对称性等方面存在的差异，两岸四地的货币一体化必定是一个长期而曲折的过程。两岸四地货币一体化能否持续推进，很大程度上取决于两岸四地的经济整合程度，同时正如最优货币区理论和欧洲货币一体化实践所揭示的，金融一体化将为货币一体化扫清障碍。此外，两岸四地货币一体化的实现需要高度的政治合作和经济政策的协调。因此，两岸四地货币一体化的前期路径安排将沿着经济一体化、金融一体化两条主线推进，待经济一体化和金融一体化进行到较高层次，再适时推进货币一体化。

一、两岸四地货币一体化近期发展路径

（一）加强两岸四地经济整合，加快创建两岸四地自由贸易区步伐

1. 以 CEPA 签订为契机，推动大陆与港澳经济整合向纵深发展，利用粤港澳合作打造区域发展引擎

20 世纪 80 年代起，香港在大陆的对外开放中就扮演着重要角色，充当引领大陆经济走向世界和世界经济进入大陆的重要桥梁。广东作为大陆最早实行改革开放的地区，凭借先行一步的制度优势、毗邻港澳的地缘优势和社会文化相通的人文优势，率先与香港、澳门建立起密切的经济合作关系，形成了在制造业领域“前店后厂”式的跨境一体化生产与服务体系。大陆与港澳的经济合作建立在优势互补的基础上，不仅极大促进了大陆制造业的发展，使大陆成为“全球制造业王国”，也为劳动力、土地成本日益上涨，制造业不断萎缩，缺乏新的经济增长点的港澳经济结构转型注入了活力。时至今日，大陆以劳动密集型产业为支撑、以加工贸易为主的经济发展模式弊端显现，在经济全球化态势下，大陆被置于全球制造业产业链的低端，面对产业升级压力，港澳与大陆的合作层次和领域亟待提高，港澳在服务业方面的优势也需要结合大陆这个庞大市场加以发挥。2003 年 CEPA 的签订为大陆与港澳经济整合向纵深发展提供了良好的契机，应首先利

用粤港澳经济合作打造区域发展引擎，再以此为支点，全面带动大陆其他地区与香港、澳门的经济整合。

对香港而言，金融、物流、基建和房地产、专业服务是香港优势所在，强大融资能力以及发达的交通信息服务网络亦是粤港经济整合的强大助力。应促进两地合作推动制造业转型，联手承接国际高端产业转移，支持原有的“前店后厂”分工模式向制造业产业链“微笑曲线”两端延伸，鼓励香港企业将研发中心设在大陆。事实上，随着大陆近年来对高科技产业投入比重的加大，创新资源已相当丰富，拥有数量众多的一流研究机构与大学，且大陆人力成本相较香港更有优势，两地携手应对产业升级、提高产品附加价值、进行自主品牌研发潜力巨大。经济合作，物流先行。香港物流发展水平领先，未来应鼓励香港大型物流业落户广东，整合两地物流资源，加强物流合作规划，加大两地物流基础设施和信息平台建设，加快两地物流标准、营运法规对接，为粤港经济合作营造良好的物流环境。粤港产业对接方面，鼓励香港现代服务业入驻广东，深化粤港产业链条分工合作，形成错位发展、优势互补、协作配套的现代服务业体系。

澳门经济结构较之香港更为单一，属于微型经济体，发达的博彩业很难与大陆经济形成互动，需深入发掘其优势所在，探索两地经济整合新思路。为此，应充分利用澳门所具有的制度性聚集国际资源的优势，包括聚集国际资本和高科技人才的优势、与葡语国家的人脉优势等①，在深化大陆与澳门原有合作机制的基础上，从粤澳经济合作着手，打造粤澳产业升级发展新平台，依托澳门国际商贸服务平台，对接广东产业转型升级和“走出去”战略，聚集国内外优质资源，强化澳门经济适度多元发展动力，提升大珠江三角洲区域与欧盟、东盟与葡语国家等的合作水平。

2. 抓住 ECFA 签订机遇，以大陆台商投资集中地区为切入点，以点带面，将两岸经济整合推向更高层次

ECFA 签订以前，大陆与台湾经济整合已经由 20 世纪 80 年代中后期至 1992 年的产业间垂直分工阶段，经由 1993 年至两岸加入 WTO 前的垂直分工与水平分工并存的多元化分工阶段，进入功能性水平分工为主、兼具垂直分工与水平分工的混合阶段。台湾的经济发展程度高于大陆，早在 20 世纪六七十年代大陆实行改革开放之前，台湾经济就已经实现腾飞，并与香港、韩国、新加坡并称“亚洲四小龙”。目前，台湾不但已跻身发达地区行列，而且已经进入后工业化社会。与大陆相比，台湾在管理、技术、创新研发等方面具有诸多优势，而大陆则在土地、劳动力成本等方面更胜一筹，两岸优势互补，可共谋其利。目前大陆尤其是

① 丘彬．谨防“粤澳合作框架协议”空心化［J］．大经贸，2011（3）：12.

珠三角、环渤海、长三角和海西区四大台商投资相对集中地区与台湾的经济整合已经取得初步进展，ECFA 签订以后两岸商品、资本等要素流动将更为活跃，两岸应以 ECFA 为载体，以四大台商投资相对投资地区为切入点，以点带面，将两岸经济整合推向更高层次。一是加强两岸与现代服务业交流与合作。推动两岸与现代服务业的交流与合作，不但是顺应大陆台商投资相对集中地区台商扩大生产的客观需求，更是推进包括台商在内的广大中小企业实现转型升级的关键一环，同时也是为大陆与台湾之间产业对接与转移提供支撑的必要条件。大陆各台商投资集中地区应结合自身优势及发展所需，确定与台湾服务业合作重点领域，积极促进现代生产型服务业如金融、物流、会计等的合作，吸引更多的台企研发中心、公司总部等进驻大陆，借力台资研发设计优势，形成自主知识产权的核心技术研发。二是牢牢把握 ECFA 的签订带来的两岸产业合作的重大机遇，与台湾资本、技术密集型产业展开全面合作，进一步提升制造业竞争力。在继续发展优势产业基础上，引进台湾的光电、石化、钢铁、汽车及其配件、塑料、工程塑料、电脑及配套设备、精密机械制造、现代装备为主体的先进制造业以及电子信息、生物技术、新技术、新材料、新能源、环保、节能减排等产业辐射和带动技术溢出能力强的高新技术产业，培育新兴产业集群，整合两地产业链，摒弃以往的简单移植加工组装环节的模式，使大陆产业链真正得以向研发设计、品牌营销“微笑曲线”两端延伸。同时，协助台资企业开拓大陆内销市场，如降低台资企业设立和开办商业零售项目的门槛，简化台资企业设立内销公司和连销商业零售店铺的审批程序，引导和支持台资生产型企业参与国内或省内专业性或综合性的品牌会展活动，以扩大内销渠道和建立内销网络，使以往两岸产业合作以外销为主逐渐转向内销与外销并重的模式，最大程度上降低对国际市场的依赖性。

（二）夯实两岸四地金融支撑体系，加快建立两岸四地金融服务自由贸易区

1. 推动大陆价格形成机制改革，促进人民币资本项目自由兑换的实现

大陆价格形成机制，包括汇率形成机制和利率形成机制的市场化程度不高，且人民币资本项目尚未实现完全自由兑换，造成了两岸四地间实现金融一体化以及进一步的货币和汇率安排的不可逾越的障碍。因此近期内需继续完善汇率人民币和利率形成机制改革。完善人民币汇率形成机制改革不仅是缓解大陆经济内外矛盾、减轻货币政策操作难度的需要，也是配合大陆加入 WTO 实现金融体系开放进程中应对跨境的资本流动风险的需要，同时也是人民币能够充当起“锚”货币这一重要角色，在两岸四地货币一体化乃至更大范围内的区域货币一体化中发挥关键作用的重要一环。为此，应增加人民币汇率弹性，根据经济环境适当调整人民币汇率波幅，使人民币汇率调整更具灵活性，并适当提高除美元以外的货币篮子中其他货币的权重。相应地，在外汇市场上，实行结售汇制改革，更注重

发挥市场预期的作用，央行对外汇市场的干预应有所淡化，企业在外汇市场的主体作用应得到进一步发挥。与汇率形成机制一同进行的，还有利率市场化改革的推进。大陆利率市场化的总体目标是建立以央行利率为基础、货币市场利率为中介、由市场供求决定金融机构存贷款利率水平的市场利率体系。为此，应逐步放开对商业银行体系的利率管控，增强银行体系的体质。首先扩大贷款利率浮动空间，其次给予商业银行对大额定期存款定价更大的自主权，最后实现银行所有利率的市场化。同时培育货币市场的价格功能，发挥利率信号的导向作用，并逐步扩大 Shibor 影响力。Shibor 由大陆央行于 2007 年 1 月 4 日推出，其形成机制与在国际市场上普遍作为基准利率的 Libor 的形成机制非常接近。近年来 Shibor 作为货币市场基准利率的地位已初步确立，未来应继续提升 Shibor 的报价质量，提高其市场认可度和参考度，真正确立其货币市场基准利率的地位。在人民币实现资本项目自由兑换的时机方面，官方和学界持不同态度——大陆官方的态度尤为谨慎，而学界态度颇为乐观。大陆央行行长周小川强调，大陆未对人民币资本项目可自由兑换设定时间表，人民币资本项目可自由兑换目标的实现可能是一个“长期且循序渐进”过程，大陆也并不急于将人民币纳入 IMF 的特别提款权货币篮子。而李稻葵则认为，若无大的不确定性的发生，“未来 5 年人民币会基本成为可兑换货币”。虽然官方和学界对人民币资本项目可兑换的实现时间有所不同，但可以肯定，人民币自由兑换进程在不断向前发展且速度有所加快。未来应以资本市场开放为突破口，在完善资本流入管理的同时，拓宽资本流出通道，逐步建立资金双向流动机制。同时建立资金流动的风险预警及处理体系，完善资本项目可兑换的立法工作，稳步有序地推动资本项目的开放。

2. 加快建立两岸四地金融服务的自由贸易区

CEPA 签订以后，港澳金融机构进入大陆的门槛大为降低，港澳金融业者获得较之外国金融机构更为优惠的从业条件，大陆与香港、澳门之间的金融合作已经取得了初步的成果。银行业互动方面，截至 2010 年 2 月底，香港银行业有 9 个机构取得香港服务提供者证明书，占香港本地注册持牌银行总数的 39%。截至同年 3 月底，香港注册银行在大陆设立的法人银行、分行和支行则分别达到了 3 家、50 家和 72 家。大陆银行在香港的发展形势也颇为良好，有 6 家银行成为香港持牌和有限持牌银行①，另有 7 家大陆银行在香港设立了代表处②。证券业

① 中国银行、中国工商银行和中国建设银行在香港分别注册了全资所有的子银行，成为香港持牌银行；中国工商银行注册的工商国际金融有限公司、中国银行注册的中银国际融资有限公司成为香港有限持牌银行。

② 郑洁. CEPA 协议中内地与香港金融领域内容的回顾、评估与展望［J］. 中国经贸导刊，2011 (10)：63.

互动方面，截至2010年底，大陆证监会先后批准苏皇金融期货亚洲有限公司、新际经纪香港有限公司、摩根大通经纪（香港）有限公司分别参股银河期货经纪有限公司、中信期货经济有限责任公司和中山期货经纪有限公司。此外，2006年浙江永安期货经纪有限公司与香港新鸿基金融集团进行战略性合作，在香港投资组建“中国新永安期货有限公司”，成为CEPA框架下大陆第一家“走出去”的合资期货公司，该公司于2007年4月2日获得香港证监会正式牌照。之后，格林期货、金瑞期货等相继在港成立独资子公司，取得香港证监会牌照。澳门属于微型经济体，尚无独立的资本市场，银行业为其金融业主体。澳门银行业国际化程度高但规模有限，虽然CEPA对澳门银行业进入大陆门槛有所降低，但澳门仍无法达到相应条件，因而大陆与澳门的银行业互动相当有限。近期应进一步扩大大陆与港澳的金融合作，发挥CEPA的制度优势，继续深化CEPA中将广东与港澳金融一体化作为大陆与港澳最终实现金融一体化着力点的战略安排，以机构互设和相互参股方式，促进金融机构间的相互合作。同时全面整合三地的金融资源，建立三地资本市场和货币市场之间的联动渠道。货币市场方面，可申办三地银行间同业拆借市场；资本市场方面，继续巩固目前香港已经取得的人民币离岸市场业务的进展，重点要强化人民币离岸市场发展中的顶层设计和制度协调，丰富目前仍然缺乏的人民币权益类产品，拓宽香港庞大的人民币存款的运用渠道，建立香港的离岸人民币自我循环机制①。

大陆与台湾金融合作起步较晚，2009年11月16日两岸顺利签署《海峡两岸银行业监督管理合作谅解备忘录》、《海峡两岸证券及期货监督管理合作谅解备忘录》和《海峡两岸保险业监督管理合作谅解备忘录》（英文简称MOU），两岸银行业、证券及期货业、保险业的监督管理机构在信息交换、机构设立、危机处置、人员培训和交流等方面的制度性对话机制得以建立。2010年6月签署的ECFA则为台湾金融业“登陆”提供了优惠的条件，将有力地促进两岸货币、银行业、证券业、保险业的合作。据统计，目前台湾有2家银行与大陆成立合资银行，8家银行在大陆设立分行，10家银行在大陆设立代表处；15家台资证券公司在大陆设立29个代表处；6家保险公司在大陆设立公司（1家台湾保险经纪人公司、5家保险合资公司），13家保险公司在大陆设立16个代表处。相对于大陆对台湾提供的优惠而言，台湾金融业对大陆的开放则设置了诸多关卡，未来两岸应继续就ECFA协议之金融服务的具体内容进行磋商并签署有关协议，力图突破两岸政治障碍，最大程度促进两岸金融市场双向对等开放。鉴于目前大陆的台商投资相对集中地区与台湾的经济互动最为热络，台资企业融资问题异常突出，对

① 巴曙松．香港人民币离岸市场仍需扶持［EB/OL］．http://finance.sina.com.cn/money/bank/yhpl/20120412/152611809457.shtml.

资金需求异常迫切，宜先将各台商投资相对集中地区作为两岸金融整合的“先行先试区”，以点带面，纵深推进，逐渐建立两岸金融服务的自由贸易区。同时加快建立人民币与新台币双向通汇与货币清算机制。后 ECFA 时期应当加快建立两岸货币清算机制，目前可以先在大陆台商投资密集地区展开试点，与台湾地区银行建立双边结算关系，在试点银行直接开办人民币与新台币的双向通兑业务。尤其在“海西区”可以充分利用其地缘、人文等方面的先天优势，完善金融服务，建立两岸货币结算中心。在台湾方面，也应逐步开放两岸货币兑换渠道，扩大新台币与人民币直接兑换的地区与机构，让居民手中的人民币与新台币能便捷地兑换，增加资产流动性。

二、两岸四地货币一体化中长期发展路径

考虑香港、澳门与大陆的经济整合程度和进度都必将要领先于台湾，故前期两岸四地自由贸易区的建立将会按照先“大陆—香港—澳门自由贸易区”，后“大陆—香港—澳门—台湾自由贸易区”的顺序分阶段推进，同样地，两岸四地的金融一体化也将首先在大陆、香港和澳门三地取得重大进展，然后再在台湾地区取得重大突破。两岸四地自由贸易区的建立和两岸四地金融合作将促使劳动力、资本等要素在区域内自由流动，两岸四地的经济融合亦将缩小两岸四地在市场化程度、经济发展水平、各项宏观经济指标、经济周期等方面的差距。再加上人民币自由兑换的实现和人民币国际影响力的扩大，两岸四地建立货币联盟可提上日程。

（一）改革香港联系汇率制，建立人民币、港元、澳门元的货币联盟

在两岸四地货币一体化的进程中，考虑台湾方面政治因素的影响，两岸四地的货币融合在实现顺序上宜采取先建立次区域货币联盟，再将货币联盟的范围扩大到包括大陆、香港、澳门和台湾在内的整个区域。由第三章对两岸四地货币体系进行的对比分析可知，澳门元实行严格钉住港元的固定汇率制，澳门元与港元一直维持着 103 兑 100 的固定比率，同时澳门元与港元均已实现了完全的自由兑换，所以澳门与香港实际上已经组成了不完全的货币同盟。且香港与澳门均采用资本主义经济体制，均处于相同的经济发展阶段，均是国际上著名的“避税港”，财政政策取向也十分相似，已经很大程度具备了最优货币区的条件。而正如前文所述，由于香港与美国经济周期出现了偏离，而与大陆的经济周期越来越同步，联系汇率制已经出现了与香港经济不相适应的趋势，而在港元的估值中人民币因素越来越重要，未来联系汇率制必然面临着改革。在港元与人民币实现一体化的过程中，存在三种方案：一是建立人民币与港元的不完全货币联盟，即改变香港联系汇率制的“锚”货币，由钉住美元改为钉住人民币；二是建立人民

币与港元的完全货币联盟，即香港完全放弃港元的使用转而使用人民币；三是建立人民币与港元的完全货币联盟，但既不使用港元，也不使用人民币，而是另行创设一种新货币。笔者认为，另行创设货币涉及较大的货币转换和组织成本，且人民币在国际上的影响力越来越大，随着人民币国际化进程的深入，人民币在国际上的接受度和使用范围必将有所提高和扩大，没有太大必要另行创设一种新的货币。对于前两种方案，均要求人民币实现完全可兑换以及香港和大陆经济较高程度的融合，这两个条件满足之后，第二个方案显然在降低交易成本上更优，且保证了整个货币融合的不可逆性。在港元与人民币一体化时点上，不少学者根据香港《基本法》"香港特别行政区不实行社会主义制度和政策，保持原有的资本主义制度和生活方式，五十年不变"的规定，认为至少在 2047 年以前，港元和人民币没有建立完全货币联盟的可能。但是笔者认为，香港《基本法》并没有绝对排除这种可能性。《基本法》规定，"香港特别行政区的货币金融制度由法律规定。香港特别行政区政府自行制定货币金融政策，保障金融企业和金融市场的经营自由，并依法进行管理与监督。""香港特别行政区政府提供适当的经济和法律环境，以保持香港的国际金融中心地位。"因此，《基本法》只是表明了大陆政府对香港的货币金融制度不加干预，香港的货币金融制度可以由香港政府基于保持香港国际金融中心地位的目标自主调整。所以，只要港元与人民币的一体化有利于香港经济金融的发展，香港完全有可能自主选择与大陆建立完全货币联盟。澳门的《基本法》亦类似。大陆、香港、澳门在组建货币联盟的过程中，可以参照欧洲中央银行体系建立时的做法，即在保留中国人民银行、香港金管局和澳门金管局基础上，组建一个统一的、超越三个经济体的中央银行，负责统一货币政策的实施。整个中央银行体系采取"辅助性原则"，即在机构设置、人员配备和功能职责划分上，只要大陆、香港能够胜任的，就尽可能地由大陆和香港有关机构和相应人员来承担，中央银行一级的机构只是起辅助作用。制定和实施货币政策时，则采取集中与分散的原则。所谓集中，是指突出超越三个经济体的统一中央银行的关键作用，由统一中央银行负责单一货币政策的制定；所谓分散，即发挥中国人民银行、香港金管局和港门金管局在货币政策执行中的重要作用。组建货币联盟的过程中，要充分重视法律制度的约束和具体明确的协议安排，不断完善相关的法律支撑体系。

（二）组建"华元区"

两岸四地组建统一货币区的思路上，应坚持以大陆、香港、澳门三地货币一体化带动两岸四地最终实现货币一体化，以区域间竞争的外部压力推动台湾与大陆建立更紧密的经济和货币合作。囿于两岸间政治关系的影响，台湾与大陆之间的经贸往来发展历程可谓困难重重，台湾地区对两岸经济往来多加干涉和阻碍，

然而市场自发的力量使得两岸经济交流快速发展。近年来，随着大陆与港澳签订CEPA以及中国—东盟自由贸易区的建立，台湾逐渐面临“边缘化”危险，这也是促成台湾与大陆商签ECFA的重要原因。未来大陆与港澳建立货币联盟，基于台湾与大陆和香港经济的高度依存性，出于经济利益考量，台湾可能主动加入货币合作。考虑大陆与台湾政治关系的特殊性，在台湾回到祖国大陆怀抱以前，台湾放弃新台币转而使用美元的难度可能相当大，因而在两岸四地货币一体化的最终阶段，应采取创设一种新的货币——“华元”的路径。由于台湾实行浮动汇率制，所以首先应缩小新台币和人民币之间的波动幅度，建立有效的汇率协调机制。可借鉴欧洲货币单位（ECU）创设方法，创立“中华货币单位”，中华货币单位是一个“货币篮子”，篮子中人民币和新台币所占份额由各经济体的区内贸易额和国民生产总值所占份额加权得出，货币权数依实际情况需要灵活调整。在此之前需设立“中华货币合作基金”，各经济体须向中华货币合作基金提供一定比例的外汇储备资产，由中华货币合作基金通过“互换”的形式向各经济体发行一定量的中华货币单位。中华货币合作基金除了扮演中华货币单位的发行者的角色，还可以运用集中起来的储备资产发挥汇率调节和提供流动性支持的作用。由于两岸四地的贸易伙伴有很大程度的相似性，中华货币单位对区外货币的币值可通过选择对两岸四地对外贸易具有重大影响的国家或地区的货币组成货币篮子来确定。中华货币单位作为汇率协调机制的核心被创设以后，各经济体就可确定与中华货币单位的中心汇率。在此基础上，各经济体汇率在允许的汇率波动幅度内波动。中华货币单位不仅可以作为各经济体的储备资产，还可以在银行业务、债券发行、外汇交易中使用，以扩大中华货币单位的使用范围和接受度。为了协调各经济体在此阶段的经济政策，原先组建的大陆、香港、台湾的统一中央银行可吸收台湾“央行”加入。待汇率稳定机制运行一段时期，两岸四地经济指标趋同、经济高度融合，就可以进入最后阶段——确立单一货币的具体方案，组建“华元区”，包括就单一货币“华元”的法律地位和法定框架达成一致，确定人民币、新台币与华元的换算比率，确立新的以华元为核心的货币汇率机制、华元的印制和发行等工作。

附　录

A—1　两岸四地 VAR 系统 AR 根图示

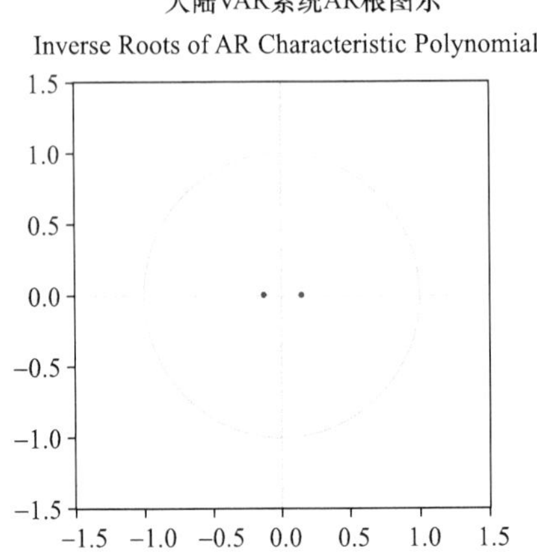

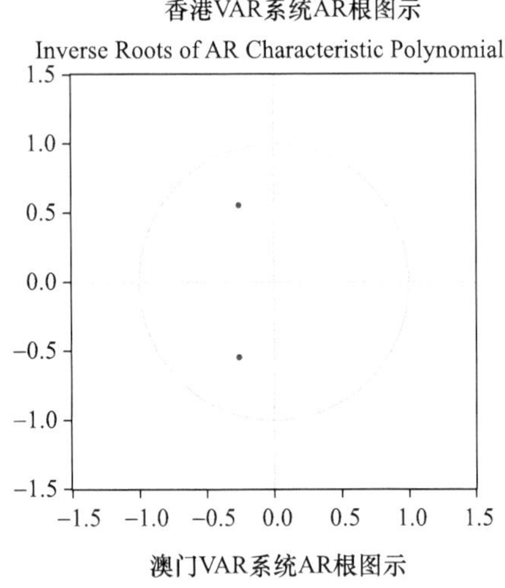

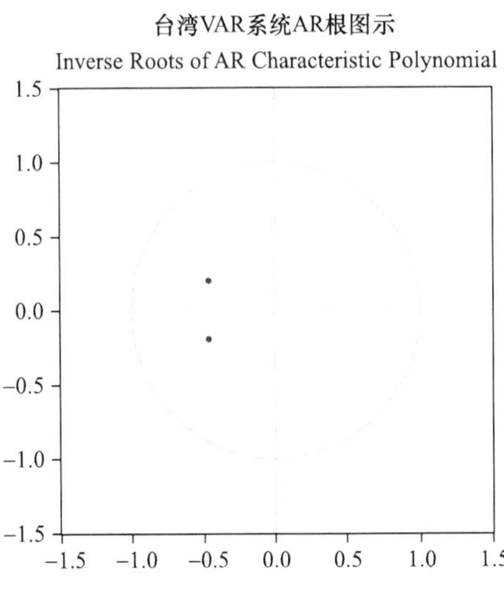

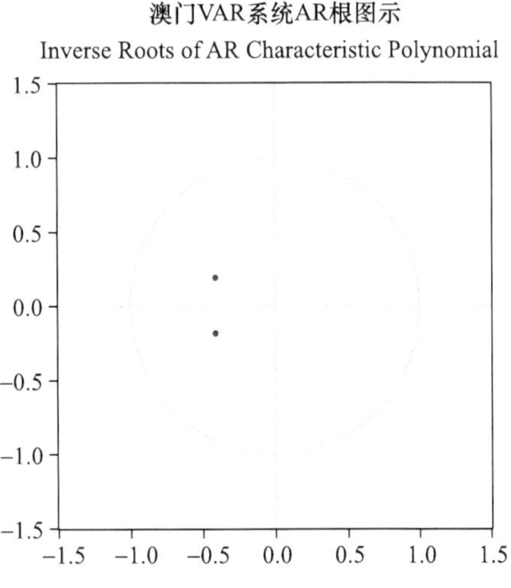

续 A—1　两岸四地 VAR 系统 AR 根图示

美国VAR系统AR根图示

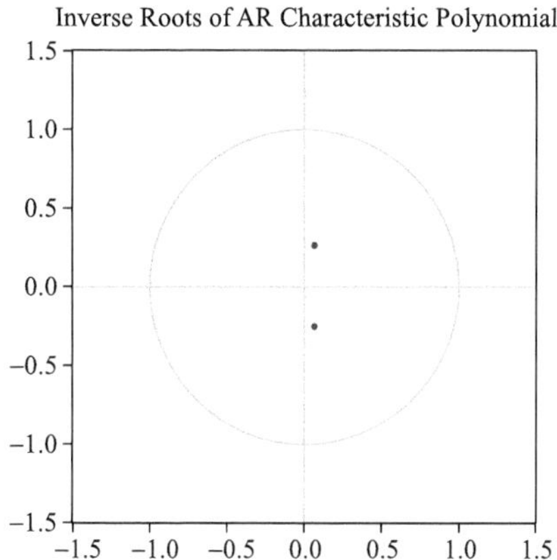

A—2　两岸四地 SVAR 模型脉冲响应图示

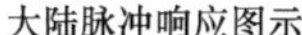

Accumulated Response of DCNGDP to Structural One S.D. Innovations

0.01
0.00
−0.01
−0.02
−0.03
−0.04
1 2 3 4 5 6 7 8 9 10
—— Shock1 —— Shock2

香港脉冲响应图示

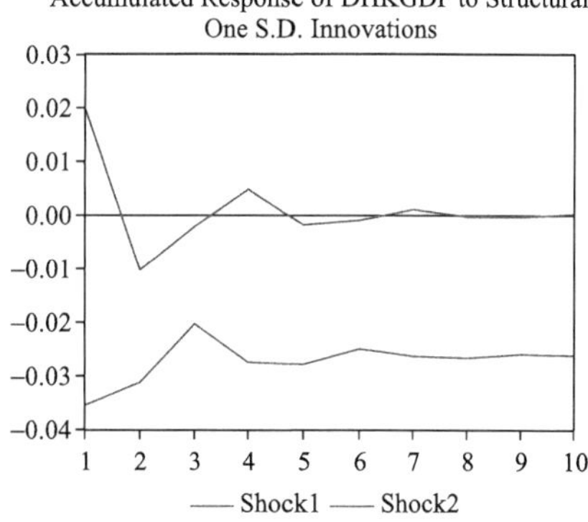

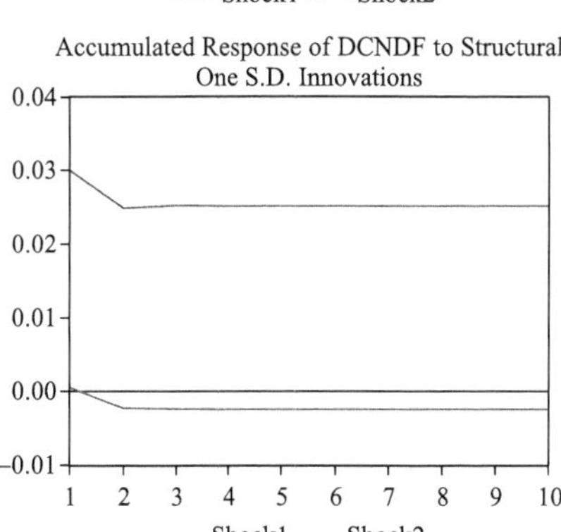

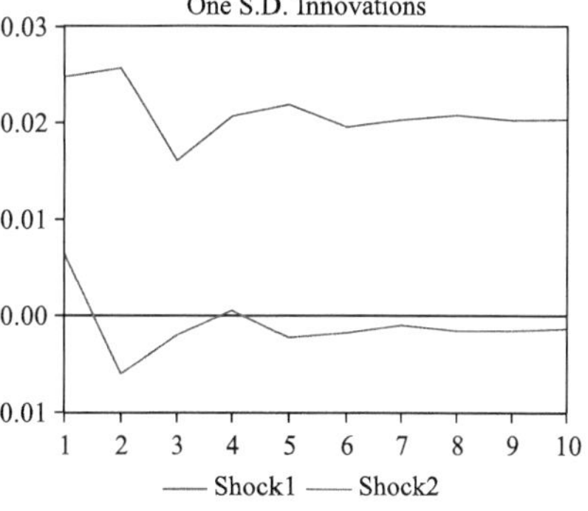

续 A—2 两岸四地 SVAR 模型脉冲响应图示

台湾脉冲响应图示

Accumulated Response of DTWGDP to Structural One S.D. Innovations

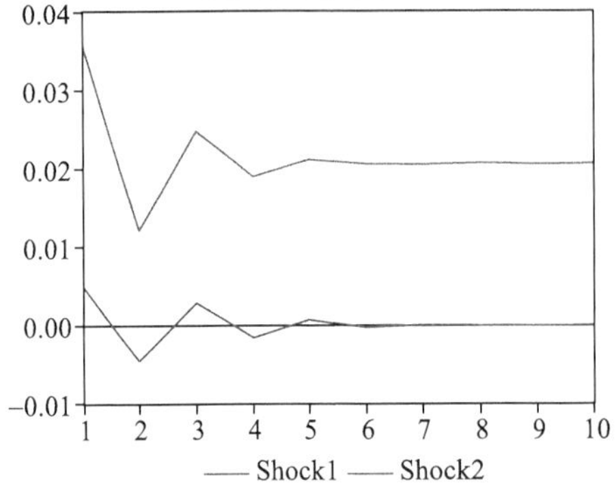

0.04
0.03
0.02
0.01
0.00
−0.01
1 2 3 4 5 6 7 8 9 10
—— Shock1 —— Shock2

Accumulated Response of DTWDF to Structural One S.D. Innovations

0.005
0.000
−0.005
−0.010
−0.015
−0.020
1 2 3 4 5 6 7 8 9 10
—— Shock1 —— Shock2

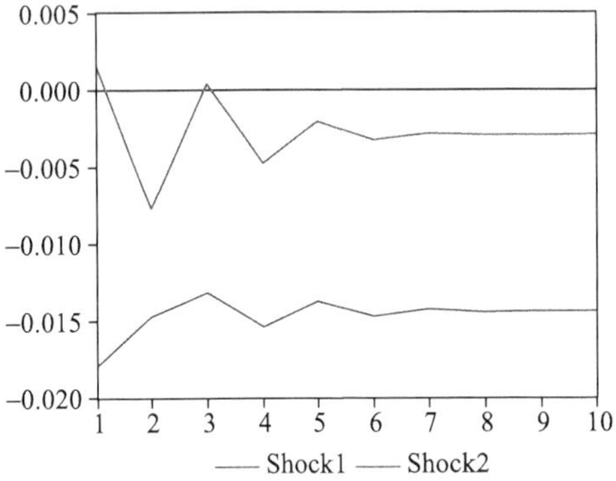

澳门脉冲响应图示

Accumulated Response of DMCGDP to Structural One S.D. Innovations

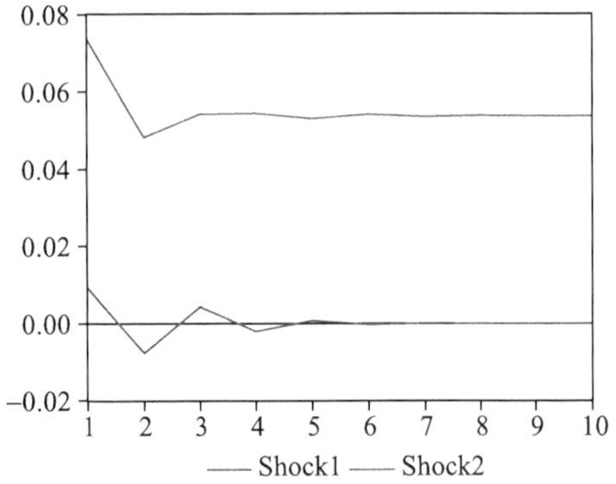

0.08
0.06
0.04
0.02
0.00
−0.02
1 2 3 4 5 6 7 8 9 10
—— Shock1 —— Shock2

Accumulated Response of DMCDF to Structural One S.D. Innovations

0.05
0.04
0.03
0.02
0.01
0.00
1 2 3 4 5 6 7 8 9 10
—— Shock1 —— Shock2

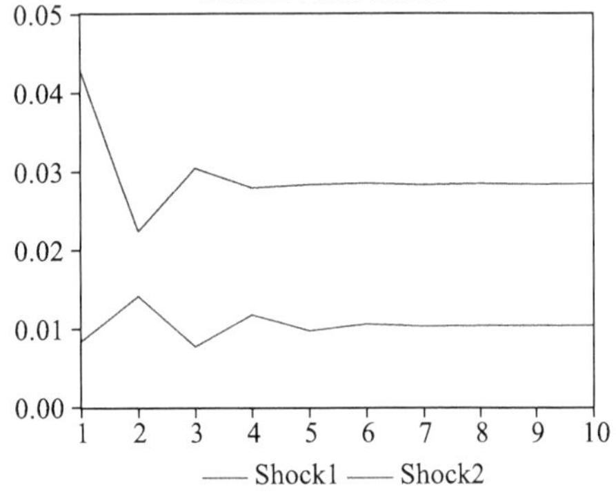

美国脉冲响应图示

Accumulated Response of DUSAGDP to Structural One S.D. Innovations

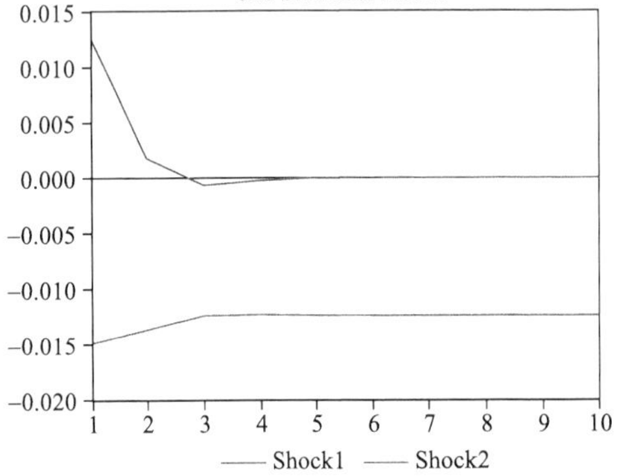

0.015
0.010
0.005
0.000
−0.005
−0.010
−0.015
−0.020
1 2 3 4 5 6 7 8 9 10
—— Shock1 —— Shock2

Accumulated Response of DUSADF to Structural One S.D. Innovations

0.010
0.008
0.006
0.004
0.002
0.000
1 2 3 4 5 6 7 8 9 10
—— Shock1 —— Shock2

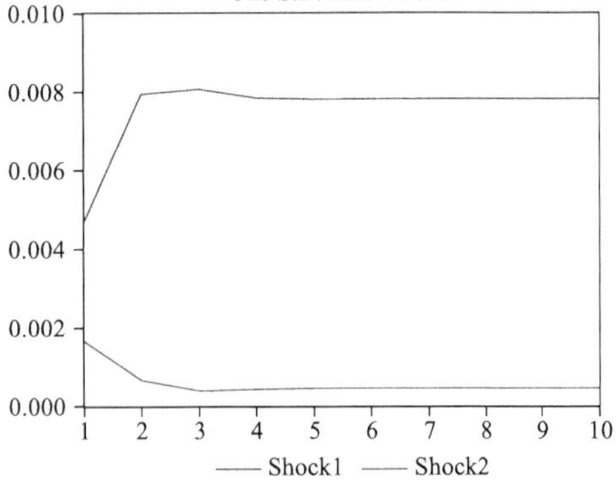

第三篇　股票市场合作篇

导 论

近几年来，海峡两岸交流与合作不断深入，合作领域覆盖贸易、投资和金融市场。2009～2010年两岸签订了《海峡两岸证券期货监管合作备忘录》（MOU）和《海峡两岸经济合作框架协议》（ECFA），全方位的合作局面已经打开，这些都标志着两岸已经进入“互惠繁荣”时代，双方将充分发挥各自的产业优势，发挥互补协同效应，从而促进两岸经济与金融市场的快速发展。台湾股票市场历史悠久，运作机制完善，大陆若能良好借鉴台湾发展经验，必将有效提高沪深两市营运效率。本章将在总结现有对于股票市场效率和随机、共同生产边界研究成果基础上，提出本篇整体研究思路和文章框架，并总结自身特色与不足。

第一节 研究背景及意义

股票市场是一个国家或地区进行金融资源集中配置的场所，是整个金融体系的核心。股票市场效率包括三个层面含义：其一，股票价格能够及时反映过去和现在市场以及上市公司的全部信息，即信息效率；其二，股票市场作为一个典型金融中介，如何将稀缺的金融资源配置给盈利能力最强、发展前景最佳的公司，即资本配置效率；其三，上市公司如何通过股票市场以最低成本、在较短时间内获得发展所需资金，并保持较高盈利能力，即股权融资效率。从宏观层面看，如何完善股票市场运作机制、提高市场流动性、加强监管，从而将最稀缺的金融资源以最优成本配置给运作最有效、成长最有潜力的上市公司，进而获得最高的盈利能力，将是每一个国家资本市场发展的题中之意。从微观层面看，股票市场效率关乎每一个融资企业和投资者利益。

大陆股票市场从1990年沪深交易所建立以来，经历了24年的长足发展。截至2014年12月31日，沪深两市的上市公司达到2613家，证券化率为58.53%，年成交量为7.38万亿股，总市值突破37万亿元人民币，其中A股开户投资者达到1.81亿，B股为255万。同时，交易品种也全面覆盖了股票、基金、债券、权证、期货等，随着2015年2月9日上证50ETF期权的试点交易，大陆股市的投资标的进一步丰富。市场不断扩容的同时，大陆的证券交易机制逐步完善，规范性也不断提高。在建设多层次资本市场方面，大陆先后建立了主板、中小企业板、创业板和新三板来满足不同层次企业的融资需求；在市场的对外开放方面，大陆启动了QFII试点和“沪港通”，预计2015年6月“深港通”也将启动，未来还将逐步放宽限制，吸引更多海外资金的注入；在股票发行制度上，监管层正稳步推进注册制改革，从而激发市场活力；在上市公司治理上，监管层还不断完善退市制度，从而保护中小投资者利益。这诸多制度建设的共同目的在于使“市场的手”完全发挥优胜劣汰的自主选择功能，让投资者形成价值投资理念，使股票价格回归理性和均衡，从而提高市场整体运作效率，进而更好地发挥投融资功能。

相比之下，台湾股市发展历史较大陆要长得多，市场运作机制也更加完善。截至2014年12月31日，台湾股票市场已经运作了52年，拥有上市公司854家，总市值达到26.89万亿新台币，年成交量为5670亿股，证券化率高达170.68%，是全世界发展相对成熟的股票市场之一。它已经形成包括“交易所—上柜市场—兴柜市场—创柜板”多层次的市场结构，其中总股本在5亿新台币到50亿新台币间的中小企业超过总市值的63%；海外投资者持股市值超过20%，同时建立了成熟的“双轨制”信用交易制度，形成价值投资风格。

由于台湾股票市场成熟而稳定的运作，加之文化和地缘上也与大陆比较接近，因此相比其他发达国家和地区资本市场发展历程，它的经验和教训相对更适用于大陆。随着2009年11月《海峡两岸证券期货监管合作备忘录》的签订，两岸建立了证券市场合作的框架，双方将发挥信息和机构的协同作用，加强两岸专业人员的沟通交流，从而促进两岸证券期货市场的健康发展。故本篇希望从两岸股票市场发展现状的对比入手，建立模型计算两者的资本配置效率和股权融资效率，进而结合理论分析和实证结果寻找有助于大陆股票市场效率提升的对策。

第二节　文献综述

一、股票市场效率

从Fama（1970）提出的有效市场理论（EMH）开始，国内外学者开展了大

量对于股票市场效率的探究。目前学者对于股票市场的界定主要分三种，分别为信息效率、资本配置效率和股权融资效率。其中绝大多数的研究集中在信息效率的探讨上，即采用 Fama 传统的有效市场假说观点，建立计量模型测算特定市场中价格快速反映信息的能力。只有少数学者开展了对于资本配置效率和股权融资效率的研究，他们认为，资本配置效率是采用微观“帕累托最优”的观点，认为股票市场是一只“无形的手”，故指的是市场能够将投资人稀缺的资金配置到最能够实现最优化生产的筹资主体上的能力；而股权融资效率则从微观上市公司的角度出发，通过股票市场的良好运作能够以最低成本、最小风险筹集到再生产所需资金的能力。

（一）股票市场效率的界定

对于股票市场效率的界定源于 Fama（1970）经典的有效市场假说。他认为，若一个市场是完全有效的，则所有可得信息将完全反映在股价变动中，并满足随机游走过程，故投资者无法预测股价变动。进一步，他按有效程度将股票市场分为弱式有效、半强式有效和强式有效。此后涌现出大量对于亚洲、拉丁美洲和中东地区股票市场有效性检验的文献。

除了狭义的信息效率外，传统经济学理论认为广义的市场效率主要包括生产效率和配置效率，生产效率指厂商使用最少的资源获得了最大的可能产出，配置效率指稀缺的资源按照最大化消费者满足程度的方式来进行分配，当两者同时达到时称为经济有效。基于此，少数学者从更广义的角度对股票市场效率进行了界定。

在国外，R. I. Robinson 和 D. Whiteman（1974）将市场效率细分为市场运作效率和配置效率。Richard R. West（1975）将市场效率区分为内部有效和外部有效，外部有效也即 Fama 所定义的信息效率，着眼于市场结构；内部有效则着眼于市场参与者，即能够在给定的交易成本下，提供给可能的交易双方以最低的成交价格，这就要求有足够多做市商的存在。A. D. Brian（1982）则从宏观和微观层面划分股票市场效率。

在国内，吴世农（1996）和刘占涛（1999）均采用 Richard R. West（1975）的界定。唐齐鸣、叶俊（2002）则主要关注内部效率。高海明（2012）则将股票市场效率定性为筹资功能、资本配置功能和信息传递功能。宋增基、张宗益（2003）认为股市是一种金融建设，其效率可以细分为融资效率和配置效率。张弛（2007）的观点与之相似，将证券市场效率等同于直接融资效率，并将其拆分为配置效率和筹资效率，前者分别从规模、盈利能力和风险上选择指标进行表征；后者包括筹资规模效率和进行股权让渡的定价效率。杨士军（2003），缪晓波、熊平和冯用富（2009）认为股票市场效率可以分为两部分，其中内部效率是股票市场自身进行资源配置的能力，因此包括定价效率、配置效率和交易效率，而外部效率则是通过财富效应、与宏观变量的共同作用，从而提高社会总产出的能力。王锦慧、王倩（2011）认为股票市场效率即资本市场调配资金的效率，也即资本配置效率。

（二）股票市场效率的实证研究

1. 信息效率

对于信息效率，实证研究手段已经趋向成熟并形成体系。由于现实尚不存在强有效市场，因此大量学者致力于对特定股票市场的弱有效和半强有效假设进行检验。根据史代敏（2004）对于弱有效市场假说的检验，一般采用随机游走模型、股价波动的自相关检验和收益率波动的自回归检验。Chan、Gup 和 Pan（1992）采用 Unit Root Test 验证了“亚洲四小龙”股票市场的弱有效。Groenewold 和 Ariff（1998）采用相同的方法验证了亚洲地区十个股票市场的弱有效，且大部分市场的波动性是温和的。Olowe（1999）随机选取尼日利亚股票市场 59 只股票 1981 ~ 1992 年的月度数据进行检验，滞后 10 阶的偏自相关系数的 Q 检验结果验证了该市场的弱有效性。陈旭、卢鸿（2001）以 1996 年 4 月至 1999 年 7 月沪深两市 B 股的指数收盘价为样本进行 ADF 检验，结果显示我国 B 股市场并未达到弱有效，进而从制度角度进行了解释。解保华等（2002）则采用 ADF、方差比和相关性检验对沪深两市股票指数进行随机游走检验，从而得出我国股市尚未达到弱有效的结论。

对于半强有效的检验，Fama 和 Fisher（1970）对股票分拆事件前后股价变动情况进行了详细分析，结果表明，消息宣布之前，股票价格就开始上涨，而在消息正式宣布时，市场已经完全消化了这一信息，因此股票价格将逐步回落。根据靳云汇、李学（2000）和李佳、王晓（2010），现有文献大多是以 Fama 和 Fisher 的结论为基础，不断衍生出包括策略研究、机构投资者业绩和市场的过度反应分析等各类事件分析法。

对于强有效市场的检验，主要是考察掌握了公司内幕消息的人员或者专业的机构投资者是否能够利用信息获得超额收益，在检验方法上尚没有达成一致意见。

2. 资本配置效率

对于资本配置效率，学者研究方法可以分为三种：第一种研究方法是根据 Tobin（1969）提出的 Q 值理论，用企业的市场价值比上净资产的重置成本来表征当地股票市场的资本配置效率。若企业的盈利能力很强，则会不断吸引投资从而提高 Q 值，则资源配置是有效的；反之则反是。左正强、张永任（2011）对我国 A 股市场 2009 年的 151 只样本股建立融资与 Tobin Q 值的线性模型，从回归

系数发现我国A股市场存在资源错配现象，是缺乏效率的。Rodolfo Q. Aquino（2006）使用边际的Tobin Q值用以判断菲律宾股票市场的资本配置效率，结果显示该市场并非配置有效或者帕累托最优。宋增基和张宗益（2003）则建立Tobin Q值与财务杠杆、股票流通率的线性模型，当财务杠杆和股票流通率一定时，Q值越高，则配置效率越高。

第二种研究方法与第一种方法类似，是采用典型的Jeffrey Wurgler（2000）行业资本配置效率的线性模型或改进形式。Jeffrey Wurgler（2000）认为，若某个行业资本回报率高，则市场会对其追加投资，进而实现较高资本配置效率，故建立了行业固定资产存量的变化率对行业增加值的变化率的线性方程，所得的回归系数将反映出市场对于该行业投资的变化情况。这一方法后来被广泛运用到分行业、分地区和分市场的资本配置效率的定量计算中。韩立岩（2002）对1990～1999年我国工业数据建立Jeffrey模型定量计算资本配置效率，其中以总资产为自变量，净利润为因变量，结果发现我国的资本配置效率整体较低，且在20世纪90年代末期出现明显恶化迹象。李至斌（2003）则将Jeffrey模型运用到不同地域资本配置效率的比较中，选取各地区的GDP作为自变量，该地区在股票市场的筹资额作为应变量，研究结果发现股票市场的资本配置效率与经济增长的相关性较弱，但北京、天津等地的资本配置效率高于其他地区。李勇（2009）选择股票市场各行业的成交金额作为投资指标，利润总额作为行业利润指标，综合考虑回归系数和效果确定我国股票市场的资本配置效率。而张立（2013）则对台湾地区多层次的资本市场建立Jeffrey资本配置效率模型，发现兴柜市场和上柜市场以其低准入门槛和灵活运作手段等优势获得了更高的资本配置效率。

第三种研究方法国内学者使用较少，它是通过上市公司的微观数据，建立投入—产出的效率评价模型研究股票市场的资本配置效率。易荣华、达庆利（2004）认为，可以将市场中每一家上市公司作为DEA模型中的一个DMU，市场即是将关于上市公司特征的投入转化为反映其能力（包括盈利能力、股票价格等）的产出。因此他们选取54只B股上市公司为样本，采用DEA模型计算我国B股市场效率，结果显示B股市场效率在缓慢提高，且波动性有所降低。蓝薇（2006）基于上市公司角度，采用DEA方法，选择覆盖金融、信息技术和生物医药三个典型行业的部分上市公司和非上市公司进行资本配置效率测算，从而得出了我国股票市场的资本配置效率低且不断下滑的结论。牛冬梅（2008）采用DEA方法测度地产、医药、信息技术和电力行业的运营效率、管理效率和规模效率，发现我国股票市场的资本配置效率在2001～2006年没有发生很大变化。

3. 股权融资效率

对于股权融资效率，在国外，对于股权融资效率的研究成果相对较少，

Sayuri Shirai（2004）将新增的银行贷款、债券发行和股票发行量作为自变量，投资作为因变量构建线性模型，从回归系数得出股权融资对投资的促进作用，从而测算我国股票市场的融资效率。

在我国，早期研究结果主要采用定性方法，最早提出“融资效率”一词的是曾康霖（1993），他认为影响融资效率的因素包括微观层面的融资约束、风险偏好和信息，以及宏观层面的市场发达程度、货币政策及作用对象等。宋文兵（1998）认为融资效率包括交易效率和配置效率，前者反映成本，后者相当于Tobin的“功能性效率”，并得出股权融资效率低于银行贷款的结论。邓召明、范伟（2001）认为，证券市场融资效率包括规模效率和资本配置效率，因此对上市公司主要财务指标与筹资规模进行相关性分析，且考察了上市公司IPO前后三年关键财务比率的变动，从而得出我国证券市场发展的最初十年过程中，上市公司的主营收入提高，但盈利能力不断下滑的结论。魏开文（2001）采用模糊评估法分别对中小企业股权、债权和内部资金三种融资手段效率进行评价，分别给成本、资金利用、规范程度、主体自由度和偿还能力五个因素赋予权重，从而认为中小企业的股权融资效率很低。宋增基和张宗益（2003）建立上市公司成本和财务杠杆、股票流通率的线性模型，当财务杠杆和股票流通率一定时，总成本越高，则股权融资效率越低。

2004年之后的研究开始基于上市公司的微观数据，采用DEA或SFA的定量方法探讨融资效率问题，而研究对象也逐步扩大到不同层次资本市场的上市公司。何枫、陈荣（2008）选择2002～2006年沪深股市中家电、纺织和有色三大行业200家上市公司为样本，分别以产品附加值和主营业务利润为产出指标，建立SFA模型两次计算了企业效率。沈友华（2009）选择沪深两市60家国有企业和深市中小板市场60家民营企业2003～2008年的季度数据为样本，从企业融资形式、规模、股权结构和宏观经济因素入手，比较国有企业和民营企业的DEA融资效率。赵守国（2011）用DEA模型分析陕西的21家上市公司的融资效率，结果显示，仅6家达到DEA有效，且大多分布在采掘、建筑等传统行业。陈贤锦（2010）则以2006年上市的57家公司为样本，采用DEA方法评价企业效率，从而证明我国股市的股权融资低效假设。刘力昌等（2004）以DEA方法为基础，选取融资额、股权集中度、股份流通性和资产负债率作为投入指标，ROE、Tobin Q和主营收入增长率作为产出指标，计算了沪市的47家企业的股权融资效率，结果表明样本中超过60%的企业无法同时达到技术有效和规模有效，且信息行业企业的效率相对较高。杨小波（2012）选取我国和印度股市指数样本股2006～2010年的数据为样本，建立DEA模型计算并比较两国股权资金的使用效率。

综上，对于股票市场效率，当前研究绝大部分集中于狭义的信息传递效率，相对忽略了更广义的资本配置效率和股权融资效率。对于资本配置效率，学者的方法主要为 Jeffrey 方法下的行业资本配置模型、Tobin Q 模型以及前沿分析方法，而前沿分析的实现方法基本为 DEA 模型。对于股权融资效率，融资规模、结构的描述性分析结果的准确性和可靠性有待商榷；而其余学者基本采用 DEA 方法，且大多以典型行业或某个地区的少量样本为窗口，很少会将样本量提高并映射到整个股票市场。因此本篇希望从全面界定股票市场效率入手，将样本覆盖到市场指数的全体成份股，并进行实证方法上的新尝试。

二、随机和共同生产边界模型

（一）随机生产函数

随机边界生产函数由 Aigner、Lovell 和 Schmidt（1977）以及 Meeusen、Van den Broeck（1977）首次提出。在随机边界的研究中，生产函数的误差项来自两个方面，一是技术无效率 μ，服从 0 处截断、相互独立的正态分布，且随时间变化；二是随机因素 ν，呈相互独立的正态分布，区别于之前研究将生产函数的误差项全部归结于无效率因子。

技术效率被定义为给定公司实际产出与对应的潜在产出比值，用以反映个体的运作效率。Battese 和 Corra（1977）提出生产函数的微观边界形式及误差的分解形式，使用极大似然估计方法，通过搜集澳大利亚东部的农牧业数据加以实证分析，最终得到生产函数的参数估计。

随机生产函数的估计可以采用平衡面板数据或非平衡面板数据，即估计过程并不要求所有个体样本量保持一致。G. E. Battese、T. J. Coelli 和 T. C. Colby（1989）以印度农场 1975～1984 年的平衡面板数据为样本，得到了广义的边界生产函数，并进行了单个农场技术效率的预测。而 G. E. Battese、T. J. Coelli（1992）和 G. E. Battese、T. J. Coelli（1995）均尝试以印度农场的非平衡面板数据估计了边界生产函数，并得到了随时间变化的技术效率预测值。

（二）共同边界生产函数

共同边界生产函数最早由 Hayami（1969）、Hayami 和 Ruttan（1970）提出，且国外学者研究远远领先于国内。他们认为，随机边界生产函数理论隐含了一个假定，即样本均处于一个相同的技术背景之下，这样所得的技术效率才具有可比性。若要比较不同技术背景下的两个群组内生产者相对的技术效率，该方法就无法保证准确性。故他们在此基础上提出共同边界生产函数的概念，假定在不同群组（如国家、地区）的生产者有潜在的可能去追求相同的技术，从而构造共同生产边界，它将包络所有已知的和潜在的群组生产边界，从而可用于对比不同地区生产者的相对技术效率。

Mundlak、Hellinghausen（1982）和 Lau、Yotopoulos（1989）等都致力于提出不同国家农业生产效率的比较方法。1990 年起，G. E. Battese、D. S. Prasada Rao 和 Christopher J. O' Donnell 等对共同边界的理论框架进行了不断的研究与完善，形成了大量有价值的文献。G. E. Battese 和 D. S. Prasada Rao（2002）在随机共同边界函数概念下，采用结构拆分形式，定义技术缺口比例 TGR，用以估计各区域和整体技术差距，为不同生产者之间的技术效率比较提供了一套更为清晰的理论分析框架。此外，他们还主张将不同群组样本组成合并样本进行效率计算。

他们（2003）又基于共同边界概念，选取联合国粮食农业组织提供的 1986 ~ 1990 年的面板数据，将 97 个国家分成了非洲（27）、美洲（21）、亚洲（26）和欧洲（23）四组，同时使用 DEA 和 SFA 方法估计了共同边界。研究结果发现，DEA 方法适用于多投入多产出的样本，但其将所有误差来源统一视为无效率因子，结果未免偏颇；而 SFA 方法适用于多投入单产出的情形，它区分了无效率和随机误差项，且可进一步计算两个误差来源的相对重要程度。他们（2004）进一步认为 2002 年提出的合并样本的计算将无法确保边界可以完全包络所有的区域随机边界，因此提出线性规划的修正方法。并将其运用到印度尼西亚的 5 个农业地区 1990 ~ 1995 年的实证检验中，得到相应的技术缺口。Christopher J. O' Donnell、D. S. Prasada Rao 和 George E. Battese（2007）再次使用 DEA 和 SFA 方法获得了共同边界，并对 SFA 方法提出了可能的修正，他们认为采用线性规划的方法得到的共同边界是假定每个群组是等权重的，忽略了每个群组与共同边界的不同距离。此外，他们还探索了技术效率变动和公司异质性问题。

国内对共同边界生产函数研究缓慢，且大多是基于国外学者理论研究结果进行的实证检验。颜晃平、张静文（2009）使用 SFA 方法，评估台湾地区的“加入金融控股公司”和“没有加入金融控股公司”两组银行在 2001 ~ 2007 年的技术效率和相对于行业的技术缺口，从而得到银行成本的改善潜力，结果显示未加入金融控股公司的银行更靠近共同成本边界。近年来，海峡两岸的实体产业的联系越来越紧密，学者开始将共同边界研究方法运用到两岸相关产业经营效率的比较中，以期为提高两岸产业的合作发展及经营效率出谋划策。李兰冰、胡均立和黄国彰（2011）在共同边界的概念下，采用 DEA 方法计算了大陆和台湾证券公司的经营效率，并进一步运用 Tobit 模型讨论了影响经营效率的主要因素。欧吉虎（2011）则以海峡两岸的通信行业作为研究样本，使用类似的 DEA - Metafrontier 方法进行效率评价，结果发现大陆通信公司的管理效率明显低于台湾，但呈现出逐渐改善的态势，而台湾公司却在逐步衰退。蔡芳梅（2008）采用三阶段的 DEA 方法，评估了中国大陆、中国香港、中国台湾、日本和韩国 5 个国家（或地区）的商业银行的经营效率，研究结果表明，共同边界下的银行经营效率低于区域边界下计算的银行经营效率，且大陆和台湾的外部运营环境较好，效率值明显提高。

国内学者还将共同边界方法运用到我国东中西部区域企业效率比较。王燕、谢蕊蕊（2012）运用共同边界法对东中西部工业的技术效率和技术缺口进行实证分析，结果表明东中西部工业发展确实存在技术差距；二元经济的特征很明显地体现在技术缺口的差距上，且缺口有不断变大趋势。陈波、梁彤缨和陈修德（2014）以位于东中西部的673家民营公司2005～2010年的非平衡面板数据为样本建立共同边界模型，计算了企业效率和技术缺口比率，研究发现在传统效率计算过程中关于“企业面临同样的生产边界”的假设过于理想化。

综上，把共同边界方法运用到整个股票市场的效率对比研究较少，因此本篇在综合前述研究成果的基础上，将股票市场效率限定为股权融资效率和资本配置效率，以大量有代表性的上市公司为视角，采用共同边界概念下的SFA方法计算大陆和台湾股票市场2009～2013年的股权融资效率和资本配置效率，并进行效率项的拆解与比较，从而得出有助于提高大陆股票市场效率的可行性建议。

第三节　研究思路及文章结构

一、研究思路

本篇将按照文献梳理、理论回顾、现状描述、实证导向、对策分析研究思路展开，由表及里，层层递进。

首先，在两岸股票市场不断发展和加强合作的大背景下，梳理当前国内外学者对于股票市场的效率和随机、共同边界模型的研究成果，进而得出本篇的研究思路和结构，并提出本研究与其他研究的不同之处及存在的不足。

其次，对“效率”给出明确界定，并对常用测度方法进行简要评价。进而回顾传统的资源配置效率和资本市场有效性理论，并在此基础上详细介绍Meta-frontier下的SFA模型的理论框架。

再次，辅以翔实的数据，对海峡两岸股票市场的发展现状进行描述性分析，从而得出两个市场的比较结果。

又次，以两岸股票市场指数的成份股2009～2013年度数据为样本，在Meta-frontier概念下分别建立资本配置效率和股权融资效率模型，从而计算出两岸股市的区域效率、共同边界下效率及效率缺口，进而对实证结果进行简要分析。

最后，基于实证研究结果，结合大陆股票市场的发展现状，提出有利于提升大陆股票市场效率的可行性建议。

二、文章结构

本篇共四章，具体结构安排如图 0 -3 -1 所示。

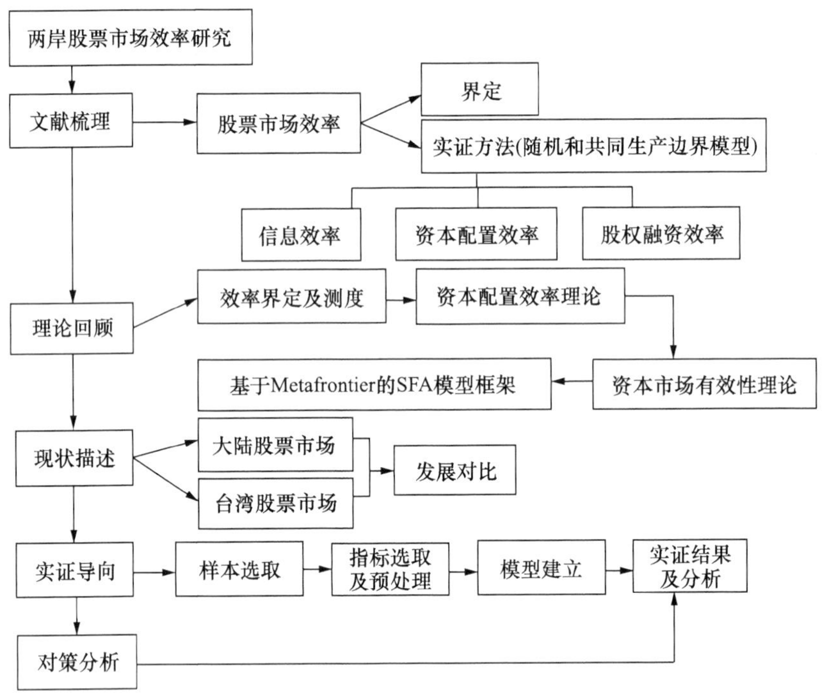

图 0 -3 -1　本篇结构

第四节　本篇特色与不足

一、文章特色

（一）视角独特

本篇在海峡两岸经济金融合作日益加强的大背景下，以大陆股票市场和台湾

股票市场作为研究对象，以大量有代表性的微观上市公司的财务数据来测算整个股票市场的资本配置效率和股权融资效率，进而进行两个股票市场的对比分析。因此视角比较独特，对效率的界定也较全面，以期为提高大陆股票市场效率提供可行性建议。这与此前研究仅仅用少量行业或上市公司样本来映射某个地区或某个股票市场的资本配置效率或股权融资效率是有很大区别的。

（二）方法新颖

首先，本篇在股票市场效率计算过程中引入共同边界概念，从而使得两岸股票市场效率的可比性大大提高，这在当前对于金融机构或股票市场的研究成果中是较为少见的。其次，当前大量针对效率的研究成果大多采用数据包络分析法，而本篇采用随机边界模型计算效率，模型设定上难度更大。最后，本篇还进一步测算出技术缺口比率，为两岸股票市场的效率比较打下基础。

二、本篇的不足

由于当前对信息效率研究已经形成完整体系，因此本篇在效率界定时就将研究范围限定在资本配置效率和股权融资效率。但事实上，信息效率、资本配置效率和股权融资效率共同构成了股票市场效率，若要全面考察两岸股票市场效率，三者缺一不可。此外，由于样本资料的获取难度，本篇将样本跨度限定在2009～2013年，若能增大数据的时间跨度从而全面覆盖市场的牛、熊市阶段，则两岸股票市场的发展和效率判断结果的准确性和可信度将有所提高。

第一章 股票市场效率的理论基础

传统经济学理论中对于效率的界定最早源于帕累托的“有效性理论”，在实物资源配置中，即需要满足“交换有效”、“生产有效”及“交换与生产有效”三个一阶条件。若将其引申至资本市场，Fama 按股票价格对信息的反映程度来定义“股票市场效率”，并将市场分成了“弱式有效”、“半强式有效”和“强式有效”。本章将基于经典的“资源配置效率理论”和 Fama 的“资本市场有效性理论”，从更广义的角度将股票市场效率定义为“资本配置效率”和“股权融资效率”；并简要介绍效率测度的两种常用方法——DEA 模型和 SFA 模型；同时详细阐述本篇将采用的 Metafrontier - SFA 模型的原理、参数估计和假设检验方法。

第一节 效率的界定及测度方法

一、效率的界定

“效率”在词典中的解释为在给定时间内完成的工作量，即有效使用社会资源以满足人们的欲望。在经济学解释中，对于稀缺的资源来说，人们的欲望是无穷的，必须对有限资源进行最优化的配置。根据“帕累托有效”定义，效率是指在不使任何人的情况变坏前提下，不可能得到任何福利改进，则市场可以被称为“有效率”；若在不使任何人的情况变坏的前提下，可能得到福利改进，则证明市场存在“帕累托改进”的空间。

汲取当前对于股票市场效率研究精华，本篇将从广义角度出发，把股票市场效率定义为两个层面，即从上市公司层面综合考察股票市场的优化配置和融资功能。其中，资本配置效率指股票市场将稀缺的金融资本配置给盈利能力最强的融资主体的能力，而股权融资效率指一个上市公司以最低成本、最小风险融入资金，并通过资本运作手段获得最高的资金收益的能力。

二、效率的测度方法

根据陈敬学（2004）、白斌（2010）和魏煜（2000），当前研究对于金融机构效率的定量测度主要包括财务因素分析和前沿分析两大体系。其中，财务因素分析体系是基于公司金融的原理，通过相应的财务指标进行考察，常用的财务因素主要包括盈利能力因素，如总资产收益率、净资产收益率、净利润、营业利润等；偿债能力因素，如 EBIT/I、资产负债率等；营运能力因素，包括各种周转率，如流动资产周转率；成长能力因素，如营业收入（利润）增长率等。

前沿分析体系是根据设定的投入产出指标确定出可能生产边界，从而计算出每个决策单元相对于生产边界的效率，是一种相对测度，而非绝对测度。根据生产边界计算过程中是否需要估计参数，前沿分析法又可以分为参数法和非参数法两种，其中非参数法中使用较多的是数据包络分析（DEA）①，而参数法中使用较多的是随机边界分析（SFA）。

（一）数据包络分析（DEA）

数据包络分析（Data Envelopment Analysis，DEA）是由运筹学家 A. Charnes、W. W. Cooper 和 E. Rhodes 于 1978 年首先提出，用于评价一组相似决策主体的相对有效性（即 DEA 有效）。其优点在于排除大量主观因素，为那些投入无法确定适当权重、多输入的部门产出的“规模有效”以及“纯技术有效”提供一个相对客观的评价。随着模型的不断发展，它的应用范围已从生产部门扩展到军事、城市发展规划、银行经营等领域，应用深度已从部门间的效率评价扩展到对政策效果的评估。

DEA 效率评价模型可以分为评价总体效率的 C^2R 和纯技术效率的 C^2GS^2 模型。总体效率表征规模报酬不变下的资源配置效率。C^2R 模型经济解释为，若投入量 x_r 不能按同一比例 β 减少，即 $\beta = 1$，DMU_i 为总体有效。反之，若投入量 x_r 能按同一比例 β 减少，即 $\beta < 1$，则 DMU_i 不为纯技术有效，或不为规模有效。纯技术效率表征规模报酬可变下的资源配置效率，侧重反映经营管理水平与制度建设。C^2GS^2 模型经济解释为，若投入量 x_r 不能按同一比例 η 减少，即 $\eta = 1$，DMU_i 为纯技术有效。反之，若投入量 x_r 能按同一比例 η 减少，即 $\eta < 1$，则 DMU_i 不为纯技术有效。最后，规模效率为总体效率 β^* 和纯技术效率 η^* 的比值，表征剔除技术水平下主体所处的生产规模区间是否为最优规模。

（二）随机边界分析（SFA－REGION）

SFA 模型的建立依赖于生产边界的形式选择，常用函数形式包括对数形式的

① 第一篇已做详细阐述，故在此仅简述之。

Cobb－Douglas 生产函数和超越对数生产函数。Meeusen 和 Vanden Broeck，Aigner、Lovell 和 Schmidt，Battese 和 Corra 首次提出了 SFA 方法，采用面板数据。模型认为生产函数的复合误差项来自两个方面，一是随机误差项，二是非效率因子。在现实中，金融机构在运营过程中除了自身非效率外，还可能受到不可控因素的影响，如外部宏观环境、社会因素等。

1. 模型假定

假设 y 和 x 分别表示产出和投入。考虑有 K 个区域（$K>1$），每个区域有 L_k 个公司，因此每个区域内的公司都在 T^k（$k=1, 2, \cdots, K$）技术状态下运营。并做出如下定义：

技术集 $T=\{(x, y): x \geqslant 0, y \geqslant 0$；x 可用于生产 y$\}$

投入集 $L(y)=\{x: (x, y) \in T\}$

产出集 $P(x)=\{y: (x, y) \in T\}$

根据 Fare 和 Primont（1995），对于每一个 T^K，假设满足如下四点：

（1）$0 \in P^k$ 即产出可以为 0；

（2）$\forall x$，$y \in P^k(x)$，且当 $0<\theta \leqslant 1$，则 $y^*=\theta * y \in P^k(x)$；

（3）$\forall x$，$P^k(x)$闭而有界；

（4）$\forall x$，$P^k(x)$是凸集。

此外，通常还假定投入是凸而可分的。以上假定共同确保收入最大化问题的解集非空。

2. 生产函数形式

对于第 $k(k=1, 2, \cdots, K)$个决策单元，生产函数形式为

$$Y_{it(k)}=f(x_{it(k)}, \beta_{(k)}) * e^{V_{it(k)}-U_{it(k)}}$$

$$i=1, 2, \cdots, L_k;\ t=1, 2, \cdots, T \tag{1}$$

其中，$Y_{it(k)}$为第 k 个区域中的第 i 个公司在 t 时期的产出；$X_{it(k)}$为第 k 个区域中的第 i 个公司在 t 时期的投入向量；$\beta_{(k)}$表示第 k 个区域的模型的参数估计结果。

同时设定：

（1）$V_{it(k)}$是随机误差项，独立同分布于$N(0, \sigma^2_{v(k)})$；

（2）$U_{it(k)}=\mu_i e^{(-\eta(t-T))}$，是非效率因子，在 0 处截断，独立同分布于 $N(\mu_{it(k)}, \sigma^2_{(k)})$；

（3）$V_{it(k)}$与$U_{it(k)}$相互独立；

（4）$Y=\dfrac{\sigma_u^2}{\sigma_u^2+\sigma_v^2}$，$\lambda=\sigma_u/\sigma_v$。

为简化起见，多假设产出是参数的指数线性形式，因此生产函数形式如下：

$$Y_{it(k)} = f(x_{it(k)}, \beta_{(k)}) * e^{V_{it(k)} - U_{it(k)}} \equiv e^{x_{it(k)}\beta_{(k)} + V_{it(k)} - U_{it(k)}}$$

$$i = 1, 2, \cdots, L_k; \ t = 1, 2, \cdots, T \tag{2}$$

3. 技术效率计算

对于 k 区域中给定的一组投入产出(x, y)，技术效率计算如下：

$$TE_o^k(x, y) = \frac{Y_{it(k)}}{f(x_{it(k)}\beta_{(k)}) * e^{V_{it(k)}}} = e^{-U_{it(k)}} \tag{3}$$

4. 参数估计

SFA 模型所需估计的参数包括 $\beta_{(k)}$、η 和 γ，其中从 $\beta_{(k)}$ 的计量显著性可以判定整个模型的有效性；从 η 的正负可以看出非效率因子随时间的变动情况；而 γ 介于 0 ~ 1 之间，其大小可以反映出非效率因子在复合误差项中所占的比重。根据 Coelli T. J. （1996），模型可以通过 Frontier 4.1 程序进行求解。

（三）两种方法的优劣分析

2002 年之后，DEA 方法被学者广泛运用在金融机构的效率研究中，并产生了 DEA 模型的各种衍生形式，如超效率下的 DEA 模型、二阶段 DEA 模型、三阶段 DEA 模型和 DEA - Tobit 模型等。朱远程、丁毅（2012）采用 DEA 模型对北京市 18 家证券公司的经营效率进行测算。周再清、吴俊杰（2009）运用因子分析方法筛选投入和产出变量并建立 DEA 模型，研究表明我国农村信用合作社的金融支农效率尚未达到 DEA 有效，规模效率高于纯技术效率，且东部与中西部地区相去甚远。张健华（2003）对 DEA 原始模型进行改进，以此计算国有、股份制和城商行三类银行在 20 世纪 90 年代末的 DEA 效率得分并排序，从而全面地评价了整个行业的经营效率。陈敬学（2004）以我国商业银行为样本，使用超效率的 DEA 模型计算了银行业的技术效率和利润效率。

相比之下，SFA 模型在我国的使用晚于 DEA 方法，王聪、宋慧英（2012）使用 SFA 模型对传统效率结构假说进行检验，发现市场份额与证券公司效率的关系并不显著。李鸣迪（2014）使用 SFA 方法计算了我国 15 家上市银行 2003 ~ 2012 年的 X 效率，并对其按有效性进行排序。白斌（2010）采用 SFA 模型计算了我国信托公司的利润效率，结果表明整体呈现下降态势。

两种测度方法各有优劣。DEA 方法优势在于：一是通过目标函数的构造将分式规划转为线性规划，且无须对投入和产出指标进行去量纲处理，也无须为其赋予权重，转而通过最优化过程来确定效率计算结果。二是适用于多投入多产出的决策问题，而 SFA 模型只能解决多投入单产出问题。三是无须事先确定模型参数与模型形式，这也是参数法无法企及的。但 DEA 方法也存在自身的缺陷：一是当决策单元数目近似等于投入—产出指标之和时，计算所得的效率值存在较大的误差。二是与参数法相比，模型未考虑随机误差的影响，因此若存在奇异值时，DEA 模型将受到很大影响。而 SFA 模型将模型误差项来源进行细分，使模型意义更加清晰；此外，它通过自行设定生产边界形式来进行效率测度，受奇异值影响较小。但 SFA 模型适用于多投入单产出的情形，要应对多产出情形则需要先将多产出合并成总产出。

第二节　资源配置效率理论

传统经济学探讨的三个基本问题为“生产什么”、“怎么生产”、“为谁生产”，本质即解决稀缺资源和人类无穷的、各有轻重缓急的欲望之间的矛盾及如何最有效进行资源配置问题。资源配置，顾名思义为将一定量的资源按照给定规则分配到生产或所有者手中，以满足不同的需要。因此最优配置一般包含两层含义：一是将稀缺资源用于生产消费者最需要的产品；二是将稀缺资源配置给生产效率最高的生产者。

一、资源配置效率定义

作为资源配置效率理论的鼻祖，Vilfredo Pareto 提出资源配置的最优状态“帕累托最优”：在给定条件下，若对于经济体的任何配置调整都不可能在不使得其他人的处境变坏的情况下，使某些人的处境变好。而如果存在“帕累托改进”的空间，则经济体尚未达到资源的最优化配置。

除此之外，Karldor－Hicks Priciple 是指当一种资源配置方式可以使得利益增加者的所得足以补偿利益受损者的损失，即总利益增加了，则称为 Karldor－Hicks 改进。若不存在改进空间，则经济体已经达到了 Karldor－Hicks 效率。相比之下，这种资源配置效率比帕累托效率的条件更宽松。

二、资源配置效率的条件

根据帕累托研究，资源配置的有效性包括三个一阶条件，分别为交换的最优条件、生产的最优条件、生产和交换的最优条件。

（1）交换效率。两个消费者 A、B 对 X、Y 产品的边际替代率相等，在埃奇沃斯盒状图中，将两个消费者无差异曲线的所有切点连成的轨迹 O_aO_b，即交换的契约线：

$$MPS_{XY}^{A}=MRS_{XY}^{B}$$

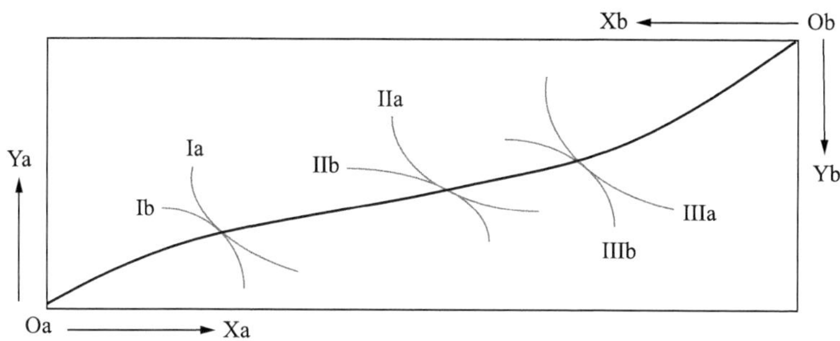

图 1-2-1　交换契约线

（2）生产效率。分别生产 X、Y 两种产品的生产者对于资本 K、劳动 L 的边际技术替代率相等，在埃奇沃斯盒状图中，将两厂商等产量线所有切点连成的轨迹 O_xO_y，即生产的契约线：

$MPTS_{LK}^{X} = MRTS_{LK}^{Y}$

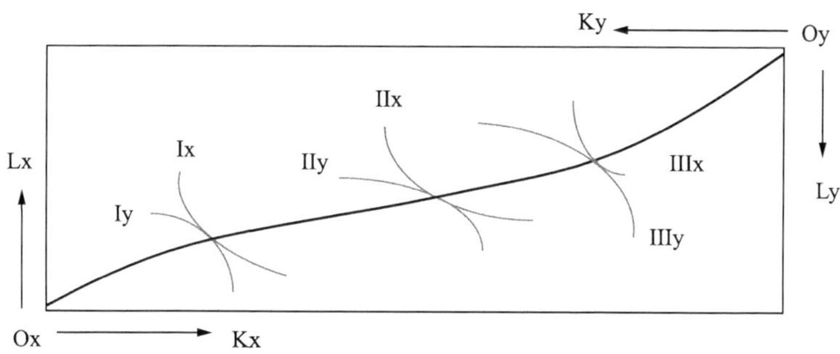

图 1-2-2　生产契约线

（3）生产和交换效率。用生产资料的某种组合生产出来的产品既实现了交换效率，又实现了生产效率，则此时的效率称为组合效率。由生产的契约线可以转换出生产可能性曲线 BB′，反映了在一定资本和劳动投入下所能够生产出的最大产量 X、Y 的组合。将生产可能性曲线和消费者的无差异曲线组合起来分析，则可以得到组合效率。条件为两个消费者 A、B 的边际替代率等于两种商品 X、Y 的边际转换率，即：

$MRS_{XY}^{A} = MRS_{XY}^{B} = MRT_{XY}$

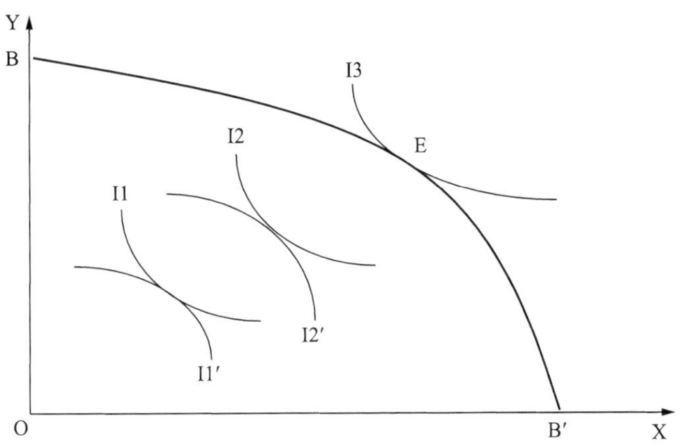

图1-2-3　生产可能性曲线

三、资本配置效率

根据理论和实证的结论，只有自由市场交换才能实现资源最优配置。若将资源配置效率理论引入资本市场，资本也属于一种稀缺资源，而在完全竞争的资本市场中，资本应该按照边际收益率的高低在各种融资主体之间进行配置，即实现金融资本的帕累托有效。因此衡量尺度即为资本是否能流向营运效率最高的产业、行业或企业。通过一级市场的发行，资金可以流向发展前景最好、盈利能力最强、公司治理结构最优的公司；而通过二级市场的交易，投资者可以随时“用脚投票”，从而实现对上市公司的约束，进而达到资本市场的优胜劣汰。

因此，资本配置效率应包括两个方面：一是营运效率最高的行业或企业应该得到最高份额的资本投入，营运效率第二者得到的资本次之；二是获得最高资本配置的行业或企业应该取得最高的经营效率。前者反映资金在各行业或企业之间的配置，后者反映行业或企业有效地利用资金的过程。若两者能够同时实现，则实现了资本的有效配置。

第三节　资本市场有效性理论

“股票价格以随机游走的方式运动”这一观点最早是 Louis Bachelier（1900）在他撰写的博士论文《投机理论》中提出，他试图寻找能够预测巴黎股票交易所债券价格运动公式。他所观察到的债券价格的运动方式与苏格兰植物学家 Rob-

ert Brown 的发现是一致的，其本质和抛硬币相同，价格上涨和下跌的概率完全相等，波动的数学期望值为 0。这一观点直到 20 世纪 50 年代才开始进入人们的视野。

1953 年，英国统计学家 Maurice Endall 借助电子计算机寻找股票价格波动模型，但发现其波动仅仅是“随机游走”（Random Walk），并不存在预测模型。他的结论对传统经济学思想造成了巨大冲击，若结论正确，那意味着投资者将无法通过任何投资工具在股票市场上取得盈利。Osborne（1959）证明了股票价格的变动和流体中的粒子的运动很接近，即“布朗运动”，并用物理方法研究了股票价格的行为。1965 年，Fama 又提出市场是“公平博弈”（Fair Game），任何信息都无法战胜市场并取得盈利。

1970 年，Fama 在前人研究基础上，系统性提出了“有效市场”的概念。这个假说基于一系列严格的条件，包括理性的、相互竞争并以利润最大化为目标的市场参与者，信息随机且相互独立，竞争的投资者力图使股票价格迅速反映新信息等。若股票价格能够对于现有信息进行快速调整，从而使价格可以反映所有信息，则资本市场是有效的；若信息调整很慢，从而投资者可以通过掌握有关股票信息来赚取超额利润，则资本市场是无效的。

Fama 在考虑风险的基础上提出了预期收益模型，并假设股票价格能充分反映某一时点上的所有公开信息：

$$E(\widetilde{p_{j,t+1}} \mid \phi_t) = [1 + E(\widetilde{r_{j,t+1}} \mid \phi_t)] \times p_{jt}$$

设 $x_{j,t+1}$ 为证券 j 在 t+1 时点的超额市场价值，是相对于信息集 ϕ_t 的公平博弈，则其数学期望为 0。这可以认为证券价格已经充分反映了所有可得的信息。

$$x_{j,t+1} = p_{j,t+1} - E(p_{j,t+1} \mid \phi_t)$$

$$E(\widetilde{x_{j,t+1}} \mid \phi_t) = 0$$

Fama 则根据信息集的不同层次，将有效市场分为三个层级。当前的股票价格能够反映股票所有的历史信息时为弱势有效市场，则根据股票历史的价格信息进行当前的投资决策是无法得到超额利润的。当股票的所有公开信息，包括公司的会计数据、竞争对手的经营情况、公司治理结构等都反映在股票价格时为半强式有效市场，则对上市公司的基本面分析是无效的。当股票价格反映了所有与之相关的信息，包括非公开的内幕信息时为强式有效市场，则此时任何分析都不可能战胜市场。

资本市场的有效性理论既为提高证券市场的效率提供了坚实理论基础，也为本篇的政策建议提供了方向。提高股市效率的关键就是要解决股票价格在形成过程中所涉及的信息从产生到有效披露，再到被市场吸收，最后合理反馈的问题，而上市公司严谨、全面的信息披露将是建立有效资本市场的基础和起点。另外，该理论还提供了强有力的实践指导意义。若证券市场尚未实现半强有效，则可以通过投资者结构的培育以及融资融券交易机制的建立，在一定程度上增加竞争、减少套利机会，使证券价格向均衡价格方向变动。

第四节　基于 Metafrontier 的 SFA 模型框架

1990 年之后，Battese 和 Corra 等在随机边界模型的基础上，创造性地提出了共同边界下的 SFA 模型，以用于不同地区、具有可比性的决策单元之间的效率比较。

一、共同技术定义

假设存在一种共同技术 T^*，每个区域的公司都可以在此状态下营运。T^* 是所有区域技术的总和，使投入 x 至少能在一种区域技术水平 T^K 下获得产出：

$T^* = \{(x, y): x \geqslant 0, y \geqslant 0\}$

因此，$T^* \supseteq \{T^1 U T^2 U T^3 U \cdots U T^K\}$

为了使 T^* 满足凸性，再将其定义为：

$$T^* \equiv 凸包\{T^1 U T^2 U T^3 \cdots U T^K\} \tag{1}$$

二、Metafrontier - SFA 模型

（一）合并随机边界模型（SFA - POOL）

将 k 个区域的样本合并成 i ∗ K 个样本：

$$Y_i = f(x_i, \beta^*) e^{V_i^* - U_i^*}$$
$$i = 1, 2, \cdots, i * K \tag{2}$$

（二）共同边界模型（MF - LP）

1. 共同生产函数

共同生产函数形式为：

$$Y_{it}^* = f(x_{it}, \beta^*) = e^{x_{it}\beta^*}$$

$$i = 1, 2, \cdots, L = \sum_{K=1}^{K} L_k, t = 1, 2, \cdots, T \tag{3}$$

$s.t.\ x_{it}\beta^* \geqslant x_{it}\beta_{(k)}$

这也就表明了共同生产边界不会低于任何一个区域的随机生产边界。

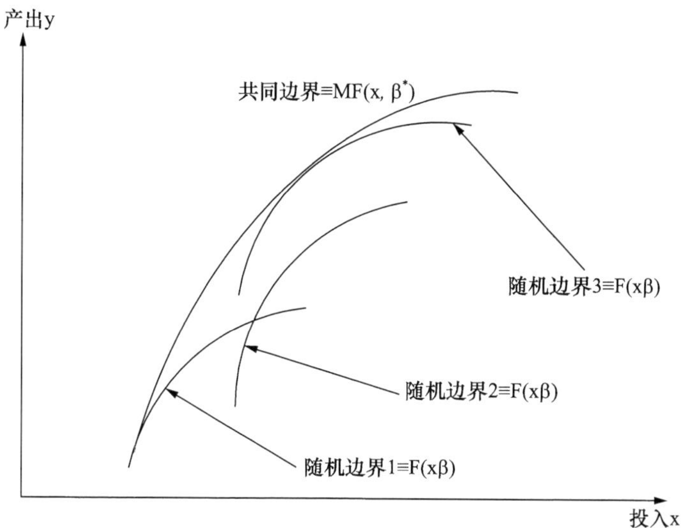

图1-4-1 随机边界模型与共同边界模型

注：摘自 Battese，Rao，O' Donnell（2003）。

2. 共同边界下的技术缺口比与技术效率

根据公式，k 区域中的 i 公司观察到的产出 $Y_{it(k)}$ 为：

$$Y_{it(k)} = e^{-U_{it(k)}} \times \frac{e^{x_{it}\beta(k)}}{e^{x_{it}\beta^*}} \times e^{x_{it}\beta^* + v_{it(k)}} \tag{4}$$

其中，等号右边的第一项为 k 区域中第 i 个公司的技术效率，即：

$$e^{-U_{it(k)}} = \frac{Y_{it(k)}}{e^{x_{it}\beta(k) + V_{it(k)}}} = TE_{it}^{k} \tag{5}$$

第二项定义为 k 区域中 i 公司的技术缺口，它反映了 i 公司在 k 区域下的潜在产出占共同边界下潜在产出比例。即：

$$\frac{e^{x_{it}\beta(k)}}{e^{x_{it}\beta^*}} = TGR_{it}^{k} \tag{6}$$

类似式（5），可以定义 i 公司在共同边界下的技术效率 TE_{it}^{*}，即：

$$\frac{Y_{it(k)}}{e^{x_{it}\beta^* + v_{it(k)}}} = TE_{it}^{*} \tag{7}$$

根据式(5)~式(7)可以得到：

$$TE_{it}^{*} = TE_{it}^{k} \times TGR_{it}^{k} \tag{8}$$

证明了 i 公司在共同边界下的技术效率等于其在 k 区域下的技术效率与技术缺口的乘积。

三、参数估计方法

（1）对于 k 区域的随机边界，$\tilde{\beta}_k$可以通过 Frontier 4.1 的极大似然估计得到，同时得到各区域中企业在随机边界下的效率值（SFA－REGION）。

（2）将 K 个区域下的样本合并之后，可以通过 Frontier 4.1 的极大似然法得到合并样本下的随机边界及效率值（SFA－POOL）。

（3）共同边界的$\tilde{\beta}^*$可以通过如下线性规划过程得到：

$$\min \sum_{t=1}^{T}\sum_{i=1}^{L} \left|\ln(f(x_{it}, \beta^*) - \ln f(x_{it}, \tilde{\beta}_{(k)})\right|$$

$$\text{s.t.} \quad \ln f(x_{it}, \beta^*) \geqslant \ln f(x_{it}, \tilde{\beta}_{(k)}) \tag{9}$$

即在保证共同生产边界高于 k 区域生产边界的条件下，尽可能缩小两边界的绝对差额。

根据 Battese、Rao 和 O' Donnell（2003），由于 f（x_{it,β^*}）为对数线性形式，因此这个问题可以通过线性规划或者二次规划求解，即：

$$\min \sum_{t=1}^{T}\sum_{i=1}^{L} (x_{it}\beta^* - x_{it}\tilde{\beta}_{(k)})$$

$$\text{s.t.}\ x_{it}\beta^* \geqslant x_{it}\tilde{\beta}_{(k)}，\text{对于 } k=1，2，\cdots，K \text{ 均成立} \tag{10}$$

或

$$\min \sum_{t=1}^{T}\sum_{i=1}^{L} (x_{it}\beta^* - x_{it}\tilde{\beta}_{(k)})^2$$

$$\text{s.t.} \quad x_{it}\beta^* \geqslant x_{it}\tilde{\beta}_{(k)}，\text{对于 } k=1，2，\cdots，K \text{ 均成立} \tag{11}$$

由于两种解法结果差异不大，故后文的计算采用线性规划方法来完成。根据 Battese、Rao 和 O' Donnell（2003），假定线性规划过程中$\tilde{\beta}_k$是不变的，因此式（10）可以继续转换成

$$\min\ (\bar{x} \times \beta^*)$$

$$\text{s.t.} \quad x_{it}\beta^* \geqslant x_{it}\tilde{\beta}_{(k)}，\text{对于 } k=1，2，\cdots，K \text{ 均成立} \tag{12}$$

其中 $\bar{x}$ 是投入向量的均值行向量。

（4）得到$\tilde{\beta}^*$、$\tilde{\beta}_{(k)}$后，利用式（6）得到 TGR_{it}^k，进而利用式（8）可得到共同边界下的技术效率 TE_{it}^*。

四、假设检验

（一）随机边界模型有效性的 LR 检验

根据 Battese 和 Corra（1977），SFA 模型的参数估计通常采用三个步骤来完成。首先，采用 OLS 估计得到无偏估计量；其次，采用极大似然估计；最后，通

过随机边界模型有效性的 LR 检验：

$$LR = -2\frac{\log L_0}{\log L_1} \sim \chi^2\ (n)$$

H_0：$\theta = 0$

H_1：$\theta > 0$

根据 Tim Colli（1993），LR 检验服从单边、自由度为 n 的混合卡方分布。其中，$\log L_0$ 是用 OLS 估计得到的值，即表示当 $\theta = 0$ 的情况下，使用 OLS 估计即可，无须使用 SFA 模型；$\log L_1$ 是当 $\theta \neq 0$ 的情况下，通过 SFA 模型估计得到的值；n 为限制条件个数。若拒绝原假设，则认为 SFA 模型是有效的。检验结果可以由 Frontier 4.1 直接得到。

（二）共同边界模型有效性 LR 检验

根据 Battese 和 Rao（2003），合并样本得到的随机边界可能无法完全包络区域随机边界，Battese（2004）同样认为这种得出的技术效率将没有任何意义。故在进行共同边界计算前须进行 LR 检验：

$$LR = -21n\frac{L(h_0)}{L(h_1)} \sim \chi^2(m)$$

H_0：区域边界不存在显著差异。

H_1：区域边界存在显著差异。

其中，h_0 为合并随机边界下的似然比函数值，而 h_1 为各区域随机边界下的似然比函数值的加总，在 H_0 成立下，LR 统计量服从自由度为 m 的卡方分布，m 为 h_0 和 h_1 下待估参数个数之差。

若拒绝 H_0，则再进行共同边界分析有意义。若接受 H_0，认为 k 个区域的随机边界是无差异的，则仅计算合并随机边界即可。检验结果可以通过手动计算得到。

第二章　两岸股票市场比较

台湾股票市场建立于20世纪60年代初期，远远早于大陆沪深股票市场，运作机制也更成熟完善，已经形成了价值投资的市场风格。本章在分别梳理大陆和台湾股票市场发展历程的基础上，分别从市场制度、投资者结构、资本开放、金融深化、市场波动及上市公司发展等角度出发，对两岸股票市场发展现状进行深入对比，以期在理论上为两岸股市的效率差异寻找可能的原因。

第一节　大陆股票市场现状

大陆股票市场从20世纪90年代初期上海、深圳证券交易所相继建立起来至今有25年的发展历史，已经形成“沪深主板—中小板—创业板—新三板—区域股权交易中心”的多层次资本市场以及B股、H股、QFII和“沪港通”的资本对外开放局面。我国股票市场从无到有，从行政色彩浓重到逐步市场化，从封闭到逐步开放，交易品种从单一到丰富，相关法律法规和交易制度不断完善，已经满足了大量企业的融资需求，也逐渐走向国际化和规范化。

一、大陆股票市场基本状况

截至2014年12月31日，超过2600家企业在大陆股票市场上市，总市值为37.25万亿元人民币（见图2-1-1），其中A股总市值达到37.11万亿元人民币，折合4.49万亿美元，超过日本，仅次于美国股票市场。若以2014年大陆GDP为63.65万亿元人民币计算，大陆的证券化率比2013年高出16.5%，达到58.53%。在市值不断增加的同时，市场结构也在不断优化，低市值公司在减少，高市值公司有所增加，同时估值水平在市场作用下完成自我修复。

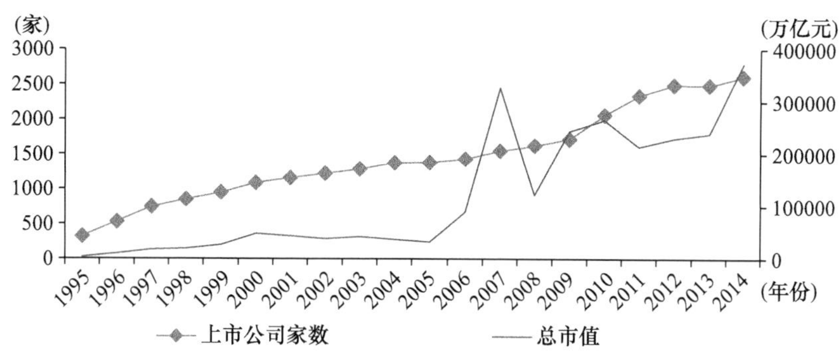

图 2－1－1　大陆股票市场基本情况（1995～2014 年）

资料来源：国家统计局网站。

新股发行方面。2013 年 A 股和 B 股发行总量达到 259.92 亿股，共筹资 3868.88 亿元。从图 2－1－2 可以看到，大陆股票市场的发行在 1997 年、2000 年、2006 年和 2010 年出现了几轮高潮，并在 2006～2007 年间达到了历史最高点。

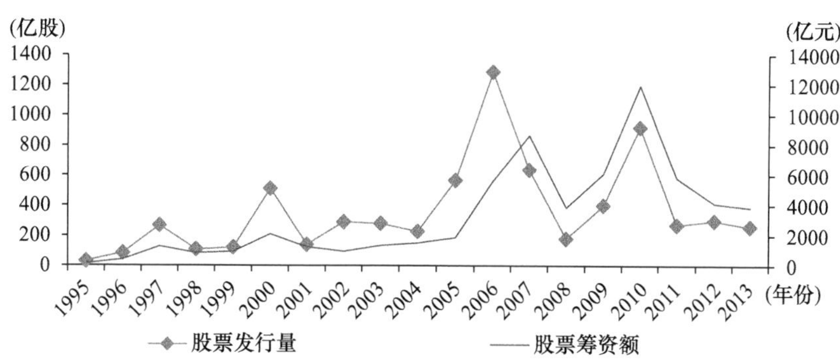

图 2－1－2　大陆股票市场发行情况（1995～2013 年）

资料来源：国家统计局网站。

股票成交方面。图 2－1－3 中显示大陆股票市场的成交量和成交额在 2006 年之后出现急速放大，此后经历两次小幅收缩后又快速提升，整体呈现出稳步上升态势。2014 年大陆股票市场总成交量达到 73755 亿股，成交额为 74391 亿元，相较于 1995 年翻了十几番。

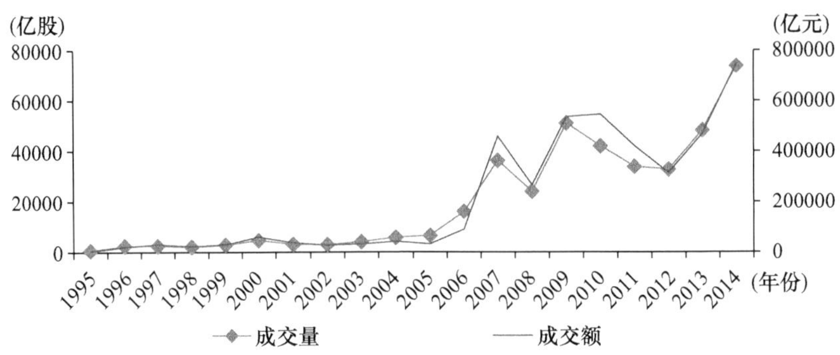

图 2-1-3　大陆股票市场成交情况（1995~2014 年）

资料来源：国家统计局网站。

二、大陆股票市场发展历程

大陆股票市场发展最早可以追溯到辛亥革命之后成立的北京证券交易所，由于近代企业的加速发展，一些钱、茶叶和丝绸商人开始以买卖股票为副业，并借茶馆作为商谈之地。但它最初并不是为了满足企业融资需求和居民的交易需求而设置，而是为了满足北洋政府巨额亏空而大量发债的需求。后来由于抗日战争和内战爆发，北京证券交易所一直关门歇业。

此后相继出现了上海、青岛和天津证券交易所。新中国成立之后，政府先后关停了天津和上海证券交易所。之后为了稳定物价，疏散游资，北京证券交易所再次开业，但由于过多的投机交易和巨额呆账，1952 年 10 月被宣告关停。大陆证券市场的发展几经波折，直到 1978 年十一届三中全会召开和改革开放大幕的拉开，国民经济快速发展，传统产业开始进入发展的快车道，特别是国有企业的发展需要资金支持，股票市场才再次受到重视。

（一）初创期（1984~1991 年）

上海飞乐音响公司作为新中国成立以来第一家股份有限公司，于 1984 年 11 月发行了 10000 股，委托工商银行上海分行证券部参与发行，每股 50 元。此后，包括天桥百货、延中实业等企业相继发行股票。它们在性质上都类似于债券，固定收益、到期还本付息，发售范围相对狭窄，大多为企业职工。而对于普通交易者来说，没有全国统一的交易平台和承销商，且对发行公司运作和前景一无所知，因此整个市场交易很不活跃。

随着发行量的不断增加以及投资者队伍的日益庞大，证券流通和交易的需求日益强烈，各地陆续地出现了柜台交易市场。1987 年深圳经济特区证券公司成立。1990 年 12 月上海证券交易所成立，上市交易的股票仅 8 只。一年后，深圳证券交易所试营业，也仅 5 只股票。在这个时期，股票的总股本和流通市值都很

小，截至1991年底，沪深两市仅13只股票，总股本为80.81亿股，流通市值合计126.9亿元，占总市值的21.35%。由于缺乏全国统一的监管和法规约束，加之民众对资本市场性质的认识存在分歧，我国股票市场的发展相对缓慢。

（二）发展期（1992~1997年）

1992年初邓小平南方谈话认为“股市要坚决地试”，并认为只有坚持尝试的态度，并通过实践才能检验出发展的利弊。这在一定程度上为大陆企业的股份制改革和资本市场的发展定下了基调，也消除了部分反对者的疑虑，于是越来越多的企业开始在资本市场上发行上市。为了提高市场交易热情，政府先后实行T+0交割和去除涨跌停板等交易制度。1992年5月21日，上证指数开始爆发，从前一交易日的616.64点暴涨到1265.79点。

股票限量认购促进了大量投资者跟风炒作，市场价格波动剧烈，而市场的火爆也催生了大量的黑市交易，进一步提高了投资成本。这种无监管、无约束、混乱的自我发展模式的弊端在深圳“8·10”事件中得到集中体现，资本市场迫切需要统一规范和监管。1992年10月大陆证券监督委员会成立，负责进行全国统一的资本市场监管，先后颁布了一系列的规章制度，从而约束企业在股票发行过程中的行为和信息披露，打击欺诈行为。

这一时期，面对疯狂的炒作和投机行为，政府采取了明显行政干预手段，采用包括暂停新股上市、T+1交割以及恢复10%的涨跌停板限制等政策，市场因此反应剧烈，大陆股市一度被冠以“消息市”称号。在发行形式上，大陆早期采用的是“额度管理”制，即政府按照当年的经济发展和市场供求情况，确定股票发行的总体规模，进而按照各省的经济发展快慢进行统一分配。在审批上，上市企业往往要通过“地方+中央”的两级审批，而各地区由于经济发展的不均衡，推荐上市的企业质量往往参差不齐。1996年起，大陆开始转为“指标管理”制，由国家计委和证监会根据市场状况向各省下达股票发行指标数目，再由各省政府或具体行业管理部门在指标范围内开展甄选。这种行政化审批方式也滋生了寻租和腐败，还使股票市场沦为一些地方政府为国有企业融资解困的手段。随着市场经济发展的不断推进，股票市场的壮大，这些带有计划经济色彩的交易和管理制度的弊端不断显现出来，市场化改革的呼声日益提高。

（三）规范发展期（1998~2007年）

1998年12月颁布的《证券法》是第一部规范证券发行和交易的法律，标志着大陆资本市场开始走向有法可依、统一监管时期。2000年7月上证指数一度突破2000点，沪深两市的上市公司总数超过了1000家，投资者开户数达到5000万。在这一时期，管理层顺利解决了大陆股票市场特有的“股权分置”的历史问题，创设了中小板市场，还在发行制度、机构投资者培育和国际化方面进行了相应的改革和调整，从而迎来了 2006 年和 2007 年两年的大牛市。

股票发行制度上。2001 年 3 月管理层改革了之前的额度或指标管理制度，开始实行“核准 + 通道”制，由证监会将发行通道下放给主承销商，证券公司按顺序推荐，一个企业的发行结束后尚可进行下一轮发行申请。这是大陆新股发行告别行政化、推进市场化改革的重要一步。2004 年 A 股市场引入“保荐人制度”，通过推荐券商对拟上市公司进行辅导和评估，对发行材料的准确和完整性承担连带担保责任，并在上市后的一定时期内保持督导角色，力图达到以市场主体约束取代行政约束的效果。这在强化金融中介职责的同时，也间接促进了投资者的自我判断和投资理念，从而在一定程度上起到降低信息不对称、保护投资者和稳定市场的积极作用。

投资者结构上。随着《证券投资基金管理暂行办法》的颁布，大陆机构投资者在数量和结构上都发生了质的变化，已经形成了包括证券公司、基金公司、社保基金、保险资金、“三类企业”（包括上市公司、国有企业、国有控股企业）和企业年金在内的多元化主体。在 1998 年上半年包括开元、安信在内的封闭式基金相继上市交易，这在真正意义上为股票市场引入了具有专业优势的机构投资者。1999 年，保监会允许保险资金可以通过证券投资基金间接入市，证监会还规定“三类企业”可以在二级市场通过直接或间接等方式入市。庞大的保险资金入市成为股票市场最大的机构投资者，而“三类企业”对于引导一般投资者的理性投资，降低市场波动性发挥了极其重要的作用。此外，2001 年管理层还通过了全国社保基金的入市方案，高达 2000 亿元的社保基金有效地增加了市场供给，再次壮大了机构投资者的实力。2004 年以后，国务院批准了保险资金直接进入资本市场，监管出台《关于企业年金基金证券投资问题的通知》，为企业年金进入股票市场提供了重要的制度基础，机构力量进一步壮大。

资本市场国际化上。由于早期创建的 B 股市场流行性差，融资功能低，经过 10 余年发展，截至 2002 年总市值也仅为 3598.52 亿元，相当于同期 A 股市值的 10.69%，无法吸引海外资金。2002 年 12 月证监会公布了合格境外机构投资者（QFII）的申请条件，2003 年 5 月瑞士银行和野村证券成为首批获准的 QFII，自此大陆的 QFII 制度正式启动。QFII 拥有优秀的管理理念和深刻的产业理解和认识，可以有效地增加股市资金供给，另外可能增加国内投资者风险，因此政府在制度试行之初相当谨慎，设置了较高的市场准入和投资额度、品种的限制。

（四）高速发展期（2008 年至今）

2008 年后，大陆股票市场对外遭遇了美国次贷危机所引发的全球金融危机，对内还面临股权分置改革产物——大小非解禁带来的市场扩容压力。这一年，仅 10 个月时间 A 股从 5499.6 点狂跌至 1664 点。熊市的冲击使投资者账户出现大幅

缩水，但也促使市场和投资者逐渐变得更成熟与理性，大陆股票市场已经进入了一个高速发展的时期。

多层次资本市场建设。为了拓宽高成长型科技企业的融资渠道，2009 年 10 月大陆的创业板市场正式开板。它以低于主板市场的上市门槛为有潜力的科技型企业提供“孵化平台”，有助于调整产业结构，并丰富投资者的投资品种。

股票发行制度改革上。2013 年 11 月十八届三中全会中提出了“推进股票发行注册制”，明确了告别行政审批，向注册制改革的大方向。2014 年 11 月注册制的改革方案已经上报国务院，改革有望在近几年得以落实。股票发行采用注册制一方面可以缩短上市等待时间、降低上市成本，另一方面可以逐步引导股票发行流程走向市场化，管理层仅按照发行制度对上市公司进行“审核”，而不代替投资者进行价值判断，将投融资的决定权还给投资者，从而激发市场活力。

资本国际化流动上。2014 年 4 月大陆证监会和香港证监会发布联合公告，决定启动“沪港通”的准备工作。11 月 17 日沪港通正式开闸，标志着大陆的资本市场在国际化的道路上又迈出了重要的一步。这对于 A 股市场意义重大，一方面在一定程度上打通了 A 股市场和 H 股市场，促进了资本的双向自由流动，为 A 股市场提供了大量的流动性；另一方面还可以有效地改善现有的投资者结构和投资理念，同时还可以为未来的“深港通”积累宝贵的实践经验，为大陆的资本市场全面开放奠定坚实基础。

上市公司退市制度。2014 年 11 月大陆证监会发布《关于改革完善并严格实施上市公司退市制度的若干意见》，丰富了主动退市的方式，规定了违法、财务等退市指标，将打破 A 股上市公司“不死”的历史，让市场真正发挥优胜劣汰的筛选功能，同时更好地保护中小投资者权益。

第二节　台湾股票市场现状

台湾证券交易所自 1962 年 2 月 9 日开业至今已有 50 多年的发展历程，已经形成“主板—上柜市场—兴柜市场—创柜板”多层次、相对成熟的资本市场结构。台湾股票市场市值规模大、科技类上市公司多、证券化率高，在发展时间、市场深度和广度方面都远远超过大陆股票市场，已经发展成国际化程度很高的市场，市场指数也被纳入 MSCI 等国际重要股票市场指数中。

一、台湾股票市场基本状况

截至 2014 年 12 月底，在中国台湾上市的公司达到 854 家（见图 2－2－1），总市值超过26万亿新台币。其以较高的流动性和收益率吸引了大量海内外投资者，2013年总成交周转率为82.64%，优于中国香港、新加坡和英国，在全球证券交易所中处于中上水平，能够较好地满足投资者买卖需求。而上市公司的投资者股利总计7704亿新台币，红利率约为3.26%，优于美国、日本和韩国。

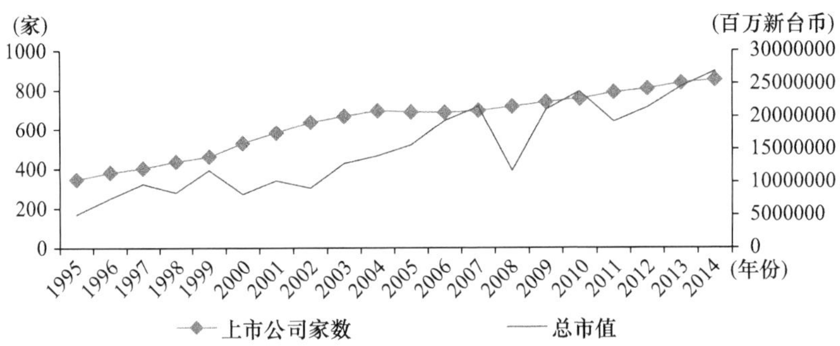

图2-2-1　台湾股票市场基本情况（1995~2014年）

资料来源：台湾股票交易所历年统计年鉴。

在新股发行方面，从图2-2-2可以发现，台湾股市在进入2000年之后出现了严重萎缩，大多数年份股票筹资额不足1000亿新台币，企业上市融资的兴趣骤减。而在股票交易方面，图2-2-3显示，在1995~2014年，台湾股市总体呈现出小幅波动的状态，总成交量和成交额没有发生太大的变动。2014年台湾股市的总成交量达到5669.92亿股，总成交额为21.898万亿新台币。

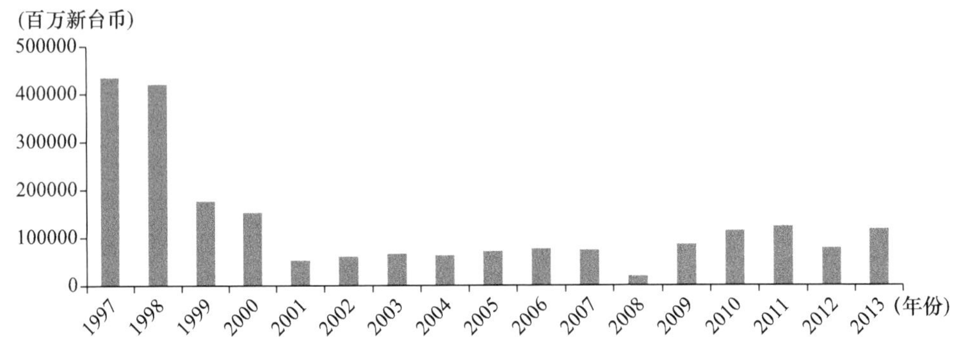

图2-2-2　台湾股票市场发行情况（1997~2013年）

资料来源：台湾股票交易所历年统计年鉴。

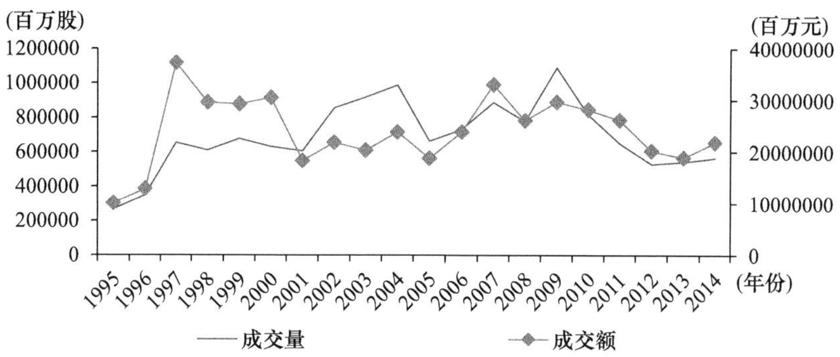

图 2-2-3　台湾股票市场成交情况（1995~2014 年）

资料来源：台湾股票交易所历年统计年鉴，台湾上市证券概况月报。

二、台湾股票市场发展历程

1949 年，国民党当局在台湾发行可以在柜台交易的政府债，台湾证券的店头市场开始萌芽。1953 年 1 月，为了给地主提供收购土地的补偿，发行土地债券和四大公营事业公司的股票，股票开始在市场上流通。但代客买卖模式下交易商分散、不统一，同时由于交易法律法规不健全，民间交易出现混乱。1954 年台湾当局发布要求证券商在规定期限内向管理机构重新办理申请登记，有 88 家证券商通过核准，从此台湾证券交易开始进入有法可依时期。总体来说，台湾股票市场的发展经历了三个发展阶段（见表 2-2-1），即成长时期、高峰时期、成熟时期。

表 2-2-1　台湾开放资本市场发展历程

	历次变革			
	1991 年	1993 年	1995 年	1996 年
资格条件	银行、保险公司和基金管理公司	新增：外资证券公司、台湾证券公司拥有控制权的海外证券公司	新增：台湾投资信托公司海外转投资 50% 以上的基金管理公司；外国政府投资机构及成立超过 2 年的养老基金	新增：成立超过 3 年、基金资产总额超过 2 亿美元的投资基金和信托
投资金额	每一投资机构：500 万~5000 万美元 投资总额：25 亿美元	不断提高每一投资机构投资额度限制与投资总额限制	取消投资总额限制	取消每一投资机构投资额度限制
持股比例	每一 QFII：5% 全体 QFII：10%			不断提高单个投资机构和总体持股比例，1999 年均调为 50%

续表

	历次变革			
	1991 年	1993 年	1995 年	1996 年
资金汇入汇出期限	1. 核准3个月内汇入本金；汇入满3个月汇出本金；资本利得每年结汇 2. 同年11月，汇入期限延长为6个月	循环汇入期限为3个月	本金汇入期限调整为4个月	取消汇出期限；循环汇入期限为半年

资料来源：台湾证券期货局。

（一）成长时期（1962～1987年）

1958年起，当局先后派官员到美国、日本等先进的资本市场进行考察，为筹建统一的证券交易所做准备。1959年，台湾“经济部”成立“建立证券市场研究小组”，9月提出了一套具体方案，并聘任了美国专家前来考察指导。1960年9月设立“证券管理委员会”，积极推动证券交易所的成立。

1962年2月9日，台湾证券交易所正式开业，采用公司制形式运作。初始资本额为1000万新台币，由相关的金融、信托业和其他公营民营事业单位共同参与投资，其中公营资本占39%，民营资本占61%。与此同时，当局下令停止店头市场的交易。在初创期，交易所行情惨淡，只有18家上市公司，总市值仅68亿新台币，总体股票价格走势完全被人为控制。这一现象直到1971年台湾交易所开始编制加权股票价格指数才被打破，此后的1972年和1973年，指数涨幅分别高达81%和128%。

为了刺激资本市场，台湾还启动了信用交易。1974年4月，当局允许台湾银行、交通银行和土地银行代办仅针对买入者的融资业务，故被称为“跛足的信用交易”。此后上市公司逐渐增加，信用交易的规模逐渐扩大，为了使交易制度合理化，当局开始放宽券商的申请门槛，规定实收资本超过4亿新台币的券商可以申请办理融资业务。1979年台湾银行和土地银行邀请光华投资公司、中国信托和交易所等机构参与出资设立了“复华证券金融公司”。1981年融券业务也相继启动，从而台湾的证券成交量日益扩大。

（二）高峰时期（1985～1990年）

效仿债券店头市场，为财务状况较差、尚不能满足上市条件的中小企业提供合适的融资渠道，台湾于1988年开办股票的店头市场。在台北市成立柜台买卖服务中心，通过设立登记审查部和业务监理部等处室来处理债券及股票柜台市场

的相关业务。1989 年，建弘证券投资信托公司登陆上柜市场。其制度设计初衷是效仿美国 Nasdaq，通过券商担任做市商对公司进行连续报价，从而增加市场的流动性和价格的稳定性。但在创办前五年内，上柜公司仅 11 家。截至 1990 年，股票店头市场总成交额仅 16.6 亿元，而交易所总成交额约为 22 万亿元，跃居全球第三，两者行情相去甚远。

同时，台湾证券市场在对外开放上迈出了第一步。1982 年“行政院”允许外资以基金的形式间接投资台湾市场。1983 年由 6 家银行、9 家金融机构和 1 家华侨集团以内外资按 51∶49 的比例成立了“台湾国际证券投资信托公司”，随后又以相同方式成立了光华、建弘和中华三家公司，在海外发行基金收益凭证募资，用以投资台湾证券市场。但它们投资任一公司股票数目不超过该公司已发行股票总额的 10%。

在岛内经济实现年均 9% 的高增长，进出口贸易巨大顺差，加之新台币大幅升值的背景下，台湾流动性过剩在短时间内难以消退。由于外汇管制尚未取消，而岛内投资渠道相对有限，大量资金疯狂涌入股市，台湾股价指数在 1987 年开始进入大幅飙升的阶段，在五年之内上涨超过 17 倍，追涨杀跌投机氛围浓重。虚假繁荣背后是股价早已偏离价值和散户的疯狂涌入。1986 年台湾股票账户的开户人数约为 4 万人，1987 年增加了 15 倍之多，1988 年增加了 40 倍，到 1989 年实际开户人数占岛内居民的 14% 左右。同时开户的人口结构也扩大到学生、部队士兵、家庭主妇和公务员等。此外，由于当局全面放开了证券商的设立，经核准的证券商也从 20 家增加到 373 家。

为了控制股票市场价格指数的过快增加，消除泡沫的进一步膨胀，遏制严重的投机炒作行为，1989 年 9 月当局重启征收证券交易所得税，这一举措严重打击了投资者的信心，次年 2 月股市泡沫开始出现破裂，10 月下挫幅度超过 80%。

（三）成熟发展时期（1991 年至今）

在经历了一系列大涨大跌后，台湾股票市场发展速度有所放缓，开始进入日益成熟的发展阶段，在制度改革和逐步开放道路上取得了一些成就。

为了给尚未上市（上柜）的企业拓宽筹资渠道，提前熟悉证券市场相关法律法规，为将来上市（上柜）打下基础，2002 年 1 月兴柜市场正式挂牌，首批企业达到 107 家。

在信用交易方面，当局发布了关于融资融券管理办法和标准等文件，开放证券金融公司的转融通业务。此后，元大证券及鼎盛证券等证券公司启动融资融券业务，即在融资方面，证券公司可以通过现券抵押的形式向证券金融公司融资，也可以通过不动产抵押的形式向同业融资；而在融券方面，大部分来自证券金融公司，即所谓的“双轨制”。1995 年以后，由于信用交易需求激增，当局全面放开证券金融公司的核准申请，同时降低从事融资融券业务的证券公司的申请门槛，从而促进了融资融券业务的竞争。

在证券市场国际化方面也逐渐加快了改革的步伐，对外开放进入第二和第三阶段。1990 年 12 月，当局允许"符合一定条件"的境外机构投资者可以直接投资台湾证券市场，即"QFII"制度。这一方面为暴跌的股票市场"造血"，另一方面又可以避免全球股票市场的剧烈波动以及海外投资者对台湾经济和上市公司的完全控制。最初的申请条件比较严格，从总资产、成立时间和持有证券资产金额等方面对申请人进行约束。此后几年时间内，当局不断放松 QFII 制度，包括在投资金额和比例、资金的汇入汇出和使用范围等方面。

到 1996 年台湾开始实施"GFII"制度，即允许一般的国外投资者直接投资台湾证券市场。当局规定一般外国投资者投资任一公司股票的总额不超过该公司已发行量的 20%；在个人投资额度方面，台湾本岛的外国投资者无限制，岛外的自然人不超过 50 万美元，法人不超过 2000 万美元。此后，对于外国投资者的投资门槛不断下降，由此台湾证券市场实现了全面的对外开放。

第三节　两岸股票市场比较

一、两岸股票市场基本情况对照

大陆股票市场主要由沪市和深市组成，发展历史仅 24 年，短于台湾证券交易所（见表 2 - 3 - 1）。截至 2014 年底，大陆上市公司数目已经突破 2600 家，总市值为 37.25 万亿元人民币，年成交额达到 74.39 万亿元。而台湾股票市场的发展经历了 52 年，上市公司数目已达到 854 家，总市值为 26.89 万亿新台币，年成交额为 21.90 万亿新台币。无论从市场结构、总市值、换手率还是 P/E 等指标来看，大陆股票市场发展不成熟：金融深化程度较低，企业融资严重依赖股权方式；市场换手率过高，波动性高，投资者理性不足。

表 2 - 3 - 1　2014 年两岸股票市场基本情况对比

比较项目	大陆	台湾
交易所	沪市、深市	台交所
上市公司数目	2613 家	854 家
发展历史	24 家	52 家

续表

比较项目	大陆	台湾
总市值/GDP	58.53%	170.68%
主要融资方式	严重的股权融资为主	股权、债权融资平衡发展
平均 P/E	沪市：10.99；深市：27.76	18.04
平均换手率	沪市：123.60%	82.64%

注：股票市场平均 P/E 和换手率为2013 年底数据，其他数据均截至2014 年底；深市换手率未披露。

资料来源：《上海证券交易所年鉴》，《深圳证券交易所年鉴》，《台湾上市证券概况月报》，《台湾交易所年报》。

二、两岸股票市场对比分析

台湾股票市场在市场交易规则的制定和制度建设方面领先于大陆，主要包括市场投资者结构、资本对外开放程度和信用交易等方面。而这些是造成大陆金融深化程度低、市场波动性大的重要原因，也正是台湾市场股权融资效率和资本配置效率高于大陆市场的关键因素。

（一）市场制度差异

1. 不同层次的资本市场

1990 年沪深交易所先后建立至今，大陆股票市场已经形成了包括主板、中小板、创业板、新三板和区域性股权交易中心在内的多层次的资本市场结构（见表2－3－2），以满足不同发展阶段的企业之融资发展需求和不同风险偏好的投资需求，并间接调整产业结构。

其中主板市场包括上海证券交易所和深圳证券交易所，其主要对象为沪深两市的财务业绩良好、运作稳定的领军蓝筹企业。中小板市场的上市公司总股本相对较小，但上市标准和主板一致，主要为发展相对成熟、经营稳定、进入成长的后期阶段的企业。而创业板市场的门槛相对较低，它主要针对初创期、具有高成长性和创新性的科技型企业提供孵化的平台。而新三板市场为此前的中关村高新技术企业代办股份转让系统经过两次扩容发展而来，目的是满足无法上市交易的中小企业股权交易需求，提高企业股份流动性，促进企业规范发展。

截至2014 年底，沪深两市共有2613 家上市公司，总市值达到37.29 万亿元人民币，流通市值为31.54 万亿元。其中，中小板共有732 家公司挂牌，流通市值达到3.59 万亿元；创业板有406 家公司，流通市值为1.31 万亿元。

相比之下，台湾已经形成了包括“集中交易—上柜市场—兴柜市场—创柜板”多层次、成熟的市场结构（见表2－3－3）。其中台湾证券交易所为民营股份有限公司，下设16 个部门（处室），主要面向如水泥、纺织、塑料、钢铁、造

表 2-3-2 大陆不同层次资本市场申请标准比较

不同层次的市场	申请标准			
	经营年限	股本要求	盈利能力	公司治理
主板、中小板	3	发行后股本大于等于人民币5000万元	近3年的累计净利润超过3000万元；前3年累计净经营性现金流超过5000万元或累计营业收入超过3亿元；最近一期期末净资产不低于2000万元	近3年主营业务和董事、高级管理人员无重大变化，实际控制人无变更；近3年内无重大违法行为
创业板	2	发行后股本大于等于3000万元	近2年连续保持盈利，且累计净利超过1000万元；近1年营业收入超过5000万元，近2年营收增长率不低于30%；最近一期期末无形资产占净资产不超过20%	近2年主营业务和董事、高级管理人员无重大变化，实际控制人无变更
新三板	2	无	主营突出，持续经营	治理健全，运作规范

资料来源：中国证券监督管理委员会网站。

纸、汽车等传统行业，提供包括上市前辅导、上市后监理、改善交易制度、维持市场秩序、投资者保护、交易结算、市场监督等服务。截至2014年底，在台交所挂牌上市的公司为854家，总市值达到26.892万亿新台币，证券化率高达170.68%。

“证券柜台买卖中心”成立于1994年11月，是集中交易市场的重要补充，包括上柜股票市场和兴柜股票市场，为公益性的财团法人组织，董事会为最高决策机构，设有创新发展部、上柜审查部、上柜监理部、交易部、稽核室、管理部等十部。

上柜股票市场主要鼓励生物科技等高附加值、低污染、低能耗、技术与资本密集型的企业上柜（见表2-3-4）。其中生物医疗产业、绿色能源、光电等创新成分高的企业占比高达72%。截至2014年底，上柜公司筹集资本6795.6亿新台币，总市值为2.681万亿新台币，周转率为2.42%。2013年在世界交易所联合会排在第39位，周转率全球第二，累计上柜家数达到1126家，实现上柜转上市累计达到310家。

表 2-3-3 台湾不同层次资本市场的申请标准比较

不同层次的市场	申请标准			
	设立年限	资本总额（新台币）	盈利能力（新台币）	其他
台湾证券交易所	3	6 亿	近 2 年的营业利润/实收资本达 6%或近 2 年平均达 6%，且近 1 年获利能力较前一年有提高；近 5 年的营业利润/实收资本均达 3%	记名股东大于 1000 人；除内部人外的记名股东大于等于 500 人，且其所持股份大于发行量的 20%（或超过 1000 万股）
上柜市场	1. 设立满 2 年 2. 在兴柜市场交易满 2 年	1. 本国企业：5000 万元 2. 外国企业：母公司权益总额大于 1 亿元	近 1 年的税前净利大于等于 400 万元且税前净利/股本：近 1 年大于 4%，无劣迹亏损；近 2 年均达到 3%；或平均 3%，且近 1 年的获利能力较前一个有提高	除内部人之外的记名股东大于等于 300 人，且其所持股份大于发行量的 20%
兴柜市场	无	无	无	两家推荐券商，一家为主办券商；股东应转让所持有的 3%（不低于 50 万股）给推荐券商
创柜板	无	不超过 5000 万元	无	具有创新、创意和未来发展潜力

资料来源：台湾证券交易所，台湾柜台买卖中心。

表 2-3-4 上柜企业的行业分布及比重（2009～2013 年）

单位：家，亿新台币

行业 \ 年份	2009		2010		2011		2012		2013	
	家数	市值	家数	市值	家数	市值	家数	市值	家数	市值
传统	107	2194	110	3034	119	2642	129	2958	136	4183
（%）	19.6	11.5	19.5	15.3	19.6	18.6	20.2	17.0	20.7	18.0
电子	368	14256	378	13675	405	9124	414	10046	418	13230
（%）	67.4	74.5	67.0	68.9	66.7	64.4	64.9	57.8	63.5	56.9
生物技术医疗	29	866	30	1186	37	988	47	2374	56	3813
（%）	5.3	4.5	5.3	6.0	6.1	7.0	7.4	13.7	8.5	16.4
金融	9	1226	9	1207	9	776	9	958	8	612
（%）	1.6	6.4	1.6	6.1	1.5	5.5	1.4	5.5	1.2	2.6
其他	33	600	37	744	37	639	39	1044	40	1410
（%）	6.0	3.1	6.6	3.7	6.1	4.5	6.1	6.0	6.1	6.1

资料来源：台湾证券柜台买卖中心历年年报。

兴柜股票市场成立于2001年1月，主要针对尚未上柜（上市）的股票的挂牌交易，是上柜（上市）的预备市场，使更多的投资者有机会在公司的初创期参与公司经营管理并分享经营成果。截至2014年底，兴柜市场挂牌数目为284家，总市值为8930.18亿新台币，总资本额达到3365.99亿元。

2014年1月3日，专门针对资本总额低于5000万新台币的小微型企业的“创柜板”正式上线，意在推动创新、创意型企业的发展。一方面，创柜板企业可以接受柜台买卖中心和推荐单位三年免费的评估和持续辅导，增加筹资渠道；另一方面，可以通过一定程度的信息公开来提升企业的知名度，从而降低筹资成本。截至2014年12月28日，登陆创柜板公司数目达到43家，筹集金额达到1.99亿新台币。

2. 信用交易制度

信用交易制度探索台湾远远早于大陆市场，自1962年建立以来就引入了信用交易制度，并在实践的过程中不断完善，从而发展成为世界上信用交易制度最成熟的市场之一。它先后经历了七个阶段，结合韩国和日本的双层信用模式，形成了具有台湾特色的“双轨”模式，即由券商和富邦、安泰、环华和复华等证券金融公司共同开展信用交易业务，券商可以自行向投资者提供“两融”（即融资融券），可以在现券不足时向后者申请转融通，从而有效地提高市场的流动性，促进股票价格向均衡趋近。

1994～2000年，随着股票市场的繁荣发展，融资融券交易额不断攀升（见图2－3－1），信用交易占比保持在40%以上，在1997年融资交易额创出28.5万亿新台币的高点，2000年融资融券余额达到5956亿新台币的历史纪录。2000年以后，随着更广义的信用交易手段如期货和权证市场的逐步发展，融资融券占总交易的比重出现了明显下降。

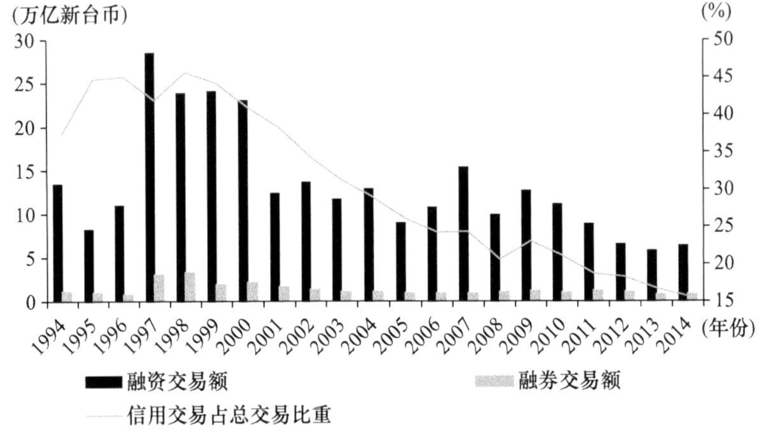

图2－3－1　台湾股票市场信用交易规模（1994～2014年）

资料来源：台湾金融监督管理委员会证券期货局。

相比之下，大陆信用交易起步比台湾市场晚，但试点启动以来发展迅速。大陆启动融资融券业务试点自 2010 年 3 月以来经历了四次扩容，市场规模及交易活跃度逐步提升（见图 2－3－2、图 2－3－3），融资融券余额从 2010 年底的 127.72 亿元大幅提高到 2014 年底的 1.03 万亿元，标的证券由最初的 78 只扩大至 900 只。扩容后投资者融券的可选范围进一步扩大，特别是中小市值股票的增加，将有效推动市场交易量上涨，激发整体活力。截至 2014 年底，沪深两市融资融券交易占到 A 股成交量的 18.18%，与台湾市场 45% 的最高点相去甚远。

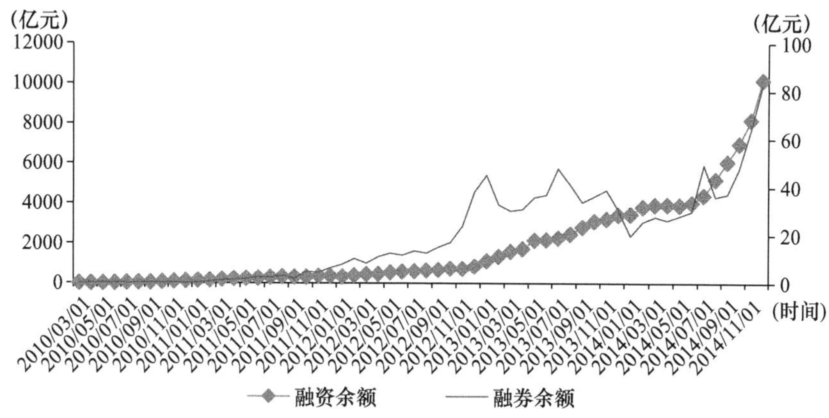

图 2－3－2　大陆股票市场融资融券规模（2010～2014 年）

资料来源：Wind。

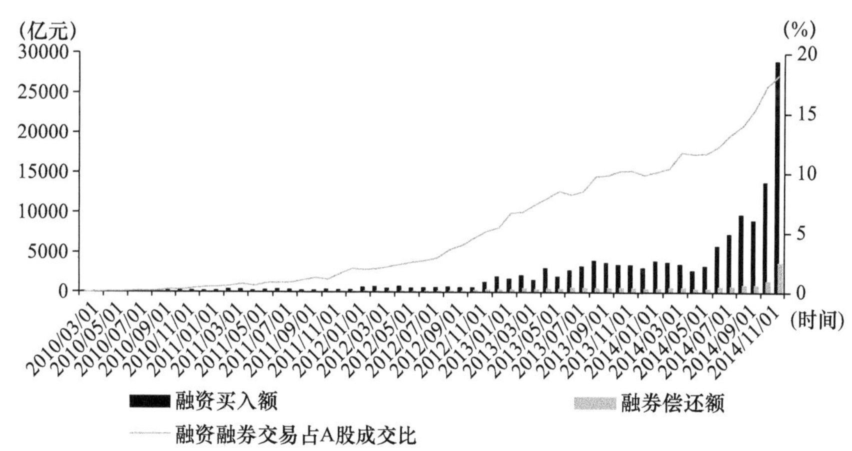

图 2－3－3　大陆股票市场融资融券交易情况（2010～2014 年）

资料来源：Wind。

因此，在市场制度方面，大陆和台湾股市均已建立起多元化资本市场结构，相比之下，台湾上市企业中总股本在5亿～50亿新台币的企业占到整个股市的50%以上，总市值占到63.17%，因此台湾资本市场环境更加适合中小企业发展，而大陆股市的重心在于传统大型企业。究其原因是两岸在产业结构上的差异，台湾以创新型、科技型中小企业为主，而大陆以传统行业为主。

另外，大陆信用交易处于起步阶段，管理层出于风险控制考虑，对融资融券交易管理相对严格，市场交易不够活跃，在A股总成交量中占比较低。

（二）投资者结构

长期以来，大陆股票市场以中小投资者为主，专业投资基金占比低，这也造成了市场结构失衡、投资散户化的问题，形成重博弈、轻投资的市场风格，因此政策制定和实施效率也较低。根据上海证券交易所2014年统计年鉴，从持股市值来看（见图2－3－4），自然人投资者占比21.79%，一般法人占比63.64%，但专业机构仅占到14.58%；从2013年的买卖净额来看，自然人投资者的交易占比高达82.24%，专业机构交易仅为15.3%。

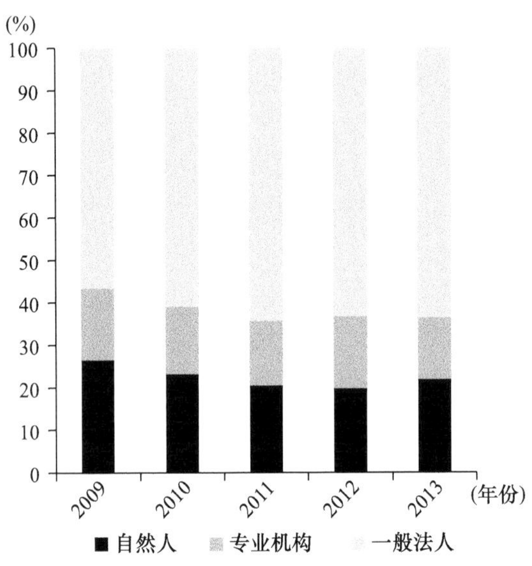

图2－3－4　大陆股市投资者结构（2009～2013年）

资料来源：上海证券交易所历年统计年鉴。

大陆的专业机构投资者的整体规模偏小，而大股东和产业资本占据了主导地位。如图2－3－5所示，以2014年底持股市值为例，机构投资者中约88%为一般企业法人，专业机构仅占到12%。其中，基金、保险公司、信托公司和社保基金分别占到6%、4%、1%和1%，而券商资管和企业年金的规模比例近乎

0%，整体实力较弱。

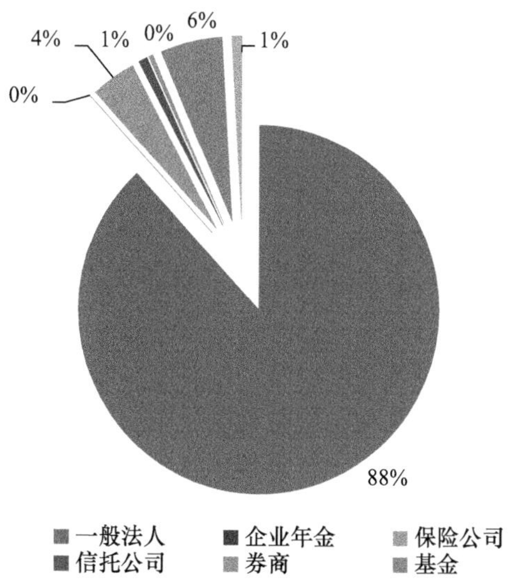

图 2-3-5 大陆股市机构投资者结构（2014 年）

资料来源：Wind。

相比之下，中国台湾投资者结构同韩国股票市场比较接近，如表 2-3-5 和图2-3-6 所示，截至 2013 年底，台湾股市的国外法人数目持股占比超过 20%，非金融企业持股占比约为 23%；同时专业机构投资者占比高于 A 股市场，约为 20%，而个人投资者占比为 40.08%。

表 2-3-5 台湾股票市场投资者持股结构（2009~2013 年） 单位:%

交易人类别	2009 年	2010 年	2011 年	2012 年	2013 年
国内法人	35.13	34.24	34.31	35.99	37.07
国外法人	21.49	23.87	24.39	23.60	23.56
国内自然人	42.30	41.08	40.37	39.70	38.64
国外自然人	0.45	0.34	0.43	0.48	0.44
股票回购	0.63	0.47	0.50	0.23	0.29

资料来源：《台湾股票交易所统计年鉴》(2014)。

台湾已经形成成熟的投资者结构，而大陆仍处于明显的“散户化”阶段，这造就了两岸股市差异的投资风格。台湾交易所建立以来一直提高机构投资者比重，逐渐引导股票市场投资走向理性。随着 20 世纪 90 年代初期 QFII 制度的实施海外投资者的占比快速上升，自然人持股比例显著下降，这对于有效发挥股票市场资本配置功能、帮助上市公司实现股权融资功能起到重要作用。

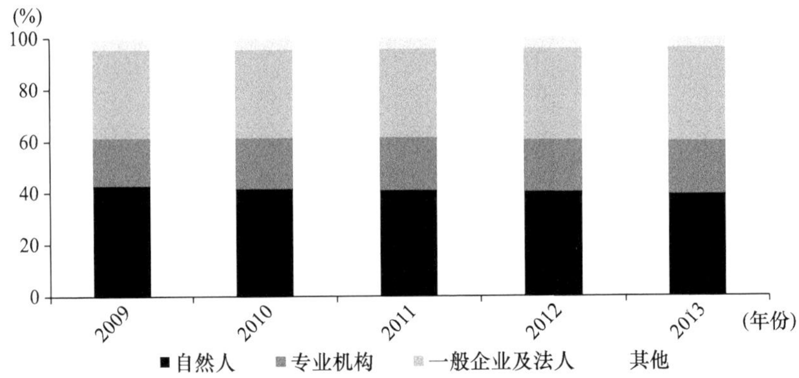

图 2-3-6　台湾股票市场投资者结构（2009~2013 年）

资料来源：《台湾股票交易所统计年鉴》（2014）。

（三）资本开放程度

20 世纪 90 年代以来，台湾证券交易所加快向外资开放的步伐，从通过购买受益凭证的间接投资到机构投资者的直接投资，再到允许个人投资者的直接投资，其国际化程度已经很高。2009~2013 年，外资持股数目和持股市值的占比在稳步提升，外国资本的流入流出规模也逐步扩大。如图 2-3-7 和图 2-3-8 所示，截至 2013 年，台湾证券交易所外资持股占比已经达到 25%，持股市值超过 8.4 万亿新台币，外资累计汇入汇款合计达到 1675.13 亿新台币（见图 2-3-9）。这证明海外资本对于台湾上市公司认可程度逐步提升，资本流动越来越频繁。

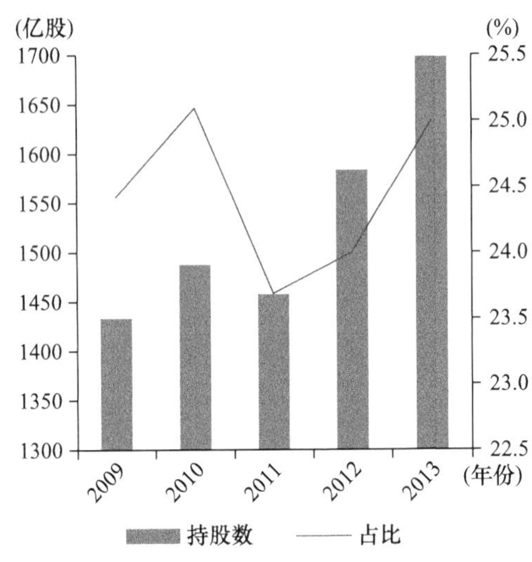

图 2-3-7　台湾股市外资持股数目（2009~2013 年）

资料来源：《台湾股票交易所统计年鉴》（2014）。

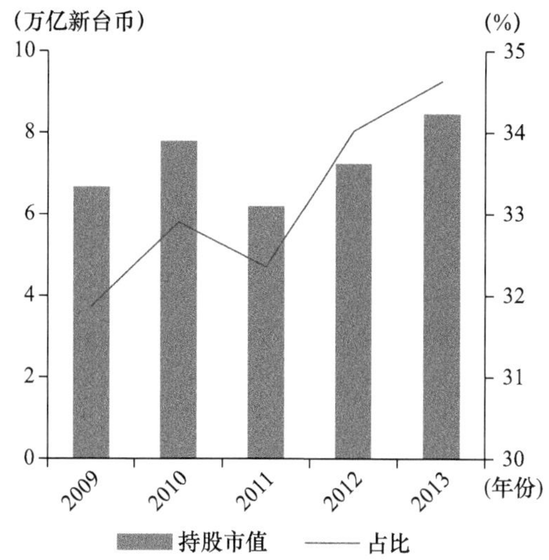

图 2-3-8　台湾股市外资持股市值（2009～2013 年）

资料来源：《台湾股票交易所统计年鉴》（2014）。

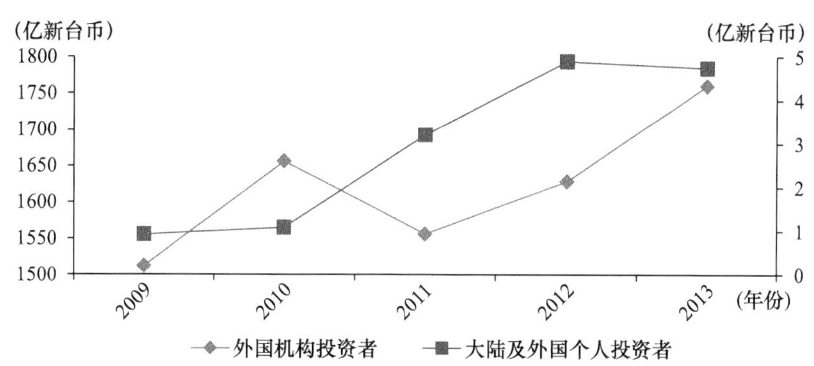

图 2-3-9　台湾股票市场外资累计汇入汇款情况（2009～2013 年）

资料来源：《台湾股票交易所统计年鉴》（2014）。

相比之下，大陆资本开放进程更谨慎而缓慢。从最初 B 股市场的建立，到 2002 年的 QFII 试点，再到 2006 年和 2009 年两度放宽 QFII 资格条件、资金汇入汇出规定以及申请投资额度上限，目前 QFII 持股市值也仅占到 A 股流通市值的 0.49%。截至 2013 年，大陆核准 QFII 机构数目达到 228 家（见图 2-3-10），持有证券数为 223 只，其中重仓持有化工、机械和建筑等传统行业，持股市值超过 970 亿元。QFII 制度的引入一方面带给大陆资本市场成熟、理性的投资理念，另一方面还帮助大陆股票市场与国际股市运行机制和先进制度接轨。

2014 年 11 月 17 日正式开闸运作的“沪港通”作为资本市场开放的重要一

步，为海外资本提供了进入大陆、配置A股投资组合的机会。其中沪股通初期总额度为3000亿元，港股通为2500亿元，若前者额度在1~2年内能用满，将成为海外资金进入A股市场的重要渠道，为制度稳定运行之后增加额度打下基础。

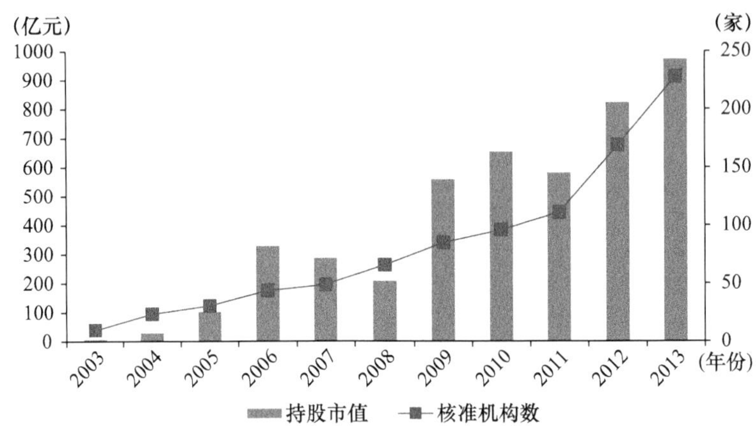

图2-3-10　大陆股票市场QFII数目和持股市值（2003~2013年）

资料来源：Wind。

台湾已经完全实现了资本市场开放，而大陆尚处在"稳步对外开放"阶段。大陆金融市场发展不完善，利用金融衍生品和信用交易等方式进行风险控制等机制也不成熟，完全开放资本市场将对市场稳定性造成严重影响，可能打击投资者信心，造成金融体系混乱。

（四）金融深化程度

若以股票市场总市值/GDP作为金融深化指标，台湾金融深化程度远高于大陆（见图2-3-11）。台湾股票市场已经进入了相对成熟期，证券化率较高且保持稳定，在2004~2014年始终保持在100%以上，即股票市场在国民经济中的地位较高，也间接反映出台湾资本市场的发展潜力。虽然大陆股票市场的制度建设在近几年有明显进步，但证券化率除2007年突破100%之外，其他年份大多在70%以下，且部分创新产品和投资机制仍处于起步阶段。截至2014年底，大陆的证券化率仅为58.53%，而台湾已达到170.68%。

（五）市场波动性

发展早期，台湾股市一度呈现典型的"浅碟"状态，即广度大却深度浅，表现为开户交易人数众多，上市公司数目较少；股价波动剧烈，P/E在2002年之前保持在近30~40倍的高位。但进入2000年之后，台湾股市的"浅碟"现象有了明显改善，P/E基本保持在20倍以下，波动性也相对减弱。而大陆股市明显高于台湾，波动更剧烈，2007年甚至站上60倍P/E的高位（见图2-3-12）。

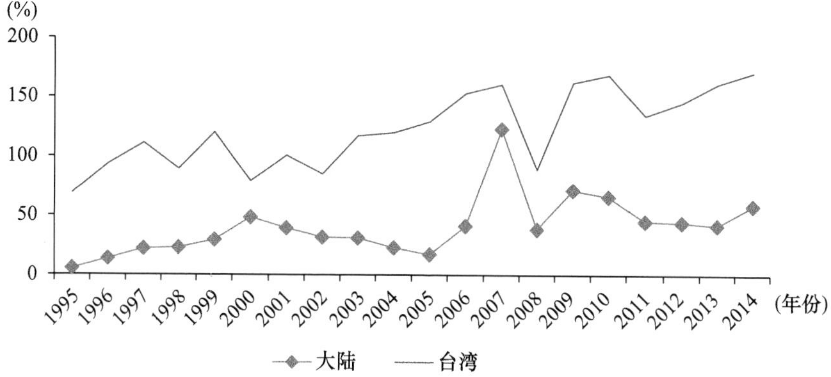

图 2-3-11　两岸股票市场证券化率比较（1995～2014 年）

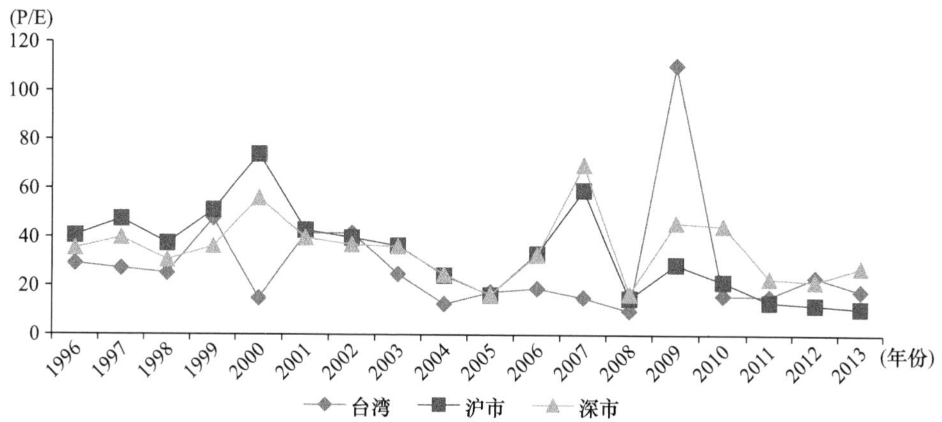

图 2-3-12　两岸股票市场平均 P/E 走势（1996～2013 年）

注：沪市 P/E 在 2003 年之前未披露，故以 Wind 数据代之。

资料来源：《上海证券交易所统计年鉴》，《深圳证券交易所统计年鉴》，《台湾股票交易所统计年鉴》，Wind。

究其原因，台湾股票市场逐步向美国、日本和香港等发达金融市场看齐，已告别“大跌大涨”的非理性时代。而大陆投资者结构尚以个人投资者为主，专业机构比重较低，价值投资风格尚未完全形成，散户炒作心理严重，特别是对于市场中短时间内的热点或概念类股票，因此大陆的平均 P/E 更高。其中深市由于投资标的以中小企业、创业板企业为主，故股价波动性略高于沪市，但两个市场在近年来都趋于下降。

（六）上市公司发展

虽然大陆股票市场发展历史短于台湾，但规模增速很快（见图 2-3-13），

1999 年之后上市公司数目迅速提高，目前已经超过 2600 家，但治理结构的发展却比较落后。一方面是上市公司融资目的明显。根据经典的融资优序假说，企业融资一般遵循内源资金、债务、权益先后顺序。其中内源融资主要为自有资金和留存权益，债务融资主要为发行公司债券和可转债，权益融资主要包括首次公开发行、增发和配股等形式。英美等西方发达国家上市公司在融资时就严格遵循了优序融资顺序，如美国资本市场，上市公司融资的第一位是内部资金。另一方面是债券融资。然而大陆上市公司普遍热衷于股权融资，进入资本市场“融资圈钱”的目的明显，从而造成债券市场始终规模较小、发展滞后。

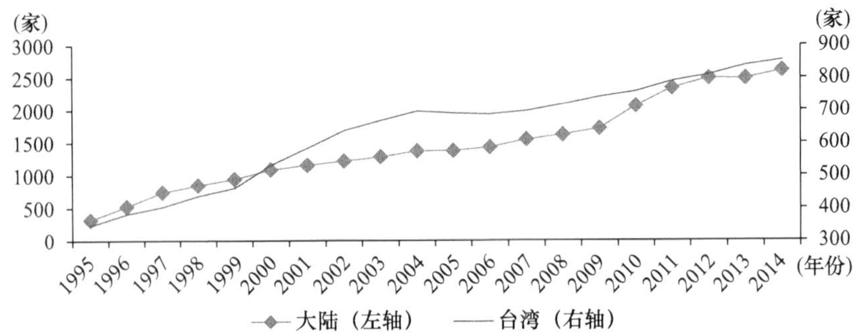

图 2－3－13　大陆和台湾股票市场上市公司数目（1995～2014 年）

资料来源：大陆国家统计局网站，《台湾股票交易所统计年鉴》。

从图 2－3－14 可以看到，2009～2012 年，企业通过发行股票筹资金额远高于债券，而 2013 年股权融资金额略低是 2012 年 11 月 3 日证监会开展 IPO 自查引起的新股发行暂停所导致。这反映出大陆上市公司强烈的股权融资偏好，从而弱化了市场的投资功能，不利于市场健康平衡的发展，也不利于投资者环境的培育。

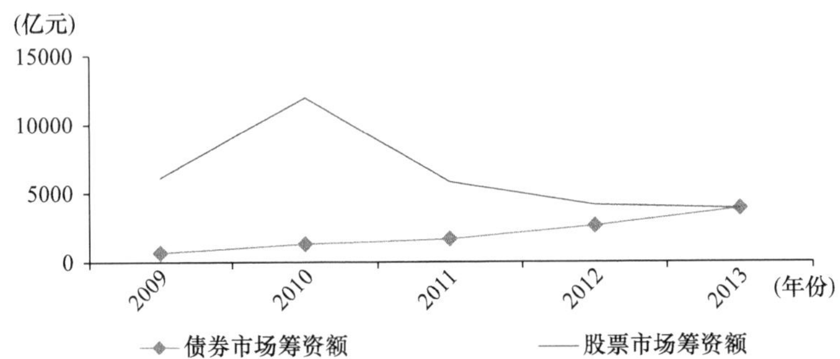

图 2－3－14　大陆股票市场筹资额和债券市场筹资额（2009～2013 年）

资料来源：Wind。

大陆上市公司的分红派息决定权掌握在大股东手中，他们具有免费资本幻觉，长期不发放现金红利或发放量极少，将筹集的资金当作“免费的午餐”。大陆不仅股息率远低于台湾，不派息的公司比例也居高不下。图 2－3－15 直观地反映了大陆近半数上市公司对于股东缺乏责任感的行为，他们无偿地利用股东的资金却不为股东谋福利，严重违背了对股东的承诺。于是越来越多的股东选择了“用脚投票”，寻求能带来更大福利的上市公司。但这一比例随着大陆管理层对于上市公司治理结构的改革，近 5 年有明显下降。相比之下，台湾上市公司对投资者的吸引力更强，1996～2013 年的平均红利率基本保持在 3% 以上，2013 年为 3.26%。

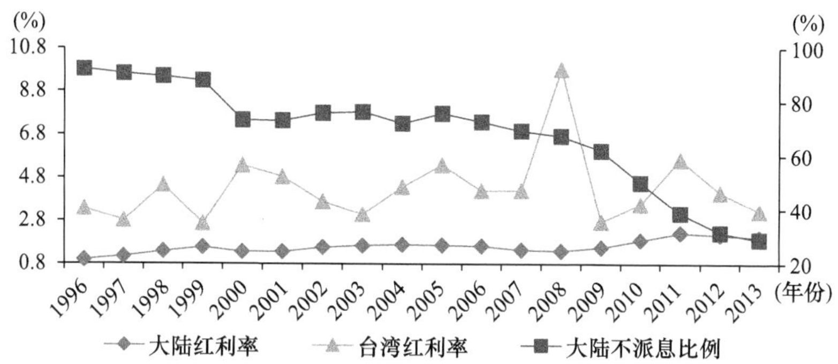

图 2－3－15　两岸股票市场分红派息情况（1996～2013 年）

资料来源：Wind，《台湾股票交易所统计年鉴》。

由于大陆股市起步晚，上市公司管理的制度建设还没有完全建立起来，故在治理结构方面尚存在如股权结构不合理、长期不分红等对股东利益不负责等现象。因此大陆应利用保荐券商对于企业上市前的改制辅导和上市后持续督导，从根本上完善上市公司治理结构，切实转向股份公司，明确“股东利益最大化”的管理理念，并加强自我管理，培育良好的企业治理文化和员工的价值观念。

第三章　两岸股票市场效率实证研究

通过对两岸股票市场发展现状的对比分析可知，正是在信用交易、投资者结构、资本开放和上市公司治理等方面的发展差异，导致大陆金融深化程度远远落后于台湾，投机氛围浓重且市场波动性较大。本章将选取 2009 ~ 2013 年两岸最有代表性上市公司年度数据为样本，在共同边界概念下分别建立资本配置效率模型和股权融资效率模型，从而计算两岸股票市场效率并进行比较分析。

第一节　实证思路

根据 Metafrontier 下 SFA 模型，本章将以大陆和台湾股票市场为样本，首先分别建立区域随机边界模型（SFA - REGION）和合并随机边界模型（SFA - POOL），计算两岸股票市场的区域技术效率 TE，并通过 LR 检验判定区域边界是否存在差异性；其次根据 LR 检验结果决定是否建立共同边界模型（MF - LP），从而计算 2009 ~ 2013 年共同边界下两岸股票市场技术效率 TE^* 的变动趋势，进一步得到两岸股票市场技术缺口 TGR 及其分布；最后从理论上对实证结果进行分析。

参考 Battese、Coelli（1992）的研究结果，SFA 模型的产出函数大多采用超越对数生产函数形式，故本文资本配置效率和股权融资效率的实证模型可以采用如式（1）的基本形式：

$$\ln y = \beta_0 + \sum_{i=1}^{n} \beta_i \ln x_i + \sum_{j=1}^{n} \sum_{i=1}^{n} \beta_{ij} (\ln x_i)(\ln x_j) + V_{it} - U_{it} \tag{1}$$

$$U_{it} = \{\exp[-\eta(t-T)]\} u_i$$

其中，x 为投入指标，y 为产出指标，n 为投入指标的个数。V_{it}是随机因子，U_{it}是非效率因子，u_i 是服从 $N(\mu, \sigma^2)$的非负截断正态分布。η 的正负反映了无效率因子随着时间推移的变化情况，若 η 为正，则说明无效率因子随时间递减，

即效率不断提高；若 η 为负，则说明无效率因子随时间递增，即效率不断降低。

第二节　样本与指标选取

一、样本选取

首先，在样本选取上，由于本篇的研究对象是两岸股市的资本配置效率和股权融资效率，若以沪深股市和台湾股市中所有股票作为研究样本，操作难度和工作量显然是不现实的。因此希望通过选择合适的市场指数来作为两个股票市场整体状况的代表，从而使模型的建立成为可能。

故对于大陆股票市场，选择中证 100 的成份股作为表征，它是由沪深 300 指数样本股中挑选出规模最大的 100 只股票，可以综合反映市场中最具影响力的一批大市值公司的状况，从而表征整个资本市场的运行情况。它全面覆盖了银行业、钢铁业、电力业、信息技术业和交通运输业等大型上市公司；同时其样本股的市盈率、市净率等指标均优于市场状况，盈利稳定性也强于整个市场。截至 2014 年 12 月 31 日，中证 100 的成份股总股本达到 2. 537 万亿股，占到全部 A 股的 57. 90%，流通市值占到 49. 36%，2014 年三季报总资产达到 126. 31 万亿元，占到 86. 32%。

对于台湾股票市场，则选择台湾 50 指数的成份股作为综合表征，它挑选台湾交易所市场中具有代表性的 50 只股票编制而成，市值约占加权股价指数的 70%，与之相关性超过 97%，能够充分表征台湾市场的整体走势与效率情况。

其次，在样本宽度选取上，若研究跨度较短，将难以充分反映任何一个股市效率及其变动趋势。但若时间跨度过长，将有部分上市公司数据缺失，从而构成非平衡面板数据，可能对 Frontier4. 1 处理结果的准确性造成影响，同时大大增加数据获取和处理难度。故本文选择 5 年的跨度从而保证样本的充分性。

因此，本篇以大陆和台湾地区股票市场为研究主体，分别选取中证 100 和台湾 50 指数的成份股作为两个市场的综合表征，以其在 2009 ~ 2013 年的年度数据为样本，从而构成平衡面板数据建立 Metafrontier 下的 SFA 模型。

二、投入与产出指标选取

（一）指标选取

股票市场效率主要反映为资本配置效率和股权融资效率。前者指股票市场如何自发地将稀缺的金融资本配置给具备最优效率的融资主体，反映到微观主体上即一个上市公司如何以最低的资本、人力投入获得最高的盈利能力的过程；后者指的是一个上市公司以最低的成本、最小的风险融入资金，通过资本运作手段从而获得最高资金收益的过程。

如表3-2-1所示，对于资本配置效率的研究结果，大多选取上市公司的营业收入、主营业务收入、净利润或利润总额为产出指标；而在投入指标的选取上，学者的角度各不相同，易荣华、达庆利（2004）选择总股本、流通股本和总资产周转率等指标，宋增基（2003）与之类似，从资本结构和股权结构的角度出发，选择了财务杠杆和流通股比例。蓝薇（2006）选择流动资产和非流动资产，牛冬梅（2008）从成本角度选择主营成本。对于股权融资效率，学者的选择更趋于一致，大多选取资产总额、资产负债率、股权集中度为投入指标，而选择ROE、每股收益或营业收入（或主营业务收入）增长率为产出指标。

表3-2-1　现有研究下股票市场效率计算指标选取

作者	投入指标	产出指标
资本配置效率模型		
易荣华、达庆利（2004）	总股本、流通股本、总资产收益率、每股净资产	收盘价格
宋增基（2003）	财务杠杆、流通股比例	托宾Q值
蓝薇（2006）	流动资产、非流动资产	主营收入、净利润
牛冬梅（2008）	主营成本、营运费用、净资产、资产总额	主营收入、利润总额
股权融资效率模型		
何枫、陈荣（2008）	资产总额、固定资产净值、职工人数	产品附加值/主营业务利润
沈友华（2009）	资产总额、资产负债率、营业总成本、流动比率	净资产收益率、净利润、营收增长率、总资产周转率
赵守国、孔军、刘思佳（2011）	资产总额、负债总额、所有者权益、融资成本	主营业务收入、总资产收益率
陈贤锦（2010）	股权融资净额、股权集中度、资产负债率	净资产收益率、营业收入增长率、托宾Q值
刘力昌（2004）	股权融资净额、股权集中度股票的非流通性、资产负债率	净资产收益率、市净率主营业务收入增长率
杨小波（2012）	资产总额、资产负债率、股权集中度	净资产收益率、每股收益、营业收入增长率

资料来源：根据参考文献整理而得。

若假设资本配置效率建模过程为 Model 1，股权融资效率的建模过程为 Model 2，在结合现有研究结果和 SFA 模型的“多投入单产出”指标要求的基础上，本文对于投入产出指标的选取结果如表 3 - 2 - 2 所示。

表 3 - 2 - 2 投入与产出指标选取

Model 1：资本配置效率模型	
投入指标	固定资产净值（X1）
	员工工资总额（X2）
	净资产（X3）
产出指标	营业收入（Y）
Model 2：股权融资效率模型	
投入指标	总股本（X1）
	股息率（X2）
	前十大股东持股比例合计（X3）
	资产负债率（X4）
产出指标	ROE（Y）

对于 Model 1，根据 Cobb - Douglas 生产函数，分别从资产、劳动和资本投入角度，选择固定资产净值、员工工资总额、净资产作为投入指标，以营业收入作为产出指标。对于 Model 2，用总股本表征股权融资规模、股息率表征股权融资成本、前十大股东持股比例合计表征股权结构、资产负债率表征融资结构，用 ROE 作为产出指标。投入指标中舍去财务费用/营业收入以及流动比率、速动比率等风险指标，原因在于两个样本中均有部分为商业银行或证券公司，这类企业的年报中一般不披露这些指标。

两个模型的具体形式分别如式（1）和式（2）所示：

Model 1：

$$\begin{aligned}\ln y = &\beta_0 + \beta_1 \ln x_1 + \beta_2 \ln x_2 + \beta_3 \ln x_3 + \beta_{11}(\ln x_1)^2 + \beta_{22}(\ln x_2)^2 + \beta_{33}(\ln x_3)^2 + \\ &\beta_{12}(\ln x_1)(\ln x_2) + \beta_{13}(\ln x_1)(\ln x_3) + \beta_{23}(\ln x_2)(\ln x_3) + V_{it} - U_{it}\\ U_{it} = &\{\exp[-\eta(t-T)]\}u_i \end{aligned} \quad (1)$$

Model 2：

$$\begin{aligned}\ln y = &\beta_0 + \beta_1 \ln x_1 + \beta_2 \ln x_2 + \beta_3 \ln x_3 + \beta_4 \ln x_4 + \beta_{11}(\ln x_1)^2 + \beta_{22}(\ln x_2)^2 + \\ &\beta_{33}(\ln x_3)^2 + \beta_{44}(\ln x_4)^2 + \beta_{12}(\ln x_1)(\ln x_2) + \beta_{13}(\ln x_1)(\ln x_3) + \beta_{14}(\ln x_1)\\ &(\ln x_4) + \beta_{23}(\ln x_2)(\ln x_3) + \beta_{24}(\ln x_2)(\ln x_4) + \beta_{34}(\ln x_3)(\ln x_4) + V_{it} - U_{it}\\ U_{it} = &\{\exp[-\eta(t-T)]\}u_i \end{aligned} \quad (2)$$

进一步，在 Model 1 中，当公司营运效率一定时，固定资产净值、员工工资总额和净资产的值越大，则公司规模越大，营业收入将越高。在 Model 2 中，当净利润一定时，总股本越高，ROE 越小；股息率越高，ROE 也越小。股权集中度越高，管理层的积极性会被削弱，从而可能影响到公司的盈利水平，从而 ROE 越低。根据传统的资本结构理论，在一定范围内，负债水平越高，公司的杠杆效应会不断显现，从而提高盈利水平；但超出这一范围，负债所带来的破产风险会不断提高，从而影响公司的盈利水平。

（二）指标量纲及数据来源

如表 3－2－3 所示，样本数据来自上市公司历年年报及报表附注，除员工工资总额外，大陆数据全部通过 Wind 数据库进行批量汇总，台湾数据通过 Wind、Bloomberg 数据库共同进行批量汇总。而员工工资总额一项，大陆数据来自各上市公司财务报表附注中的营业成本、销售费用和管理费用等项下的“工资薪金”的加总，台湾数据来自各上市公司财务报表附注中用人费用项下的“薪资费用”，其包括计入营业费用和营业成本中员工薪资。

表 3－2－3　投入产出指标量纲及来源说明

<table>
<tr><td colspan="2">Model 1</td><td colspan="2">单位</td><td>资料来源</td></tr>
<tr><td rowspan="3">投入指标</td><td>固定资产净值（X1）</td><td>人民币（元）</td><td>新台币（元）</td><td>上市公司年度财务报告及附注</td></tr>
<tr><td>员工工资总额（X2）</td><td>人民币（元）</td><td>新台币（元）</td><td>上市公司年度财务报告及附注</td></tr>
<tr><td>净资产（X3）</td><td>人民币（元）</td><td>新台币（元）</td><td>上市公司年度财务报告及附注</td></tr>
<tr><td>产出指标</td><td>营业收入（Y）</td><td>人民币（元）</td><td>新台币（元）</td><td>上市公司年度财务报告及附注</td></tr>
<tr><td colspan="2">Model 2</td><td colspan="2">单位</td><td>资料来源</td></tr>
<tr><td rowspan="4">投入指标</td><td>总股本（X1）</td><td colspan="2">股</td><td>上市公司年度财务报告及附注</td></tr>
<tr><td>股息率（X2）</td><td colspan="2">%</td><td>用近 12 个月实际现金分红总额/统计时点总市值近似计算得到</td></tr>
<tr><td>前十大股东持股比例合计（X3）</td><td colspan="2">%</td><td>上市公司年度财务报告及附注</td></tr>
<tr><td>资产负债率（X4）</td><td colspan="2">%</td><td>上市公司年度财务报告及附注</td></tr>
<tr><td>产出指标</td><td>ROE（Y）</td><td colspan="2">%</td><td>上市公司年度财务报告及附注</td></tr>
</table>

第三节　数据的预处理

一、原始数据预处理

本节对原始数据进行四步预处理。第一，剔除2009年之后上市的股票。由于研究跨度是2009~2013年，而上市时间不足一年的公司的运营情况和财务状况尚不稳定，若将其加入模型中，可能会对模型整体结果造成影响。第二，剔除极个别ROE为负值的上市公司。建模要求对全部指标取对数，若ROE为负值将对此造成影响。第三，对于大陆样本中某些股息率为0的上市公司，则用一个很小的数（0.01）代之，从而避免了无法取对数而删去样本的后果。如前文对于大陆股票市场发展现状的描述，直到2014年底，A股中尚存在约30%的上市公司不派息分红。对于这部分样本，若全部剔除将对数据充分性和样本完整性造成严重影响，因此用一个很小的数代替。第四，对Model 1中货币数据按人民币、新台币对美元汇率折算成美元；由于模型的因变量和自变量均为货币形式，而效率计算结果为比率值，故没有必要再进行CPI平价调整和去量纲；对Model 2中原始数据采用标准化的方法进行去量纲处理。从而构成平衡面板数据，其中大陆有73×5=365个样本，台湾有45×5=225个样本，满足面板数据回归的基本条件。

二、样本的描述性统计分析

两岸样本中上市公司规模差异均较大，故样本的标准差较大。由表3-3-1可以看到，其一，无论从固定资产净值、净资产还是从股本规模等指标来看，大陆上市公司的平均规模是台湾上市公司的2.5倍，但平均营业收入仅为台湾的60%，而两样本的平均员工工资总额相差无几。其二，大陆上市公司的平均股权集中度较高，负债比率较高，盈利能力也较高，但股息率远远低于台湾上市公司。

表3-3-1　样本描述性统计分析

效率	项目			均值	标准差
Model 1	大陆	固定资产净值（X1）	美元	7175336852	15606856331
		员工工资总额（X2）	美元	429300427	901608316
		净资产（X3）	美元	17582702717	34656692796
		营业收入（Y）	美元	22634205789	56786918065

续表

效率	项目			均值	标准差
Model 1	台湾	固定资产净值（X1）	美元	2844543045	3767096125
		员工工资总额（X2）	美元	406735606	517823738
		净资产（X3）	美元	5059644924	4355890920
		营业收入（Y）	美元	38087087094	282573835132
Model 2	大陆	总股本（X1）	股	24180951916	60846066745
		股息率（X2）	%	1.74	1.59
		前十大股东持股比例合计（X3）	%	67.41	18.11
		资产负债率（X4）	%	61.51	21.94
		ROE（Y）	%	19.44	10.10
	台湾	总股本（X1）	股	5912605076	4972038824
		股息率（X2）	%	3.59	2.02
		前十大股东持股比例合计（X3）	%	40.02	16.45
		资产负债率（X4）	%	56.25	25.25
		ROE（Y）	%	13.96	9.14

第四节　实证结果及分析

本章使用 Frontier4.1 软件分别建立 Model 1、Model 2 的区域随机边界模型和合并随机边界模型，用 matlab 软件建立共同边界模型，并根据基础模型估计结果对两岸股票市场在共同边界下的技术效率和缺口分析进行对比分析。对两组样本，均假设无效率因子与时间有关，且 u 服从截断正态分布。

一、Model 1 的实证结果及分析

（一）基础模型的估计

表 3-4-1　Model 1 的参数估计结果

变量	参数	区域随机边界项（SFA-REGION）		合并随机边界项（SFA-POOL）	共同边界项（MF-LP）
		大陆	台湾		
常数项	β_0	10.001967*** (1.2853280)	6.1806764*** (1.1845957)	6.5873507*** (0.99451390)	13.5784

续表

变量	参数	区域随机边界项（SFA－REGION）		合并随机边界项（SFA－POOL）	共同边界项（MF－LP）
		大陆	台湾		
$\ln x_1$	β_1	－0.32131232 (0.35724467)	－2.9815970*** (1.3437883)	－0.70802085 (0.77765303)	－0.9571
$\ln x_2$	β_2	1.8359073*** (0.28000922)	1.1021357 (1.6848038)	0.96663436* (0.67415964)	2.3424
$\ln x_3$	β_3	－1.9761715*** (0.48833417)	1.9059244 (2.3898350)	－0.18892953 (0.86809312)	－2.3373
$(\ln x_1)(\ln x_1)$	β_{11}	0.022896023 (0.032967924)	0.11813414 (0.12953488)	0.016918082 (0.054903017)	0.0821
$(\ln x_2)(\ln x_2)$	β_{22}	0.041892202*** (0.010420050)	0.41619588** (0.19777482)	0.034768878* (0.021667764)	0.0942
$(\ln x_3)(\ln x_3)$	β_{33}	0.17819429** (0.080483814)	－0.28659635 (0.35789876)	0.084739354 (0.15465639)	0.2649
$(\ln x_1)(\ln x_2)$	β_{12}	－0.075570376* (0.049291509)	－0.59563142* (0.35647754)	0.021322248 (0.10556590)	－0.0668
$(\ln x_1)(\ln x_3)$	β_{13}	0.061871799 (0.099615388)	0.63685910** (0.30201376)	0.045955540 (0.18335905)	0.0053
$(\ln x_2)(\ln x_3)$	β_{23}	－0.17282029*** (0.060024595)	－0.23886466 (0.45289415)	－0.16522833 (0.14128907)	－0.3043
$\sigma^2=\sigma_\mu^2+\sigma_v^2$		0.12865221*** (0.02568076)	0.25612670*** (0.047468960)	0.18221287*** (0.020522361)	—
$\theta=\frac{\sigma_\mu^2}{\sigma^2}$		0.95771094*** (0.0054354506)	0.33025961** (0.098976048)	0.62645369*** (0.036830206)	—
μ		0.70203028*** (0.061558360)	0.58168136** (0.23922719)	0.67571569*** (0.076703896)	—
η		0.0077394543** (0.0043081111)	0.03643666 (0.039129395)	0.019057406* (0.012457940)	—
对数似然函数值		265.70543	－149.63959	－173.49314	—
似然比检验值（单侧）		657.64057***	34.706802***	271.96963***	—

注：①括号中为参数对应的标准差；②***、**和*分别代表被估计参数在双侧1%、5%、10%的水平下显著；③σ^2为总方差，σ_μ^2为无效率因子的方差，σ_v^2为随机因子的方差。

表3－4－1第三和第四列为区域随机边界的极大似然估计结果，大陆样本经过22次迭代后达到收敛，台湾样本经过18次迭代后达到收敛。从回归结果可知：

其一，两组样本的参数估计结果较好，大部分系数在10%的水平下显著。同时，从似然比检验值来看，两组样本的LR检验均很显著，都在1%的显著性水平下拒绝了H_0：$\theta=0$，则随机边界模型整体有效。即：

$$LR_1=657.64057>\chi^2_{(3)}=11.971$$

$$LR_2=34.706802>\chi^2_{(3)}=11.971$$

其二，从θ取值来看，两组样本均显著，说明大陆和台湾股市均呈现出显著的无效率现象，且大陆的无效率方差占总方差的比重远高于台湾。

其三，在η的取值上，大陆显著为正但绝对值很小，而台湾结果不显著，说明大陆股市的无效率成分随着时间的推移在缓慢下降，即资本配置效率在2009～2013年有略微上升。从图3－4－1可以看出，在绝对值上，大陆股市的资本配置效率远低于台湾；在趋势上，两岸股市均呈现出效率上升的态势，但大陆的提升速率明显慢于台湾。

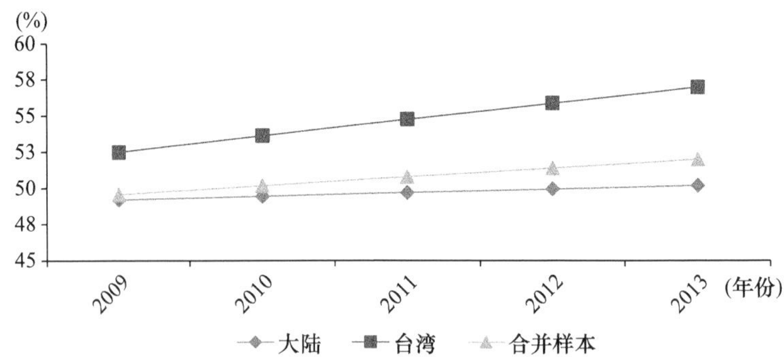

图3－4－1　两岸股票市场区域资本配置效率（2009～2013年）

第五列为合并样本随机边界的参数估计结果，是根据Battese、Rao（2002）的方法将两岸的5年数据合并为118×5＝590个样本，通过Frontier4.1的极大似然估计方法得到。但Battese、Rao（2003）和Battese（2004）认为，合并样本估计得到的随机边界（SFA－POOL）并不能完全包络所有的区域随机边界（SFA－REGION），即合并随机边界可能低于某些区域随机边界，故用合并随机边界计算得到的效率值不准确。因此，共同边界计算之前一般采用似然比检验判断各随机边界是否具备相同的技术水平、是否存在差异。此处LR统计量为579.118，大于1%水平下的临界值（自由度为14），故可以拒绝区域边界没有差异的原假设，

进而使用共同边界分析。

$$LR = 579.118 > \chi^2_{1\%} \qquad (1)$$

第六列为根据式（1），使用 matlab 软件对两个样本的共同边界进行线性规划求解得到，可以看到共同边界下的参数估计结果和区域边界参数在影响方向上一致。

（二）技术缺口和共同边界下效率分析

1. 技术缺口 TGR

根据公式可以计算出两岸股票市场资本配置的技术缺口值 TGR。TGR 介于 0～1，反映了区域随机边界下的潜在产出相对于共同边界下潜在产出的“距离”，越接近 1 则区域随机边界下的产出越接近共同边界下的潜在产出。表 3－4－2为 TGR 的描述性分析，可以看到大陆的技术缺口比率均值高于台湾。进一步采用两独立样本的 Mann－Whitney 秩和检验分析两样本的 TGR 是否具有相同的均值，H_0 为在 $\alpha = 5\%$ 的显著性水平下，两样本的秩和相差不大，统计量 Z 渐近服从如下的正态分布：

$$Z = \frac{|T - n_1(N+1)/2| - 0.5}{\sqrt{n_1 n_2(N+1)/12}} \sim N\left(\frac{N(N+1)}{4}, \frac{N(N+1)(2N+1)}{24}\right)$$

其中 T 为样本容量小的群组秩和，N 为总样本容量。根据表 3－4－3，SPSS18.0 的检验结果可以看到，Z = －15.755，P－value 趋近于 0，故拒绝原假设，认为两样本的资本配置效率的均值不相等。

进一步做出两岸 TGR 的频率分布，从图 3－4－2 和图 3－4－3 可以明显看到，大陆上市公司的 TGR 分布集中于98%～99%，而台湾上市公司的 TGR 分布更集中在70%～85%，即大陆的潜在资本配置产出比台湾更“贴近”共同边界，前者约有 7.86%效率提高空间，而后者约有 22.78%的效率提高空间。

表 3－4－2　两岸股票市场资本配置技术缺口的描述性统计（2009～2013 年）

TGR / 年份	大陆				台湾			
	最大值	最小值	均值	标准差	最大值	最小值	均值	标准差
2009	0.9962	0.5129	0.9259	0.0998	0.9944	0.5035	0.7772	0.0943
2010	0.9962	0.3857	0.9281	0.1077	0.9559	0.5077	0.7756	0.0889
2011	0.9954	0.1913	0.9232	0.1262	0.9938	0.5202	0.7753	0.0927
2012	0.9950	0.3503	0.9180	0.1144	0.9947	0.5449	0.7686	0.0905
2013	0.9935	0.1378	0.9119	0.1333	0.9129	0.5783	0.7643	0.0816

表 3-4-3　资本配置效率的 Mann - Whitney 秩和检验结果

Mann - Whitney U	9378.000
Wilcoxon W	34803.000
Z	-15.755
渐进显著性（双侧）	0.000

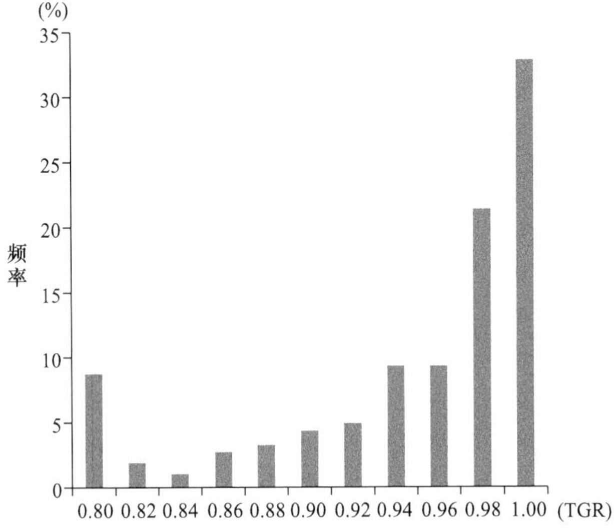

图 3-4-2　大陆股市资本配置效率的 TGR 分布

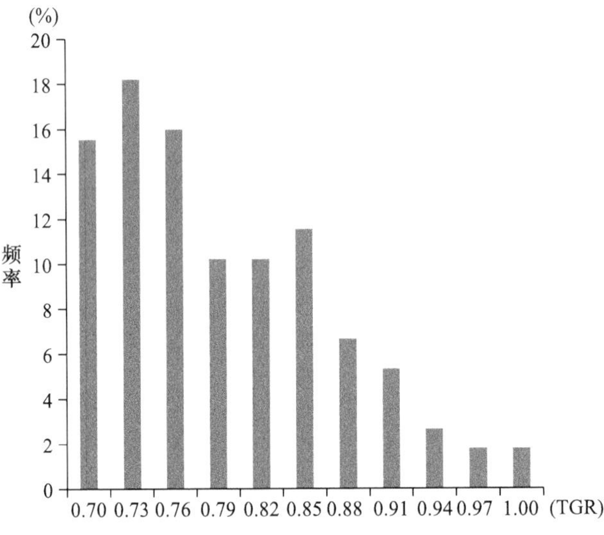

图 3-4-3　台湾股市资本配置效率的 TGR 分布

2. 共同边界下的资本配置效率 TE*

根据 Battese 和 Rao（2002），区域随机边界反映的是该群组实际产出相对于自身潜在生产边界的技术效率，故计算结果在两区域间并不具备直接的可比性；而在共同边界下，两区域被假定有共同的技术潜力，去追求资本配置的上限（即共同边界），则计算结果可以直接对比分析。故进一步根据式（11）TE、TGR 和 TE* 的等价关系可以计算得到两岸股票市场在共同边界下的资本配置效率值，从表 3－4－4、图 3－4－4 可以看到，虽然在各自技术背景和生产边界下，大陆股市资本效率低于台湾，但相对于共同边界，在绝对值上，大陆却略高于台湾，前者的均值为 0.4583，后者均值为 0.4234；在变化趋势上，大陆股市基本保持在一定水平，台湾股市则呈现不断上升的趋势。

表 3－4－4　共同边界下两岸股票市场资本配置效率的描述性统计（2009～2013 年）

TE \ 年份	大陆				台湾			
	最大值	最小值	均值	标准差	最大值	最小值	均值	标准差
2009	0.9236	0.1149	0.4575	0.1695	0.7579	0.1962	0.4086	0.1227
2010	0.9234	0.1174	0.4602	0.1703	0.7354	0.2041	0.4173	0.1226
2011	0.9247	0.1201	0.4587	0.1708	0.7715	0.2121	0.4259	0.1233
2012	0.9242	0.1224	0.4583	0.1655	0.7175	0.2260	0.4294	0.1132
2013	0.9318	0.0888	0.4568	0.1682	0.7207	0.2316	0.4360	0.1126

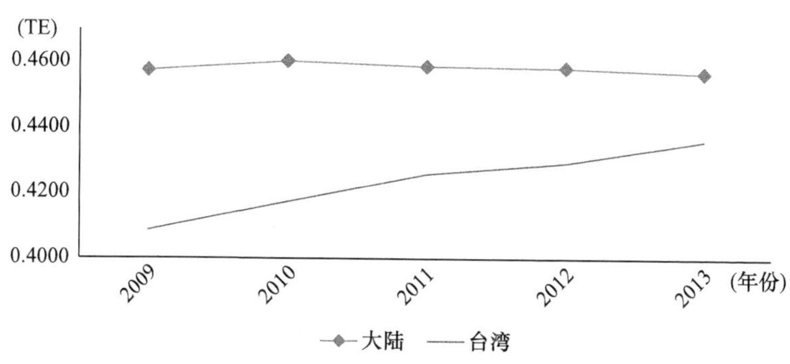

图 3－4－4　共同边界下两岸股票市场资本配置效率（2009～2013 年）

究其原因，一方面，从产出指标看，台湾上市公司的净资产和固定资产净额等规模指标约为大陆的 1/3，而平均营业收入却是大陆的 1.68 倍，这本应对效率带来“正效应”，但却得到低于大陆的资本配置效率，故存在其他因素对效率造成“负效应”。从投入指标看，台湾上市公司在远小于大陆上市公司平均规模的前提下，却支付和后者接近的员工工资总额，这一点可能直接造成资本配置的无效率。这两点可以证明“员工工资总额”对于资本配置效率的影响作用很大。但从侧面却也反映出大陆上市公司在治理结构上的缺陷。

另一方面，这一实证结果也反映出经过近25年发展，随着交易制度的不断完善，交易品种的不断丰富以及资本市场的逐渐开放，沪深两市的资本配置效率已经和台湾股市接近，技术改进的潜力不断被挖掘，因此就更接近“共同边界”。

二、Model 2 的实证结果及分析

（一）基础模型的估计

对两组样本，同样假设无效率因子与时间有关，且u服从截断正态分布。其中，大陆样本经过32次迭代后达到收敛，台湾样本经过33次迭代后达到收敛。表3-4-5第三列和第四列为区域随机边界的估计结果，可以看到：

其一，两组样本的参数估计结果均较好，超过半数的参数在10%的水平下显著。同时，从似然比检验值来看，两组样本的LR检验均为显著的，故均在1%的显著性水平下拒绝了$H_0: \theta = 0$，则随机边界模型是整体有效的。即：

$$LR_1 = 206.37335 > \chi^2_{(3)} = 11.971$$

$$LR_2 = 43.378151 > \chi^2_{(3)} = 11.971$$

表3-4-5　Model 2的参数估计结果

变量	参数	区域随机边界项（SFA-REGION）		合并随机边界项（SFA-POOL）	共同边界项（MF-LP）
		大陆	台湾		
常数项	β_0	0.46773673*** (0.062507218)	0.12616960*** (0.045757418)	0.56829706*** (0.065935123)	0.7786
$\ln x_1$	β_1	-6.7575268*** (1.3158270)	-5.1284291*** (1.6927604)	-5.3976492*** (1.11296694)	-5.2668
$\ln x_2$	β_2	3.5638652*** (0.85762589)	5.75557259 (1.1860145)	3.2972245*** (0.72091236)	2.0986
$\ln x_3$	β_3	-0.28576632 (1.3535696)	0.63448504 (0.89579432)	2.1502284** (0.99537314)	-0.2207
$\ln x_4$	β_4	-0.014007719 (1.2384996)	3.4511840*** (1.2318586)	1.7307787* (0.90374421)	-1.0258
$(\ln x_1)(\ln x_1)$	β_{11}	2.4742691 (1.7002600)	4.7921632*** (1.5850496)	4.5934765*** (1.4481637)	3.8527

续表

变量	参数	区域随机边界项（SFA－REGION）		合并随机边界项（SFA－POOL）	共同边界项（MF－LP）
		大陆	台湾		
$(\ln x_2)(\ln x_2)$	β_{22}	0.011287491 (0.076992904)	0.29458127*** (0.098460081)	－0.03075171 (0.062427872)	0.0539
$(\ln x_3)(\ln x_3)$	β_{33}	－1.0737873 (0.89841875)	－1.3265630** (0.64380066)	－3.0822821*** (0.75308889)	0.0171
$(\ln x_4)(\ln x_4)$	β_{44}	－0.41947375 (0.65438720)	－1.1643778 (0.73804977)	－0.50477689 (0.54333195)	－0.2999
$(\ln x_1)(\ln x_2)$	β_{12}	－3.1299230*** (0.98640014)	0.043552481 (1.3431686)	－2.9692741*** (0.79986339)	－0.9314
$(\ln x_1)(\ln x_3)$	β_{13}	4.2858198** (2.0387425)	1.1805848 (0.89541035)	2.1489695** (1.0766326)	0
$(\ln x_1)(\ln x_4)$	β_{14}	3.4328673** (1.4611759)	－2.0403485*** (0.98396354)	－0.81039245 (1.0915090)	1.6336
$(\ln x_2)(\ln x_3)$	β_{23}	－0.36818926 (0.70969364)	－0.011609038 (0.38994895)	－0.64122613** (0.29582021)	－0.5881
$(\ln x_2)(\ln x_4)$	β_{24}	0.10104216 (0.51403400)	－0.11575163 (0.47556782)	0.46367233 (0.35105471)	－0.4379
$(\ln x_3)(\ln x_4)$	β_{34}	－2.4022399* (1.2305217)	－0.49289998 (0.61272818)	－0.84372972 (0.62764810)	0.3781
$\sigma^2=\sigma_\mu^2+\sigma_v^2$		4.9731300*** (0.97894912)	3.9666433*** (0.72709880)	5.0230830*** (1.7596318)	—
$\theta=\frac{\sigma_\mu^2}{\sigma^2}$		0.91719803*** (0.019289566)	0.89544398*** (0.025746864)	0.89607788*** (0.042796280)	—
μ		－0.42714611*** (0.74351058)	－3.7693007*** (0.60069055)	－4.2431468** (2.0211940)	—
η		－0.29449375*** (0.05190101)	－3.0255328*** (0.56772914)	－0.18113353*** (0.034129363)	—
对数似然函数值		－400.86864	－246.97159	－717.35084	—
似然比检验值（单侧）		206.37335***	43.378151***	120.10024***	—

其二，从 θ 的取值来看，两组样本都在 1% 下显著，说明大陆股市和台湾股

市都存在明显的无效率现象，且两者的无效率因子比重都超过了85%。

其三，在η的取值上，大陆和台湾的估计结果均显著为负，且绝对值上台湾远大于大陆，说明大陆股市的股权融资效率在2009~2013年呈现缓慢下降趋势，但台湾股市呈现急速下降趋势。从图3-4-5可以看到，在绝对值上，大陆股市的股权融资效率低于台湾股市；在趋势上，两岸股市均呈现出了效率下降的态势，特别是在2013年台湾股市发生了大幅的效率下降。

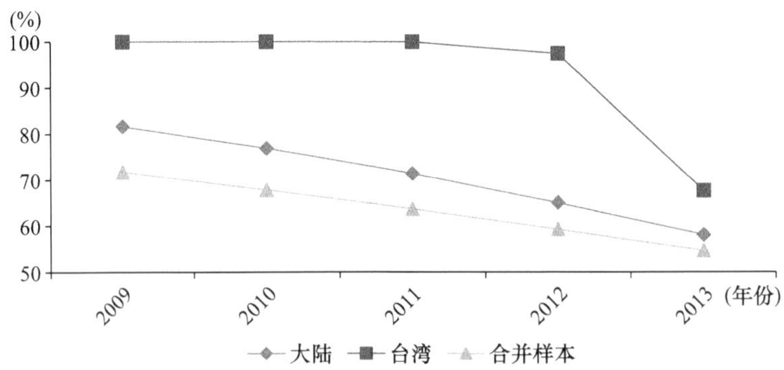

图3-4-5　两岸股权融资效率走势（2009~2013年）

第五列为合并样本随机边界的估计。同样做区域间随机边界差异的LR检验，LR统计量为139.02，大于1%显著性水平下的卡方分布临界值。故认为两岸的随机边界存在显著差异，进行共同边界分析是有意义的。

$$LR = 139.02 > \chi^2_{1\%} \tag{2}$$

第六列为共同边界下线性规划求解结果，除了β_{33}、β_{13}、β_{34}，其余参数估计的结果与区域边界的方向是保持一致的。进一步，进行共同边界下技术效率和技术缺口的计算。

（二）技术缺口和共同边界下效率分析

1. 技术缺口TGR

根据表3-4-6对大陆和台湾股票市场股权融资效率的TGR的统计描述，可以看到大陆股市的技术缺口比率均值明显大于台湾股市。同样进行Mann-Whitney秩和检验分析（见表3-4-7），可以得到在5%的显著性水平下，Z=-9.269，对应的p-value趋近于0，故拒绝两组样本TGR相等的原假设。

从图3-4-6、图3-4-7还可以看到，大陆上市公司的TGR集中于90%~95%，而台湾上市公司更集中在70%~85%。即大陆潜在的股权融资产出比台湾更贴近共同边界，前者约有17.5%的效率提高空间，后者约为33.1%。

表 3-4-6 两岸股票市场股权融资技术缺口描述性统计（2009~2013 年）

TGR 年份	大陆				台湾			
	最大值	最小值	均值	标准差	最大值	最小值	均值	标准差
2009	1.0000	0.2485	0.8231	0.1641	0.9993	0.0602	0.6680	0.2256
2010	1.0000	0.4555	0.8255	0.1291	1.0000	0.0714	0.6900	0.2166
2011	1.0000	0.4020	0.8247	0.1324	0.9788	0.1562	0.6518	0.1944
2012	0.9998	0.4847	0.8339	0.1126	1.0000	0.1905	0.6726	0.2023
2013	0.9998	0.4896	0.8187	0.1147	1.0000	0.1745	0.7165	0.2049

表 3-4-7 股权融资效率的 Mann-Whitney 秩和检验结果

Mann-Whitney U	22422.000
Wilcoxon W	47847000
Z	-9.269
渐进显著性（双侧）	0.000

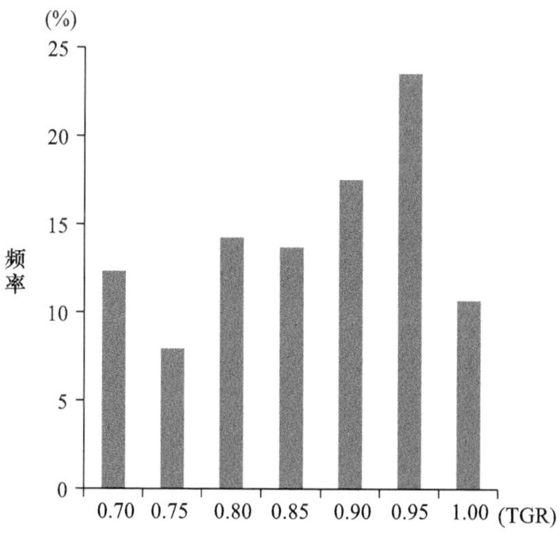

图 3-4-6 大陆股市股权融资效率的 TGR 分布

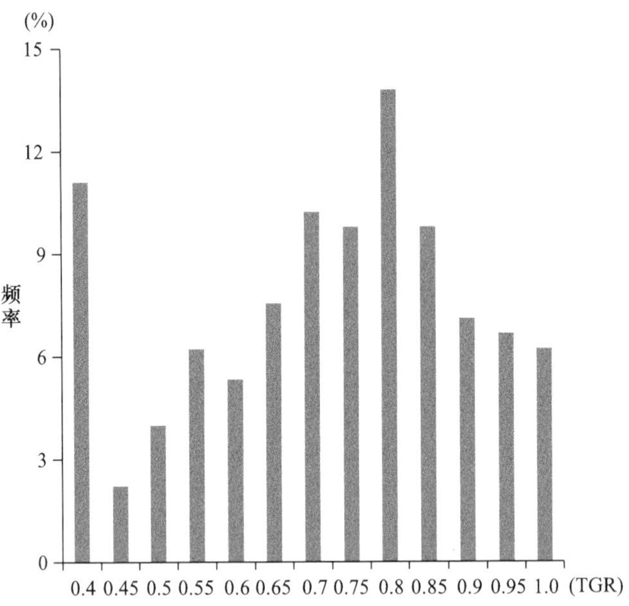

图 3-4-7 台湾股市股权融资效率的 TGR 分布

2. 共同边界下股权融资效率 TE*

根据公式可计算出两岸股票市场相对于共同边界的股权融资效率，由表 3-4-8可以看到，与区域边界下所表现出来的特征一致，除 2009 年外，大陆股市的股权融资效率明显低于台湾，而且这一差距在 2010~2012 年有逐步扩大态势，但 2013 年又迅速缩小。

表 3-4-8 共同边界下两岸股票市场股权融资效率的描述性统计（2009~2013 年）

TE / 年份	大陆				台湾			
	最大值	最小值	均值	标准差	最大值	最小值	均值	标准差
2009	0.9279	0.1497	0.6714	0.1783	0.9993	0.0602	0.6680	0.2256
2010	0.9000	0.0873	0.6356	0.1664	0.9999	0.0714	0.6900	0.2166
2011	0.8658	0.0454	0.5890	0.1774	0.9779	0.1560	0.6508	0.1937
2012	0.8223	0.0169	0.5441	0.1845	0.9818	0.1872	0.6548	0.2001
2013	0.7733	0.0029	0.4752	0.1830	0.6843	0.0010	0.4753	0.1599

这一实证结果和预期接近，但有几点值得思考。其一，台湾上市公司的股息率平均为3.59%，而大陆仅为1.74%，同时台湾上市公司的平均ROE低于大陆。即台湾投入了更高的成本却获得较低的产出，这对于其股权融资效率本应产生“负效应”，但并没有在计算结果中显示出来，说明存在其他因素产生的“正效应”将其对冲掉了。其二，对于“前十大股东持股比例合计”这一投入指标，大陆的平均值为67.41%，而台湾为40.02%，这反映出大陆上市公司股权结构过于集中，国有大股东通过上市公司渠道“圈钱融资”的典型现象，这也是造成大陆股权融资效率较低的微观原因之一。

第四章　大陆股票市场效率提升因应对策

根据本篇第三章实证结果可以看到，2009～2013 年，大陆股票市场的资本配置效率比台湾的稍高，但 5 年期间基本保持不变，而台湾股票市场的资本配置效率呈现上升态势；台湾股票市场的股权融资效率显著比大陆的高，且大陆股票市场的股权融资效率在五年间呈现下降态势，不过，台湾股票市场的股权融资效率在 2013 年也出现了明显下降。基于两岸股票市场在发展上的差距以及实证结果对比，本章将从上市公司层面、市场发展层面以及两岸金融合作层面提出以下对策，以期提高大陆股票市场的资本配置效率和上市公司的股权融资效率，从而使市场朝着更加健康、成熟的方向发展，更好地服务于企业和中小投资者。

第一节　上市公司层面

从 Model 2 的投入指标的描述性分析可以看到，大陆上市公司的股权集中度远远高于台湾。若对 2013 年大陆和台湾样本进行简单分组，从表 4－1－1 可以看到，台湾上市公司的股权很分散，其中 84.44% 公司的前十大股东持股低于 50%。而与之形成鲜明对比的是，大陆上市公司中约 83.56% 的公司的前十大股东持股超过 50%。股权集中度过高会使上市公司股权被少数大股东绝对控制，其可能牺牲中小股东利益为自身谋求利益，从而公司价值无法实现最大化，进而严重影响公司的营运状况和股权融资效率。在大陆当前法律对于中小股东保护不足的情况下，控股股东往往更容易通过占用公司资金、私自出售公司资产和强制公司提供担保等方式侵害其他股东利益。

因此，大陆上市公司应该适当降低股权集中度，寻求适度分散的股权结构，形成公司内部相互制衡和约束局面，从而优化公司治理结构。适度分散的股权结

表 4-1-1　2013 年两岸上市公司股权结构

前十大股东持股比例合计		大陆	台湾
<20%	数量	0	2
	占比（%）	0	4.44
20%～50%	数量	12	36
	占比（%）	16.44	80
50%～100%	数量	61	7
	占比（%）	83.56	15.56

构将使大股东之间相互制约，更有动力对公司的经营进行管理和监督，而私自侵害小股东利益的操作成本也大大提高，从而有力地保障小投资者的利益。

第二节　市场发展层面

一、壮大机构投资者，改善投资者结构与理念

沪深股市一直以中小投资者为主，呈现结构失衡化、规模小型化、投资散户化等特征。大陆机构投资者的整体规模明显偏小，且结构单一，以基金为主，同时一般法人投资者占比过高，这在一定程度上也造成了大陆股票市场重博弈、轻投资的风格，从而降低市场效率。因此，大陆应该更加积极壮大机构投资者队伍，引导 A 股市场整体投资风格转向长期持有和稳健，并督促上市公司加强内部治理和信息披露，从而不断完善资本市场，也可以有效地提高制度执行的效率。

社保养老基金的投资风格稳健并受到政府部门严格监督，是最专业的机构投资者之一。根据管理部门的差异，大陆社保基金分为三类：全国社保基金、社会保险基金和企业年金。截至 2013 年底，它们分别达到 1.24 万亿元、3.53 万亿元和 6035 亿元的规模，合计占到同期 GDP 的 9.44%。但由于投资品种的限制，社会保险基金和企业年金的收益率较低。若以 OECD 2013 年公布的数据来看，世界主要国家养老金平均实际收益率为 6.35%，而中国大陆仅为 1.5%，排名靠后。究其原因，近 1/2 的国家直接股票投资占比超过了 20%，超过 2/3 的国家股票投资超过 10%，而大陆资产配置中股票占比却低于 10%。

随着我国老龄化的加速，养老金的规模必须有所提高，这就更有必要通过资本市场保值增值。因此，发展社保基金，推进风险投资比重改革，将有力保证其

收益率，同时推进我国资本市场改革。

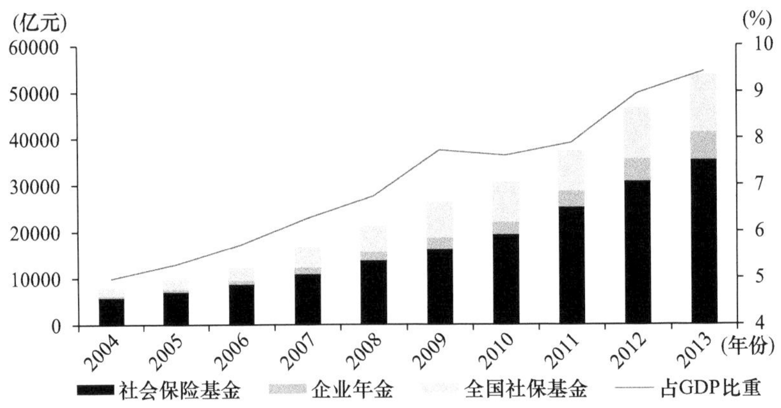

图4-2-1 大陆社保基金规模（2004~2013年）

资料来源：Wind，人力资源和社会保障部。

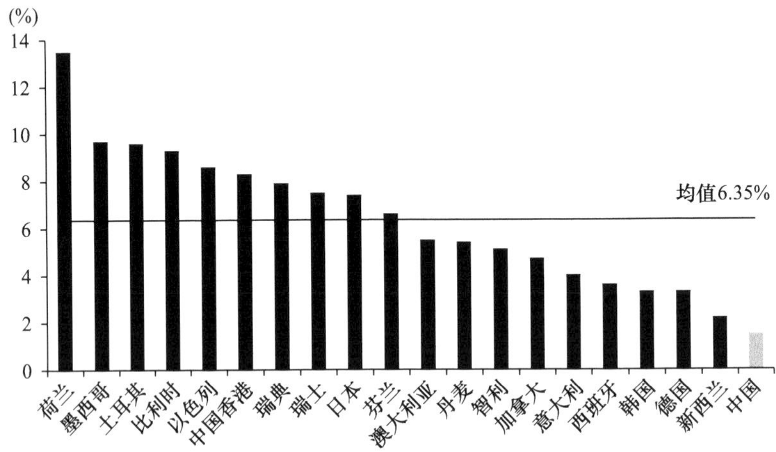

图4-2-2 世界主要国家养老金平均实际收益率（2012年）

资料来源：OECD。

二、改革QFII和“沪港通”制度，大力吸引海外资金

台湾市场投资者结构的一个明显特征就是海外机构投资者占比不断提高。2000年台湾基本解除了QFII持股限制，同时在2005年完全加入了MSCI新兴市场指数。在此之后海外资金流入明显增加。因此大陆可以考虑加速放宽QFII投

资品种和额度的限制，同时适度放宽外汇管制，从而保证 QFII 的顺畅运作，提高时效性和灵活性，也可以提高整个股票市场的流动性。

另外，“沪港通”自 2014 年 11 月 17 日开闸运行以来，沪股通除个别交易日接近每日 130 亿元人民币的额度外，每日的平均额度使用约 53 亿元，而港股通更为清淡，平均每日不到 20 亿元。因此大陆应该逐步降低“沪港通”个人投资者 50 万元的高门槛，争取在 1 ~ 2 年内把沪股通的 3000 亿元额度用满，则可考虑提高额度并适度降低门槛以吸引更多的海外投资者；同时吸收“沪港通”运作经验，积极推进“深港通”的开闸，从而在长期可以修复 A 股估值体系，引导投资者的价值投资，为我国资本市场的开放打下基础。

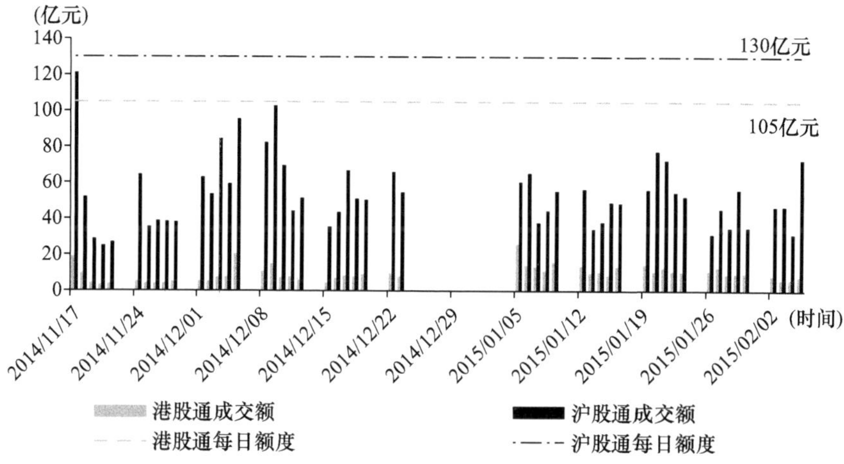

图 4 -2 -3　大陆沪港通开闸以来每日成交情况（2014 年 11 月 17 日至 2015 年 2 月 6 日）

注：2014 年 12 月 23 ~24 日为沪港通因圣诞节休市三天，29 ~31 日港股通不满足结算安排。

资料来源：同花顺。

三、进一步扩大融资融券标的范围，加强风险防范

台湾股票市场成熟的信用交易发展很大程度保证了市场的流动性，并促使股票价格回归理性。当股价出现虚高时，做空者将借入股票出售，从而增加现券供给，使价格恢复均衡；当股价低于均衡时，做多者将融资买入股票，从而增强投资者信心。

2014 年，大陆两融余额已经突破 1 万亿元，月均增加 1000 亿元，市场一度出现火热局面。但与国际水平相比，大陆的融资融券水平仍处于中等水平。因此，大陆股票市场应该进一步完善融资融券业务机制，逐步降低卖空门槛，扩大

融券业务，转变融资占据大多数的不均衡结构；同时扩大标券的范围，提升交易活跃度和市场流动性。此外，在规模扩张的同时还要适度控制杠杆水平，加强风险防范。

第三节　两岸合作层面

若能加强两岸资本市场的合作与交流，加快两岸资本项目自由兑换的推进，建立统一协调的证券监管框架，鼓励台资券商入驻，从而使大陆更有效地借鉴台湾资本市场发展经验，必将大大提高沪深股票市场运作效率。

促进资本流动，提高市场效率。出于风险控制考虑，大陆尚未完全实现资本项目的开放。资本无法自由流动，可能导致套利机会的存在，股票价格偏离均衡价格，从而市场无法实现资源有效配置。因此，大陆可以以福建平潭自贸区发展为契机，在自贸区内试行放宽资本项目的自由兑换；并效仿“沪港通”的运作机制，建立“沪台通”，促进海峡两岸资本流动，从而引导大陆股票市场价值投资理念；完善人民币对新台币的清算机制，加大新台币兑换力度，降低兑换成本，方便台湾资本投资大陆股票市场。

整合监管体系，实现协调合作。台湾资本市场监管领先于大陆，故可借鉴国际证券监管的协调机制，制定一体化的监管框架，通过大陆证监会和台湾“金融监督管理委员会”的合作，逐步执行统一的市场规则和运行标准，实现优势互补，发挥协同效应，降低市场运作成本，从而吸引海外资金流入。同时，两岸行业自律组织也应加强技术和人员的沟通交流，建立日常培训交流机制，相互借鉴行业发展经验，共同培养高水平金融人才，提高市场效率。

降低台湾券商进入门槛，提升整体竞争力。可以逐步降低台湾券商进入大陆股票市场的门槛，考虑采用参股或合资方式，广泛吸收先进管理理念，优化大陆市场的投资者结构，引导价值投资风气；同时可以引入创新的产品与技术，缩小与发达国家金融市场差距；可以与大陆券商实现“强强联合”，形成国际投行品牌，拓宽业务范围，增强市场影响力和竞争力。

附　录

样本数据

Model 1：

大陆

firm	year	y	x1	x2	x3
1	1	7816074002	216820726	128960065	7260821141
2	1	2416798956	274142314	268908307	3273090479
3	1	375464873	58311853	12982426	204508148
4	1	1621018398	47908591	26036994	2926495633
5	1	5273409157	391672086	47136925	1399483023
6	1	1146768269	41189823	6524329	580416995
7	1	466892649	162790742	47889179	1045595158
8	1	1589360622	155192962	137667628	7118523320
9	1	698830555	129220081	17229035	681886263
10	1	3889335245	816962506	110757586	593219224
11	1	6788997890	736889007	96900531	1703364375
12	1	3109624718	8941380506	12180044	3833581796
13	1	4030070529	503562637	28022669	1422239203
14	1	729162461	366134856	7318807	818323884
15	1	1752017487	1453339134	31237180	1830809528
16	1	414613661	267121978	8551250	399126671
17	1	22206179781	2342628517	189617400	7477576008
18	1	1779562366	1109054832	6669560	2331415897
19	1	4035482034	1750129842	24802610	2451616871
20	1	3437906319	2731016402	93406572	4550673474
21	1	4533380395	278168262	48098292	594354942

续表

firm	year	y	x1	x2	x3
22	1	5888146754	1131283226	1104136727	10887182600
23	1	495819766	167613637	3893957	700132083
24	1	3319869880	502676057	54813915	1213921921
25	1	484330845	76867729	128027	426136358
26	1	23717385589	18462997728	255061319	16184966194
27	1	6725394000	529908600	321239100	14214150600
28	1	1038217860	507120971	9271368	931436422
29	1	380108028	146138649	917063	683069680
30	1	191674749	32057877	2511858	111956339
31	1	215073814800	74382601800	723707400	64053541500
32	1	1546232851	506679152	74185387	2342785307
33	1	12750798706	17392114359	46455328	7789829356
34	1	8269172178	1983634265	58001455	3705699163
35	1	3997181275	4094945814	31302831	4685530536
36	1	8226215400	2001788100	526071000	14836001700
37	1	638423989	182274057	6528540	347158490
38	1	25323174243	45577164032	575355400	33394391058
39	1	3518842894	135298860	942432449	10363819209
40	1	2637691104	471595367	7992410	1324719646
41	1	2992064052	509331520	27644803	743786519
42	1	3735279226	395833491	6859968	509825269
43	1	2739028616	611691315	180670159	4834446216
44	1	284412858	60457976	6288244	168041710
45	1	1761303924	22626231847	7043474	9892859237
46	1	9322193825	463065763	22310847	2386504782
47	1	37128460200	17581644600	3358859400	87208500600
48	1	3675558555	32973743	21836226	4311151653
49	1	3697390458	7721501663	94613885	6868957578
50	1	8170149503	11056689567	55723871	3831434736

续表

firm	year	y	x1	x2	x3
51	1	2919947766	733665484	127143988	1532157362
52	1	2645600612	3715185810	94076526	6102764451
53	1	49481694600	13531697400	3321442800	108561546600
54	1	7666073388	15448913910	5248718	5231439346
55	1	54689957400	2160408900	711075300	34022882400
56	1	5065479360	579442262	667862843	9529634104
57	1	23638816500	1557745800	484976700	14669705700
58	1	6524079900	1529123700	1117221300	17110579200
59	1	5680476679	1121842218	107657819	2504244220
60	1	12941826300	3794107200	758565600	26291557500
61	1	1901867390	277397878	19133154	6008685583
62	1	42722721600	11943410700	4385257500	89387298000
63	1	2933429686	4811760553	76337394	3566666183
64	1	19397788800	23403283800	421496400	31461444300
65	1	162982072500	53002532700	816289500	145206948900
66	1	55321181678	4098955751	276856616	10610856068
67	1	16679648700	752009700	226098600	12100112700
68	1	8591347530	4249663419	124257171	12448774010
69	1	56847770963	4456330811	1187599046	8647269357
70	1	3350836365	1173717340	35364569	3455993051
71	1	133667137	13764421	6239151	132441561
72	1	180183351	89660593	2004417	149807614
73	1	7418187673	1734394507	74083176	3254939233
1	2	8109144846	195011150	226379836	8728333323
2	2	2881762252	394961155	300388620	5358708872
3	2	341259554	48277979	9807912	219123800
4	2	2203809794	41724268	33136479	3381232033
5	2	9688060876	507249048	102204036	1517257110
6	2	1611062510	37830235	3770146	705889594

续表

firm	year	y	x1	x2	x3
7	2	528423942	150866899	52316033	1167078244
8	2	1561853907	155087458	144732296	7294117899
9	2	858802396	136634561	7484156	889420401
10	2	4743431463	893932222	139419379	721474440
11	2	9663017005	883923986	123564072	2240472145
12	2	6519398250	14641138396	33276947	5842799627
13	2	5288232661	682434944	32037537	1692314897
14	2	791765231	393760550	6967479	947609204
15	2	2769095691	1733988182	44197851	2352174052
16	2	840744174	283809189	19457722	682966145
17	2	49966429258	4556184519	388470230	13071588643
18	2	2485053952	1019115823	55684312	2936739636
19	2	4773873468	1970257987	40972808	2794054784
20	2	5571617570	2931486232	131702383	5885537087
21	2	5806010694	328773388	55473960	688963487
22	2	7971950522	1188558926	1096372002	19712448096
23	2	605932492	170284329	4582709	808312840
24	2	5147608446	584891347	87215592	4393164046
25	2	598682592	115419233	30755	555625866
26	2	32323649463	18826149367	262433322	17803665028
27	2	8757403200	1241463600	511520100	16830594300
28	2	1507821320	1108182701	7427063	1144119564
29	2	529077382	154682413	1462161	787622531
30	2	139598165	34631933	1081383	137468775
31	2	305917801800	86457930000	1190295600	72383851800
32	2	1860162070	670276993	79991365	2966047412
33	2	16678801535	19772186125	43342753	9731388646
34	2	12222893403	2265125260	69411670	5522531206
35	2	5517874251	5237017222	44514147	5697528274

续表

firm	year	y	x1	x2	x3
36	2	11413182300	2404576200	514878000	21427559400
37	2	743789411	185421869	10098150	547647839
38	2	28169321015	48677161112	544039165	33288053318
39	2	4444404838	90181516	808724679	11328549657
40	2	5429394760	983126417	50150013	1905771777
41	2	3461417086	656491316	31934472	943334364
42	2	5039200816	508830618	18305932	733358699
43	2	3914175251	849710975	328628326	5675791239
44	2	396886259	49553168	6057498	361159328
45	2	3498651384	21706615695	7398969	10579863889
46	2	12073207766	625899288	32187071	3013378021
47	2	44263038300	19758523200	3869739900	108116385000
48	2	5739469408	51638821	38459003	5120050892
49	2	6718000472	10046382185	111944923	9009031012
50	2	12945932052	14107170145	254842544	6667721268
51	2	3426285502	1160328506	154142934	2039426192
52	2	3054961873	3535355870	85915160	6629637497
53	2	60893277900	14481983100	3246769500	131382954300
54	2	9701512763	19221085709	8225896	6127532857
55	2	62167680900	2638030200	795022800	33654952500
56	2	6948600449	1240504200	726803903	14710046435
57	2	30291296100	1133371200	642158400	18689591700
58	2	8916823500	1594842600	1255694700	19913626200
59	2	10118402346	1253749062	173654899	3736883562
60	2	16667016600	4131016500	1002413100	35762754300
61	2	2500072637	309490448	63691848	6806444752
62	2	51725891100	13341096600	5015903100	112074709500
63	2	2887771108	5043636650	124941796	4091828959
64	2	24314873700	25685536500	481618800	36452243100

续表

firm	year	y	x1	x2	x3
65	2	234319858500	65245755900	910790400	161515149900
66	2	75652243138	4959266360	302954215	11815311772
67	2	22651753800	817408800	232974300	13040004900
68	2	11395819878	4528467298	136118233	13674461876
69	2	75178391001	5624051250	1252181537	9311204058
70	2	4563478666	1350286464	37921239	4161984466
71	2	242452444	18113142	11044407	187778215
72	2	422882336	199033656	5655576	273371894
73	2	10378936047	2350100845	69565290	3812135766
1	3	11478061693	255178451	270287236	10846422914
2	3	4739925454	563529974	575695166	12053355382
3	3	213540891	38181674	5417083	426604164
4	3	2416307526	69753167	41652362	3881891292
5	3	11778634010	725402531	163628717	1845077904
6	3	1808840357	165206290	6866049	888289574
7	3	376357211	148857322	27356114	1138658094
8	3	1485907520	149949383	145712841	7453041583
9	3	1347622810	161881451	12331035	1155251769
10	3	5988474423	1123589788	194208668	1008245107
11	3	13296560373	1232691018	116635691	2938507011
12	3	8084164268	16814376406	30454509	6435294084
13	3	4245640263	1205987800	44581510	2342315261
14	3	1083732340	1055104652	21693817	2384586953
15	3	2770135428	1860285025	61928511	2893283018
16	3	1843369114	320095453	23840623	1451527982
17	3	69251967935	5866978329	808314917	21285299063
18	3	3254060056	944218326	170101348	3749125530
19	3	4589029899	1892068911	50398839	3115820098
20	3	7798058345	3343697574	167438330	6854166859

续表

firm	year	y	x1	x2	x3
21	3	5729508755	338016284	61865431	693300140
22	3	10860035753	1301117813	1095895117	23911890522
23	3	729321241	207197914	12098613	1310817646
24	3	7406980656	655841281	128118723	5697998111
25	3	727607644	135548775	4616	700130485
26	3	35578499083	18447880716	248371266	18143852408
27	3	13170643200	1410797700	853066500	21444189000
28	3	2184602944	1104097730	9016251	1313678298
29	3	972273105	281704170	1983043	1478800131
30	3	585818889	208234027	17830543	595353266
31	3	400658711700	90493166400	287020500	81473047500
32	3	2942536598	867619375	92345913	4062000400
33	3	21333980954	24753802469	36822190	9299761954
34	3	18810794130	2365295037	143139196	6364978594
35	3	7779744030	6881288174	68883089	7489990211
36	3	15375504300	2597095800	530868000	26385099000
37	3	1050489366	248068182	14634275	603785361
38	3	34461409982	52037236486	567696278	33356850299
39	3	4002807690	423179444	498916866	13909733435
40	3	8119130608	1683561410	49472794	3318502253
41	3	5299675482	839251586	34213505	1614517125
42	3	6302427704	684002822	35902832	1022908116
43	3	5363652890	1033524852	494417391	10222426654
44	3	745136710	58618105	7820912	470845389
45	3	3309990364	22014613189	7951405	10912602686
46	3	15012783942	1174859973	43741924	3682583026
47	3	52473743400	22103616600	4161237600	120867450600
48	3	7521091928	150274281	9107974	6726099125
49	3	7196625451	10512046662	103252254	10047651750

续表

firm	year	y	x1	x2	x3
50	3	15532543849	16267819214	432278137	7915293208
51	3	3585962156	1117618722	183959800	2513322192
52	3	3482439269	5786297133	82638549	8209844294
53	3	75986718600	16029335400	3808658100	153155897700
54	3	11573860214	20349459074	10288925	8084649854
55	3	61623541200	2691117000	763682400	30922741200
56	3	9573213000	837876000	972991500	18560872200
57	3	39801508500	2306237700	1223075100	27397585800
58	3	12303985200	1617548400	1416873900	28587081900
59	3	9597080490	1543523349	181402729	4621551774
60	3	20300264400	4821944400	1106508000	43618801200
61	3	3314364667	338870953	95420965	8064320328
62	3	63494691000	15066097800	5745366900	130584093900
63	3	3023075016	5601865809	129093235	4550618670
64	3	33290700300	31717764000	590830500	41810492100
65	3	320414495700	72927991500	957960900	173102303400
66	3	73506244746	5174247753	389973714	13007886107
67	3	25253646600	920064600	274548300	12480994500
68	3	14210698199	4670738323	102035068	15241298151
69	3	73132840989	6157341575	1532884068	10508431643
70	3	6358250079	1622236918	44268780	4818215045
71	3	352612792	23096008	12852238	242228712
72	3	651912345	303686229	11172320	347480457
73	3	12905658011	2849446768	75447494	4491257978
1	4	16488287597	257799927	348222056	13133897379
2	4	6355808815	565477236	777610649	13559324123
3	4	324236965	57233103	8033087	502259782
4	4	4044952268	69587677	53413075	4707340712
5	4	12769069990	844714158	191831054	2466639628

续表

firm	year	y	x1	x2	x3
6	4	2188523242	200129142	5922672	1123664710
7	4	527009443	146598758	61765873	2365782828
8	4	1461596974	147382756	133996453	9662852385
9	4	1847860981	159554721	11055237	1562360047
10	4	6714311667	1423164006	193334504	1203244886
11	4	15880659783	2030793047	217091817	4410074320
12	4	8903804026	18383354607	33476869	8219271261
13	4	4711067942	1859168191	68423732	2461009343
14	4	1322502089	1432814661	32563249	2828399471
15	4	3563279752	2014795243	69017970	3507235505
16	4	1477755907	338665205	26670578	1588426745
17	4	76501368957	3964257724	709615083	23186516412
18	4	4349447248	879008117	315215239	5040219181
19	4	3881809738	2367201132	45720935	3147759183
20	4	9541800069	3946088448	173931257	7673508983
21	4	6348757259	1257224169	90184961	2007395967
22	4	13264024800	1404081900	1153518600	28727474100
23	4	594066221	401457102	14287784	1399494595
24	4	7686580083	730640664	93941250	6586114704
25	4	869067303	188600917	35671	870255514
26	4	30562572339	12702458401	250247399	18762947103
27	4	16487448900	1944543900	1232988900	26950185600
28	4	2549146030	1172301475	23502851	1573865327
29	4	1785308255	415794119	3192264	1692243800
30	4	687524730	199807647	14042006	775980913
31	4	445488595500	94176143100	293896200	88041099900
32	4	4230208091	1088492584	43118275	5669100420
33	4	21421268755	25482156661	34852949	10380426630
34	4	25353137423	2648569521	127030850	7020852796

续表

firm	year	y	x1	x2	x3
35	4	7318015918	7882472331	80764365	8183056870
36	4	18127383300	3083991300	648554400	32044119900
37	4	1487104397	240986851	17449765	672625946
38	4	40976733435	58728226879	626320140	33936266691
39	4	1869851720	407929028	369944716	13860819040
40	4	7488202547	2385290661	53248299	3935692894
41	4	5764683542	930736433	35013912	1925864956
42	4	8031528065	904250576	17079620	1409598827
43	4	6360334483	1205367836	668608136	11948147611
44	4	963865984	60524345	7997886	624361104
45	4	4122537189	21642790352	8491504	11974473648
46	4	15727310044	1371826392	41388196	4654934447
47	4	58537950900	24036807600	4610396700	137760565800
48	4	11018030498	220411169	15050157	8759245325
49	4	7349394088	10278666638	58188531	11248456457
50	4	15964504105	18596853698	350570197	8626049987
51	4	3208441322	1174354730	161165041	2649478545
52	4	4538125305	5828697849	82854260	8568844428
53	4	85857505500	17632972500	3999578700	180440594100
54	4	12407943066	22541713019	12037752	9031945904
55	4	64820102100	2696713500	779672400	35673849900
56	4	14010278100	1064294400	1188856500	27284536500
57	4	47869582800	2506112700	1529763300	33522875100
58	4	14300656500	1842048000	1691422200	32473451400
59	4	23901663478	13059925882	64089039	8598006885
60	4	23559186300	6047737800	1103150100	60993375300
61	4	4447915914	589941456	79441038	11463345169
62	4	73673285400	18219965400	5230009200	151842479100
63	4	3618300008	6258182521	146218222	5149565704

续表

firm	year	y	x1	x2	x3
64	4	40016574000	34352276400	624889200	48417080400
65	4	351027830400	87222092100	665343900	188804483400
66	4	77181875160	5552281734	420343681	14161221461
67	4	27415014900	1079325000	284142300	15601283100
68	4	13957938033	6483027334	91213836	16104073619
69	4	77441637187	6065957286	1466415077	11705728784
70	4	7741513601	2493714335	50866868	5369916222
71	4	564641194	24904535	25472948	343409724
72	4	1159787494	530607201	24441287	837594727
73	4	14463953135	3192570186	95119759	6317626715
1	5	21653464694	340549881	392022742	16859763801
2	5	8345021100	590670600	961478700	17921751900
3	5	421712412	67997711	13741014	620266877
4	5	5207593436	325943517	61704565	6222855036
5	5	13829386997	871944093	169138408	3197063175
6	5	2528785062	203035765	6761449	1443703548
7	5	658549842	138335256	93586848	2367003802
8	5	1671747149	161117313	136442045	10250414911
9	5	1667936846	177700175	11491836	1700923712
10	5	7639840646	1663598054	211143285	2608413833
11	5	18968608919	2244058732	262260877	5671121762
12	5	10602464929	21738250978	38290954	9387299449
13	5	6153249776	2197148064	126368829	2980528418
14	5	1294322160	1946563810	46864792	2879069338
15	5	4502205496	2296856438	85495988	4422147910
16	5	1354661075	345360784	19593260	1645409892
17	5	90078973011	4399775035	949481486	25860961369
18	5	3952502320	940551870	372418004	5919383600

续表

firm	year	y	x1	x2	x3
19	5	3549484796	2399343679	57353845	3167082251
20	5	9390381581	3862929919	168997191	6804871815
21	5	7187578283	1358742002	103647645	2399038604
22	5	15992398500	1418952600	1003052700	33135597300
23	5	768365043	1665176958	12033395	1625886547
24	5	6162829863	859758248	87032003	6724046094
25	5	991871589	208140573	3105	1064273641
26	5	30331171911	13786292374	271279960	19198542342
27	5	18530171400	3434332200	1228351800	32665491300
28	5	3236051918	1372220630	40958103	1883774777
29	5	2136060690	615429545	4238513	1923658980
30	5	959172154	358600526	19242851	818001039
31	5	460561728900	107068240500	130798200	99659274000
32	5	4944396031	1362868788	41619490	7056241854
33	5	21399876657	25732076395	30195086	11839734509
34	5	28124841536	2920779461	130816315	7297784338
35	5	8836342088	8239237884	90014201	9396552221
36	5	21203379600	3726309600	818528100	42526364400
37	5	1774549447	350298315	25053061	662544463
38	5	48565979789	59270833588	787838568	35438014056
39	5	2576832018	437118180	527008387	14295395015
40	5	5968729611	2588588800	53588726	3998913036
41	5	4875530808	1057727637	33676379	1882311693
42	5	7382224627	1214798335	14947175	1478964010
43	5	7230518100	1290712800	827962200	13754438100
44	5	1531144023	73666508	10357922	980008409
45	5	3629352216	20734582999	9116187	12501179661
46	5	16836227417	1718860880	46428724	4589594829

续表

firm	year	y	x1	x2	x3
47	5	65160529200	25418983200	4756065600	153740172300
48	5	14767648319	317407819	19928887	11057592831
49	5	8209704072	10246161614	69196027	12355184059
50	5	15610757655	19825794569	358098608	9265084581
51	5	3070074608	1308982290	159671591	2770079418
52	5	4503151535	5585456580	81095356	8930151022
53	5	94282956300	21724493700	3922187100	204426233700
54	5	12028870534	24805565866	14345748	10281255477
55	5	67735718700	2711904000	889363800	35591341500
56	5	17474991300	1163432400	1473158700	32167242900
57	5	57984696900	2692875900	1928394000	38328829500
58	5	16718824200	2196066600	1678950000	36892927500
59	5	27668792030	13614754257	58514446	8586968828
60	5	26293156500	7022488200	907112700	67395291600
61	5	4903358125	831546998	53235987	12521146669
62	5	81326419200	21694912200	5449392000	171785207100
63	5	4470473779	7116981574	193479845	5957842427
64	5	45379140300	38442838200	675097800	52692966300
65	5	361074027600	89439425400	773276400	203058289200
66	5	89351906214	5898545823	416837714	15478318881
67	5	30882606300	1298388000	313723800	16051721400
68	5	13162405472	8390829892	111649535	16417291976
69	5	93827655441	6478401587	998129219	13403572088
70	5	7958464752	3094597555	51395782	5290363762
71	5	865074037	90046169	39507664	667403328
72	5	1606806075	661823673	35180718	1026366748
73	5	15652019296	3447870296	121749948	7380125518

台湾

firm	year	y	x1	x2	x3
1	1	2750829693	4082574309	58295023	3204296639
2	1	813043362	768292740	205596005	2567437762
3	1	1534370381	2029093587	27117260	2790868772
4	1	5706574246	3015851198	171487171	7140723101
5	1	7736680773	4875053713	103961549	8356232949
6	1	5242282567	3532924949	115652180	4484381231
7	1	7957748660	9992847217	109710083	8359501424
8	1	9392298013	5328929143	158557213	8692125653
9	1	2896141653	2839308648	581077030	6784710353
10	1	2677852155	1799107500	67709995	1282195749
11	1	9196322553	3213880265	759780363	3309875582
12	1	205956923	243531914	4637832	197379232
13	1	3977437727	642292318	88102478	2403526529
14	1	2718219701	2515040723	103346826	2367676963
15	1	6542080146	2135652670	62288280	3732233817
16	1	62086489781	7435048888	40007833	15043590925
17	1	21400421788	451363776	425383902	3376091805
18	1	1879045620	1150858001	251653649	1999044052
19	1	9372071554	8672754000	1074967550	15814848486
20	1	5896214780	1152643860	787944216	2590712197
21	1	4913816066	730111804	14270684	1512870903
22	1	19334715571	2050878719	335428858	6263559049
23	1	3221580555	664838612	73954066	760975900
24	1	4698934890	491483981	335428858	690645078
25	1	26612983857	1422377192	582088733	3612941059
26	1	11387210323	12382869718	582762178	8712182856
27	1	6286067062	9919678240	645303597	12009356928
28	1	3660563396	218306991	524787224	3450743209

续表

firm	year	y	x1	x2	x3
29	1	538350227	579845145	121397703	1016208142
30	1	1110281333	813964558	213585656	2970486298
31	1	1900788098	746193402	453138479	6749363929
32	1	161558694	130150672	103892274	4179217116
33	1	3213500429	1256753242	1246684505	6826760194
34	1	638133100	449494573	116703369	1645906220
35	1	633964534	278839866	299653225	3658934879
36	1	1616381313	734457074	346660871	6220604237
37	1	1718094075	1357979531	467902121	4953331563
38	1	258413316	172801831	38779814	434349478
39	1	974793653	377566987	263966070	2625928565
40	1	1877396346	1081972878	410843832	4747630220
41	1	2169821652	1474967223	146975083	1650513724
42	1	1090289443	749415863	327658343	3228261346
43	1	20142109430	7375458093	178114944	7379080641
44	1	686872130	1569923	11602279	483910737
45	1	1903368836	1277349967	109186215	2293568218
1	2	3365709052	4427370699	58044925	3945841625
2	2	819853923	753541426	235909455	2743849083
3	2	1705369336	2107703389	25895579	2903264329
4	2	7140398627	2677842743	204933748	8266148642
5	2	10704413717	4666696717	333958347	9350505241
6	2	6330216619	4009976005	126618156	4755021881
7	2	11098009887	11667032009	312165324	9145814239
8	2	12158444181	5035637021	1773966260	10199940417
9	2	4006932529	4207227780	539683964	7134560759
10	2	3168036782	1998544554	70094857	1431791087
11	2	10882989972	3413128035	898101794	3572244666

续表

firm	year	y	x1	x2	x3
12	2	338738340	240066549	7102141	208722097
13	2	5428574736	852486891	93571221	2769452258
14	2	5981259237	3164370471	97548697	2910388209
15	2	6121142161	1804865035	55616806	3610843498
16	2	94981436464	8624423644	3874711772	16271103898
17	2	28109161165	474699499	538271668	3838750182
18	2	2023643224	1360350134	296216951	1942475976
19	2	13295156400	12309791089	1562315035	18339142594
20	2	7290141420	1199425049	772387342	2764020117
21	2	4332771708	689882110	19605779	1595885330
22	2	13617866381	294014052	574151149	3370493893
23	2	3513898527	723666312	86438563	856668259
24	2	5384667163	529142571	408008180	741457997
25	2	35642616186	1528506559	725389012	3775034490
26	2	14804235879	12164768871	811045814	8946865211
27	2	6415007397	9688571341	726613767	11681032683
28	2	3597510849	247429721	410257789	3540195586
29	2	692256578	663298637	160627832	1041139362
30	2	1096844710	903133310	211381965	3179634087
31	2	1909908131	862321660	479650460	7043845377
32	2	154463430	130057345	105233934	4112540437
33	2	3251081188	1202336061	692999519	7050222482
34	2	736751461	458128672	131294078	1750614512
35	2	679386319	375209790	317924221	3703294161
36	2	1447106991	669909139	383168639	6377318607
37	2	1597855117	1329792037	445255275	5274548248
38	2	391418781	183647575	55958456	519272245
39	2	972854416	370144239	257085981	2748948701

续表

firm	year	y	x1	x2	x3
40	2	1918217756	1052770131	463867033	5103001024
41	2	2222926867	1382127438	141526558	1613002556
42	2	1124384397	750849709	346077585	3382875873
43	2	23732586683	6605331199	190627139	7740599051
44	2	870071006	1294220	16422455	543969751
45	2	2010283829	1711726223	112392895	2330902144
1	3	3755156050	4642156836	55487257	4098161860
2	3	967269719	744960090	232807353	3032034426
3	3	2170763035	2322297802	24728936	3243661323
4	3	6877905731	2498011436	216729083	7645385939
5	3	7464935886	4799334958	386452388	5336919999
6	3	10489365155	4684729024	137949802	8785588305
7	3	12708533461	12756617649	518079085	9890700524
8	3	12553473847	4932000517	181375124	9366571184
9	3	3698309292	4732087067	581077030	6722240077
10	3	3801551921	2636918118	77525212	1656163829
11	3	12296619901	4000386358	1004464303	3771093331
12	3	326403989	236902556	6684689	205142585
13	3	5452464496	1169924607	120573858	2930870851
14	3	5873652958	3542277651	850947993	3241332235
15	3	6605436822	2031653474	67246624	4002559658
16	3	109415469541	11261785613	5127103899	19489967448
17	3	21965181098	537182989	561072052	3615752944
18	3	1940597107	1398948839	310529201	1863209430
19	3	13534185640	15539981088	1496879305	20029460131
20	3	7305181747	1267156182	630949833	2822893292
21	3	4167169402	721806806	26935359	1724353009
22	3	12172518597	333046784	455704862	3681575799

续表

firm	year	y	x1	x2	x3
23	3	4029898336	836086777	104248089	991479104
24	3	5997382190	594626216	451185107	767652349
25	3	35167275915	1689796775	924201456	3922009984
26	3	12033069414	11360198337	905480018	7012266165
27	3	6892355293	9589774724	749008520	11821721515
28	3	2752513985	310880516	292953515	3686444683
29	3	1138109653	900257126	225098538	1774793221
30	3	1472139048	974017153	218259107	3977586449
31	3	8537101729	1030458311	810074262	7405404193
32	3	17413148303	126553191	101519644	3770943057
33	3	318598171	1223410006	767299132	6899279748
34	3	982218629	503632818	145820838	2078347326
35	3	934418834	502051740	324000873	4817046436
36	3	1963533985	678691325	360842970	6438733827
37	3	2430133995	1305769052	481284840	5715075438
38	3	506536066	255327439	81195262	627792622
39	3	1148146410	389056134	255454960	2854931723
40	3	2519372574	1082924180	490186339	5433301489
41	3	2578589409	1292997855	152510850	1586524516
42	3	1446846717	835668596	375065220	4036062199
43	3	25363482048	5911658458	178422115	7074154675
44	3	1017735473	1177791	17757523	619966808
45	3	2400480454	1637015052	138312368	2306285637
1	4	3785527302	4464192610	44042857	4174954684
2	4	973431617	758436675	307813843	3289704199
3	4	2024293883	2230335006	27201830	3176130345
4	4	6239094052	2444211355	196777661	7181602631
5	4	7485334802	4834547397	533570583	5445137324

续表

firm	year	y	x1	x2	x3
6	4	9529401186	4635969681	115617257	8167923173
7	4	11362028086	13839182179	430627931	9681274655
8	4	12409803398	4568162620	176766028	8657708032
9	4	3665733239	5034084369	525912124	6497113747
10	4	4128236430	3057280803	90288264	2010003880
11	4	13547961315	4418540915	1155888218	4144656540
12	4	251480400	314139896	6515939	178901585
13	4	5443071992	1106248147	155368876	3150107246
14	4	6146985102	3997702880	955109632	3563827865
15	4	8749852031	1966790984	50062278	4222061267
16	4	123761977754	12368550560	405361051	21604060239
17	4	21640827167	677738565	582353028	3656029254
18	4	2048902943	1580971604	355928517	1892153460
19	4	16043017500	19569508144	1723829648	22999134721
20	4	6846529747	1187607785	586625569	2846364205
21	4	4234309832	607850136	36071554	1938618891
22	4	14218815639	359152467	478878713	4051604338
23	4	4285888952	949072940	114325478	1104315564
24	4	6599885368	679299741	156514882	844041094
25	4	32245986378	1602737437	986277032	4158566422
26	4	11993743930	9950430755	905480018	5172932425
27	4	6975947841	9622673095	771106527	11722454682
28	4	3145649540	339323495	432377663	5570281641
29	4	1173442609	982327888	279548772	1939748544
30	4	1564729864	1017329017	220345545	4207809260
31	4	12980213815	1069364536	718397342	9674103620
32	4	13403426388	297279295	154789298	5255467096
33	4	594847422	1547150673	805473888	7877641157

续表

firm	year	y	x1	x2	x3
34	4	1136886884	528269575	167321869	2382264345
35	4	1088284562	419082092	294077813	4941123022
36	4	2289063730	719526140	372073653	6784343636
37	4	2371099095	1318187951	500361618	5703982321
38	4	636081743	308368925	93763263	730911216
39	4	1321581478745	381686180	290867299	3127049919
40	4	3719326836182	1311182084	543040315	5397373300
41	4	3110086832	1262345196	177442546	1610036436
42	4	1598852493905	859064023	387527693	4261910269
43	4	28343960836	5645894646	203875619	6555635987
44	4	923273256	1433529	19201129	655042821
45	4	2748958240	1617582934	192087794	2334766423
1	5	3679175630	3465924874	47592105	4868172705
2	5	33736509	758514664	406986114	3562061528
3	5	2223775430	1980053027	32642196	4843569381
4	5	6826810898	2581353253	178662294	8316608027
5	5	7568860420	4117360961	547027583	8221945497
6	5	9855757608	4684121305	103095397	9359563891
7	5	11022695876	14664303297	549769085	10120826268
8	5	13572632582	4596734514	197805621	9909710214
9	5	3923590745	5144963401	555710421	6732260867
10	5	4217512548	3308269628	97478979	2516169775
11	5	13406651327	4680079816	1218778513	4375330903
12	5	191303910	321644912	6365029	152888532
13	5	5610813436	1178702008	186442664	3418895615
14	5	6967440914	4167150419	1078474809	4029857551
15	5	7183000192	1872873898	50013348	4361183409
16	5	125248942843	12028317910	382158963	25539750637

续表

firm	year	y	x1	x2	x3
17	5	21953193405	672120435	630902361	3167804400
18	5	2197897724	1749185039	406929420	1979672272
19	5	18919696803	25119582783	1647348432	26865992444
20	5	6756761072	1172573796	655961166	2511025442
21	5	2997813345	532596749	280031220	2195101114
22	5	14681549407	340562384	592085407	4340626328
23	5	4641536410	1064680944	126996661	1212976708
24	5	6357357488	682690445	154385092	871425564
25	5	27899937922	1522441124	974165748	4154141643
26	5	13194543628	8564824832	555699837	5651780589
27	5	7224727619	9593010336	790427540	11577756240
28	5	4311613182	358480671	539809298	6190749214
29	5	1370451480	1106080507	331899035	2334922559
30	5	1626528519	1019585060	222482402	4299089168
31	5	12888012141	1077584256	761183406	10035585904
32	5	20980427897	287980308	240341999	5358863105
33	5	944838404	3311236477	834380112	12026678206
34	5	1238651051	613934870	184483747	2640872270
35	5	1080182867	393526293	288867501	5122132752
36	5	2377861159	701941264	386136154	7656052888
37	5	2572660526	1316106837	581456391	6274279079
38	5	869361055	310571982	127522430	964807025
39	5	1481084762	443643838	303512084	3438583629
40	5	4810643801	1215239469	571933102	6111300166
41	5	3458753300	1362220034	192238797	1854519113
42	5	3579602300	902047928	391960902	4474822989
43	5	29513970974	5057110070	226112080	7617381930
44	5	997792925	55413261	20762084	793532716
45	5	2841660649	1522219041	209957025	2352496312

Model 2：

大陆

firm	year	y	x1	x2	x3	x4
1	1	15.3888	10995210218	0.4625	22.9100	67.0017
2	1	27.2887	3105433762	0.0100	33.6900	96.5177
3	1	2.9538	708864553	0.0100	44.2600	60.5807
4	1	10.5592	1717300503	0.3755	57.7000	61.7889
5	1	15.8606	1338518770	0.6051	54.0600	49.9791
6	1	17.9723	534051138	0.4967	72.0600	39.5560
7	1	19.9981	1461204166	0.4202	70.8200	77.4288
8	1	11.1236	8227821180	0.5211	43.9300	63.1244
9	1	43.3165	1394239476	1.6650	62.4900	28.7201
10	1	20.7842	799322750	0.0100	29.9100	71.7921
11	1	33.6597	1878592500	0.6911	40.9500	79.3273
12	1	10.6812	5447769058	0.4065	61.6100	73.2961
13	1	13.1546	2334022848	0.1283	52.8200	63.6533
14	1	41.6735	767550000	2.9338	59.7400	46.0671
15	1	21.2359	3107478020	0.5895	62.8800	62.7589
16	1	3.3455	807348000	0.0100	51.6510	61.3817
17	1	17.0992	6551029090	0.0995	87.7300	66.1518
18	1	25.2952	3795966720	0.1579	60.2500	30.0667
19	1	19.2846	662556538	1.2847	81.4500	64.3687
20	1	14.1810	4918400000	1.7361	93.4600	54.2837
21	1	34.1584	605994900	1.1299	66.0700	35.3922
22	1	24.1107	8830045640	0.6799	41.1150	95.8041
23	1	17.7339	952667370	0.3970	54.4300	52.4570
24	1	38.8935	1673100000	0.3495	55.9500	77.6150
25	1	28.9315	620743220	0.1587	66.6200	11.1326
26	1	6.2174	17512000000	1.8634	77.3000	49.6779
27	1	17.0582	22262277489	1.0114	42.0600	93.7679

续表

firm	year	y	x1	x2	x3	x4
28	1	21. 6113	1663334400	2. 0825	63. 3400	39. 7059
29	1	13. 9541	1694370052	0. 2546	52. 4500	31. 2875
30	1	7. 0731	484625174	0. 0100	69. 1300	26. 6120
31	1	17. 3316	86702439000	1. 1356	96. 0000	53. 7684
32	1	33. 5461	943800000	0. 6807	70. 5200	25. 8885
33	1	13. 1526	12055383440	1. 2484	70. 0100	74. 8878
34	1	10. 7847	3022833727	0. 1990	88. 9900	39. 0677
35	1	13. 2360	1766434193	0. 6017	80. 0400	37. 8498
36	1	21. 1668	19119490016	0. 4262	50. 6400	95. 5133
37	1	16. 0551	488000000	1. 7857	64. 8400	46. 0641
38	1	4. 4402	21196596395	0. 9218	64. 6300	50. 1838
39	1	15. 3808	6630467600	1. 5738	39. 2100	68. 6596
40	1	29. 3686	1488000000	0. 4890	66. 6800	47. 6878
41	1	13. 2775	790605970	0. 1560	57. 7500	62. 9433
42	1	29. 0163	711536204	0. 1868	61. 0950	49. 0887
43	1	13. 0438	4990528316	1. 0467	59. 8300	96. 4239
44	1	24. 6451	255060000	0. 2042	61. 1260	57. 1801
45	1	9. 2877	11000000000	1. 3824	74. 7500	61. 7764
46	1	24. 7891	4664141244	0. 0926	53. 9500	58. 3564
47	1	16. 4389	253839162009	3. 0023	97. 2800	93. 7683
48	1	17. 9701	3519721100	0. 4106	56. 4100	69. 9863
49	1	15. 6833	12976757127	2. 9126	78. 4400	36. 7748
50	1	23. 0198	12251362273	0. 0100	88. 7200	77. 4296
51	1	24. 9771	1150542000	1. 9312	73. 9400	55. 9045
52	1	12. 1353	20990800132	1. 7586	90. 5000	39. 7507
53	1	20. 1396	334018850026	3. 0331	95. 8500	94. 2390
54	1	5. 6921	11780037578	1. 2155	94. 3200	82. 0300
55	1	19. 0048	28264705000	0. 7258	94. 8700	82. 6483

续表

firm	year	y	x1	x2	x3	x4
56	1	24. 4559	5000000000	1. 1163	49. 6600	95. 5263
57	1	16. 9587	7345053334	0. 2723	47. 1400	90. 1954
58	1	14. 4544	39033344054	1. 0365	94. 1300	93. 9715
59	1	34. 5014	833045683	0. 2016	63. 9800	56. 7584
60	1	19. 4624	48994383703	2. 1390	72. 9000	95. 0312
61	1	15. 7914	6227561881	0. 9307	44. 9900	92. 9560
62	1	20. 9030	233689084000	1. 3522	96. 2900	94. 1910
63	1	14. 8934	4495320000	0. 8610	89. 9500	63. 3934
64	1	19. 0240	19889620455	1. 3211	91. 8000	36. 6351
65	1	12. 5867	183020977818	1. 9805	97. 9660	37. 4037
66	1	11. 7620	21299900000	0. 0100	79. 8600	78. 7161
67	1	11. 9230	8483000000	1. 4315	71. 5400	80. 9478
68	1	10. 0414	13258663400	1. 1350	89. 2400	29. 0182
69	1	13. 0624	12337541500	0. 0100	81. 6800	80. 8901
70	1	20. 6471	14541309100	1. 0373	73. 2800	27. 0952
71	1	15. 0781	66800000	0. 0100	74. 7600	28. 6065
72	1	11. 8403	240000000	0. 0100	75. 0100	48. 2504
73	1	10. 0425	11840000000	0. 0100	77. 1200	62. 9818
1	2	17. 8489	10995210218	0. 8516	22. 7700	74. 6861
2	2	23. 2809	3485013762	0. 0100	39. 5600	95. 3941
3	2	8. 5458	708864553	0. 0100	44. 7800	53. 3434
4	2	11. 6650	1717300503	0. 6270	58. 3900	64. 6497
5	2	27. 6052	1339961770	1. 0623	54. 8100	67. 5787
6	2	23. 1694	694266479	0. 2547	71. 3800	42. 1651
7	2	18. 8812	1461204166	1. 6428	69. 6100	72. 8003
8	2	8. 3892	8227821180	2. 0747	38. 9300	60. 4752
9	2	45. 1644	1394239476	1. 8337	59. 8200	30. 6981
10	2	20. 2884	799322750	0. 0100	25. 6700	70. 6292

续表

firm	year	y	x1	x2	x3	x4
11	2	36. 7449	2817888750	1. 8386	40. 1100	78. 6421
12	2	11. 8709	15394570590	0. 9020	60. 1400	75. 6643
13	2	20. 8692	2325657615	0. 6835	51. 0300	65. 2501
14	2	32. 1895	767550000	0. 6084	60. 8900	44. 4052
15	2	25. 6547	3107478020	0. 8230	62. 9000	69. 6934
16	2	36. 5117	807348000	0. 0700	52. 7200	51. 4060
17	2	25. 2753	9242421691	0. 2416	84. 4600	64. 2774
18	2	27. 1519	3795966720	0. 4332	59. 8000	35. 9475
19	2	17. 4829	662556538	1. 1808	76. 9800	66. 0270
20	2	27. 6850	4918400000	0. 8806	93. 2300	49. 4599
21	2	36. 4366	605994900	1. 1494	62. 2200	35. 7754
22	2	20. 0862	14348824165	0. 7450	52. 5150	94. 3744
23	2	19. 4131	1238467581	0. 0734	58. 3100	60. 1414
24	2	26. 7501	5797219562	1. 2095	57. 7600	56. 3865
25	2	24. 1588	749433164	0. 1391	64. 7300	10. 8019
26	2	12. 8966	17512048088	3. 1299	77. 3500	48. 4681
27	2	18. 3000	26714732987	0. 8300	42. 1800	94. 2285
28	2	27. 3307	1663334400	1. 5633	58. 6600	44. 7171
29	2	15. 5589	1694370052	0. 1776	47. 4600	39. 9902
30	2	17. 6710	484625174	0. 0100	68. 8000	28. 5736
31	2	17. 7157	86702527774	2. 3573	95. 8000	54. 0606
32	2	30. 7393	943800000	0. 6443	69. 7400	27. 5063
33	2	7. 5486	14055383440	3. 1250	87. 3600	72. 8250
34	2	17. 2371	3462729405	0. 1745	79. 3000	37. 0270
35	2	19. 3573	3532868386	0. 5896	70. 9600	41. 0185
36	2	22. 7251	21576608885	1. 6393	50. 7300	94. 4222
37	2	16. 8654	516421327	0. 9273	59. 6100	37. 1882
38	2	1. 7312	21196596395	1. 0019	64. 8900	53. 0561

续表

firm	year	y	x1	x2	x3	x4
39	2	17. 1339	9945701400	2. 6476	37. 2300	53. 7480
40	2	59. 4939	5062470758	0. 5210	64. 6200	61. 9712
41	2	25. 4208	1423090746	0. 2066	56. 4200	56. 3046
42	2	36. 1443	1423072408	0. 0949	55. 5900	52. 1397
43	2	18. 2248	4990528316	1. 1927	59. 7600	96. 5877
44	2	28. 7812	525179429	0. 1011	60. 6000	43. 9109
45	2	12. 8497	16500000000	3. 2609	77. 3800	57. 9798
46	2	24. 4039	6996211866	0. 2545	52. 4500	57. 0792
47	2	18. 0162	279147223195	3. 9419	97. 3600	93. 5358
48	2	17. 9570	4575637430	0. 6057	56. 0300	78. 9793
49	2	20. 9702	14866791491	3. 3486	70. 9400	43. 7406
50	2	37. 2336	12891954673	0. 0100	87. 8100	73. 1353
51	2	32. 8577	1150542000	1. 6767	72. 9300	56. 5641
52	2	16. 0576	20990800132	2. 4672	90. 2900	37. 0797
53	2	22. 1045	349018545827	3. 8372	96. 3671	93. 8949
54	2	8. 7085	12310037578	1. 1494	93. 3500	81. 8173
55	2	16. 0207	28264705000	3. 2864	94. 7700	85. 0788
56	2	24. 4347	5992450630	1. 7347	49. 1600	95. 0264
57	2	17. 5746	7644142092	0. 8013	43. 2600	90. 0239
58	2	19. 2929	39033344054	1. 6762	94. 0800	94. 0164
59	2	44. 8117	1666091366	0. 4583	62. 6100	55. 1952
60	2	20. 1965	56259641398	3. 4161	72. 9200	94. 3401
61	2	16. 9852	6227561881	1. 5734	44. 5800	94. 1945
62	2	21. 5360	250010977486	4. 1285	96. 3500	93. 5163
63	2	17. 2397	4495320000	0. 5482	90. 8800	59. 7601
64	2	20. 3073	19889620455	2. 1449	91. 7000	32. 8056
65	2	15. 6558	183020977818	2. 5906	97. 9530	39. 0171
66	2	11. 7290	21299900000	0. 0100	78. 7200	81. 0196

续表

firm	year	y	x1	x2	x3	x4
67	2	11.0450	8600000000	1.3100	71.9400	82.8570
68	2	9.7401	13258663400	1.3797	89.1100	29.2151
69	2	7.6737	12337541500	2.3599	81.5300	83.3717
70	2	24.1385	14541309100	1.2180	72.3100	32.2192
71	2	26.0114	139540200	0.3424	69.4800	33.9359
72	2	22.0290	375791275	0.1168	71.9900	47.9292
73	2	13.8295	11840000000	0.5298	77.4400	67.5926
1	3	19.8042	10995210218	1.3387	23.1500	77.0997
2	3	19.2441	5123350416	0.0100	58.9200	94.0087
3	3	18.3067	1113736075	0.0100	63.7600	14.3851
4	3	13.4200	1717300503	0.6667	58.3100	69.5267
5	3	35.0318	2685127540	0.5588	55.9500	70.9518
6	3	24.2936	694266479	0.1887	70.3400	38.8920
7	3	8.9542	1461204166	2.4534	69.5400	66.5474
8	3	6.9334	8227821180	2.0243	36.0900	52.8597
9	3	45.7979	1394239476	2.6810	60.4500	42.0958
10	3	35.3281	1598645500	0.0100	24.5600	68.3611
11	3	33.8857	2817888750	1.7351	39.4400	78.4335
12	3	13.9877	15394570590	3.5842	58.7200	77.9093
13	3	7.6322	4834482546	1.1758	50.9800	59.9021
14	3	28.3018	1590509203	0.0100	74.5500	49.2258
15	3	21.5361	5593460436	0.4669	62.5300	71.1698
16	3	86.4237	1211022000	0.1772	51.9200	38.3585
17	3	23.9977	11025566629	1.1857	86.1400	58.2227
18	3	29.8756	3795966720	0.9146	60.5900	36.4689
19	3	13.3456	1060090460	1.4479	76.5400	60.8324
20	3	21.8517	4918400000	2.6351	93.3600	56.0374
21	3	37.5602	605994900	0.7148	60.8900	44.6924

续表

firm	year	y	x1	x2	x3	x4
22	3	20. 0715	18653471415	1. 4497	51. 9480	94. 4298
23	3	18. 3411	1946868038	0. 1855	55. 7200	56. 5140
24	3	25. 6616	7705954050	2. 6008	56. 7900	50. 2181
25	3	23. 0337	1124149746	0. 2264	62. 5800	9. 1214
26	3	6. 9702	17512048088	6. 1856	77. 6800	50. 9000
27	3	23. 8934	26714732987	1. 6978	43. 9000	93. 9836
28	3	27. 6414	2162334720	2. 3852	60. 0700	52. 8344
29	3	14. 1833	2198714483	0. 4456	47. 4900	39. 3058
30	3	19. 0552	821698975	0. 0100	81. 4400	47. 3134
31	3	16. 0123	86702562436	3. 2033	96. 0100	54. 9114
32	3	40. 3925	1038180000	1. 0817	68. 5900	27. 2128
33	3	2. 4634	14055383440	3. 7383	87. 2300	77. 1353
34	3	17. 8396	3462729405	1. 8240	78. 5600	41. 5903
35	3	29. 0316	5299302579	1. 2780	70. 6450	44. 2383
36	3	24. 1663	21576608885	2. 4431	51. 0300	94. 0962
37	3	17. 6777	516421327	1. 4306	58. 9900	43. 0823
38	3	1. 9910	21196596395	0. 4962	66. 1100	54. 5038
39	3	16. 0187	11016908400	5. 2054	42. 0300	41. 3340
40	3	55. 7759	7593706137	0. 3190	65. 1300	59. 5499
41	3	26. 8814	1962152531	0. 4142	55. 9200	46. 6623
42	3	39. 8064	1423072408	0. 3522	55. 5400	49. 4718
43	3	18. 5558	6849725776	1. 2975	70. 2000	94. 8615
44	3	33. 0156	1050358858	0. 1603	54. 6600	51. 1291
45	3	11. 4581	16500000000	4. 0219	80. 0500	56. 9111
46	3	23. 7079	6996211866	1. 1848	50. 9400	61. 4787
47	3	18. 1642	279147333579	5. 0000	97. 4200	93. 6104
48	3	20. 1054	5948328659	1. 6385	54. 8300	78. 4301
49	3	19. 6347	14866791491	4. 6917	70. 5800	33. 2378

续表

firm	year	y	x1	x2	x3	x4
50	3	16.9178	12891954673	1.8556	88.3700	71.4398
51	3	28.6493	2301084000	2.3629	73.4000	54.5346
52	3	11.7070	22755179650	4.1699	91.0400	38.3315
53	3	23.4378	349083252791	4.3396	96.7000	93.8113
54	3	5.4947	13310037578	1.3566	91.0400	79.2844
55	3	9.1600	28264705000	2.2676	94.8400	87.7904
56	3	24.6182	10786411134	2.0412	47.7400	95.1811
57	3	16.0356	7916142092	1.5970	41.6400	92.5028
58	3	20.9176	46787327034	1.3614	94.3000	93.5362
59	3	27.0263	13524487892	1.3651	60.0600	53.0377
60	3	20.5166	61885605538	0.4058	72.9000	94.0842
61	3	19.2549	6227561881	2.3276	44.8500	94.7273
62	3	22.4490	250010977486	4.6740	96.6800	93.3507
63	3	14.9470	4495320000	1.2422	89.8300	56.2178
64	3	21.3403	19889620455	2.9609	91.8700	34.2271
65	3	13.6961	183020977818	3.5509	98.1050	43.5437
66	3	9.6417	21299900000	2.1825	78.5400	82.6446
67	3	10.5835	8600000000	1.8220	72.0400	86.3208
68	3	12.2933	13258663400	1.7351	89.1500	39.8712
69	3	12.8599	12337541500	2.6385	81.7400	84.4630
70	3	24.3917	21811963650	1.7452	72.2300	42.4072
71	3	28.2185	279080400	0.5040	68.4700	33.2387
72	3	28.3838	751582550	0.4167	70.9700	60.9742
73	3	18.4862	11840000000	0.9238	79.2400	69.7284
1	4	21.4930	10995553118	1.2845	23.4400	78.3163
2	4	16.9537	5123350416	0.6242	58.7100	94.7216
3	4	18.2055	1113736075	0.0100	61.7300	19.1046
4	4	15.1478	1717300503	0.6691	55.6200	73.0403

续表

firm	year	y	x1	x2	x3	x4
5	4	33. 5911	2685127540	1. 2687	53. 6700	68. 9542
6	4	25. 1541	694266479	0. 2353	69. 0100	34. 1024
7	4	7. 9181	1986204166	0. 5305	71. 9800	53. 6152
8	4	5. 8228	9584721180	1. 4880	42. 1400	52. 1707
9	4	52. 0411	1398268476	3. 9548	60. 9100	37. 2576
10	4	25. 7091	1598645500	1. 1374	25. 7400	62. 0246
11	4	33. 2792	3007865439	1. 9608	39. 4200	74. 3600
12	4	16. 2857	15394898901	3. 8023	64. 3700	75. 2414
13	4	9. 5624	4662886108	0. 6015	53. 5800	66. 6268
14	4	17. 0521	1590509203	0. 5970	74. 6400	58. 3211
15	4	21. 2641	7271498566	0. 6154	64. 5600	69. 9528
16	4	24. 453	2422044000	0. 4673	51. 9400	43. 7170
17	4	18. 4707	11025566629	1. 7007	84. 5400	54. 2859
18	4	36. 6085	3795966720	1. 7712	63. 1900	30. 3365
19	4	0. 1522	1378117598	0. 9930	74. 1700	56. 6077
20	4	12. 7002	4918400000	3. 1267	93. 1400	60. 4379
21	4	37. 4258	1100289224	0. 5232	78. 0300	24. 8038
22	4	20. 9481	18653471415	3. 0242	49. 3450	94. 2888
23	4	12. 9558	3504362468	0. 0100	58. 7800	62. 2946
24	4	19. 2267	7705954050	2. 7144	54. 3900	53. 7070
25	4	22. 8301	1236564721	0. 2718	63. 4300	7. 6370
26	4	9. 5339	17122048088	4. 1831	79. 2600	45. 2588
27	4	25. 6688	28365585227	5. 7252	47. 1200	94. 7527
28	4	30. 1682	2162334720	3. 8437	61. 0000	56. 3346
29	4	14. 5375	2198714483	0. 3805	43. 3100	41. 0682
30	4	11. 5425	1353202260	0. 0100	81. 7000	43. 8384
31	4	12. 8564	86820286886	4. 3353	95. 6900	55. 8555
32	4	45. 0047	1038180000	1. 9123	68. 8700	21. 2101

续表

firm	year	y	x1	x2	x3	x4
33	4	11. 109	14055383440	0. 7003	87. 3300	74. 7264
34	4	12. 7026	3462729405	2. 0956	77. 9100	43. 8042
35	4	13. 4575	5299302579	1. 8970	70. 4100	41. 5288
36	4	24. 7823	21576608885	3. 0545	52. 7700	94. 1199
37	4	20. 2007	516421327	1. 2665	58. 8200	43. 8072
38	4	3. 3046	21196596395	0. 9571	65. 6500	59. 0564
39	4	4. 8973	11016908400	3. 2186	40. 2500	48. 5576
40	4	26. 6439	7593706137	2. 8329	64. 0000	61. 8167
41	4	16. 7196	2943228797	0. 2004	56. 6300	43. 9681
42	4	32. 482	1423072408	0. 3931	55. 7700	49. 5101
43	4	18. 4657	6849725776	2. 4155	69. 8000	94. 9812
44	4	30. 9964	1575538287	0. 4159	49. 9600	49. 1092
45	4	14. 4662	16500000000	3. 7063	80. 4600	51. 7581
46	4	10. 5385	7383043150	2. 1375	53. 3200	61. 7766
47	4	18. 0453	279147343265	5. 3082	97. 5200	93. 2058
48	4	21. 7077	7137994391	1. 3174	52. 4400	78. 1901
49	4	17. 2948	14866791491	5. 7692	70. 1600	29. 9248
50	4	10. 169	12891954673	1. 9667	88. 9600	70. 9513
51	4	16. 6093	2301084000	2. 2841	70. 9800	58. 1711
52	4	10. 6792	22755179650	4. 4867	91. 1100	38. 4765
53	4	22. 9166	349618757526	4. 8860	97. 0100	93. 5672
54	4	9. 9848	13310037578	2. 7295	91. 5000	79. 1733
55	4	5. 3614	28264705000	1. 0748	94. 8300	88. 2511
56	4	24. 3818	10786411134	2. 2169	45. 4900	94. 7513
57	4	13. 8045	7916142092	0. 8832	38. 0000	92. 6291
58	4	16. 6457	46787327034	3. 3800	94. 2100	93. 1388
59	4	12. 5218	1999309639	0. 7244	58. 7600	52. 6552
60	4	17. 9123	74262726645	1. 6869	75. 9800	92. 7666

续表

firm	year	y	x1	x2	x3	x4
61	4	19. 139	8800159539	1. 7921	45. 9600	93. 5989
62	4	22. 0414	250010977486	5. 1413	97. 2200	93. 2039
63	4	15. 0344	4495320000	1. 0976	90. 2900	56. 8932
64	4	20. 015	19889620455	3. 5503	92. 0200	33. 1954
65	4	11. 1583	183020977818	3. 5080	98. 0700	45. 5576
66	4	9. 7812	21299900000	1. 5789	78. 9000	83. 9189
67	4	5. 8703	9062000000	1. 5556	73. 7800	85. 6832
68	4	11. 0965	13258663400	2. 7494	89. 3800	45. 2239
69	4	12. 6351	12337541500	1. 7036	83. 2200	84. 7703
70	4	19. 5946	21811963650	2. 6110	72. 0130	50. 1399
71	4	38. 3857	558160800	0. 2697	66. 5700	36. 7860
72	4	25. 0227	848016733	0. 5305	64. 5100	44. 2159
73	4	14. 4963	13803000000	3. 6290	78. 1600	62. 4493
1	5	21. 4872	11014968919	2. 2399	22. 3000	77. 9970
2	5	15. 4724	8197360665	0. 8673	64. 3500	94. 0752
3	5	19. 907	1113736075	0. 0100	54. 8300	24. 6668
4	5	16. 7687	1717300503	1. 4437	56. 0500	70. 9661
5	5	32. 5692	2720835940	1. 8801	53. 5400	67. 2312
6	5	28. 9168	694266479	0. 4412	68. 0300	29. 9057
7	5	8. 2937	3972408332	3. 6496	64. 1200	57. 2038
8	5	6. 7146	9584721180	1. 0601	41. 5800	62. 0957
9	5	33. 9179	1402252476	8. 9359	60. 5800	22. 5484
10	5	27. 1717	2042914022	0. 6561	22. 9200	50. 3830
11	5	35. 4521	3007865439	3. 0618	41. 0800	73. 4734
12	5	17. 2122	17229916618	5. 5319	63. 5800	75. 6074
13	5	20. 4462	4662886108	0. 4367	49. 8900	65. 0706
14	5	6. 507	1590509203	1. 9127	75. 6200	66. 5331
15	5	20. 1376	7271498566	1. 3208	64. 4400	68. 5297

续表

firm	year	y	x1	x2	x3	x4
16	5	21. 6528	2422044000	0. 8981	51. 1600	44. 2654
17	5	19. 0728	11025566629	4. 2433	84. 6000	56. 7145
18	5	23. 7112	3795966720	5. 1086	60. 5700	16. 1122
19	5	0. 2268	1378117598	0. 0413	73. 0700	61. 1838
20	5	3. 0396	4918400000	4. 0541	93. 0300	66. 1438
21	5	29. 5828	2200578448	1. 4337	78. 0700	24. 0187
22	5	21. 4323	18653471415	5. 8324	49. 4660	94. 3690
23	5	8. 6244	5221424684	0. 3840	54. 7700	64. 8886
24	5	9. 3155	7705954050	3. 6697	54. 1100	53. 0345
25	5	21. 3996	1360221193	0. 1915	62. 2100	7. 8168
26	5	5. 2442	16471724924	3. 3819	81. 4500	47. 0301
27	5	23. 4364	28366192773	3. 9895	48. 1300	93. 6679
28	5	32. 1584	2162334720	3. 3816	61. 8700	62. 1722
29	5	16. 6292	2198714483	1. 1111	44. 1700	45. 9342
30	5	13. 141	1759162938	0. 1612	81. 5800	61. 3539
31	5	12. 3979	116565313787	5. 4430	96. 1400	54. 9315
32	5	39. 4328	1038180000	5. 0000	69. 2100	20. 4224
33	5	17. 9328	14055383440	4. 1502	87. 1500	71. 5514
34	5	8. 1633	3462729405	3. 5261	77. 7900	48. 5847
35	5	17. 8637	5299302579	1. 4741	70. 7800	36. 8758
36	5	22. 2172	25219845601	4. 9542	58. 2600	93. 3782
37	5	28. 0543	1032842654	0. 2332	56. 3700	59. 4261
38	5	4. 6792	21196596395	1. 2430	66. 1200	58. 2911
39	5	6. 0222	11016908400	2. 3529	40. 8100	67. 0534
40	5	12. 3802	7616504037	3. 8941	63. 8400	60. 8428
41	5	4. 305	2943228797	1. 8713	55. 9500	49. 7434
42	5	13. 9376	1423072408	0. 9275	55. 5100	57. 7505
43	5	19. 3687	8904643509	4. 2187	70. 6600	94. 8567

续表

firm	year	y	x1	x2	x3	x4
44	5	32. 1533	2428953351	0. 9160	52. 8500	53. 8265
45	5	11. 8526	16500000000	5. 2464	80. 6300	47. 7423
46	5	1. 3084	7383043150	0. 5537	53. 4900	65. 1036
47	5	17. 9471	279364552437	6. 6720	97. 4200	93. 0701
48	5	22. 8058	7137994391	2. 8121	51. 5600	77. 9725
49	5	17. 2367	14866791491	5. 2774	71. 8100	25. 6717
50	5	6. 3373	13084751004	1. 5025	88. 4900	71. 7849
51	5	9. 2429	2301084000	3. 1490	68. 5100	62. 0102
52	5	10. 7744	22755179650	2. 5379	90. 3400	36. 9740
53	5	21. 8953	351388672946	6. 6319	97. 1000	93. 2420
54	5	8. 2586	13310037578	2. 3585	91. 6300	78. 0795
55	5	11. 2207	28264705000	0. 9253	94. 7300	88. 7181
56	5	22. 3157	19052336751	3. 7475	47. 8700	94. 5296
57	5	16. 4486	7916142092	1. 1982	27. 8000	92. 8666
58	5	18. 4806	46787327034	3. 8760	94. 1800	93. 6635
59	5	13. 5791	13524487892	1. 7368	58. 6800	56. 2831
60	5	15. 5839	74262726645	6. 2500	75. 9900	92. 9292
61	5	17. 978	8800159539	5. 3262	45. 5000	94. 1421
62	5	21. 3836	250010977486	6. 4734	97. 2400	93. 0071
63	5	19. 3453	4495320000	1. 3889	90. 6700	52. 9918
64	5	17. 3858	19889620455	6. 0683	91. 6400	35. 0889
65	5	11. 7958	183020977818	3. 7894	98. 1660	45. 7769
66	5	11. 3633	21299900000	1. 9403	78. 5300	84. 5909
67	5	9. 4914	9062000000	1. 8888	75. 5700	86. 1256
68	5	4. 1211	13258663400	4. 4025	89. 9300	52. 2329
69	5	13. 5377	12337541500	2. 3454	82. 0200	84. 8423
70	5	7. 6186	21700157650	4. 3290	71. 2000	50. 5437
71	5	35. 8412	1146133167	0. 1906	63. 4800	30. 7529
72	5	22. 7263	1526430119	0. 2376	58. 7400	49. 0425
73	5	11. 9453	13803000000	1. 7964	77. 7600	61. 8964

台湾

firm	year	y	x1	x2	x3	x4
1	1	12. 2300	3292176000	5. 2941	18. 1400	50. 6139
2	1	3. 8200	6209476000	1. 9672	51. 6300	94. 5085
3	1	10. 8400	2985735000	5. 2023	43. 6000	46. 2110
4	1	13. 5800	6120905000	5. 9435	41. 9600	31. 9543
5	1	10. 6600	4661353000	0. 0100	42. 9300	47. 1562
6	1	6. 7400	7852299000	3. 2590	46. 0300	37. 7367
7	1	8. 4100	13094519000	3. 0606	39. 9900	43. 8896
8	1	12. 3500	5690472000	6. 4841	50. 8300	38. 6682
9	1	0. 5000	12987771000	2. 9070	25. 2500	15. 5900
10	1	39. 0500	1648317000	2. 7211	53. 2000	55. 1641
11	1	12. 2700	3897400000	2. 0279	21. 4100	61. 7541
12	1	17. 6100	2257309000	0. 0100	41. 9800	43. 3625
13	1	9. 4100	5488458000	1. 2468	38. 3400	53. 8733
14	1	13. 3300	2843085000	5. 9055	40. 0000	52. 0704
15	1	17. 5800	8578932000	1. 3201	25. 2600	53. 5483
16	1	20. 5600	4124369000	5. 3384	25. 8500	68. 2260
17	1	14. 3600	3116361000	5. 9516	37. 9300	19. 4474
18	1	18. 2700	25902707000	4. 6507	38. 8800	16. 0835
19	1	11. 6600	2262361000	4. 6822	26. 2200	55. 2956
20	1	14. 7600	972041000	0. 6452	42. 4800	50. 4025
21	1	8. 4300	4246777000	3. 3981	20. 6300	46. 5818
22	1	15. 6900	546179000	5. 2016	47. 1800	66. 1502
23	1	21. 7200	1039622000	4. 7306	56. 1600	67. 0809
24	1	22. 5900	3786542000	5. 2928	41. 9100	69. 7913
25	1	14. 2500	516134000	5. 5710	58. 8100	21. 4863
26	1	11. 7300	10666489000	6. 8235	57. 0300	15. 5977
27	1	38. 5000	1090119000	4. 6591	24. 7000	21. 4315
28	1	10. 8100	664909000	2. 2396	33. 3500	40. 4877

续表

firm	year	y	x1	x2	x3	x4
29	1	4. 8500	6272301000	0. 9926	51. 6200	94. 8398
30	1	10. 9500	8132940000	5. 0837	48. 9000	93. 0404
31	1	5. 9300	11217205000	5. 1020	29. 1200	54. 2301
32	1	6. 0000	9670877000	0. 8375	40. 2900	94. 9850
33	1	3. 8300	3652800000	1. 4899	30. 0200	94. 4883
34	1	6. 5500	8102106000	3. 8298	27. 9800	78. 5661
35	1	7. 6600	11059426000	5. 4054	41. 2400	92. 1404
36	1	6. 9200	5710300000	0. 0100	36. 7800	93. 4181
37	1	19. 3900	134140000	2. 3753	31. 0400	12. 5589
38	1	35. 7900	788936000	7. 0941	29. 8300	45. 0095
39	1	1. 1000	6991151000	0. 0100	15. 8500	92. 6449
40	1	1. 6800	9384435000	3. 2080	20. 5700	91. 4913
41	1	26. 9700	3800925000	8. 0574	48. 6700	39. 3579
42	1	2. 6600	6318854000	2. 5189	35. 9200	94. 8028
43	1	20. 5800	9525960000	4. 6117	89. 1300	48. 1868
44	1	4. 3000	300000000	0. 0100	92. 5900	13. 8332
45	1	12. 6300	3258501000	7. 3394	57. 0300	16. 2275
1	2	11. 8700	3692176000	6. 0976	18. 4900	52. 4685
2	2	9. 3400	6209476000	1. 0811	50. 0600	94. 2391
3	2	9. 3000	3075308000	5. 8915	42. 3900	45. 9761
4	2	18. 7400	6120905000	6. 9744	44. 2300	26. 5862
5	2	13. 6700	4754580000	4. 0486	42. 5800	48. 9124
6	2	14. 9300	7852299000	6. 4649	46. 0900	35. 9257
7	2	15. 0800	13527901000	5. 9403	34. 7900	46. 9294
8	2	17. 4900	5690472000	7. 6375	52. 5900	34. 2526
9	2	10. 8300	12987912000	6. 8196	21. 3100	19. 8482
10	2	24. 1900	2060396000	3. 0769	41. 8100	57. 9323
11	2	15. 5900	4287140000	3. 2370	20. 4900	60. 3666

续表

firm	year	y	x1	x2	x3	x4
12	2	21.9000	2395076000	3.6460	41.9000	45.9671
13	2	23.0500	6066757000	1.9241	35.6200	55.8761
14	2	13.8200	2899756000	4.4527	40.0000	44.9236
15	2	15.2800	9661248000	0.8511	24.9500	62.8081
16	2	20.4800	4428100000	7.0096	17.8600	63.6477
17	2	9.0500	3116361000	4.6286	37.4900	25.7530
18	2	30.1100	25910079000	4.2246	37.8300	19.5046
19	2	14.0700	2284794000	7.1571	20.1500	54.6887
20	2	15.5100	1112990000	0.8547	40.8900	45.5884
21	2	11.8700	627017000	0.0100	20.7900	45.4870
22	2	21.4300	546179000	6.7265	47.3600	68.3749
23	2	28.1800	1039622000	3.6431	57.6100	66.1343
24	2	16.5800	3834486000	5.8809	48.0800	76.7329
25	2	22.9900	501634000	4.2424	61.3500	25.2697
26	2	12.9900	9696808000	7.4552	59.7600	18.8654
27	2	28.0500	1099968000	4.7904	29.6700	19.0687
28	2	13.7000	664909000	3.4078	34.9800	43.4466
29	2	6.2700	6617278000	1.2346	51.1700	94.6648
30	2	9.5200	8564039000	2.4973	48.3500	93.5625
31	2	6.6200	11323648000	4.6054	27.4300	61.3724
32	2	1.9600	10154421000	1.1605	40.1100	95.2549
33	2	7.3200	3803300000	0.9975	29.3000	94.9064
34	2	7.0900	8102106000	0.0100	30.0800	81.7027
35	2	7.6200	11059426000	4.0089	27.5000	91.9820
36	2	8.6200	5909440000	1.3333	22.0000	93.2591
37	2	26.8800	134140000	1.8621	34.0200	13.7415
38	2	56.2900	817653000	4.1111	29.1700	60.7554
39	2	6.0200	7009817000	1.1167	16.8400	92.9526

续表

firm	year	y	x1	x2	x3	x4
40	2	9. 1000	9979527000	3. 4112	19. 7100	91. 1259
41	2	26. 8400	3800925000	5. 9712	48. 6200	40. 4575
42	2	6. 6700	6476825000	1. 1173	36. 3700	94. 7899
43	2	17. 1600	9525960000	3. 9434	89. 5600	45. 9537
44	2	17. 7800	300000000	4. 0000	93. 1000	17. 2850
45	2	12. 1500	3258501000	5. 9102	56. 5500	24. 6745
1	3	10. 8200	3692176000	5. 1183	21. 8500	50. 6213
2	3	9. 9200	6768328000	0. 0100	48. 0600	93. 9792
3	3	12. 6300	3136814000	6. 3319	45. 0500	47. 1316
4	3	14. 2300	6120905000	4. 1768	47. 9500	30. 8075
5	3	11. 1000	4897217000	4. 1121	46. 5800	48. 8123
6	3	8. 4600	7852299000	2. 7922	48. 5200	41. 0595
7	3	6. 9400	15046209000	3. 2039	35. 1200	48. 9758
8	3	11. 3100	5690472000	4. 1951	50. 3300	38. 4441
9	3	3. 8700	13084342000	3. 5065	22. 1300	24. 1955
10	3	17. 6300	2472476000	1. 9882	49. 3000	63. 3987
11	3	12. 7200	4544369000	2. 4048	23. 1500	62. 9119
12	3	13. 0700	2403406000	3. 6727	44. 3600	52. 1281
13	3	14. 4000	6755606000	2. 1353	42. 6300	54. 3133
14	3	10. 7300	2924147000	0. 0100	33. 7000	47. 3104
15	3	14. 5200	10689097000	1. 6956	29. 1800	64. 4561
16	3	9. 4300	4400255000	4. 4446	31. 3400	59. 0823
17	3	8. 0600	3116361000	4. 3049	42. 7600	29. 7477
18	3	22. 2100	25916223000	4. 1699	39. 6100	18. 3686
19	3	11. 0300	2309980000	6. 6960	22. 9700	56. 3472
20	3	15. 2900	1172720000	0. 8643	46. 2000	44. 3189
21	3	15. 1400	752760000	5. 9001	22. 0900	47. 9930
22	3	25. 5900	546179000	6. 2903	52. 3200	69. 0832

续表

firm	year	y	x1	x2	x3	x4
23	3	30. 0700	1039622000	3. 0121	60. 2000	67. 4296
24	3	19. 3500	3841248000	6. 6301	54. 1100	81. 5531
25	3	24. 3600	552996000	5. 6542	65. 8900	27. 2614
26	3	12. 9700	7757447000	5. 6878	61. 4500	15. 7766
27	3	11. 9400	1147520000	2. 9073	27. 7500	21. 2620
28	3	24. 0000	750639000	2. 8753	34. 9300	37. 2694
29	3	7. 5700	8214314000	2. 4511	47. 6400	93. 6449
30	3	13. 4600	9024245000	0. 0100	48. 4400	93. 5498
31	3	1. 3200	11249266000	0. 0100	24. 8800	64. 1233
32	3	5. 1300	10357510000	1. 1820	42. 2800	95. 6505
33	3	5. 7700	4575000000	1. 1386	30. 0200	94. 3242
34	3	10. 1000	10016311000	1. 0440	27. 9100	80. 2074
35	3	8. 7500	11280615000	3. 6897	36. 3500	92. 2404
36	3	9. 3900	6325047000	1. 5367	23. 5500	93. 1219
37	3	28. 7200	134140000	2. 2593	34. 6900	20. 4701
38	3	70. 3400	852052000	4. 8310	33. 0000	59. 9607
39	3	3. 4700	7311239000	1. 1452	18. 0700	93. 0698
40	3	11. 0100	10697708000	1. 8059	25. 1200	91. 5118
41	3	26. 9900	3420833000	6. 5777	50. 6000	45. 4608
42	3	6. 3800	7665435000	1. 7579	36. 9900	93. 8797
43	3	9. 6300	9525960000	2. 1490	93. 4500	51. 7298
44	3	20. 8600	300000000	8. 1857	93. 4300	20. 6532
45	3	12. 2000	3258501000	6. 2138	63. 9200	23. 7390
1	4	7. 6300	3692176000	5. 2922	20. 2400	49. 6067
2	4	8. 4900	7242111000	0. 6074	46. 8200	93. 5507
3	4	6. 8500	3230918000	4. 6810	44. 3300	47. 2034
4	4	6. 2700	6120905000	1. 4800	44. 4000	37. 0585
5	4	8. 8100	5044134000	3. 8856	45. 2200	49. 3362

续表

firm	year	y	x1	x2	x3	x4
6	4	1. 3400	7852299000	0. 5151	45. 3100	42. 9284
7	4	2. 0700	15272477000	1. 4498	35. 1400	50. 5578
8	4	2. 9000	5690472000	0. 8269	47. 3900	43. 9173
9	4	2. 8200	12951806000	3. 1370	23. 1700	27. 0281
10	4	27. 6000	2818622000	2. 0580	53. 6900	58. 0206
11	4	14. 7900	4862475000	2. 9491	22. 2100	61. 3797
12	4	19. 9700	2421200000	5. 7498	39. 3200	45. 3491
13	4	12. 6200	7602122000	4. 0643	39. 9200	54. 3784
14	4	14. 6000	2943185000	5. 3467	34. 3700	45. 4110
15	4	14. 1600	11835867000	1. 6226	26. 6800	66. 6538
16	4	6. 3200	4412653000	3. 8641	27. 1800	62. 6981
17	4	9. 4800	3116361000	5. 1425	40. 5600	34. 5454
18	4	24. 4500	25924436000	3. 5915	38. 8900	24. 0076
19	4	10. 6400	2295999000	6. 3333	22. 6000	53. 9857
20	4	14. 4400	1237016000	0. 8975	43. 1100	42. 8441
21	4	18. 4300	752760000	6. 7119	21. 4500	52. 1545
22	4	25. 5900	546179000	4. 5035	47. 8900	71. 0983
23	4	29. 9800	1039622000	3. 0849	59. 6700	67. 2043
24	4	18. 3700	3848884000	5. 4399	46. 6700	76. 8815
25	4	20. 8100	563997000	4. 8197	59. 8300	25. 8662
26	4	11. 0500	7757447000	5. 7773	59. 9700	15. 8237
27	4	10. 7100	1349380000	0. 0100	21. 2600	16. 3948
28	4	18. 6100	750703000	3. 5265	29. 2400	39. 3514
29	4	6. 8700	8625030000	3. 0078	45. 2700	93. 5606
30	4	10. 7600	9535165000	3. 1299	45. 3100	92. 5238
31	4	3. 7200	14456164000	0. 0100	20. 4500	66. 0960
32	4	7. 3200	10865385000	2. 2235	41. 2500	95. 4265
33	4	10. 0300	5010700000	1. 9145	26. 7400	93. 9575

续表

firm	year	y	x1	x2	x3	x4
34	4	4. 2300	10016211000	3. 7086	25. 0900	80. 2272
35	4	10. 3300	11449824000	5. 0198	32. 6400	92. 1464
36	4	9. 3100	6891447000	1. 9697	22. 4700	93. 3844
37	4	26. 0200	134140000	2. 7235	34. 9200	26. 0475
38	4	19. 2500	852052000	0. 5844	32. 0100	61. 0999
39	4	10. 1100	7542274000	2. 9724	17. 4400	92. 7287
40	4	12. 4000	12417026000	3. 9687	22. 7000	91. 9278
41	4	29. 5800	3420833000	5. 7148	47. 6400	45. 0005
42	4	7. 7300	8125361000	2. 5243	35. 1300	93. 6519
43	4	1. 2700	9525960000	0. 2972	89. 6200	55. 7052
44	4	24. 5100	300000000	6. 1010	94. 3700	23. 8480
45	4	14. 5200	3258501000	5. 3593	58. 5300	24. 9493
1	5	10. 2400	3692176000	5. 7634	21. 6800	45. 6600
2	5	8. 1200	7749059000	3. 5080	46. 8200	93. 3900
3	5	5. 6800	3295537000	4. 8387	43. 8500	41. 7500
4	5	8. 5000	6365741000	2. 5453	44. 6900	35. 7900
5	5	5. 6300	5145017000	3. 9784	47. 3700	45. 1500
6	5	9. 1300	7930822000	3. 1247	44. 9300	43. 6900
7	5	5. 9000	15425584000	2. 7067	33. 7100	53. 1700
8	5	9. 1100	5861186000	3. 2830	47. 3900	40. 5100
9	5	5. 8100	12692082000	3. 9357	23. 3500	28. 2100
10	5	26. 2100	3241416000	3. 5300	52. 8300	51. 0600
11	5	15. 7500	5154223000	2. 6646	24. 1900	62. 7100
12	5	18. 3400	2437543000	4. 2606	39. 7500	45. 3300
13	5	13. 5700	7787160000	4. 8658	39. 1200	55. 6600
14	5	12. 5200	2944137000	3. 0232	34. 3700	44. 5400
15	5	14. 4400	13128707000	2. 2916	25. 1600	65. 1500
16	5	2. 7000	4413447000	4. 9191	23. 8000	70. 2600

续表

firm	year	y	x1	x2	x3	x4
17	5	9.6700	3116361000	5.2429	35.3800	38.6400
18	5	23.9400	25928617000	2.8959	39.5300	32.8800
19	5	10.5400	2327626000	5.6236	21.0200	62.6900
20	5	10.7600	1306490000	1.2628	40.3200	27.2700
21	5	16.2700	742760000	6.8960	22.9800	53.7400
22	5	23.7000	546179000	4.0883	48.0200	71.6500
23	5	35.7900	1039622000	3.0848	61.6400	67.0700
24	5	14.7700	3862627000	5.8745	49.0500	76.5100
25	5	22.2200	569400000	3.4381	58.5900	29.4700
26	5	11.1500	7757447000	4.7924	62.7200	17.1900
27	5	14.8200	1349714000	4.1483	20.8700	24.4700
28	5	20.4300	750703000	3.3012	27.3700	30.0800
29	5	7.5800	9056282000	4.1011	45.2100	93.7300
30	5	10.4800	10233604000	3.7111	42.4100	93.0700
31	5	5.0600	15030883000	4.6851	20.3300	73.9000
32	5	8.2600	11964962000	3.6862	41.7100	93.8600
33	5	10.6500	5524300000	1.4855	21.1300	93.9700
34	5	5.0100	9893724000	4.1539	26.9600	81.3200
35	5	9.9500	12449824000	4.6072	33.4800	92.2400
36	5	10.8200	7527897000	3.1952	17.2500	93.1000
37	5	35.9500	134140000	3.1719	32.4300	21.1500
38	5	0.0100	842351000	0.0100	24.8600	54.9900
39	5	10.4600	8207736000	2.3798	19.0000	92.6000
40	5	11.8900	14712956000	0.0100	25.3800	92.0500
41	5	27.2300	3420833000	5.3946	47.8900	57.7000
42	5	7.9400	8653509000	2.7692	36.3600	93.7600
43	5	12.0300	9525960000	3.1448	89.4900	50.1500
44	5	31.9800	300000000	6.4280	93.9500	29.1000
45	5	15.9900	3258501000	5.3403	59.0400	38.2500

参考文献

[1] Joel Bleeke, David Ernst. Collaborating to Compete: Using Stratigic Alliances and Acquisitions in the Global Marketplace [M]. 中国大百科全书出版社, 1998.

[2] Barry J. Nalebuff, Adam N. Brandenburger. Co - competition [M]. Currency, Doubleday, 1996.

[3] James F. Moore. The Death of Competition: Leadership and Strategy in the Age of Business Ecosystems [M]. New York: Harper Business, 1996.

[4] Adlai E. Stevenson. Regional Financial Cooperation in Asia [J]. Journal of Asian Economics, 2004 (15): 837 - 841.

[5] Montiel Peter J. Capital Mobility in Deeloping Countries: Some Measurement Issues and Empirical Estimates [J]. World Bank Economic Review, 1944 (8): 311 - 350.

[6] Baele et al. Measuring European Financial Integration [J]. Oxford Review of Economic Policy, 2004, 20 (4): 509 - 530.

[7] Rangan N., Grabowski H. Y. and Aly Pasurka C. The Technical Efficiency of US Banks [J]. Economic Letters, 1988, 28 (2): 169 - 175.

[8] Asish Saha, T. S. Ravisankar. Rating of Indian Commercial Banks: A DEA approach, European Journal of Operational Research, 2000 (124): 187 - 203.

[9] Zaim. The Effect of Financial Liberalization On The Efficiency of Mawkish Commercial Banks [J]. Applied Financial Economics, 1995 (5): 45 - 51.

[10] Robert De Young, Iftekhar Hasan. The performance of De Nove Commercial Banks: A Profit Efficiency Approach [J]. Journal of Banking and Finance, 1998 (22): 565 - 587.

[11] Sathye, Milind. Efficiency of Banks in a Developing Economy: The Case of India, European Journal of Operational Research, 2003, 148 (3): 662 - 671.

［12］ Pasiouras, Fotios. Estimating the Technical and Scale Efficiency of Greek Commercial Banks: The Impact of Credit Risk, Off－balance Sheet Activities and International Operation, Research in International Business and Finance, 2008, 22 (3): 301－318.

［13］ 黄梅波．国际货币合作的理论与实证分析［M］．厦门：厦门大学出版社，2002.

［14］ 谭毅．国际货币合作研究——性质、意义与理论基础［M］．广州：中山大学出版社，2005.

［15］ 赵长峰．国际金融合作：一种权利与利益的分析［M］．北京：世界知识出版社，2006.

［16］ 戴全平，万志宏．APEC 的货币金融合作：经济基础与构想［J］．世界经济，2005（5）：12－20.

［17］ 张建政．国际金融合作的制度分析［D］．吉林大学博士学位论文，2008.

［18］ 林宗卿．MOU 签署后浙台银行业的合作问题研究［J］．特区经济，2010（12）：52－54.

［19］ 陈晓杰，黄志刚．WTO 框架下海峡两岸银行业合作研究［J］．亚太经济，2007（3）：53－56.

［20］ 杜金富．当前大陆经济金融形势与两岸金融交流合作［J］．中国金融，2010（22）：8－9.

［21］ 元惠萍，陈浪南．海峡两岸银行业交流与合作的现状分析与展望［J］．国际贸易问题，2003（10）：58－60.

［22］ 罗小军．后 ECFA 时期两岸银行业往来［J］．上海金融，2010（10）：77－82.

［23］ 韩笑．后危机时代海峡两岸银行业合作模式研究［J］．2010（5）：79－89.

［24］ 吴国培，郑航滨，张立．两岸金融合作现实基础与分阶段推进战略构想［J］．亚太经济，2008（3）：107－112.

［25］ 曹小衡，陈鹏．两岸金融合作的障碍、进展及前景［J］．上海金融，2009（8）：88－90.

［26］ 徐艳琳，黄影．试论近年来两岸金融合作新发展［J］．台湾研究集刊，2004（1）：49－56.

［27］ 中国人民银行福州中心支行课题组．两岸货币流通与金融合作发展研究［J］．福建金融，2005（6）：9－13.

［28］智佳佳．两岸金融一体化可行性及其路径分析［J］．亚太经济，2010（2）：44－48.

［29］黄隽．台湾银行业稳定的实证研究［J］．国际金融研究，2009（1）：57－62.

［30］吕祥勍．中国银行业改革开放历程研究——基于发展路径选择的视角［J］．重庆大学学报（社科版），2010（6）：21－29.

［31］涂晓今．欧盟银行一体化借鉴与ECFA时代两岸银行业制度合作［J］．江西社会科学，2011（9）：58－64.

［32］黄梅波，黄颖．关于建立两岸金融合作机制的构想［J］．东南学术，2005（5）．

［33］郑鸣，张盛铭．海峡两岸银行业合作的构想［J］．台湾研究，2009（6）：19－24.

［34］林苍祥，孙效孔．台湾之银行西进与两岸金融合作［J］．台湾经济金融月刊，2008（12）：34－44.

［35］马道，龙啸天．全球化下台湾银行体系的契机与挑战［J］．经济前瞻（台），2007（7）：65－69.

［36］李梁坚，陈雅琳．台湾的银行业进入中国大陆市场的发展策略与合作机制［J］．台湾银行季刊，2009（9）：23－43.

［37］黄启瑞．两岸银行业往来之展望［J］．台湾经济金融月刊，2008（7）：31－44.

［38］朱浩民．中国银行业之开放与台资银行进入策略［J］．台湾金融财务季刊，2007（3）：101－119.

［39］田君美．中国地方金融发展现况与问题［J］．经济前瞻（台），2009（11）：56－62.

［40］吴瑟致，赵文志．ECFA架构下展望两岸金融业之开放与合作：以银行业为例［J］．展望与探索（台），2010（4）：29－51.

［41］陈伯志．上海国际金融中心建设现况与台湾银行业赴上海投资机遇［J］．台湾经济金融月刊（台），2011（5）：20－51.

［42］何志强，邢增艺，施卫华．台湾金融（银行）改革模式探讨［J］．上海金融，2008（6）：65－68.

［43］肖红叶，郑华章．IMD－WEF国际竞争力评价比较研究——以中国为例［J］．统计与信息论坛，2008（1）：5－10.

［44］黄兰．中国银行业竞争力评价指标体系研究［J］．现代经济探讨，2001（6）：52－54.

[45] 于良春，鲁志勇．中国银行业竞争力评价指标研究［J］．山东大学学报（哲社版），2003（1）：94－98.

[46] 李晓鹏．科学认识竞争力比较分析，努力提升中国银行业竞争力［J］．金融论坛，2005（4）：3－8.

[47] 卿定文．引入金融伦理的商业银行核心竞争力指标体系研究［J］．财经理论与实践，2009（5）：27－30.

[48] 居松存．中国银行业竞争力分析［D］．中共中央党校博士学位论文，2011.

[49] 魏煜，王丽．中国商业银行效率研究——一种非参数的分析［J］．金融研究，2000（3）：88－96.

[50] 张健华．我国商业银行效率研究的DEA方法及1997～2001年效率的实证研究［J］．金融研究，2003（3）：11－25.

[51] 刘汉涛．对我国商业银行效率的测度——DEA方法的应用［J］．经济科学，2004（6）：48－58.

[52] 罗登跃．基于DEA的商业银行效率实证研究［J］．管理科学，2005（4）：39－45.

[53] 赖磊，舒欣，王济干．基于DEA的商业银行效率测算模型的构建［J］．金融教学与研究，2005（4）：21－23.

[54] 李文福，范雅钧．台湾银行业经营绩效分析：Luenberger生产力指标法之应用［J］．经济论文丛刊（台），2010（12）：593－628.

[55] 杨永列，黄镜如．台湾地区本国银行生产面与成本面Malmquist生产力指数之估计［J］．经济论文丛刊（台），2009（4）：353－378.

[56] 李文福，王媛慧，洪琬婷．技术变动、产出组合与台湾银行产业生产力变动［J］．经济论文（台），2009（4）：495－524.

[57] 王兵，朱宁．不良贷款约束下的中国上市商业银行效率和全要素生产率研究——基于SBM方向性距离函数的实证分析［J］．金融研究，2011（1）：110－130.

[58] 应娟．我国商业银行合作竞争战略研究［D］．浙江大学硕士学位论文，2004.

[59] 王鹏．台湾金融产业的变迁［J］．海峡科技与产业，2009（1）：66－67.

[60] 胡雪琴，陈勇．改革开放三十年来中国银行业的发展与变迁［J］．中国金融，2008（17）：64－66.

[61] 陈鹏，傅浚映．台湾金融改革现状、问题及发展前景［J］．亚太经济，2010（1）：120－123.

[62] 刘云. 台湾金融体系的组织架构 [J]. 中国金融, 2004 (3): 62-64.

[63] 董江蕾. 台湾银行民营化进程的借鉴与启示 [J]. 上海经济研究, 2003 (1): 66-72.

[64] 郑航滨. ECFA 时期海峡两岸金融合作策略探讨 [J]. 亚太经济, 2011 (1): 52-55.

[65] 黄飞鸣. 差异化战略与银行业合作竞争 [J]. 广东金融学院学报, 2008 (5): 65-70.

[66] 戴淑庚等. 海峡西岸和其他台商投资相对集中地区的经济发展——基于两岸经济整合的视角 [M]. 北京: 北京大学出版社, 2012.

[67] 戴淑庚, 廖家玲. 后 ECFA 时期"长三角"与台经贸合作可持续发展研究 [J]. 综合竞争力, 2011 (5): 30-35.

[68] 戴淑庚, 林捷泉. 后 ECFA 时期中国大陆银行业面临的冲击与因应对策 [J]. 福建金融, 2011 (1): 8-12.

[69] 戴淑庚, 姚峰等. 后 ECFA 时期两岸金融整合的路径选择与战略构想 [J]. 台湾研究, 2012 (3).

[70] 靳晓婧. 我国国有商业银行"走出去"参与跨国并购解析 [D]. 对外经济贸易大学硕士学位论文, 2007.

[71] 陈浩军. 金融控股公司在我国的发展及展望 [J]. 浙江金融, 2011 (5): 29-31.

[72] 傅仲珩. 海峡两岸银行业往来现状与合作构想 [J]. 福建金融, 2004 (4): 14-16.

[73] 智佳佳. 基于消费风险分担模型的两岸金融合作评估分析 [J]. 福建论坛 (人文社会科学版), 2010 (10): 140-144.

[74] 郑航滨, 郑直. 后 ECFA 时期海峡两岸金融合作发展趋势 [J]. 福建金融管理干部学院学报, 2011 (3): 3-10.

[75] 吴凤丹. 欧元区银行业的并购与集中 [J]. 欧洲一体化研究, 2002 (2).

[76] 王志军. 欧盟银行业结构发展研究 [M]. 北京: 中国金融出版社, 2007.

[77] 胡浩等. 银行同业竞争与合作 [M]. 北京: 中国金融出版社, 2007 (6).

[78] Mundell Robert A. A Theory of Optimum Currency Areas [J]. American Economic Review, 1961 (51): 657-665.

[79] Mickinnon Ronald I. Optimum Currency Areas [J]. American Economic

Review, 1963 (52): 717 -725.

[80] Mickinnon Ronald I. Common Monetary Standard or a Common Currency? [J] . Rivista di Politica Economica, 1993 (83): 151 -159.

[81] Kenen Peter B. The Optimum Currency Area: An Eclectic View [C] // Mundell, Swoboda, eds. Monetary Problems of the International Economy. Chicargo: University of Chicargo Press, 1969.

[82] Ingram J. C. The Case for the European Monetary Integration [J] . Essays in International Finance, Priceton University, 1973.

[83] Ingram J. C. Regional Payments Mechanisms: The Case of Puerto Rico [M] . North Carolina: North Carolina Press, 1962.

[84] Tower E. , Thomas Willet. The Theory of Optimum Currency Areas and Exchange Rate Flexibility [C] . New Jersey: International Finance Section of Princeton University, 1976 (11) .

[85] Haberler Gottfried. The International Monetary System: Some Recent Developments and Discussions [C] //George Halm. Approaches to Greater Flexibility in Exchange Rates. New Jersey: Princeton University Press: 1979: 115 -123.

[86] Fleming J. Marcus. On Exchange Rate Unificatioin [J] . The Economic Journal, 1971 (81): 467 -488.

[87] Tavlas G. S. The Theory of Monetary Integratioin [J] . Open Economies Review, 1994, 5 (2): 211 -230.

[88] Cohen W. M. Monetary Integration, Essays in International Finance [Z] . Interational Finance Section, Department of Economics, Princeton University, 1972.

[89] Ishiyama I. The Theory of Optimum Currency Areas: A Survey [EB] . International Monetary Fund, 1975: 344 -383.

[90] Tavlas G. S. The "New" Theory of Optimum Currency Areas [J] . The World Economy, 1993: 663 -685.

[91] De Grauwe Paul. Economics of Monetary Union [M] . Oxford: Oxford University Press, 2000.

[92] Saches J. , C. Wyplosz. Exchange Rate Effects of Fiscal Policy [Z] . NBER Working Paper, 1984.

[93] Calmforts L. , Driffil J. Bargaining Structure, Corporatism and Macroeconomic Performance [J] . Economic Policy, 1988 (6): 13 -61.

[94] Blanchard Olivier J. , Quah Danny. The Dynamic Effects of Aggregate Demand and Supply Disturbances [J] . American Economic Review, 1989 (79):

655 -673.

[95] Bayoumi Tamim, Eichengreen Barry. One Money or Many? Analyzing the Prospects for Monetary Unification in Various Parts of the World [Z]. International Finance Section, Department of Economics, Princeton University, 1994.

[96] Bayoumi Tamim, Eichengreen Barry. Operationalizing the Theory of Optimum Currency Areas [Z]. CEPR Disussioin Paper, 1996.

[97] Bayoumi Tamim, Eichengreen Barry. Shocking Aspects of European Monetary Integration [C] //Torres, Francisco, Giavazzi, eds. Growth and Adjustment in the European Monetary Union. Cambridge: Cambridge University Press, 1993.

[98] Krugman P., Athony J. Venables. Integration, Specialization and Adjustment [J]. European Economic Review, 1996 (40): 959 -967.

[99] Frankel J. A., Andrew K. Rose. The Endogeneity of the Optimum Currency Area Criteria [Z]. Center for Economic Policy Research, Discussion Paper Series, 1997.

[100] Artis M. J., W. Zhang. The Linkage of Interest Rates within the EMS [J]. Weltwirtschaftlilche Archiv, 1998, 132 (1): 117 -132.

[101] Blanchard O., Justin Wolfers. The Role of Shocks and Institutions in the Rise of European Unemployment: The Aggregate Evidence [J]. The Economic Journal, 2000 (3): 1 -33.

[102] Krugman P., Obstfeld M. International Economics: Theory and Policy [M]. Pearson Education.

[103] 黄燕君，赵生仙．香港与澳门货币一体化问题初探 [J]．财贸经济，2001.

[104] 严谷军．两岸四地货币一体化前瞻 [J]．上海金融高等专科学校学报，2001.

[105] 叶景聪．中国是否为最适货币区实证分析 [J]．财经研究，2002, 28 (11).

[106] 廖增梁，陶伟军．两岸四地货币一体化的探讨 [J]．宁夏党校学报，2002.

[107] 沈国兵，王元颖．论“中元”共同货币区的构想与实现路径 [J]．财经研究，2003, 29 (6).

[108] 李心丹，刘瑛，刘铁军．中国内地和香港能否构成最优货币区研究——来自实证结果的分析 [J]．复旦大学学报，2003 (5).

[109] 黄燕君．港币—人民币一体化：意义、条件、前景 [M]．北京：中

国社会科学出版社，2004.

［110］曾庆宾，刘明勋．中元论：中国两岸四地实行统一货币研究［M］．广州：中山大学出版社，2004.

［111］靳超，冷燕华．内地和香港的最优货币区实证研究——一种不同的VAR方法［J］．首都经济贸易大学学报，2004（6）．

［112］王维安．中国货币一体化研究的有益尝试［J］．财贸经济，2004.

［113］何问陶，黄莹．人民币与港澳货币一体化的可行性分析［J］．开放导报，2005.

［114］朱孟楠，郭春松，王俊方．“中元”货币区的可行性研究与现实思考［J］．亚太经济，2005.

［115］王湘东．“华元”共同货币区的构想及实施［J］．上海金融，2005（12）．

［116］魏巍．“中元”货币区实现的可能性与路径选择［D］．山东大学硕士学位论文，2005.

［117］梁彩红，杜秋莹．中华经济区货币一体化的探讨［J］．统计与决策，2005.

［118］周念利．两岸四地构建中元区的可行性研究——基于最优货币区“内生性假设”的实证检验［J］．亚太经济，2007（5）．

［119］惠晓峰，李小兵．基于最优货币区理论的人民币与新台币汇率波动的影响因素研究［J］．理论探讨，2009.

［120］李珊珊．“中元”货币区的构建前景探析——基于博弈论的视角［J］．特区经济，2009.

［121］陈晞，朱孟楠．中国货币一体化［J］．金融发展研究，2009.

［122］何晓静，冯邦彦．人民币汇率改革对港元联系汇率制度的影响——基于最优货币区理论［J］．粤港澳经济，2010.

［123］杨丽，董玉峰．两岸四地货币一体化：可行性及路径设想［J］．河北大学学报，2010.

［124］邓达清，吴海兵．香港与大陆货币一体化影响因素研究［J］．中国农业银行武汉培训学院学报，2010.

［125］邓达清．香港与大陆货币一体化的可行性评估体系探析［J］．湘南学院学报，2010.

［126］尹亚红．人民币港元一体化研究——基于货币替代的视角［J］．国际金融研究，2010.

［127］李海峰，郑长德，张合金．中国大陆、港澳台区域货币一体化分析

[J]. 金融与经济，2011.

[128] 雷志卫. 欧洲货币联盟的理论基础与运作机制 [M]. 北京：中国金融出版社，2000.

[129] 蒙代尔. 蒙代尔经济学文集第五卷汇率与最优货币区 [M]. 北京：中国金融出版社，2003.

[130] 吴志成，龚苗子. 从国家货币到市场货币——货币与国家关系的解读 [J]. 经济社会体制比较，2005（3）.

[131] 陈亚温，胡勇，王学鸿. 欧元经验与效应——欧元对国际货币体系的影响研究 [M]. 北京：经济科学出版社，2006.

[132] 张斌. 货币一体化理论及对东亚货币一体化的理论探讨 [D]. 中国社会科学院研究生院博士学位论文，2001.

[133] 李卓. 欧洲货币一体化的理论与实践 [M]. 武汉：武汉大学出版社，2005.

[134] 朱青. 欧元与欧洲经货联盟——欧洲货币统一的理论与实践 [M]. 北京：中国人民大学出版社，1999.

[135] 杨伟国. 欧元生成理论 [M]. 北京：社会科学文献出版社，2002.

[136] 高潮. 债务危机让拉美经济“停滞十年”[J]. 中国对外贸易，2011（10）.

[137] 哈麦尔. 西德和东德的经济体制　社会市场经济与社会主义计划经济的体制比较 [M]. 北京：中国社会科学出版社，1980.

[138] 海因茨·缪尔德斯. 两德统一中的经济问题 [M]. 北京：科学技术文献出版社，1996.

[139] 许美征. 两德统一后的经济和金融问题 [J]. 科技导报，1992（2）.

[140] 牛长振，李芳芳. 德国统一对两岸和平发展的启示 [J]. 国际展望，2011（3）.

[141] 张延良，木泽姆. 非洲货币合作历程及发展前景 [J]. 国际金融研究，2002（12）.

[142] 台湾银行经济研究室. 台湾经济史上册 [M]. 台北：台湾银行出版社，1957.

[143] 王家骥，傅敏. 台湾金融与经济发展 [M]. 北京：中国金融出版社，1992.

[144] 陈旭昇，吴聪敏. 台湾汇率制度初探 [J]. 经济论文丛刊（台），2008（6）.

[145] 张五常. 用人民币替代港币？[J]. IT 经理世界，2003（1）.

［146］刘秀莲．影响世界的货币——港币、澳门元［M］．西安：西安出版社，2000.

［147］中国银行澳门分行经研部．澳门货币制度的演变与现状［J］．国际金融研究，1999（4）．

［148］编辑部．香港人民币离岸中心迎来黄金机遇期［J］．广角镜（台），2011（4）．

［149］朱之文，潘征．海峡西岸发展研究论集［M］．北京：经济科学出版社，2008.

［150］叶少群．海峡两岸税收制度比较［M］．北京：中国财政经济出版社，2008.

［151］丘彬．谨防“粤澳合作框架协议”空心化［J］．大经贸，2011（3）．

［152］郑洁．CEPA 协议中内地与香港金融领域内容的回顾、评估与展望［J］．中国经贸导刊，2011（10）．

［153］张小凡．人民币—港币一体化：纳入内生性约束的货币区动态决策分析［D］．西南财经大学经济学院博士学位论文，2002.

［154］张乔．基于最优货币区内生性理论的中国货币一体化问题研究［D］．厦门大学经济学院博士学位论文，2011.

［155］戴淑庚，林捷泉．后 ECFA 时期台湾与大陆台资集中区的高科技产业整合［J］．台湾研究，2012（1）．

［156］戴淑庚，林捷泉．后 ECFA 时期粤台经贸合作可持续发展研究［J］．商业研究，2011（11）．

［157］Fama E. F. Efficient Capital Markets：A Review of Theory and Empirical Work［J］．Journal of Finance，1970（25）：383－417.

［158］R. I. Robinson，D. Whiteman. Financial Market：The Accumulation and Aollocation of Wealth［M］．New York：I will Publisher，1974：126－159.

［159］Richard R. West. On the Difference Between Internal and External Market Efficiency［J］．Financial Analysts Journal，1975（31）：30－34.

［160］A. D. Brian. The Economics of Financial System［J］．New Zealand Economic Papers，1982（16）：238－257.

［161］吴世农．我国证券市场效率的分析［J］．经济研究，1996（4）：13－20.

［162］刘占涛．中国证券市场低效率的原因及对策研究［J］．兰州大学学报（社会科学版），1999（27）：139－144.

［163］唐齐鸣，叶俊．中国证券市场内在效率的测定及实证分析［J］．经济管理，2002（12）：81－86.

［164］高海明．我国股票市场效率研究［D］．江西财经大学硕士学位论文，2012.

［165］宋增基，张宗益．上市公司融资效率实证分析［J］．商业研究，2003（5）：97－99.

［166］张弛．中国证券市场融资效率的实证研究［D］．东北财经大学博士学位论文，2007.

［167］杨士军．公司治理结构、公司绩效与股票市场效率——兼论中国上市公司治理结构优化［D］．复旦大学博士学位论文，2003.

［168］缪晓波，熊平，冯用富．全球股市信息效率实证研究［J］．经济体制改革，2009（3）：167－170.

［169］王锦慧，王倩．中国股票市场资源配置效率与经济增长［J］．生产力研究，2010（2）：135－138.

［170］史代敏．股票市场弱有效检验方法的比较与评价［J］．财经论坛，2004（9）：89－90.

［171］Chan K. C.，B. E. Gup，Ming－Shiun Pan. An empirical Analysis of Stock Prices in Major Asian Markets and the United States［J］. The Financial Review，1992（27）：289－307.

［172］Groenewold N.，M. Ariff. The Effects of De－Regulation on Share－Market Efficiency in the Asia－Pacific［J］. International Economic Journal，1998（12）：23－47.

［173］Olowe R. A. Weak Form Efficiency of the Nigerian Stock Market：Further Evidence［J］. African Development Review，1999（1）：54－67.

［174］陈旭，卢鸿．中国 B 股市场效率：理论、经验分析与成因解说［J］．世界经济，2001（3）：20－25.

［175］解保华，马征，高荣兴．中国股票市场有效性实证检验［J］．数量经济技术经济研究，2002（8）：40－43.

［176］靳云汇，李学．中国证券市场半强式有效性检验——买壳上市分析［J］．金融研究，2000（1）：85－91.

［177］李佳，王晓．中国股票市场有效性的实证研究——基于方差比的检验方法［J］．经济经纬，2010（1）：136－140.

［178］Tobin，James. A General Equilibrium Approach to Monetary Theory［J］. Journal of Money，Credit，and Banking，1969（11）：15－29.

［179］左正强，张永任．我国 A 股市场资源配置效率分析［J］．山西财经大学学报，2011（33）：46－55.

［180］Rodolfo Q. Aquino. Allocative Efficiency of the Phillippine Stock Market［R］. Philippine：Working Paper，2006.

［181］Jeffery Wurgler. Financial Markets and Allocation of Capital［J］. American Economic Review，2000（58）：187－214.

［182］韩立岩，蔡红艳．我国资本配置效率及其与金融市场关系评价研究［J］．管理世界，2002（1）：56－70.

［183］李至斌．我国股票市场资本配置效率的实证分析［J］．宏观经济研究，2003（8）：61－63.

［184］李勇．我国股票市场资本配置效率实证分析［J］．山西财经大学学报，2009（4）：28－34.

［185］张立．台湾地区多层次股票市场资本配置效率比较研究［J］．台湾研究集刊，2013（1）：47－54.

［186］易荣华，达庆利．市场效率计量方法及我国证券市场效率实证研究［J］．中国软科学，2004（3）：144－156.

［187］蓝薇．我国股票市场资本配置效率的实证研究［D］．暨南大学硕士学位论文，2006.

［188］牛冬梅．中国股票市场资本配置效率——基于行业角度的实证研究［D］．暨南大学硕士学位论文，2008.

［189］Sayuri Shirai. Testing the Three Roles of Equity Markets in Developing Countries：The Case of China［J］. World Development，2004（32）：1467－1486.

［190］曾康霖．怎样看待直接融资与间接融资［J］．金融研究，1993（5）：7－11.

［191］宋文兵．关于融资方式需要澄清的几个问题［J］．金融研究，1998（1）：34－41.

［192］邓兆明，范伟．我国证券市场融资效率实证研究［J］．国际金融研究，2001（10）：60－64.

［193］魏开文．中小企业融资效率模糊分析［J］．金融研究，2001（6）：67－74.

［194］何枫，陈荣．基于 SFA 测度的企业效率对企业绩效与企业价值的影响［J］．金融研究，2008（9）：152－163.

［195］沈友华．我国企业融资效率及影响因素研究——基于国有企业和民营企业融资的比较分析［D］．江西财经大学博士学位论文，2009.

[196] 赵守国，孔军，刘思佳．基于DEA模型的陕西上市公司融资效率分析［J］．中国软科学，2011（2）：245-253.

[197] 陈贤锦．基于DEA方法的上市公司股权融资效率分析［J］．财会通信，2010（4）：18-20.

[198] 刘力昌，冯根福，张道宏等．基于DEA的上市公司股权融资效率评价［J］．系统工程，2004（1）：55-59.

[199] 杨小波．基于DEA模型的中印两国股权融资效率比较研究［D］．山东财经大学硕士学位论文，2012.

[200] Aigner D. J., Loverll C. A. K., Schmidt P. Formulation and Estimation of Stochastic Frontier Production Function Models [J]. Journal of Econometrics, 1977 (6): 21-37.

[201] Meeusen W., Van Den Broeck J. Efficiency Estimation from Cobb-Douglas Production Functions With Composed Error [J]. International Economic Review, 1977 (18): 435-444.

[202] G. E. Battese, G. S. Corra. Estimation of A Production Frontier Model: With Application To the Pastoral Zone of Eastern Australia [J]. Australian Journal of Agricultural Economics, 1977 (3): 169-179.

[203] G. E. Battese, T. J. Coelli, T. C. Colby. Estimation of Frontier Production Functions and the Efficiencies of Indian Farms Using Panel data From ICRISAT's Village Level Studies [J]. Journal of Quantitative Economics, 1989 (33): 327-348.

[204] G. E. Battese, T. J. Coelli. Frontier Production Functions, Technical Efficiency and Panel Data: With Application to Paddy Farmers in India [J]. Journal of Productivity Analysis, 1992 (3): 153-169.

[205] G. E. Battese, T. J. Coelli. A Model for Technical Inefficiency Effects in A Stochastic Frontier Production Function for Panel Data [J]. Empirical Economics, 1995 (20): 325-332.

[206] Hayami Y. Sources of Agricultural Productivity Gap among Selected Countries [J]. American Jouranl of Agricultural Economics, 1969 (51): 564-575.

[207] Hayami Y., V. W. Ruttan. Agricultural Productivity Differences Among Countries [J]. American Economic Review, 1970 (60): 895-911.

[208] Mundlak Y., R. Hellinghausen. The Intercountry Agricultural Production Function: Another View [J]. American Journal of Agricultural Economics, 1982 (64): 664-672.

[209] Lau L. J., P. A. Yotopoulos. The Meta-production Function Approach to

Technological Change in World Agriculture [J]. Journal of Development Economics, 1989 (31): 241-269.

[210] George E. Battese, D. S. Prasada Rao. Technology Gap, Efficiency, and a Stochastic Metafrontier Function [J]. International Journal of Business and Economics, 2002 (1): 87-93.

[211] D. S. Prasada Rao, Christopher J. O' Donnell, George E. Battese. Metafrontier Functions for the Study of Interregional Productivity Differences [R]. Australia: CEPA Working Paper Series, 2003.

[212] George E. Battese, D. S. Prasada Rao, Christopher J O' Donnell. A Metafrontier Production Function for Estimation of Technical Efficiencies and Technology Gaps for Firms Operating Under Different Technologies [J]. Journal of Productivity Analysis, 2004 (21): 91-103.

[213] Christopher J. O' Donnell, D. S. Prasada Rao, George E. Battese. Metafrontier Frameworks for the Study of Firm - Level Efficiencies and Technology Ratios [J]. Empirical Economics, 2007 (34): 231-255.

[214] 颜晃平，张静文．银行业成本效率之研究——共同边界函数应用 [Z]．玄奘大学，2009.

[215] 李兰冰，胡均立，黄国彰．海峡两岸证券业经营效率比较研究：基于 Metafrontier 方法 [J]．当代经济科学，2011 (33): 40-46.

[216] 欧吉虎，林坦．海峡两岸通信产业经营效率比较研究——基于 Metafrontier 与 DEA 模型 [J]．中国城市经济，2011 (12): 57-59.

[217] 蔡芳梅．东亚地区商业银行之经营效率——三阶段 DEA 及 Metafrontier 模型之应用 [D]．南华大学硕士学位论文，2008.

[218] 王燕，谢蕊蕊．区域工业效率和技术差异研究——基于共同边界方法的考察 [J]．工业经济研究，2012 (2): 18-25.

[219] 陈波，梁彤缨，陈修德．基于 Metafrontier 模型的企业效率对企业绩效影响研究 [J]．华南理工大学学报（社会科学版），2014 (2): 33-41.

[220] 陈敬学．中国国有商业银行效率研究 [D]．华中科技大学博士学位论文，2004.

[221] 白斌．基于 SFA 和 RFA 的信托公司效率评价及影响因素分析 [D]．天津大学博士学位论文，2010.

[222] 魏煜，王丽．中国商业银行效率研究——一种非参数的分析 [J]．金融研究，2000 (3): 30-34.

[223] Fare, R. and D. Primont. Multi - output Production and Duality: Theory

and Application [M] . Boston: Kluwer Academic Publishers, 1995.

[224] Coelli, T. J. A Guide to FRONTIER Version 4. 1: A Computer Program for Stochastic Frontier Production and Cost Function Estimation [R] . Australia: CEPA Working Paper, 1996.

[225] Coelli, T. J. A Guide to DEAP Version 2. 1: A Data Envelopment Analysit (Computer) Program [R] . Australia: CEPA Working Paper, 1996.

[226] 朱远程，丁毅．北京市证券公司经营效率研究——基于 DEA 模型的 Malmquist 指数 [J] ．中国经贸导刊，2012 (3)：76 –77.

[227] 周再清，吴俊杰．基于 DEA 模型的金融支农效率研究 [J] ．求索，2009 (9)：25 –26.

[228] 张健华．我国商业银行效率研究的 DEA 方法及 1997 ~2001 年效率的实证分析 [J] ．金融研究，2003 (3)：17 –18.

[229] 王聪，宋慧英．中国证券公司市场结构与绩效的实证分析 [J] ．经济经纬，2012 (1)：157 –160.

[230] 李鸣迪．基于 DEA 和 SFA 方法的我国商业银行 X 效率实证研究 [J] ．上海金融，2014 (1)：101 –104.

[231] Louis Bachelier. The Theory of Speculation [D] . Paris: University of Paris, 1900.

[232] M. F. M. Osborne. Brownian Motion in the Stock Market [J] . Operations Research, 1958 (3): 145 –173.

[233] Tim Coelli. Finite Sample Properties of Stochastic Frontier Estimators and Associated Test Statistics [R] . Australia: Working Paper, 1993.

[234] Andrew Bynum. Managerial Discretion and Optional Financing Policies [J] . Journal of Financial Economics, 1990 (8): 15 –20.

[235] Lung –fei Lee. Asymptotic Distribution of the Maxmum Likelihood Estimator for a Stochastic Frontier Function Model with a Singular Information Matrix [R] . Michigan: CREST Working Paper, 1992.

[236] Philippe Aghion, Patrick Bolton. An Incomplete Contracts Approach to Financial Contracting [J] . The Review of Economic Studies, 1992 (3): 473 –494.

[237] Wilton Norman Chamberlain. Conflict Management in the Entrepreneur –venture Capitalist Relationship: An International Comparative Study [R] . New York: Working Paper, 2000.

[238] 白敏怡．基于共同边界函数法的中国区域创新体系效率的评估 [J] ．上海管理科学，2007 (3)：4 –9.

[239] 陈谷劦，杨浩彦．共同边界 Malmquist 生产力指数的延伸：跨国总体资料的实证分析［M］．台湾：“国立”台湾大学出版社，2008：551－588.

[240] 陈俊兆．EPA 与 ECFA 对香港与台湾银行产业影响之研究［D］．澳门科技大学硕士学位论文，2013.

[241] 戴淑庚，廖家玲．海峡两岸银行业效率比较研究［J］．国际金融研究，2012（10）：85－96.

[242] 范学俊．金融政策与资本配置效率——1992～2005 年中国的实证［J］．数量经济技术经济研究，2008（2）：3－15.

[243] 郭显光，易晓文．中国股票市场的效率性分析［J］．数量经济技术经济研究，1999（8）：12－15.

[244] 何德旭．台湾证券市场国际化之重要举措［J］．开放导报，1993（5）：6－9.

[245] 黄宝奎．谈台湾股票市场的特征［J］．国际金融研究，1995（2）：44－46.

[246] 黄建萍．台湾股票市场初探［J］．国际金融研究，1990（11）：39－42.

[247] 金道政，刘艳华．我国股票市场融资效率的研究［J］．安徽工业大学学报（社会科学版），2006（1）：54－55.

[248] 李冰．深市主板和中小板资本配置效率比较研究［D］．湖南大学硕士学位论文，2012.

[249] 李庆峰．中国证券市场制度效率研究——基于比较分析和制度变迁的一个解释［D］．浙江大学博士学位论文，2003.

[250] 李键欣，吴荣杰，颜晃平．应用共同边界模型探讨农会信用部生产效率之研究［J］．台湾银行季刊，2006（4）：79－94.

[251] 李明义，张东成．我国股票市场资本配置效率研究［J］．北京工商大学学报（社会科学版），2007（4）：15－20.

[252] 林建甫，吴孟道．两岸四地资本市场竞争力之比较——资本市场国际化指标之建构与运用［J］．两岸金融季刊，2013（9）：65－89.

[253] 栾雅钧．台湾股票市场与祖国大陆股票市场的比较［J］．亚太经济，2001（1）：70－73.

[254] 沈艺峰，贺颖奇．对海峡两岸证券市场相互合作的探讨［J］．国际经济合作，1998（12）：9－12.

[255] 王海东，张志宏．台湾证券市场对外资开放的进程［J］．亚太经济，2001（3）：38－41.

[256] 王慧．市场制度研究之五：投资者结构之殇［M］．北京：中国国际

金融有限公司，2014：1－20.

［257］王建民．台湾证券市场的历史演变、运作制度与发展趋势［J］．亚太经济，1993（5）：65－72.

［258］王金叶．台湾证券市场国际化的经验与其借鉴［J］．决策借鉴，1996（4）：19－21.

［259］翁弘林．证券信用交易对市场效率的影响［D］．厦门大学博士学位论文，2008.

［260］吴成颂．海峡两岸证券市场效率研究的一个视角［D］．河海大学博士学位论文，2005.

［261］武娟．基于 DEA－Malmquist 方法的科技型中小企业融资效率研究［J］．商业文化，2012（2）：25－30.

［262］袁娟．融资融券交易对市场波动性和流动性影响的实证研究［D］．华中科技大学硕士学位论文，2011.

［263］张更鑫．台湾证券市场国际化与海峡两岸证券市场合作展望［J］．陕西师范大学学报（哲学社会科学版），1996（25）：85－90.

［264］张桓．两岸金融合作与交流深化的制度创新研究——ECFA 的论述［D］．南开大学博士学位论文，2012.

［265］张立．台湾地区多层次股票市场资源配置效率比较研究［J］．台湾研究集刊，2013（1）：47－54.

［266］张毅，刘维奇，李景峰．中国物流上市公司成本效率的收敛性——基于共同前沿方法的分析［J］．财经研究，2011（9）：59－69.

［267］赵湘怀．台湾如何简称多层次资本市场体系［R］．上海：国泰君安证券，2014：1－21.

［268］朱磊．当前台湾股票市场的特点分析［J］．台湾研究，2010（2）：26－36.

［269］朱亚峰．QFII 制度的市场影响研究［D］．西南财经大学硕士学位论文，2013.

［270］庄庆仁，许溪南．台湾股市相关政策对股市之影响［R］．台湾：TSEC，2002：1－25.

后　记

两岸于2010年6月29日签订了《海峡两岸经济合作框架协议》（ECFA），该协议是继2003年内地先后与香港、澳门签署《内地与香港关于建立更紧密经贸关系的安排》和《内地与澳门关于建立更紧密经贸关系的安排》（CEPA）这两个协议之后签订的另一个区域性合作协议。上述合作协议的陆续签署意味着两岸四地间的经济金融合作将更趋热络。在此背景下，本人于2010年5月拟撰写《后ECFA时期两岸四地金融合作》系列丛书。该系列丛书主要包括以下五部分：《后ECFA时期两岸银行业合作研究》、《后ECFA时期两岸四地货币一体化研究》、《后ECFA时期两岸证券业合作研究》、《后ECFA时期两岸金融监管合作研究》、《后ECFA时期两岸保险业合作研究》。之所以要写系列丛书，目的是拟对后ECFA时期的两岸金融合作问题进行全面系统的研究，以此唤醒两岸仁人志士携手促进两岸金融乃至两岸经济的全面深化合作、增进两岸民众福祉，进而促进祖国统一大业。

出于以上考量，原本拟定的写作计划是于2012年底全部完稿，后来，由于一方面从事教学，另一方面从事科研，加之受人力、物力、财力的限制，研究进展比较缓慢，一时难以全部完稿，因此，只好选取两岸金融合作中最为热点也是最急需进行研究的三个问题，即“两岸银行业合作”、“两岸四地货币一体化”、“两岸股票市场合作”进行先行研究。此外，原先冠以“后ECFA时期”的背景改为“经济全球化态势下”这个背景，进而将“两岸四地金融合作问题”置于经济全球化这个大背景下进行探讨，从而使得文章的立意更为高远、境界更加开阔。经过五年陆陆续续的研究，上述三个问题的研究成果先后成稿，其中第一、第二篇即两岸银行合作篇和两岸四地货币一体化篇于2012年4月就成稿了，而第三篇即两岸股票市场合作篇到2015年3月才成稿，为保持书稿的“原汁原味”，也为使读者乃至后续研究者能了解本人当时提出观点时的实际情况以及对本人所应用的有关计量模型进行验证，在修改过程中，未对书中所涉及的数据进行更新。至于余下的问题仍将继续研究，“路漫漫其

修远兮，吾将上下而求索”。

在研究过程中，本人的研究生廖家玲、林捷泉、傅雅勤、曾维翰根据本人拟定的文章框架结构、章节安排收集了大量第一手资料，对数据进行了充分地挖掘和处理，为本项目的完成无私奉献了心智、辛劳和汗水；同时，四位研究生在参与项目研究的过程中研究水平得到很大的提高，分别在一类、二类核心刊物以及公开刊物上发表了优秀的文章（参见参考文献）。对此，本人向她（他）们表示衷心的感谢和诚挚的祝贺！另外，本人指导的金融系本科拔尖学生许焕天为本书的编辑工作付出了辛劳和汗水，值此，向他表示深深的感谢！

本书在写作过程中，得到了中国金融学科领军人物、厦门大学金融研究所所长张亦春教授的鼓励，得到了美国康奈尔大学 Ernest S. Liu 经济学与国际研究讲席教授、厦门大学经济学院与王亚南经济研究院“长江学者”讲座教授洪永淼先生的大力支持，在此，向他们表示诚挚的谢意！

本书的出版得到了教育部哲学社会科学发展报告培育项目“海峡两岸经济区发展报告”（项目批准号：11JBGP006）经费、“中央高校基本科研业务费专项资金”（Supported by the Fundamental Research Funds for the Central Universities）以及厦门大学经济学院金融系的出版资助，在此，本人深表谢意。与此同时，本书的出版得到经济管理出版社陈力先生的大力支持，在此，向他表示诚挚的谢意！

远在闽西年逾古稀的父母对我“与寒窗孤灯相伴、与古圣先贤为友、与真理为友”的人生境界和人生理念予以极大理解、同情和高度赞赏，正是他们的鼓励和支持才使我向着真理的顶峰不断迈进，也正是他们所秉承的客家祖训对儿女的教育熏陶才使我树立起“弘扬天道给万方著经立典、润济众生为百姓谋利造福”的天职与使命。因此，为儿只有更加勤勉地工作，尽心力奉献于国家和人民，才能报答父母的养育之恩。

撰写专著和编写教材有很大的不同。本科生或者中小学教材因使用人数多，编者和出版社都可获得不菲的收入，因而编写教材很容易得到出版社的青睐；而撰写专著乃是就某个问题进行探讨，内容比较深奥，受众面小，撰写专著有点像洒落在荒郊的春雨，难以得到世人的垂顾。所以在行文的最后，将本人作于2015年3月的《蝶恋花·荒郊春雨》这首词奉献给诸位，再一次感谢给予本项目以鼎力支持的师友、亲人！

蝶恋花·荒郊春雨

（2015. 3. 22 晚作于福建龙岩水源山小区）

上周在荒郊遇绵绵春雨，感触良多。洒落荒郊的春雨，得不到世人垂顾，而飘向城中芳草的春雨赢得诸多讴歌。特填词以志之！

寂寞此情何处吐？
独上高楼，惆怅归宿府。
辗侧难眠将数数，起身房内踱方步。

沥沥淅淅难打住。
春雨霏霏，泣诉其愁苦。
洒落荒郊无人顾，来春飘向芳丛处。

戴淑庚 博士、博士后
厦门大学经济学院金融系教授、博士生导师，金融系国际金融教研室主任
国家级龙岩经济技术开发区管委会副主任（挂职，2013.5－2015.5）
2015年5月25日修改于福建省龙岩市新罗区水源山小区
2016年农历端午节再修于厦门大学经济学院B311